ACCESO GRATIS *a la Lectura en la Nube*

Para visualizar el libro electrónico en la nube de lectura envíe junto a su nombre y apellidos una fotografía del código de barras situado en la contraportada del libro y otra del ticket de compra a la dirección:

ebooktirant@tirant.com

En un máximo de 72 horas laborables le enviaremos el código de acceso con sus instrucciones.

La visualización del libro en **NUBE DE LECTURA** excluye los usos bibliotecarios y públicos que puedan poner el archivo electrónico a disposición de una comunidad de lectores. Se permite tan solo un uso individual y privado.

TRIBUTACIÓN DEL ARRENDAMIENTO DE VIVIENDA PARA USO TURÍSTICO EN ESPAÑA

TRIBUTACIÓN DEL ARRENDAMIENTO DE VIVIENDA PARA USO TURÍSTICO EN ESPAÑA

ESTEFANÍA LÓPEZ LLOPIS

Universitat d'Alacant
Universidad de Alicante

tirant lo blanch
Valencia, 2025

En caso de erratas y actualizaciones, la Editorial Tirant lo Blanch publicará la pertinente corrección en la página web www.tirant.com.

* Este trabajo ha sido realizado en el marco del proyecto de investigación "La imposición sobre la riqueza en el siglo XXI ante la crisis de la desigualdad". Referencia: PID2022-137385NB-I00.

© TIRANT LO BLANCH
EDITA: TIRANT LO BLANCH
C/ Artes Gráficas, 14 - 46010 - Valencia
TELFS.: 96/361 00 48 - 50
FAX: 96/369 41 51
Email:tlb@tirant.com
www.tirant.com
Librería virtual: www.tirant.es
DEPÓSITO LEGAL: V-3902-2024
ISBN: 978-84-1071-801-2

Si tiene alguna queja o sugerencia, envíenos un mail a: *atencioncliente@tirant.com*. En caso de no ser atendida su sugerencia, por favor, lea en *www.tirant.net/index.php/empresa/politicas-de-empresa* nuestro Procedimiento de quejas.

Responsabilidad Social Corporativa: http://www.tirant.net/Docs/RSCTirant.pdf

ÍNDICE

Capítulo 1

LA ACTIVIDAD DE ALQUILER TURÍSTICO EN ESPAÑA

Capítulo 2
LA TRIBUTACIÓN DE LOS SERVICIOS DE ALOJAMIENTO TURÍSTICO EN EL IMPUESTO SOBRE LA RENTA DE LAS PERSONAS FÍSICAS

Capítulo 3
LA TRIBUTACIÓN DE LOS SERVICIOS DE ALOJAMIENTO TURÍSTICO EN EL IMPUESTO SOBRE EL VALOR AÑADIDO

Capítulo 4

LA TRIBUTACIÓN DE LOS SERVICIOS DE ALOJAMIENTO TURÍSTICO EN EL ÁMBITO DE OTROS IMPUESTOS

Capítulo 5

OBLIGACIONES DE INFORMACIÓN DE LAS PLATAFORMAS INTERMEDIARIAS EN EL ARRENDAMIENTO DE VIVIENDAS TURÍSTICAS

Capítulo 6

LA TASA TURÍSTICA EN ESPAÑA

Capítulo 1
LA ACTIVIDAD DE ALQUILER TURÍSTICO EN ESPAÑA

1. INTRODUCCIÓN

1.1. EL ALQUILER DE VIVIENDAS TURÍSTICAS EN EL CONTEXTO DE LA «ECONOMÍA COLABORATIVA»

Una de las consecuencias asociadas al creciente proceso de desarrollo tecnológico experimentado en los últimos años ha sido el nacimiento de una nueva tipología de actividades caracterizada por la concurrencia de dos elementos fundamentales: ser desarrolladas directamente por personas físicas que no realizaban ninguna actividad económica con anterioridad y recurrir al empleo de internet o de aplicaciones móviles diversas como soporte o herramienta para su funcionamiento. Así ha sucedido, entre otros, en el sector del alojamiento con la aparición de plataformas como Airbnb, Only-apartments, Vrbo o HomeToGo, cada vez más utilizadas por los propietarios de viviendas particulares interesados en ceder el uso temporal de las mismas a cambio de un precio.

Con carácter general, y al margen de pequeñas variaciones entre unas y otras, el cometido principal de estas plataformas consiste en poner en contacto a dos tipos de agentes: por un lado, a turistas, viajeros e individuos que necesitan disponer de un inmueble en una determinada ciudad durante un periodo corto de tiempo, y, por otro, a los propietarios de viviendas vacías o infrautilizadas dispuestos a ceder el uso y disfrute de tales inmuebles (o de una parte de ellos) en unas condiciones económicas supuestamente más ventajosas que las ofrecidas por el sector turístico tradicional. Partiendo de esta premisa, el recurso a la plataforma tiende a asociarse con la idea de precios más bajos y con el sentimiento de formar parte de una comunidad a la que debemos contribuir para su mejor funcionamiento.

Resulta comprensible, a la vista de las circunstancias señaladas, que esta nueva realidad surgida del progreso tecnológico haya sido considerada por muchos autores como parte del fenómeno de la «economía colaborativa», sean cuales fueren las condiciones particulares de funcionamiento de cada plataforma y las circunstancias bajo las cuales se lleva a cabo la actividad en cuestión. Esta generalización se muestra congruente con la definición que de dicho concepto han realizado ciertos organismos e instituciones relevantes, tales como la Comisión Europea o la Comisión Nacional de los Mercados y la Competencia (CNMC). A juicio de la primera, "el término «economía colaborativa» se refiere a modelos de negocio en los que se facilitan actividades mediante plataformas colaborativas que crean un mercado abierto para el uso temporal de mercancías o servicios ofrecidos a menudo por particulares", sin perjuicio de la existencia, o no, de ánimo de lucro[1]. Para la CNMC, por su parte, la economía colaborativa (o *sharing economy*) "engloba un conjunto heterogéneo y rápidamente cambiante de modos de producción y consumo por el que los agentes comparten, de forma innovadora, activos, bienes o servicios infrautilizados, a cambio o no de un valor monetario, valiéndose para ello de plataformas sociales digitales y, en particular, de internet"[2]. Esta última institución destaca, asimismo, dos aspectos de interés: que "no existe una definición comúnmente aceptada de economía colaborativa"[3], y que, en algunas ocasiones, "la frontera entre lo que puede considerarse «colaborativo» y no es muy difusa"[4], con la problemática que de ello podría derivarse en ámbitos como el de la fiscalidad o el de las relaciones laborales[5].

De acuerdo con estas definiciones, y en contra de lo que inicialmente pudiera pensarse, lo que vendría a caracterizar a la «economía colaborativa» no es tanto el objetivo perseguido por los sujetos intervinientes (que bien podría

---

1 Comisión Europea (2016): *Una Agenda Europea para la economía colaborativa.* COM(2016) 356 final. Bruselas, junio de 2016, p. 3.

2 CNMC (2016): E/CNMC/004/15 *Estudio sobre los nuevos modelos de prestación de servicios y la economía colaborativa - Resultados preliminares,* marzo de 2016, p. 19.

3 CNMC (2014): "Documento 2: Efectos de los nuevos modelos económicos sobre el mercado y la regulación", *Consulta pública sobre los nuevos modelos de prestación de servicios y la economía colaborativa,* Departamento de Promoción de la Competencia, p. 2. Esta consulta pública fue realizada por la CNMC en noviembre de 2014 con el propósito de efectuar una serie de recomendaciones en materia de regulación.

4 CNMC (2014), Ob. Cit., p. 3.

5 Más concretamente, la CNMC (2014) sostiene que: "La distinción entre actividad colaborativa y otra que no lo es, que a priori puede parecer poco relevante para la prestación efectiva del servicio, podría serlo desde el punto de vista de la fiscalidad, las relaciones laborales, las responsabilidades derivadas del servicio o la compatibilidad con la regulación existente" (Ob. Cit., p. 3).

materializarse en la obtención de un beneficio), sino el medio utilizado para la consecución de dicho objetivo (que necesariamente estará vinculado al uso de las nuevas tecnologías)[6]. Como sugiere Lucas Durán (2017), no obstante, debe evitarse toda confusión entre la «economía colaborativa» y la llamada «economía de plataformas». Mientras el primero de estos conceptos suele estar centrado "en pequeños negocios llevados a cabo entre particulares" (modelos *peer-to-peer* o P2P, por sus siglas en inglés), la «economía de plataformas» simplemente conlleva el uso de "un nuevo canal de distribución (on-line) propio de la revolución tecnológica"[7]. Se trataría, en consecuencia, y con carácter general, de modelos de negocio del tipo *business to consumer* (B2C) cuya única particularidad radica en que las transacciones económicas (entregas de bienes o prestaciones de servicios) se efectúan a través de una plataforma de internet[8].

La gran complejidad asociada al fenómeno de la «economía colaborativa», así como su difícil conceptualización, han sido puestos de manifiestos por el Comité de las Regiones Europeo (2016), que distingue hasta dos categorías y cuatro modalidades diferentes de «economía colaborativa»[9]. A este respecto, se habla de "economía colaborativa en sentido estricto o economía a la carta", por un lado, y de "economía de puesta en común", por otro[10]. El contenido y las características inherentes a cada una de estas figuras aparecen resumidos en la Tabla 1.1.

---

6 Tal y como apunta De La Encarnación, A. M. (2016), no obstante, el núcleo común a todas las fórmulas utilizadas para hacer referencia al fenómeno de la economía colaborativa (*sharing economy, collaborative economy, collaborative consumption*, etc.) "alberga un sentido de colaboración en cuanto al uso de capacidades sin utilizar y a un proceso de cambio de valores sociales y humanos (comunidad, confianza, compartir) en el que existe un intercambio recíproco entre dos partes, bien sin ninguna retribución a cambio, bien a través del intercambio de bienes y servicios por dinero, puntos o tiempo" ["El alojamiento colaborativo: Viviendas de uso turístico y plataformas virtuales", *REALA, Nueva Época,* núm. 5, p. 32].

7 Lucas Durán, M. (2017): "Problemática jurídica de la economía colaborativa: especial referencia a la fiscalidad de las plataformas", *Anuario de la Facultad de Derecho de la Universidad de Alcalá*, núm. 10, p. 135.

8 Dentro de este concepto podrían incluirse casos como el de Booking, Spotify, Netflix o Amazon.

9 Comité de las Regiones Europeo (2016): *La dimensión local y regional de la economía colaborativa.* Dictamen 2016/C 051/06.

10 *Ibidem*, punto 9.

Tabla 1.1. Categorías y modalidades de economía colaborativa según el Comité de las Regiones Europeo

Categoría	Modalidad	Características
Economía colaborativa en sentido estricto o economía a la carta	Economía de acceso (*access economy*)	Iniciativas cuya modelo de negocio se basa en la comercialización del acceso a bienes y servicios, no su tenencia
	Economía de los trabajos ocasionales (*gig economy*)	Iniciativas basadas en trabajos esporádicos cuya transacción se hace a través del mercado digital
Economía de puesta en común	Economía *inter pares (collaborative economy)*	Iniciativas que implican a los usuarios en el diseño del proceso de producción o convierten a los clientes en una comunidad
	Economía de puesta en común de los bienes de utilidad pública (*commoning economy*)	Iniciativas de propiedad o gestión colectiva

Fuente: Elaboración propia a partir del dictamen "La dimensión local y regional de la economía colaborativa" (2016).

Como podemos comprobar, el carácter oneroso o gratuito de las operaciones realizadas, y, en su caso, la existencia de una finalidad lucrativa, tienden a quedar relegados a un segundo plano cuando se busca ofrecer una definición del fenómeno analizado. Esta circunstancia ha sido cuestionada muchas veces en el plano doctrinal, hasta el punto de que algunos autores han rechazado la posibilidad de caracterizar como «economía colaborativa» un determinado modelo de negocio basado en el ánimo de lucro. Para Slee (2016), el término «economía colaborativa» encierra, de hecho, una contradicción en sí mismo, pues, mientras el verbo "colaborar" sugiere "una interacción social de carácter no comercial entre una persona y otra", esto es, "intercambios que no implican dinero, o que al menos vienen motivados por la generosidad, por un deseo de dar o ayudar", el término "Economía" conecta con la idea de "transacciones mercantiles, el cambio interesado de dinero por bienes o servicios"[11].

[11] Slee, T. (2017): *Lo tuyo es mío: contra la economía colaborativa,* Barcelona: Editorial Taurus, pp. 93-94.

Otros autores que se han apartado de la noción tradicional de «economía colaborativa», ahora ya aplicada al sector del alojamiento, han sido De La Encarnación (2016), o Guillén Navarro e Iñiguez Berrozpe (2016). Muy acertadamente a mi juicio, De La Encarnación (2016) se pregunta qué tiene de colaborativo el hecho de que se alquilen segundas residencias a través de una plataforma online, puesto que la cesión de uso de la residencia no habitual a través de páginas web "no convierte el alquiler en colaborativo, ni tampoco le otorga apariencia de legalidad (...). Así que, por mucho que nos pese, alquilar no es compartir y decir que estas plataformas virtuales promueven la economía colaborativa es un mero eufemismo"[12]. Para Guillén Navarro e Iñiguez Berrozpe (2016), por su parte, las plataformas que ofrecen el alquiler de viviendas a través de internet "sirven como intermediario entre el propietario que quiere obtener dinero por el ofrecimiento de la misma y el turista que busca un alojamiento. A ello se suma la circunstancia de que estas plataformas cobran una comisión (...), lo que ha conllevado a que realmente no se pueda insertar dentro del turismo colaborativo puro, sino asociarse a un modelo «híbrido» en el que existe una motivación comercial que desvirtúa el trasfondo y finalidad «colaborativa» de este nuevo turismo p2p"[13].

De acuerdo con la tesis de este sector doctrinal, como vemos, la realidad propia de las plataformas dedicadas al alquiler de viviendas de uso turístico se encuentra muy alejada de las nociones de justicia social y solidaridad que, al menos en un plano teórico, mueven a los participantes de la *sharing economy*. Más bien al contrario: desde una perspectiva práctica, la actividad desarrollada en el marco de tales plataformas presenta todos los elementos típicos de lo que podría considerarse un negocio inmobiliario tradicional[14].

---

12 De La Encarnación, A. M. (2016), Ob. Cit., p. 32. En alusión a la plataforma Airbnb, la autora señala: "Esta plataforma virtual es un ejemplo de alteración de la esencia de la economía colaborativa al tratarse de un verdadero modelo de negocio, (...). Por esta razón, queda patente que la actividad que AirBnb desarrolla está completamente alejada de los dictados de la economía colaborativa".

13 Guillén Navarro, N. A. e Iñiguez Berrozpe, T. (2016): "Acción pública y consumo colaborativo. Regulación de las viviendas de uso turístico en el contexto p2p", *Revista de Turismo y Patrimonio Cultural*, vol. 14, núm. 3 (Ejemplar dedicado a: Public action and tourism policy), p. 759.

14 Sanz Gómez, R. (2017): "Airbnb, ¿Economía colaborativa o economía sumergida? Reflexiones sobre el papel de las plataformas de intermediación en la aplicación de los tributos", *Documentos de Trabajo del instituto de Estudios Fiscales,* núm. 15 (Ejemplar dedicado a: Fiscalidad de la economía colaborativa: especial mención a los sectores de

Al respecto de esta última cuestión, debe tenerse en cuenta también que algunos de los autores que han estudiado el fenómeno de la «economía colaborativa» han defendido la necesidad de realizar una distinción entre aquellos modelos de negocio que verdaderamente constituyen una novedad en cuanto al tipo de actividad (como serían los llamados *couchsurfing* o *nightswapping*[15]) y aquellos otros que solo constituyen una novedad en cuanto a las condiciones en el ejercicio de la misma (como de hecho sucede con el alquiler de viviendas para uso turístico). A juicio de Antón Antón y Bilbao Estrada (2016), estos últimos son los que tienden a predominar, en el bien entendido de que, "con carácter general, la economía colaborativa no supone la aparición de negocios jurídicos nuevos, sino que, más bien, se limita a sustituir o eliminar a los agentes o intermediarios tradicionales (...) y a la aparición de la plataforma como intermediario"[16].

La realidad observada por Antón Antón y Bilbao Estrada ha sido reconocida igualmente por la CNMC (2014) en el documento titulado *Efectos de los nuevos modelos económicos sobre el mercado y la regulación*, en el que se afirma que, en muchos casos, hablamos "de fenómenos de intercambio de bienes y servicios que se han producido tradicionalmente en la sociedad pero para los que, debido al escalado que supone la utilización de las tecnologías de la información y la comunicación, se ha producido un cambio cuantitativo con características disruptivas en diversos mercados que hace que se pueda hablar de un fenómeno nuevo"[17].

Desde mi punto de vista, y muy en la línea de lo que se acaba de comentar, no cabe duda de que, en los últimos años, el nacimiento y la rápida expansión de ciertas plataformas de internet que enarbolan la bandera de la «economía

---

alojamiento y transportes), p. 65. Esta misma idea es sugerida por el Abogado General, Sr Maciej Szpunar, en sus conclusiones sobre el asunto *Airbnb Ireland* (C-390/18), al que haremos referencia en un epígrafe posterior de este mismo capítulo, en las que se afirma: "El mercado del alojamiento de corta duración, profesional o no, existía mucho antes del comienzo de la actividad del servicio de AIRBNB Ireland" (apartado 58).

15 El *couchsurfing* consiste en ofrecer alojamiento a viajeros o turistas en la propia vivienda sin exigir ningún tipo de contraprestación a cambio. El *nightswapping* (o intercambio de noches), por su parte, es una práctica basada en el trueque de estancias en viviendas o habitaciones. Dicha práctica admite diferentes modalidades y se caracteriza, asimismo, por la inexistencia de una contraprestación dineraria.

16 Antón Antón, Á. y Bilbao Estrada, I. (2016): "El consumo colaborativo en la era digital: un nuevo reto para la fiscalidad", *Documentos de Trabajo del Instituto de Estudios Fiscales*, núm. 26, p. 15.

17 CNMC (2014), Ob. Cit., p. 2.

colaborativa» ha revelado el nacimiento de nuevos modelos de negocio, carentes de regulación legal en algunos supuestos, respecto de los que no queda clara la concurrencia de los elementos sobre los que tradicionalmente se ha definido el concepto de actividad económica. Sin embargo, no considero que estas dudas lleguen a plantearse en el caso de plataformas como Airbnb, dedicadas a la intermediación en la prestación de una tipología de servicios, los de arrendamiento, con unas consecuencias jurídicas claras. Independientemente de su catalogación como colaborativa o no colaborativa, por tanto, lo cierto es que nos encontramos ante una realidad por todos conocida, que no varía en cuando al fondo, sino únicamente en cuanto a la forma, y que puede ser afrontada mediante la aplicación de la legislación tributaria en vigor y de los criterios administrativos y jurisprudenciales que tradicionalmente se han hecho valer en el ámbito del arrendamiento de vivienda.

1.2. DATOS SOBRE EL ALQUILER DE VIVIENDAS TURÍSTICAS EN ESPAÑA

Los datos estadísticos de los que se dispone en relación con los servicios de alojamiento turístico comercializados mediante plataformas online ponen de manifiesto la existencia y creciente desarrollo de un fenómeno de explotación del mercado inmobiliario claramente orientado a la obtención de un beneficio, que puede reportar ingresos elevados y regulares a los individuos y entidades que participan en el mismo. Y otro tanto podría decirse con respecto a las plataformas intermediarias, cuyo número no ha parado de crecer en los últimos años y que, ante todo, se caracterizan por una finalidad lucrativa que altera "la esencia de la economía colaborativa al tratarse de un verdadero modelo de negocio, manifestación del capitalismo más puro"[18].

A título meramente informativo, se ofrecen a continuación algunos datos sobre la evolución del mercado de viviendas turísticas en nuestro país durante los últimos años. Estos datos se encuentran publicados en la página web del Instituto Nacional de Estadística (INE) y forman parte de un estudio experimental cuyo objetivo radica en "estimar el número de alojamientos de vivienda turística

[18] De La Encarnación, A. M. (2016), Ob. Cit., p. 51.

que hay en España, así como su capacidad, para dar respuesta a la creciente demanda de información que hay sobre esta materia"[19].

Gráfico 1.1. Evolución del número de viviendas turísticas en España. Periodo 2020-2023 (datos de los meses de febrero y agosto)

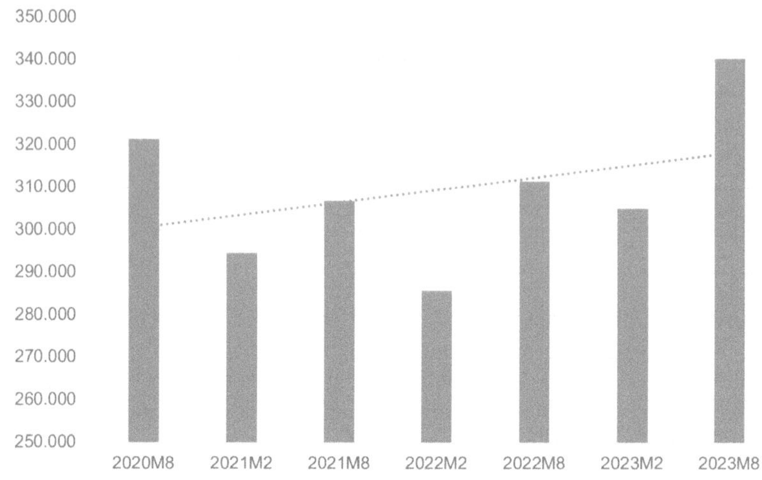

Fuente: Elaboración propia a partir de datos del INE.

[19] La información disponible a este respecto puede consultarse en: https://www.ine.es/experimental/viv_turistica/experimental_viv_turistica.htm (último acceso: 31/01/2024). Tal y como se especifica en dicha página web, se trata de información recabada a través de "la técnica de *web scraping*, que mediante programas de software extrae los datos de las tres plataformas más utilizadas de alojamiento turístico en España".

Gráfico 1.2. Evolución del número de plazas en viviendas turísticas en España. Periodo 2020-2023 (datos de los meses de febrero y agosto)

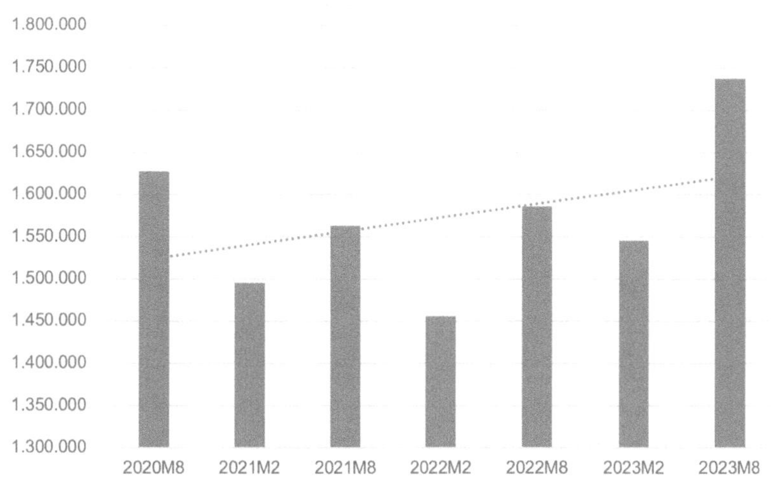

Fuente: Elaboración propia a partir de datos del INE.

Como podemos observar, las variables analizadas presentan un comportamiento variable a lo largo del periodo estudiado. En líneas generales, no obstante, se observa una tendencia claramente ascendente, pasando de un total de 321.496 viviendas turísticas en el mes de agosto de 2020 a un total de 340.424 en agosto de 2023, lo que supone un incremento de aproximadamente el 6%. Y lo mismo sucede con respecto al número de plazas disponibles, que experimenta un incremento de casi el 7%, con un total de 1.627.377 plazas en el mes de agosto de 2020 y de 1.737.509 en agosto de 2023.

El Gráfico 1.3, que se muestra a continuación, recoge la evolución experimentada por el número de viviendas turísticas en España sobre el total de viviendas censadas.

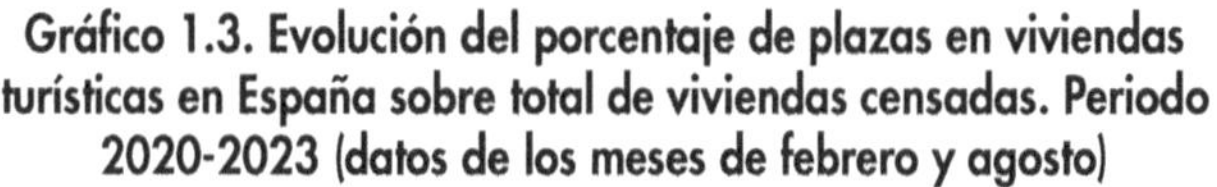

Gráfico 1.3. Evolución del porcentaje de plazas en viviendas turísticas en España sobre total de viviendas censadas. Periodo 2020-2023 (datos de los meses de febrero y agosto)

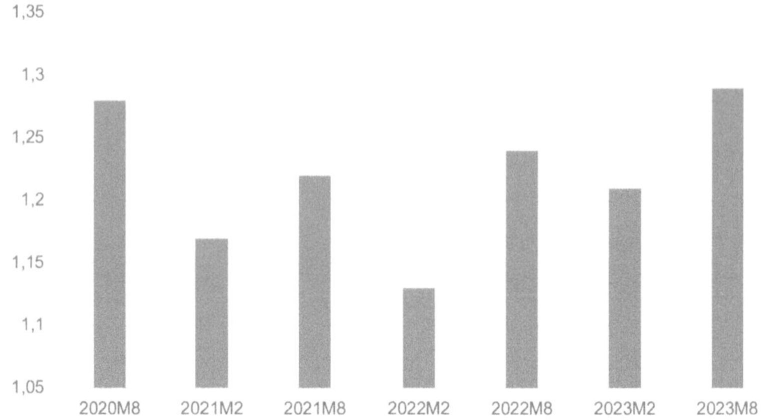

Fuente: Elaboración propia a partir de datos del INE.

Una comparación con los datos extraídos de la Encuesta de Ocupación Hotelera nos lleva a confirmar que, a lo largo del periodo considerado, la oferta asociada a las viviendas de uso turístico se aproxima mucho a la generada por los establecimientos hoteleros (es decir, los hoteles entendidos en el sentido estricto del término). Así puede observarse en el Gráfico 1.4, que muestra el número de plazas disponibles en viviendas de uso turístico frente al número de plazas hoteleras en España en los meses de febrero y agosto de 2020, 2021, 2022 y 2023.

Gráfico 1.4. Evolución del número de plazas en viviendas turísticas y del número de plazas en hoteles. Periodo 2020 a 2023 (meses de febrero y agosto)[20]

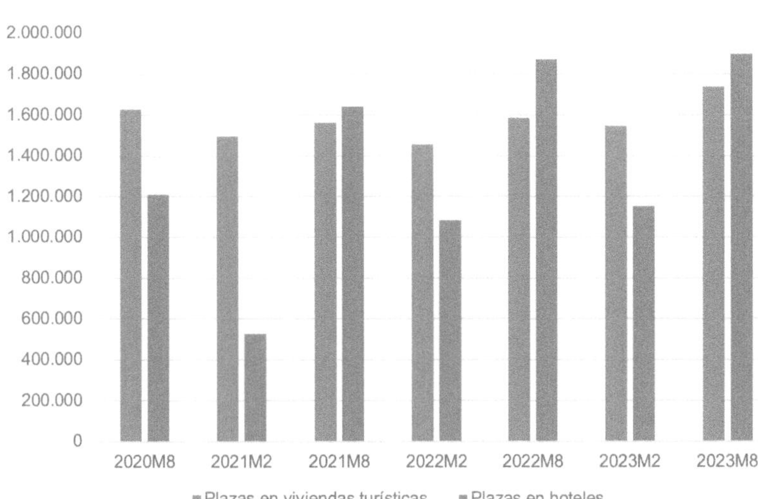

Fuente: Elaboración propia a partir de datos del INE.

Más allá de la evolución seguida por las variables analizadas, que presenta un patrón muy similar, resulta destacable el hecho de que el número de plazas disponibles en viviendas turísticas sea superior al de plazas en hoteles en buena parte de los meses incluidos en el estudio. Así sucede en el mes de agosto de 2020 y en los meses de febrero de 2021, 2022 y 2023. El peso relativo de las plazas correspondientes a cada uno de estos tipos de alojamiento puede consultarse en el Gráfico 1.5.

20 Nótese que este gráfico solo recoge información sobre plazas en hoteles, pero no en otro tipo de establecimientos turísticos reglados como son los campings o los alojamientos de turismo rural. A ellos se refiere el Gráfico 1.6.

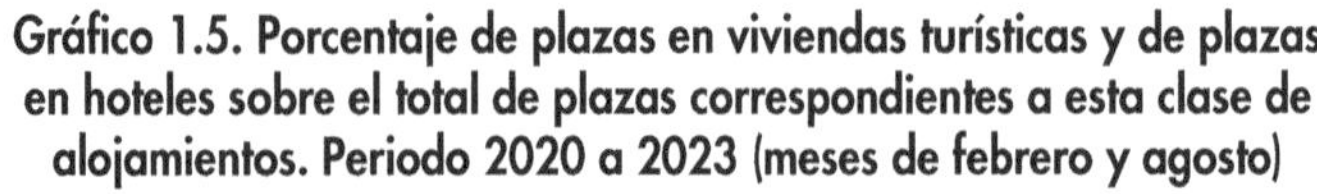

Gráfico 1.5. Porcentaje de plazas en viviendas turísticas y de plazas en hoteles sobre el total de plazas correspondientes a esta clase de alojamientos. Periodo 2020 a 2023 (meses de febrero y agosto)

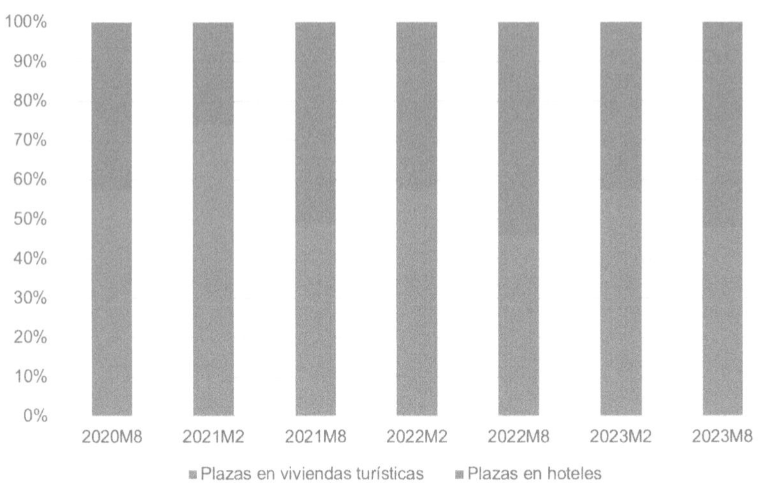

Fuente: Elaboración propia a partir de datos del INE.

Si incluimos ahora las plazas disponibles en campings, apartamentos turísticos y alojamientos de turismo rural, se comprueba cómo las viviendas vacacionales han ido ganando terreno de forma indiscutible a todas estas alternativas de alojamiento turístico de carácter más tradicional.

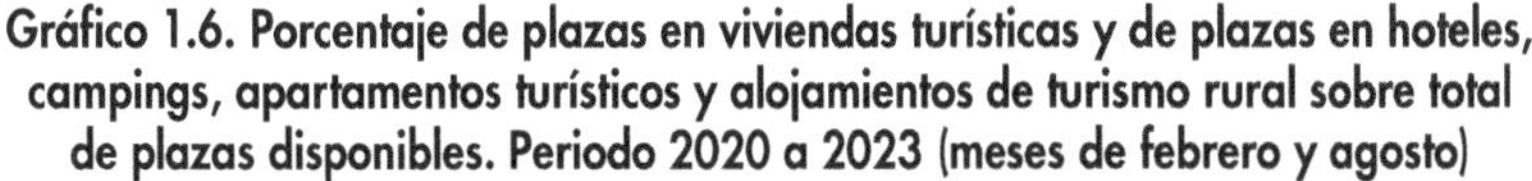

Gráfico 1.6. Porcentaje de plazas en viviendas turísticas y de plazas en hoteles, campings, apartamentos turísticos y alojamientos de turismo rural sobre total de plazas disponibles. Periodo 2020 a 2023 (meses de febrero y agosto)

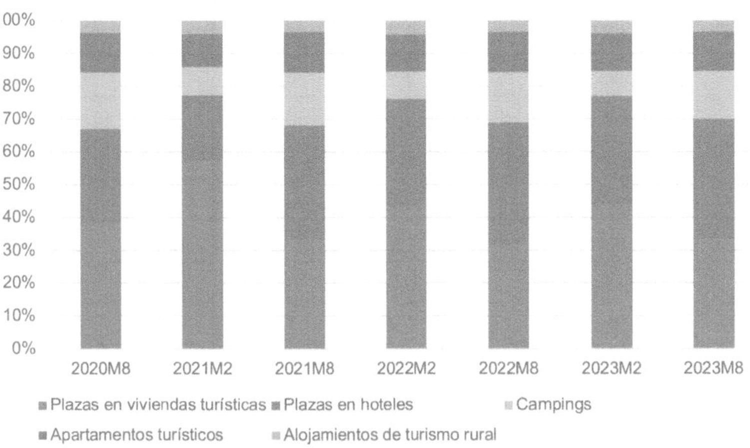

Fuente: Elaboración propia a partir de datos del INE.

En lo que atañe a la distribución por Comunidades Autónomas (CC.AA.) de las viviendas turísticas existentes en España, puede consultarse la Tabla 1.2.

Tabla 1.2. Distribución del número total de viviendas turísticas en España por CC.AA. (%). Periodo 2020-2023 (datos del mes de agosto)

	2020M8	2021M8	2022M8	2023M08
Andalucía	21,0%	20,6%	22,5%	23,2%
Aragón	1,2%	1,2%	1,2%	1,2%
Asturias	1,5%	1,7%	2,0%	2,1%
Baleares	9,1%	9,5%	8,7%	7,8%
Canarias	11,8%	12,8%	13,1%	13,0%
Cantabria	1,5%	1,7%	2,0%	2,0%
Castilla y León	1,8%	1,9%	2,0%	1,9%
Castilla-La Mancha	1,0%	1,1%	1,2%	1,2%
Cataluña	19,7%	18,4%	15,8%	15,3%

	2020M8	2021M8	2022M8	2023M08
Ceuta	0,0%	0,0%	0,0%	0,0%
Comunidad Valenciana	17,0%	16,6%	16,6%	17,1%
Extremadura	0,4%	0,4%	0,5%	0,5%
Galicia	3,9%	4,4%	5,1%	5,3%
La Rioja	0,4%	0,4%	0,4%	0,4%
Madrid	6,1%	5,7%	5,1%	5,0%
Melilla	0,0%	0,0%	0,0%	0,0%
Murcia	1,9%	1,9%	2,0%	2,0%
Navarra	0,3%	0,3%	0,4%	0,4%
País Vasco	1,4%	1,4%	1,5%	1,5%

Fuente: Elaboración propia a partir de datos del INE.

En agosto de 2023, por ejemplo, había en España un total de 340.424 viviendas turísticas. De ellas, cerca de un 70% se concentraban en cuatro CC.AA.: Andalucía (23%), Comunidad Valenciana (17%), Cataluña (15%) y Canarias (13%). Se trata de unos resultados poco sorprendentes si tenemos en cuenta el atractivo de estas regiones como destino turístico y las posibilidades de negocio que ofrecen al respecto (muy especialmente durante los meses de verano, al estar basadas en un turismo de sol y playa). Además, comprobamos que este patrón se ha mantenido prácticamente inalterado a lo largo de todo el periodo para el que se dispone de datos.

Si atendemos al porcentaje de viviendas turísticas sobre total de viviendas censadas, son las Islas Canarias y las Islas Baleares (4,08% y 4,06%, respectivamente, en agosto de 2023) las que pasan a ocupar los primeros puestos, seguidas, aunque ya bastante de lejos, por las CC.AA. de Cantabria, Comunidad Valenciana, Andalucía, Cataluña y Galicia. Así lo pone de manifiesto la información recogida en la Tabla 1.3.

Tabla 1.3. Porcentaje de viviendas turísticas en España sobre total de viviendas censadas por CC.AA. Periodo 2020-2023 (datos del mes de agosto)

	2020M8	2021M8	2022M8	2023M08
Andalucía	1,55%	1,45%	1,61%	1,69%
Aragón	0,48%	0,46%	0,48%	0,50%
Asturias	0,80%	0,84%	1%	1,04%
Baleares	4,98%	4,98%	4,61%	4,06%
Canarias	3,63%	3,78%	3,93%	4,08%
Cantabria	1,36%	1,50%	1,75%	1,80%
Castilla y León	0,34%	0,33%	0,36%	0,38%
Castilla-La Mancha	0,27%	0,27%	0,29%	0,31%
Cataluña	1,64%	1,46%	1,28%	1,33%
Ceuta	0,25%	0,21%	0,19%	0,17%
Comunidad Valenciana	1,74%	1,62%	1,64%	1,78%
Extremadura	0,21%	0,20%	0,23%	0,23%
Galicia	1,64%	0,84%	0,99%	1,33%
La Rioja	0,57%	0,56%	0,58%	0,60%
Madrid	0,68%	0,60%	0,54%	0,57%
Melilla	0,16%	0,18%	0,16%	0,18%
Murcia	0,79%	0,74%	0,79%	0,82%
Navarra	0,35%	0,32%	0,40%	0,41%
País Vasco	0,45%	0,43%	0,46%	0,48%

Fuente: Elaboración propia a partir de datos del INE.

A fin de obtener una visión más completa del auge del mercado de la vivienda turística en España, considero oportuno hacer referencia, asimismo, a los datos recogidos en el *Estudio ReviTUR*, elaborado por Exceltur en 2022[21]. Dicho es-

21 Exceltur (2022): *Principales evidencias de los efectos del resurgir de las viviendas turísticas en las ciudades españolas y recomendaciones para su tratamiento*, noviembre 2022. El estudio completo puede consultarse en: https://www.exceltur.org/wp-content/uploads/2022/11/ReviTUR-EXCELTUR-Documento-completo-221122.pdf.

tudio pone de manifiesto "el carácter explosivo del fenómeno de las VUT en la última década", y, muy particularmente, entre los años 2013 a 2017[22]. El Gráfico 1.7, que ha sido elaborado a partir de los datos contenidos en el mismo, refleja la evolución experimentada por el número de plazas en viviendas de uso turístico frente al número de plazas hoteleras en las veinte principales ciudades españolas durante el periodo 2010-2019[23].

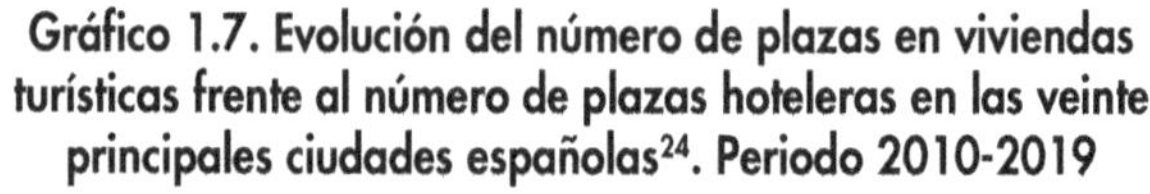
Gráfico 1.7. Evolución del número de plazas en viviendas turísticas frente al número de plazas hoteleras en las veinte principales ciudades españolas[24]. Periodo 2010-2019

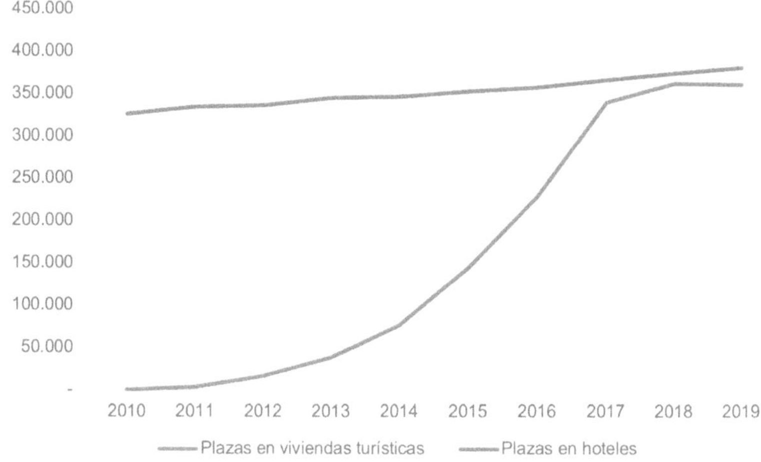

Fuente: Elaboración propia a partir del estudio ReviTUR.

[22] Exceltur (2022), Ob. cit., p. 13.

[23] En mi opinión, los datos recogidos en el Gráfico 1.7 resultan útiles para comprender el auge de las viviendas de uso turístico en España desde el año 2010, si bien debe tenerse en cuenta que el estudio realizado por Exceltur se limita a las veinte principales ciudades españolas y tan solo a dos plataformas del mercado (Airbnb y Vrbo de Expedia).

[24] Las ciudades a las que se refieren estos datos, consideradas las más relevantes turísticamente por el número de pernoctaciones hoteleras del INE, son las siguientes: Alicante, Barcelona, Bilbao, Córdoba, Gijón, Granada, La Coruña, Las Palmas de Gran Canaria, León, Madrid, Málaga, Murcia, Palma de Mallorca, Salamanca, San Sebastián, Santander, Santiago de Compostela, Sevilla, Valencia y Zaragoza.

Tal y como se indica en el estudio referenciado, "el desplome de la demanda turística derivado de las restricciones aplicadas para luchar contra la pandemia desde marzo de 2020 provocó una salida temporal del mercado turístico de muchas viviendas dedicadas al alquiler (...), introduciendo una oportunidad para gestionar su equilibrio con un modelo turístico y de ciudad más sostenible"[25]. Ello no obsta para reconocer, en línea con lo sugerido hace un momento, la existencia de un auténtico "boom" en el ámbito del alojamiento turístico en viviendas particulares.

Por lo que concierne al aspecto económico, el análisis desarrollado por ReviTUR a partir de AirDNA, Airbnb e Idealista pone de manifiesto el importante diferencial de rentabilidad que actualmente se aprecia entre el alquiler turístico y el alquiler residencial. A este diferencial se refiere el Cuadro 1.1, que se muestra a continuación.

Cuadro 1.1. Diferencial de rentabilidad del alquiler turístico frente al residencial en las 20 ciudades españolas más importantes según datos de ReviTUR (junio de 2022)

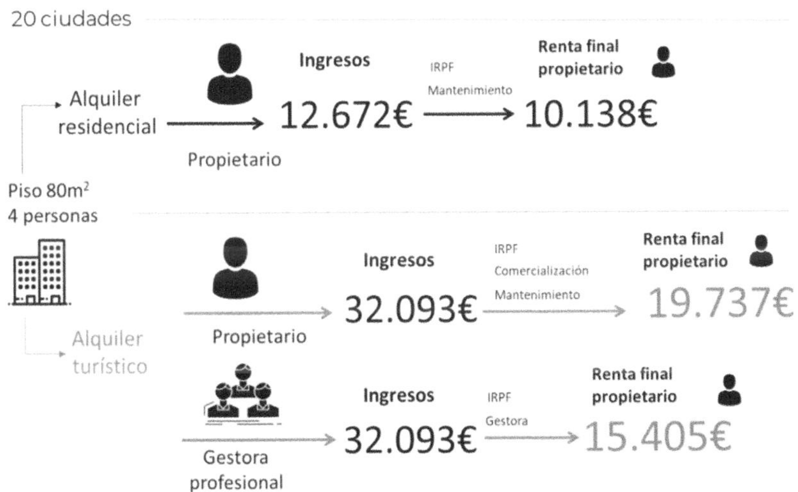

Fuente: Exceltur (2022), Ob. Cit., p. 22.

[25] Exceltur (2022), Ob. Cit., p. 20.

El Gráfico 1.8, finalmente, muestra la evolución seguida por la facturación de los alquileres turísticos en España en el periodo 2018-2022, según datos suministrados a Hosteltur por el Ministerio de Hacienda[26].

Gráfico 1.8. Facturación de los alquileres turísticos en España según datos de Hosteltur. Periodo 2018-2022

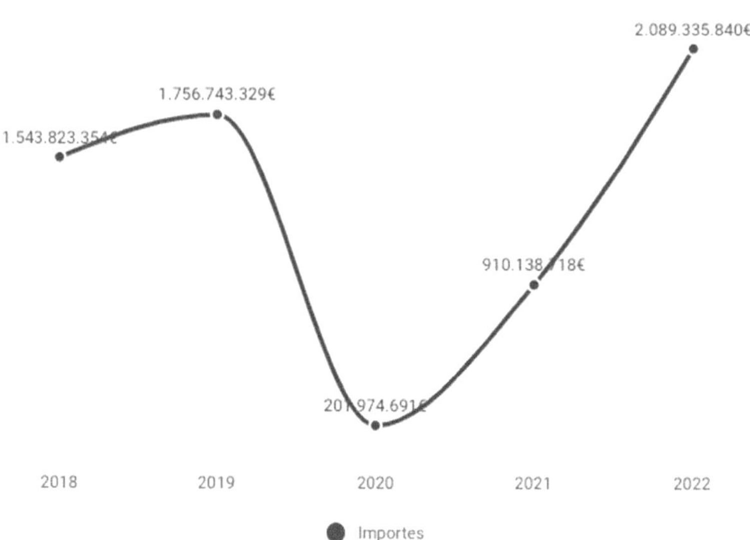

Fuente: https://www.hosteltur.com/161490_el-alquiler-turistico-via-plataformas-en-espana-ingresa-2089-millones.html

1.3. PROBLEMÁTICA ASOCIADA A LA ACTIVIDAD DE ALQUILER TURÍSTICO

A mi modo de ver, la problemática que plantea la actividad de alquiler de viviendas turísticas mediante precio a través de plataformas online no radica en su posible consideración, o no, como modelo de negocio colaborativo. Más allá

---

[26] Tal y como se especifica en su página web, Hosteltur.com es un medio de comunicación especializado en el sector turístico tradicional. Se define a sí mismo como "el único medio del sector turístico B2B auditado por OJD y por OJD Interactivo". A este respecto, puede verse el siguiente enlace web: https://www.hosteltur.com/dosier (último acceso: 31/01/2024).

de la disquisición teórica que dicha circunstancia puede suponer, no cabe duda de que nos encontramos ante una tipología de servicios que, además de resultar poco novedosa desde el punto de vista de su contenido, se encuentra dotada de una regulación específica, clara y perfectamente consolidada en nuestro país. Y es precisamente aquí, en el potencial incumplimiento de la regulación vigente, donde la actividad de arrendamiento turístico en el marco de plataformas P2P ha generado tradicionalmente mayores problemas.

Centrándonos en el aspecto tributario, advertía la Comisión Europea en el año 2016 que la «economía colaborativa» plantea cuestiones "en relación con el cumplimiento y la ejecución de las obligaciones fiscales: dificultades para identificar a los contribuyentes y los ingresos imponibles, falta de información sobre los prestadores de servicios, exacerbación de la planificación fiscal agresiva en el sector digital, diferencias de las prácticas fiscales en la UE e intercambio insuficiente de información"[27]. Años después, el Considerando 6 de la Directiva (UE) 2021/514 del Consejo, de 22 de marzo de 2021, continuaba señalando que "la digitalización de la economía (...) ha dado lugar a un número cada vez mayor de situaciones complejas relacionadas con el fraude fiscal, la evasión fiscal y la elusión fiscal. (...) Las administraciones tributarias de los Estados miembros no disponen de información suficiente para evaluar y supervisar correctamente la renta bruta percibida en su país de actividades comerciales realizadas por medio de plataformas digitales", lo que resulta especialmente gravoso "cuando las rentas o las bases imponibles se perciben a través de plataformas digitales establecidas en otra jurisdicción"[28].

En lo que atañe al ordenamiento jurídico español, han sido muchos los autores que han insistido en la necesidad de establecer, y en su caso reforzar, los mecanismos de información al contribuyente y de control de las actividades, en aras a garantizar el adecuado cumplimiento de la normativa aplicable. Este ha sido, por ejemplo, el caso de Gorospe Oviedo (2018), para quien el "control fiscal" de esta clase de operaciones exige "incrementar las labores de información y asistencia

27 Comisión Europea (2016), Ob. Cit., p. 15.

28 Directiva (UE) 2021/514 del Consejo de 22 de marzo de 2021 por la que se modifica la Directiva 2011/16/UE relativa a la cooperación administrativa en el ámbito de la fiscalidad. Los Considerandos 18 y 19 del mencionado texto normativo, por su parte, hacían referencia específica a la actividad de arrendamiento de inmuebles. Esta Directiva dio lugar a ciertas modificaciones normativas en el ámbito del ordenamiento jurídico español que serán objeto de estudio posteriormente.

por parte de la Administración, y utilizar adecuadamente la información que tienen las plataformas colaborativas"[29]. Por su parte, Bahía Almansa y Cruz Padial (2018) aludían a "una preocupación latente" por obtener información sobre los arrendamientos de uso turístico que, durante mucho tiempo, "han escapado al control de la Administración tributaria", lo que "ocasiona una desigualdad respecto de los arrendamientos usuales y tradicionales regulados por la Ley de Arrendamientos Urbanos (LAU)"[30].

En el plano normativo, y sin perjuicio de su análisis en un capítulo posterior, conviene hacer referencia en este punto a la modificación operada en el año 2017, precisamente con fines declarados de prevención del fraude fiscal, en el Real Decreto 1065/2007, de 27 de julio, por el que se aprueba el Reglamento general de las actuaciones y los procedimientos de gestión e inspección tributaria y de desarrollo de las normas comunes de los procedimientos de aplicación de los tributos (en adelante, RGGIT). Dicha modificación consistió en el establecimiento de "una obligación de información específica para las personas o entidades, en particular, las denominadas plataformas colaborativas, que intermedien en la cesión del uso de viviendas con fines turísticos"[31]. A ella vino a referirse el artículo 54 ter del citado Reglamento, cuya entrada en vigor se produjo el 1 de enero de 2018[32].

---

29 Gorospe Oviedo, J. I. (2018): "Las viviendas turísticas y los arrendamientos de temporada: delimitación, tributación y control fiscal en la economía colaborativa", *Documentos de Trabajo del Instituto de Estudios Fiscales,* núm. 11 (Ejemplar dedicado a: VI Encuentro de Derecho Financiero y Tributario, "Tendencias y retos del Derecho Financiero y Tributario" (2.ª parte), p. 162.

30 Bahía Almansa, B. y Cruz Padial, I. (2018): "Tributación indirecta en el arrendamiento de viviendas de uso turístico", *Revista Técnica Tributaria*, núm. 122, p. 66.

31 Parte expositiva del Real Decreto 1070/2017, de 29 de diciembre, por el que se modifican el Reglamento general de las actuaciones y los procedimientos de gestión e inspección tributaria y de desarrollo de las normas comunes de los procedimientos de aplicación de los tributos.

32 A este precepto, que fue anulado años después y posteriormente añadido de nuevo, nos referiremos al analizar el deber de colaboración de las plataformas intermediarias. Conviene anticipar, no obstante, que, con efectos 1 de febrero de 2024, la denominación del citado artículo ha pasado a ser la de "Obligación de información de determinadas actividades por los operadores de plataformas". La reforma operada en este contexto ha venido justificada por la necesidad de adaptar la normativa interna a los términos en los que aquella obligación se encuentra configurada tanto en la llamada DAC 7 como en las Normas tipo de la OCDE.

Huelga señalar, pese a los notables avances conseguidos en los últimos años, que el potencial incumplimiento de sus obligaciones fiscales por parte de los propietarios de viviendas turísticas cedidas en arrendamiento sigue siendo susceptible de generar un perjuicio importante, tanto en términos de recaudación impositiva para las haciendas nacionales y autonómicas, como en términos de competencia frente al sector del alojamiento turístico tradicional. Se trata, sin duda, de una situación preocupante que corre el riesgo de agravarse a medida que se incrementa el número de ciudadanos que decide participar en dicho modelo de negocio.

A la vista de estas circunstancias, el objetivo del presente trabajo consiste en realizar un estudio integrado de la tributación de la actividad de arrendamiento de vivienda para uso turístico a la luz de la legislación aplicable en territorio español y del criterio tradicionalmente defendido por la doctrina a este respecto, tratando de abarcar todas aquellas situaciones que podrían darse en la práctica (propietario persona física, propietario persona jurídica, plataforma con/sin establecimiento permanente en territorio español, etc.).

El análisis se efectúa tanto desde el punto de vista de la fiscalidad directa como de la fiscalidad indirecta y se completa con una referencia ineludible a las obligaciones de colaboración de las plataformas intermediarias, tendentes a incrementar el control sobre este tipo de actividades. Asimismo, dedicamos un capítulo al examen de la llamada «tasa turística», adoptada por algunas CC.AA. (aunque rechazada por otras) como herramienta para la promoción, preservación y desarrollo del sector turístico.

2. CONCEPTO Y RÉGIMEN JURÍDICO DE LAS VIVIENDAS DE USO TURÍSTICO

2.1. ARRENDAMIENTOS DE TEMPORADA Y ARRENDAMIENTOS DE VIVIENDA PARA USO TURÍSTICO

La Ley 29/1994, de 24 de noviembre, de Arrendamientos Urbanos (en adelante, LAU) define el arrendamiento de vivienda como aquel "que recae sobre una edificación habitable cuyo destino primordial sea satisfacer la necesidad permanente de vivienda del arrendatario"[33]. Fuera de este concepto quedan aque-

[33] Artículo 2.1 de la LAU.

llos arrendamientos que, recayendo sobre una edificación, tengan como destino principal uno distinto del anteriormente señalado; entre ellos, "los arrendamientos de fincas urbanas celebrados por temporada, sea ésta de verano o cualquier otra"[34].

En principio, como vemos, los arrendamientos de vivienda para uso turístico serían susceptibles de quedar encuadrados en la segunda de las categorías indicadas, al no encontrarse destinados a cubrir una necesidad "permanente" de vivienda por parte del inquilino. Ello determinaría su tratamiento jurídico como arrendamiento de temporada y, en consecuencia, la plena libertad de las partes intervinientes para decidir sobre los distintos elementos del contrato de arrendamiento[35].

Hace ya algunos años, no obstante, la Ley 4/2013, de 4 de junio, de medidas de flexibilización y fomento del mercado de alquiler de viviendas, incorporó una nueva letra e) al artículo 5 de la LAU, en virtud de la cual:

> "Quedan excluidos del ámbito de aplicación de esta ley: (…) e) La cesión temporal de uso de la totalidad de una vivienda amueblada y equipada en condiciones de uso inmediato, comercializada o promocionada en canales de oferta turística o por cualquier otro modo de comercialización o promoción, y realizada con finalidad lucrativa, cuando esté sometida a un régimen específico, derivado de su normativa sectorial".

La justificación de este cambio normativo, de gran transcendencia en el contexto en el que nos encontramos, se encuentra reflejada en la Exposición de Motivos de la ley referenciada, donde se afirma que:

> "en los últimos años se viene produciendo un aumento cada vez más significativo del uso del alojamiento privado para el turismo, que podría estar dando cobertura a situaciones de intrusismo y competencia desleal, que van en contra de la calidad de los destinos turísticos; de ahí que la reforma de la Ley propuesta los excluya específicamente para que queden regulados por la

---

34 Artículo 3 de la LAU.

35 Tal y como se anticipa en el Preámbulo de la LAU, no obstante, se configura "una regulación supletoria del libre pacto que también permite un amplio recurso al régimen del Código Civil" (apartado 3). Esta regulación supletoria se encuentra recogida en el articulado de la misma ley y guarda relación con los siguientes aspectos del contrato: 1) Régimen de obligaciones de conservación y obras (artículo 30); 2) Derecho de adquisición preferente (artículo 31); 3) Cesión del contrato y subarriendo (artículo 32); y 4) Subrogaciones por fallecimiento del arrendatario (artículo 33).

normativa sectorial específica o, en su defecto, se les aplique el régimen de los arrendamientos de temporada, que no sufre modificación"[36].

De lo expuesto se infiere que los arrendamientos de vivienda turística o vacacional únicamente quedarán excluidos del ámbito de la Ley 29/1994 cuando concurran dos circunstancias simultáneamente: 1) que se cumplan todos los requisitos relacionados en su artículo 5.e) (equipamiento en condiciones de uso inmediato, finalidad lucrativa, etc.), y 2) que la citada figura haya sido objeto de regulación por la normativa sectorial correspondiente. De no ser así, seguirán estando sometidos al régimen de arrendamientos de temporada, tal y como sucedía con carácter previo a la reforma del año 2013.

El interrogante que podría plantearse en este punto guarda relación con esa "normativa sectorial" de aplicación preferente a la que alude el artículo 5.e) de la LAU. Para resolverlo, resulta indispensable traer a colación lo dispuesto en el artículo 148.1 de la Constitución Española de 1978, en el que se reconoce que las CC.AA. podrán asumir competencias exclusivas sobre una serie de materias; entre ellas, la concerniente a la promoción y ordenación del turismo en su ámbito territorial (apartado 18).

La circunstancia anterior, ligada al hecho de que el artículo 149 de la Constitución no reserve al Estado ninguna competencia exclusiva en materia de turismo, determina la posibilidad de que las CC.AA. sean "titulares de la totalidad de las funciones y potestades públicas" en relación con la misma[37]. Y así es, pese a las dudas existentes en torno a esta cuestión, como debemos entender que se llega a la normativa sectorial aplicable a las viviendas de uso turístico. En este mismo sentido, Desdentado Daroca, Díaz Vales y Lucas Durán (2018) han señalado que, realmente, el legislador "no establece qué se entiende por legislación sectorial", habiéndose impuesto la idea "de que no se está haciendo referencia a una legislación sectorial civil, sino a la normativa que cada Comunidad Autónoma establezca en ejercicio de sus competencias en materia de turismo"[38].

---

36 Preámbulo de la Ley 4/2013, apartado II.

37 Pérez Guerra, R. y Ceballos Martín, M. M. (2009): "La configuración del derecho del turismo autonómico español en el ordenamiento jurídico administrativo-constitucional", *Revista Aragonesa de Administración Pública,* núm. 35, p. 457.

38 Desdentado Daroca, E., Díaz Vales, F. y Lucas Durán, M. (2018): "Los problemas jurídicos del «Alojamiento colaborativo»: un estudio interdisciplinar", *Documento de trabajo (Laboratorio de alternativas),* núm. 198, p. 14. En su trabajo, los autores hacen alusión

2.2. LA NORMATIVA SECTORIAL AUTONÓMICA EN MATERIA DE VIVIENDAS DE USO TURÍSTICO

Una revisión de la legislación autonómica vigente en materia de turismo pone de manifiesto que, en el marco de la facultad conferida por el legislador constitucional, prácticamente todas las CC.AA. han aprobado una regulación específica para la ordenación de la actividad de alojamiento turístico en viviendas particulares[39]. Hablamos, pues, de un conjunto muy disperso y ciertamente dispar de regulaciones que, ante la ausencia de una ley estatal, están llamadas a convivir, y cuyo análisis permite confirmar varios extremos de interés[40]. A saber:

1) Dificultad para encuadrar el fenómeno de las viviendas destinadas al alquiler turístico en una determinada categoría conceptual.
2) Coexistencia de una serie de definiciones diferentes en cuanto a aquello que debe ser objeto de cesión, aunque generalmente basadas en unos elementos comunes.

a algunas voces discrepantes en torno a esta cuestión. Incluso, llegan a poner en tela de juicio la constitucionalidad de la remisión a la legislación sectorial, habida cuenta de que "sólo al Estado compete la legislación civil y, por tanto, solo este puede regular el contrato de arrendamiento" (Ob. cit., p. 15).

39 A fecha de hoy, la única Comunidad Autónoma que no ha regulado ni aludido expresamente a este fenómeno en su normativa sectorial ha sido Extremadura. Para el resto de CC.AA., pueden consultarse las siguientes normas (actualizadas a 1/2/2024): Decreto 1/2023, de 11 de enero (Aragón); Decreto 28/2016, de 2 de febrero (Andalucía); Decreto 48/2016, de 10 de agosto (Asturias); Decreto 113/2015, de 22 de mayo (Canarias); Decreto 225/2019, de 28 de noviembre (Cantabria); Decreto 3/2017, de 16 de febrero (Castilla y León); Decreto 36/2018, de 29 de mayo (Castilla-La Mancha); Decreto 75/2020, de 4 de agosto (Cataluña); Decreto 10/2021, de 22 de enero (Comunidad Valenciana); Decreto 12/2017, de 26 de enero (Galicia); Decreto 79/2014, de 10 de julio (Madrid); Decreto 256/2019, de 10 de octubre (Murcia); Decreto 230/2011, de 26 de octubre (Navarra); Decreto 101/2018, de 3 de julio (País Vasco); Decreto 10/2017, de 17 de marzo (La Rioja); y Ley 8/2012, de 19 de julio (Baleares). En Extremadura, por su parte, se encuentra vigente el Decreto 182/2012, de 7 de septiembre, que regula la figura del apartamento turístico.

40 Por razones de extensión, en esta obra no se realiza un análisis exhaustivo de la normativa autonómica en materia de vivienda turística. Sí se ofrecen algunas conclusiones generales, a título meramente orientativo, que pueden servir de guía al lector en relación con este tema. Para un estudio más detallado de la cuestión puede verse el trabajo de Desdentado Daroca, E., Díaz Vales, F. y Lucas Durán, M. (2018), Ob. cit.

3) Falta de uniformidad acerca de los requisitos que ha de cumplir la vivienda ofertada en arrendamiento, las exigencias que deben observarse para el ejercicio de la actividad y el tratamiento atribuible a esta clase de contratos, con la consiguiente pérdida de seguridad jurídica que ello puede suponer para los propietarios de los inmuebles en cuestión[41]. Esta circunstancia resulta especialmente gravosa para aquellos individuos que son titulares de viviendas situadas en el territorio de dos o más CC.AA.[42].

Efectivamente, y en primer lugar, se aprecia una evidente falta de unanimidad entre los legisladores autonómicos a la hora de hacer referencia al fenómeno estudiado, siendo el calificativo más frecuente el de «viviendas de uso turístico» o «viviendas para uso turístico» (Aragón, Cantabria, Castilla y León, Castilla-La Mancha, Cataluña, Comunidad Valenciana, Madrid, Murcia, País Vasco y La Rioja). Esta denominación se completa con otras tres: «viviendas turísticas» (Navarra), «viviendas con fines turísticos» (Andalucía) y «viviendas vacacionales» (Canarias)[43]. Algunas CC.AA., de hecho, llevan a cabo una distinción

---

41 Para Desdentado Daroca, E., Díaz Vales, F. y Lucas Durán, M. (2018), esta regulación autonómica heterogénea y dispar no solo genera inseguridad jurídica, sino también "una indeseable desigualdad entre los propietarios en relación con las facultades de disposición sobre sus bienes inmuebles" (Ob. Cit., p. 15).

42 En una línea similar a la apuntada, Calvo Vérgez, J. (2019) hace referencia "al surgimiento de un tratamiento jurídico totalmente distinto en cada Comunidad" ["La fiscalidad de los alquileres turísticos en la imposición directa e indirecta", *Revista Técnica Tributaria*, núm. 127, p. 130]. En efecto, señala el autor, "el hecho de que cada Región haya regulado según sus propios intereses los arrendamientos de uso turístico o vacacional ha provocado la coexistencia en el territorio español de una multiplicidad de cuerpos normativos con un tratamiento jurídico de estos contratos totalmente distinto hasta en la definición del concepto de arrendamiento de uso turístico, con la consiguiente inseguridad jurídica que se desprende de la citada situación". Igualmente, Gorospe Oviedo, J. I. (2018) se ha pronunciado sobre la "enorme dispersión normativa" que ha generado la alusión a la normativa sectorial efectuada por la LAU, dando lugar a "más de cien regulaciones a nivel autonómico y local" y a una "gran inseguridad jurídica entre los propietarios de estas viviendas. La confusión afecta también a los distintos conceptos y denominaciones dados a las viviendas turísticas", por lo que, a juicio del autor, "sería deseable una unificación de criterios" (Ob. Cit., p. 153). En contra de estas tesis parece pronunciarse, sin embargo, De La Encarnación, A. M. (2016), para quien "la regulación a la que nuestras Comunidades han sometido a esta nueva forma de alquileres turísticos es muy similar, con análogo contenido aunque distinta forma" (Ob. Cit., p. 38).

43 A efectos de simplificación, a lo largo del presente trabajo utilizaremos indistintamente todos estos conceptos.

entre modalidades de vivienda. Es el caso de Asturias, cuya normativa regula las «viviendas vacacionales», por un lado, y las «viviendas de uso turístico», por otro; o Galicia, donde se distingue entre «viviendas turísticas» y «viviendas de uso turístico»[44].

Además de lo anterior, existen dos CC.AA. cuya normativa específica no define un concepto de vivienda turística o similar. Se trata, en particular, de la Comunidad de Extremadura, que se limita a regular la figura de los «apartamentos turísticos», sin efectuar distinciones dentro de este concepto[45]; y Baleares, cuya ley en materia de turismo se centra en la regulación de las llamadas "estancias turísticas en viviendas" (lo que, en su caso, podría llevarnos a hablar de «viviendas objeto de estancias turísticas»[46]).

A pesar de la falta de acuerdo en cuanto a la definición de aquello que debe ser objeto de cesión, debe destacarse que la mayor parte de normativas vigentes realiza una diferenciación, a efectos de régimen jurídico y procedimiento aplicable, entre "viviendas" y "apartamentos" de uso turístico, siendo las características del inmueble arrendado y, en su caso, la forma de desarrollar la actividad las que determinarían el encaje en una u otra categoría. A este respecto, quizá pueda resultar útil lo señalado en el Real Decreto 2877/1982, ya derogado, sobre ordenación de apartamentos turísticos y de viviendas turísticas vacacionales, cuyo artículo primero definía el concepto de «apartamento turístico» sobre la base de tres elementos:

a) Se trata de <u>bloques</u> o <u>conjuntos</u> de apartamentos, villas, chalés, bungalows y similares,

---

44 Las definiciones de cada uno de estos conceptos pueden encontrarse, para el caso de Asturias, en los artículos 4 y 12 del Decreto 48/2016, de 10 de agosto, de viviendas vacacionales y viviendas de uso turístico; y, para el caso de Galicia, en los artículos 4 y 5 del Decreto 12/2017, de 26 de enero, por el que se establece la ordenación de apartamentos turísticos, viviendas turísticas y viviendas de uso turístico en la Comunidad Autónoma de Galicia.

45 Véase, a este respecto, el Decreto 182/2012, de 7 de septiembre, por el que se establece la ordenación y clasificación de los apartamentos turísticos de la Comunidad Autónoma de Extremadura. En cualquier caso, debe observarse que una de las notas definitorias del concepto de «apartamento turístico», de acuerdo con la normativa indicada, es que el ofrecimiento del inmueble se realice de manera "profesional" (artículo 2.1).

46 En relación con esta figura, véase el Capítulo IV de la Ley 8/2012, de 19 de julio, del turismo de las Illes Balears.

b) debidamente dotados de mobiliario, instalaciones, servicios y equipo para su inmediata ocupación,

c) ofrecidos empresarialmente en alquiler.

Por su parte, el término «vivienda turística vacacional» quedaba reservado para "las unidades aisladas de apartamentos, bungalows, villas y chalés y similares y, en general, cualquier vivienda que, con independencia de sus condiciones de mobiliario, equipo, instalaciones y servicios, se ofrezcan en régimen de alquiler o por motivos vacacionales o turísticos" (el subrayado es mío)[47].

En otro orden de cosas, observamos que, pese a la ausencia de una denominación común y válidamente aceptada por todas las CC.AA., el concepto de «vivienda de uso turístico» (y asimilados) ha tendido sistemáticamente a ser definido sobre la base de unas notas comunes. Las definiciones existentes, que, en esencia, se limitan a replicar lo previsto en el artículo 5.e) de la LAU, podrían sintetizarse como sigue:

- Se trata de viviendas amuebladas y equipadas en condiciones de uso inmediato,
- en las que se presta un servicio de alojamiento de corta duración[48],
- con carácter habitual,
- a cambio de una contraprestación[49],

---

47 Es importante resaltar que, a diferencia de lo sucedido con respecto al «apartamento turístico», la normativa analizada no vinculaba la catalogación como «vivienda turística vacacional» al ofrecimiento "empresarial" de la misma. Dado que tampoco se prohibía expresamente esta circunstancia, debemos entender que ambas posibilidades (carácter profesional y no profesional de la cesión) eran plenamente admisibles.

48 Nótese que, en algunas CC.AA., el calificativo de vivienda turística (o similar) se vincula expresamente al "uso turístico" (Madrid) o al "uso turístico exclusivo" (Castilla-La Mancha). Entre otros aspectos, este requisito conlleva la prohibición de que el inmueble sea utilizado como residencia permanente del usuario. Así se especifica en el artículo 3 del Decreto 36/2018, de 29 de mayo, por el que se establece la ordenación de los apartamentos turísticos y las viviendas de uso turístico en Castilla-La Mancha, y en el artículo 6 del Decreto 79/2014, aplicable en la Comunidad de Madrid.

49 En lo que atañe a este requisito, resulta interesante transcribir aquí la definición ofrecida en el artículo 54 ter, apartado 2, del RGGIT, según redacción dada al mismo hasta el 31 de enero de 2024. Conforme a lo establecido en dicho precepto, "se entiende por cesión de uso de viviendas con fines turísticos la cesión temporal de uso de la totalidad o parte de una vivienda amueblada y equipada en condiciones de uso inmediato, cualquiera que

- y que son comercializadas o promocionadas en canales de oferta turística, tales como agencias de viaje o centrales de reserva[50].

A los aspectos indicados, determinadas CC.AA. adicionan otros de carácter más específico, cuya falta de concurrencia justificaría la inaplicación del régimen jurídico previsto para esta clase de inmuebles. Igualmente, ciertos legisladores autonómicos proceden a delimitar o definir algunos de los elementos básicos anteriormente enumerados (como la habitualidad) de una forma distinta a como se ha hecho en otras autonomías, generándose importantes diferencias y dudas interpretativas que redundan en un incremento de la complejidad. En palabras de Desdentado Daroca, Díaz Vales y Lucas Durán (2018), se trata, sin duda, de un "panorama regulatorio preocupante", caracterizado "por la heterogeneidad en la definición de este tipo de viviendas" y un esfuerzo desigual "por deslindar de forma razonable el concepto de vivienda de uso turístico que ha de someterse a la regulación administrativa"[51].

En las siguientes líneas, y solo a título de ejemplo, comentaremos algunas de las diferencias más destacadas entre unas regulaciones y otras.

A) Delimitación del objeto de la cesión: cesión de habitación frente a cesión de vivienda completa

Algunos legisladores autonómicos extienden la regulación en materia de viviendas turísticas a las cesiones de habitación. Otros, por el contrario, vin-

---

sea el canal a través del cual se comercialice o promocione y realizada con finalidad gratuita u onerosa" (el subrayado es mío).

50 Con carácter general, esta misma consideración se ha atribuido a las empresas de intermediación y organización de servicios turísticos; a las páginas web de promoción, publicidad, reserva o alquiler; a las agencias intermediarias en el mercado inmobiliario; e, incluso, a la publicidad realizada por cualquier medio de comunicación.

51 Desdentado Daroca, E., Díaz Vales, F. y Lucas Durán, M. (2018), Ob. Cit., p. 17. Como señalan los autores, es cierto que algunas CC.AA. "optan por fórmulas excesivamente amplias". En ellas, "los contornos de la vivienda de uso turístico son tan amplios que quedan sometidos a las regulaciones administrativas los alquileres bastante ocasionales, no profesionalizados, ni acompañados de servicios turísticos de cierta relevancia y que se publicitan incluso por medios tradicionales y con menor capacidad de difusión" (Ob. Cit., p. 18).

culan la aplicación de dicha normativa a la cesión de la vivienda turística en su totalidad.

Dentro del primer grupo destacan, por ejemplo, los siguientes casos:

- Andalucía y Murcia, donde las viviendas con fines turísticos podrán ser completas (o cedidas en su totalidad) o cedidas por habitaciones (debiendo la persona propietaria residir en ella)[52].
- Cantabria, donde se admite una doble clasificación de la vivienda turística en vivienda de cesión completa y vivienda de cesión compartida[53].
- País Vasco, cuya normativa específica "tiene por objeto la ordenación del alojamiento en viviendas para uso turístico y en habitaciones de viviendas particulares para uso turístico"[54].

Por su parte, dentro del grupo de autonomías que excluyen la posibilidad de cesión parcial del inmueble encontramos, por ejemplo, a Castilla y León, cuyo decreto regulador en materia de viviendas de uso turístico dispone de forma expresa que las mismas "constituyen una única unidad de alojamiento que se cede al completo, no permitiéndose la cesión por estancias"[55]. Previsiones similares a esta última pueden encontrarse, asimismo, en las normativas

52 Artículo 5.1 del Decreto 28/2016, de 2 de febrero, de las viviendas con fines turísticos y de modificación del Decreto 194/2010, de 20 de abril, de establecimientos de apartamentos turísticos, aplicable en Andalucía; y artículos 2.2 y 5.2 del Decreto 256/2019, de 10 de octubre, por el que se regulan las viviendas de uso turístico en la Región de Murcia.

53 Artículo 3 del Decreto 225/2019, de 28 de noviembre, por el que se regulan las viviendas de uso turístico en el ámbito de la Comunidad Autónoma de Cantabria. En particular, la vivienda de cesión compartida es aquella "que se cede temporalmente con fines turísticos por habitaciones, amuebladas y equipadas en condiciones de inmediata utilización, con derecho de uso del baño o baños y que dispone de cédula de habitabilidad. En esta modalidad el propietario deberá residir en la vivienda".

54 Artículo 1 del Decreto 101/2018, de 3 de julio, de viviendas y habitaciones de viviendas particulares para uso turístico.

55 Artículo 3.2 del Decreto 3/2017, de 16 de febrero, por el que se regulan los establecimientos de alojamiento en la modalidad de vivienda de uso turístico en la Comunidad de Castilla y León.

autonómicas de Castilla-La Mancha[56]; Cataluña[57]; Comunidad Valenciana[58]; Galicia[59]; y La Rioja[60].

B) Duración del periodo de cesión

Si bien la naturaleza temporal constituye un elemento consustancial al alquiler de vivienda turística, se confirma que algunas CC.AA. han optado por delimitar cuantitativamente la duración del periodo de cesión. Se observa, además, que, en aquellas CC.AA. en las que se ha establecido un plazo máximo, el criterio seguido por el legislador autonómico ha sido desigual.

En particular, y solo por citar algunos ejemplos de interés, destacamos los siguientes supuestos:

- El artículo 221-1, apartado 2, del Decreto 75/2020, aplicable en Cataluña, vincula la calificación como «viviendas de uso turístico» al hecho de que el inmueble sea cedido "para una estancia de temporada", entendiéndose cumplida esta condición cuando la ocupación se realice "por un periodo de tiempo continuo igual o inferior a 31 días".
- En Andalucía, al igual que en Castilla y León, se excluye del ámbito objetivo de la normativa específica aquellas viviendas arrendadas por un

---

56 Artículo 1.2, letra c), y artículo 2 del Decreto 36/2018.

57 Artículo 221-1, apartado 3, del Decreto 75/2020, de 4 de agosto, de turismo de Cataluña.

58 Artículo 47.1 del Decreto 10/2021, de 22 de enero.

59 Conforme al artículo 4.2 del Decreto 12/2017, "la comercialización de la vivienda turística deberá consistir en la cesión temporal del uso y disfrute de la totalidad de la vivienda, por lo que no se permite la formalización de contratos por habitaciones o la coincidencia dentro de la vivienda de usuarios que formalicen distintos contratos". Una previsión similar se recoge en el artículo 5.1 del mismo texto legal en relación con las denominadas «viviendas de uso turístico».

60 Artículo 66 del Decreto 10/2017, de 17 de marzo, por el que se aprueba el Reglamento General de Turismo de La Rioja en desarrollo de la Ley 2/2001, de 31 de mayo, de Turismo de La Rioja. Tal y como se especifica en el apartado 3 del referido precepto, "el alojamiento comprenderá la unidad completa. La cesión por habitaciones se someterá, en su caso, al régimen aplicable a las pensiones y requerirá la comunicación de inicio de actividad como tal".

periodo de tiempo superior a los dos meses computados de forma continuada a un mismo arrendatario[61].

- La Comunidad Autónoma de La Rioja excluye del concepto de «viviendas de uso turístico» aquellas que se destinen al alquiler durante un periodo consecutivo de al menos tres meses al año, independientemente de la ocupación efectiva durante dicho periodo[62].
- En Galicia, el calificativo queda reservado a las "estancias de corta duración", que son aquellas en las que la cesión de uso sea inferior a treinta días consecutivos[63].

En otras autonomías, como Canarias, el legislador se decanta por un criterio mucho más flexible. Si bien se exige que la cesión de la vivienda se realice con carácter temporal, se considera cumplido el requisito cuando la ocupación de la misma por el usuario no conlleve un "cambio de residencia" para dicho sujeto[64].

C) *Delimitación del requisito concerniente a la habitualidad*

Al igual que sucede con la delimitación del periodo de cesión, comprobamos que, en algunas CC.AA., la normativa reguladora en materia de viviendas turísticas establece de forma expresa cuándo se entiende desarrollada con habitualidad la actividad de alojamiento. Así ocurre, por ejemplo, en el caso particular de Canarias, donde se considera habitual la cesión de la vivienda cuando se realiza

61 Artículo 1.2 del Decreto 28/2016 (Andalucía) y artículo 4.d) del Decreto 3/2017 (Castilla y León). Algo similar sucede en el caso Balear, donde "las estancias que se comercialicen turísticamente tendrán que consistir en la cesión temporal del derecho de goce y disfrute de la totalidad de la vivienda por periodos de tiempo no superior a dos meses" (artículo 50.3 de la Ley 8/2012).

62 Artículo 66.2 del Decreto 10/2017. En este mismo sentido, puede verse lo dispuesto en el artículo 2.1 del Decreto Foral 230/2011, de 26 de octubre, por el que se aprueba el Reglamento de Ordenación de los Apartamentos turísticos en la Comunidad Foral de Navarra.

63 Artículo 5.2 del Decreto 12/2017.

64 Artículo 2 del Decreto 113/2015, de 22 de mayo, por el que se aprueba el Reglamento de las viviendas vacacionales de la Comunidad Autónoma de Canarias. En idéntico sentido, puede verse lo dispuesto en el artículo 2 del Decreto 225/2019, relativo a la Comunidad de Cantabria.

"dos o más veces dentro del periodo de un año o una vez al año, pero en repetidas ocasiones"[65].

En otras autonomías, como la Región de Murcia y Andalucía, la habitualidad se presume desde el momento en el que se haga publicidad de la vivienda por cualquier medio[66], lo que da lugar a una equiparación entre "habitualidad" y "comercialización" del inmueble que, en línea con lo apuntado por Desdentado Daroca, Díaz Vales y Lucas Durán (2018), debe reputarse errónea, "pues tratándose de criterios diferentes, no han de coincidir necesariamente"[67]. Los autores lamentan, de hecho, que este segundo elemento (el relativo a la comercialización) no haya sido empleado por ciertos legisladores autonómicos "con el carácter absoluto exclusivo/inclusivo con que se dispone en el art. 5.e) de la LAU (con la consiguiente descoordinación normativa)", sino "con carácter de presunción de aplicación de la normativa o de habitualidad, y de forma menos correcta, como exigencia cumulativa a este última o a la temporalidad del contrato para dicha aplicación"[68].

Una problemática similar a la señalada se plantea, igualmente, en Castilla-La Mancha, donde se entiende "que existe habitualidad cuando se facilite alojamiento en dos o más ocasiones por anualidad, publicitándose en cualquier tipo de canal de comercialización propio o de un tercero"[69]. De aquí se infiere la necesaria concurrencia de una doble condición: la repetición en el tiempo y la publicidad del inmueble, dos elementos que, en otras CC.AA., como la del País Vasco, se aplican de manera alternativa (esto es, la habitualidad se presume cuando concurra cualquiera de ellos[70]). Y algo parecido sucede en Asturias, cuyo decreto regulador en materia de viviendas turísticas presume cumplido el requi-

---

65 Artículo 2 del Decreto 113/2015.

66 Artículo 2.4 del Decreto 256/2019 (Murcia) y artículo 3.2 del Decreto 28/2016, de 2 de febrero (Andalucía).

67 Desdentado Daroca, E., Díaz Vales, F. y Lucas Durán, M. (2018), Ob. cit., p. 47.

68 Desdentado Daroca, E., Díaz Vales, F. y Lucas Durán, M. (2018), Ob. Cit., p. 48.

69 Artículo 2 del Decreto 36/2018.

70 En este sentido, dispone el artículo 1.4 del Decreto 101/2018 que "se presume que la actividad alojativa es habitual (...) cuando concurra una de las siguientes condiciones: a) Que se realice publicidad o comercialización de las viviendas a través de un canal de oferta turística. b) Que se facilite alojamiento por un periodo de tiempo continuo igual o inferior a 31 días, dos o más veces dentro del mismo año".

sito, bien "cuando se oferte el alojamiento por cualquier canal de oferta turística", bien cuando "se preste el servicio al menos una vez al año"[71].

Finalmente, encontramos autonomías que, apartándose de lo que podría considerarse la pauta común, se decantan por un criterio dotado de mayor singularidad. Por ejemplo:

- Castilla y León, donde la habitualidad no viene determinada necesariamente por la repetición en el tiempo de la conducta, sino por la duración en cómputo anual de la misma. Desde este punto de vista, se entiende que existe habitualidad "cuando se facilite alojamiento en una o más ocasiones dentro del mismo año natural por tiempo que, en conjunto, exceda de un mes"[72].
- Comunidad Valenciana, cuyo legislador presume la existencia de habitualidad en la medida en la que se dé, al menos, una de las siguientes circunstancias: "a) Que se ceda para su uso turístico por empresas gestoras de viviendas turísticas. b) Que se ponga a disposición de las y los usuarios turísticos por las personas propietarias o titulares, con independencia de cuál sea el período de tiempo contratado y siempre que se presten servicios propios de la industria hostelera. c) Cuando se utilicen canales de comercialización turística"[73].

D) Ubicación del inmueble

En lo que atañe a la localización del inmueble ofertado en arrendamiento, observamos que algunos legisladores autonómicos, como el de Cantabria, vinculan el calificativo de «vivienda de uso turístico» al hecho de que el inmueble se encuentre situado en suelo de uso residencial (obviamente, dentro del territorio de la Comunidad Autónoma)[74]. En Galicia, por el contrario, se parte de la premisa de que "las viviendas de uso turístico estarán situadas en suelo residencial", para seguidamente reconocerse que "podrán estar situadas en suelos de uso distinto al residencial" cuando así lo prevea la legislación urbanística correspondiente[75].

---

71 Artículo 3, letra c), del Decreto 48/2016.

72 Artículo 4, letra c), del Decreto 3/2017.

73 Artículo 47.2 del Decreto 10/2021.

74 Artículo 2 del Decreto 225/2019.

75 Artículo 5.6 del Decreto 12/2017.

E) Naturaleza de los servicios prestados al usuario

La definición de vivienda turística ofrecida por algunas CC.AA. se encuentra condicionada a la prestación exclusiva de un servicio de alojamiento al arrendatario, lo que, a falta de mayor especificación, dejaría fuera de dicho concepto aquellas cesiones de inmuebles que vayan acompañadas de la prestación de servicios complementarios propios de la industria hotelera. Este es, por ejemplo, el caso de Asturias, que, tanto a la hora de definir el término de «vivienda vacacional» como el de «vivienda de uso turístico», comienza remitiéndose a aquellas "en las que (...) se presta únicamente el servicio de alojamiento mediante precio (...)"[76].

La situación observada choca, sin embargo, con la existente en otras autonomías, donde, o bien se reconoce la posibilidad de prestar al usuario de la vivienda servicios hoteleros complementarios (cuando menos indirectamente), o bien se exige la prestación de tales servicios para que la cesión efectuada quede sujeta a la correspondiente normativa sectorial. Así, como comentábamos anteriormente, cuando el legislador autonómico valenciano trata de perfilar el requisito de la habitualidad sobre una serie de presunciones, alude al hecho de que la vivienda sea puesta a disposición del usuario por parte de su propietario o titular, "con independencia de cuál sea el periodo de tiempo contratado y siempre que se presten servicios propios de la industria hostelera"[77]. De aquí se infiere la posibilidad (que no la obligación) de que la prestación efectuada por el arrendador vaya más allá de la mera puesta a disposición del inmueble en favor del arrendatario.

En Baleares, por su parte, y si bien se trata de un supuesto particular, la aplicación de la regulación específica en materia de comercialización de estancias turísticas en viviendas queda condicionada al ofrecimiento de los servicios turísticos que se relacionan en el artículo 51 de la Ley 8/2012[78]. Conforme al citado precepto, tienen esta consideración las prestaciones consistentes en: "a) Limpieza periódica de la vivienda; b) Ropa de cama, lencería, menaje de casa en general y

---

[76] Artículos 4 y 12 del Decreto 48/2016.

[77] Artículo 47.2, letra b), del Decreto 10/2021.

[78] En este sentido, el artículo 50.1 de la Ley 8/2012 dispone que: "Se podrán comercializar estancias turísticas de corta duración en viviendas unifamiliares siempre que se lleve a efecto por su propietario o por medio de operadores o cualquiera de los canales de comercialización turística y siempre que se ofrezca con los servicios turísticos a que se refiere el artículo siguiente".

reposición de estos; c) Mantenimiento de las instalaciones; d) Servicio de atención al público en horario comercial".

F) Carácter profesional de la cesión

En Asturias, el carácter profesional de la cesión sería uno de los elementos determinantes de la calificación del inmueble como «vivienda vacacional» o como «vivienda de uso turístico». En particular, recibe el calificativo de «vivienda vacacional» aquella en la que "se presta únicamente el servicio de alojamiento mediante precio, de forma habitual y profesional"[79], mientras que la «vivienda de uso turístico» sería aquella en la que, cumpliéndose una serie de requisitos adicionales, "se presta únicamente el servicio de alojamiento mediante precio, de forma habitual"[80].

El elemento indicado adquiere relevancia, asimismo, en la Comunidad Autónoma de Extremadura, que, en los términos antes apuntados, constituye un caso singular, pues no dispone de una regulación específica en materia de viviendas de uso turístico. Por esta razón, y siempre que se acredite la concurrencia de los requisitos exigidos al efecto, debe considerarse aplicable el Decreto 182/2012, de 7 de septiembre, cuyo artículo 2 define los «apartamentos turísticos» como "los bloques o conjuntos de apartamentos, las casas, y aquellas otras edificaciones semejantes, (...) que oferten, profesional y habitualmente, mediante contraprestación económica, servicio de alojamiento turístico (...)".

En otras CC.AA., como Galicia, la normativa vigente parece dar cabida tanto a los arrendadores profesionales como a los no profesionales, al quedar incluidos dentro de su ámbito subjetivo dos categorías diferenciadas de agentes[81]: a) "las empresas de alojamiento turístico que se dedican, de manera profesional, habitual y mediante contraprestación económica, a la actividad turística de alojamiento en apartamentos y viviendas turísticas", y b) "las empresas o propietarios/as que comercialicen las viviendas de uso turístico conforme a lo dispuesto en el artículo 65 bis de la Ley 7/2011, de 27 de octubre, del turismo de Galicia", precepto en el que no se contempla ningún requisito de naturaleza similar al analizado en este epígrafe.

79 Artículo 4 del Decreto 48/2016.

80 Artículo 12.1 del Decreto 48/2016.

81 Artículo 1.2 del Decreto 12/2017.

En la Comunidad Valenciana, igualmente, se admite la cesión efectuada por "las personas propietarias o titulares" del inmueble en cuestión y por "empresas gestoras de viviendas turísticas", que son aquellas "personas físicas o jurídicas cuya actividad profesional (...) consista en la cesión a título oneroso del uso y disfrute de, al menos, cinco viviendas de uso turístico"[82]. Y una situación similar parece darse, pese a la falta de referencia expresa al carácter profesional o no profesional de la cesión:

- En Galicia, donde las viviendas de uso turístico "podrán ser comercializadas, además de por las empresas turísticas reguladas en el artículo 33.1 de la Ley 7/2011, de 27 de octubre, por sus propietarios/as o persona física o jurídica que los/las represente"[83].
- En Murcia, donde se reconoce la posibilidad de que la explotación de los inmuebles en cuestión se haga "por sus propietarios o por empresas gestoras"[84].

Una situación diferente se plantea, sin embargo, en el caso particular de Cantabria, cuyo decreto regulador en materia de viviendas de uso turístico (que, entre otros cometidos, tiene por objeto la regulación de los derechos y obligaciones de los titulares y usuarios de las viviendas de uso turístico), define el concepto "Titular" por referencia a la "persona física propietaria de la vivienda que facilita alojamiento a cambio de un precio"[85]. A ello se añade lo previsto en la Exposición de Motivos del citado texto normativo, en la que se afirma que:

> "Otro aspecto muy controvertido, y que se circunscribe al ámbito turístico por su relación con otras tipologías de actividades turísticas, se trata del hecho del intrusismo y la competencia desleal de esta actividad con respecto a las empresas de alojamiento turístico ya reglamentadas, por ello el propietario de estas viviendas no se define como un profesional de la hostelería sino como la persona física propietaria de la vivienda. El motivo, es dar cabida a aquellas personas que, sin ser expertos en la materia, quieren alquilar su vivienda y que no encuentran amparo en la actual normativa".

---

[82] Artículo 47 del Decreto 10/2021.

[83] Artículo 5.1 del Decreto 12/2017. A estas posibilidades parece referirse también el artículo 221-1, apartado 1, del Decreto 75/2020, aplicable en Cataluña, cuando se refiere a la vivienda de uso turístico como la cedida "por su propietario, directa o indirectamente, a terceros".

[84] Artículo 5.1 del Decreto 256/2019.

[85] Decreto 225/2019, artículo 2.

Esta regulación parece sugerir que la aplicación del Decreto 225/2019, propio de esta Comunidad Autónoma, queda limitada a aquellos supuestos en los que el inmueble cedido sea propiedad de una persona física, que es la que presta el servicio de alojamiento de forma directa y no profesional.

2.3. CONCLUSIONES

Sin grandes dificultades se advierte que el elevado grado de dispersión normativa en torno a las viviendas de uso turístico genera una gran complejidad, tanto de naturaleza teórica como práctica, al tiempo que dificulta enormemente el ofrecimiento de una definición que pueda resultar válida en todos los sectores del ordenamiento en los que dicho fenómeno despliega efectos. De aquí que algunos autores hayan sugerido la intervención del legislador estatal al objeto de fijar unas bases comunes que doten al sistema de mayor claridad y seguridad jurídica. Se trataría, tal y como defiende Calvo Vérgez (2019), de aprobar "una ley marco de arrendamientos de uso turístico" que, sin vulnerar las transferencias realizadas a las CC.AA. en materia turística, establezca "unas líneas maestras generales que arrojen luz a la maraña normativa actual sobre viviendas de uso turístico"[86] y, que, entre otros aspectos, proporcione una definición del concepto de vivienda de uso turístico "que afiance su clasificación residencial"[87].

Sin perjuicio de lo anterior, debe tenerse en cuenta que la tributación de los servicios de alojamiento en viviendas turísticas o vacacionales, que constituye el objeto de la presente obra, no se hace depender de la calificación atribuida al arrendamiento desde el punto de vista civil, sino de las concretas circunstancias concurrentes en cada caso. Así pues, a igualdad de condiciones en cuanto a residencia del arrendador, uso de la vivienda por parte del inquilino, servicios prestados al mismo, etc., la fiscalidad de la operación efectuada y de las rentas obtenidas será exactamente la misma con independencia de que el inmueble cedido tenga naturaleza de vivienda turística conforme a la normativa sectorial aplicable o no reúna las condiciones para recibir dicha calificación. Y ello, en línea con lo defendido por Antón Antón y Bilbao Estrada (2016), porque "tanto las plataformas como los particulares que operan en el tráfico jurídico pueden configurar sus relaciones, negocios o inversiones bajo cualquiera de las alternativas que permita

86 Calvo Vérgez, J. (2019), Ob. Cit., p. 130

87 Calvo Vérgez, J. (2019), Ob. Cit., pp. 130-131.

el mercado y el ordenamiento jurídico. Sin embargo, (...), el Derecho tributario tratará de garantizar la aplicación del gravamen que corresponde a la verdadera capacidad económica puesta de manifiesto por los hechos de la realidad que se califican, según su verdadera naturaleza o sustancia"[88].

3. AGENTES IMPLICADOS EN LA ACTIVIDAD DE ALQUILER TURÍSTICO

Desde mi punto de vista, todo análisis de los aspectos tributarios asociados a la actividad de alquiler turístico o vacacional exige una identificación previa de los distintos agentes implicados en la misma, así como del rol ocupado por cada uno de ellos.

En su comunicación "Una Agenda Europea para la economía colaborativa", la Comisión Europea efectuaba una clasificación de los agentes participantes en dicho fenómeno en tres grandes categorías[89]:

A. Prestadores de servicios[90].

B. Usuarios de los servicios.

C. Intermediarios que, a través de una plataforma en línea, conectan a los prestadores del servicio con los usuarios, facilitando las transacciones entre ellos.

Por lo que se refiere al caso particular de la actividad de alquiler turístico, cuyo encaje en el fenómeno de la «economía colaborativa» plantea serias dudas, debe admitirse que el recurso a la plataforma intermediaria se configura como una mera posibilidad al servicio del propietario del inmueble. A este respecto, conviene recordar que uno de los elementos consustanciales al concepto de vivienda turística, vivienda de uso turístico o vivienda vacacional es precisamente el hecho de que el inmueble sea comercializado o promocionado "en canales de oferta turística o por cualquier otro modo de comercialización o promoción". Así se deriva de lo dispues-

---

88 Antón Antón, Á. y Bilbao Estrada, I. (2016), Ob. Cit., p. 16.

89 Comisión Europea (2016), Ob. Cit., p. 3.

90 Más concretamente, la Comisión Europea (2016) alude a los "prestadores de servicios que comparten activos, recursos, tiempo y/o competencias —pueden ser particulares que ofrecen servicios de manera ocasional («pares») o prestadores de servicios que actúen a título profesional («prestadores de servicios profesionales»)" (Ob. cit., p. 3).

to en el artículo 5.e) de la LAU y así lo han exigido, aunque con diferentes matices, todas las CC.AA. que han aprobado una regulación específica en esta materia.

Cierto es que el recurso a plataformas web especializadas en el arrendamiento de viviendas turísticas (como Airbnb o similares) nos llevaría a entender cumplido el requisito señalado en el párrafo anterior, dado que, tal y como se ha reconocido en muchas normativas autonómicas, las plataformas de esta naturaleza constituyen una tipología específica de «canales de oferta turística» a disposición de los interesados[91]. Sin embargo, no se trata de la única alternativa posible, pues esta misma consideración se atribuye igualmente, y entre otras, a las agencias de viajes; las empresas de intermediación y organización de servicios turísticos; o las empresas que insertan publicidad de viviendas para uso turístico en medios de comunicación social, cualquiera que sea su tipología o soporte.

En consonancia con lo expuesto, parece razonable afirmar que la actividad de alquiler turístico involucrará a un mayor o menor número de agentes en función de la vía por la que se haya optado para su organización y de los medios que se utilicen para la promoción del inmueble ofertado. Como defiende Lucas Durán (2016), "existe habitualmente una situación triangular (...): dos extremos —que, por lo general, lo conforman particulares (...) —; y, por otro lado, una plataforma de internet que sirve como nexo entre ambos extremos". No obstante, podría hablarse también de una situación dual, en la que no participan más sujetos que el propietario y el usuario del inmueble, o, incluso, de una situación caracterizada por la participación de más de un intermediario; por ejemplo, una plataforma que se dedica a la comercialización del inmueble y a la gestión de las reservas, otra que se encarga de recibir al cliente y prestarle una serie de servicios durante su estancia, y una tercera que centraliza la gestión digital de los pagos.

Por tratarse del supuesto más frecuente en la práctica, en este trabajo partiremos de una clasificación análoga a la propuesta por la Comisión Europea, que nos lleva a distinguir entre: el prestador del servicio de alojamiento, el usuario del servicio de alojamiento y la plataforma intermediaria. A estas categorías añadiremos una cuarta (la de "Otros participantes"), en la que quedarían incluidos todos aquellos sujetos que no tienen la consideración de plataforma colabora-

---

91 Así, por ejemplo, el Decreto 225/2019, aplicable en la Comunidad Autónoma de Cantabria, ofrece la siguiente definición del término "canal de oferta turística" en su artículo 2: "Empresas de intermediación turística, tales como agencias de viajes y centrales de reserva, <u>incluidos los canales de intermediación virtuales, las páginas webs de promoción, alquiler o marketplaces</u>" (el subrayado es mío).

tiva, pero, al igual que aquellas, pueden jugar un papel esencial en el correcto desarrollo de la actividad de alquiler turístico.

3.1. PRESTADORES DE SERVICIOS

En el caso particular del arrendamiento de vivienda turística, hablamos normalmente de particulares que ofrecen el uso y disfrute de las viviendas de las que son propietarios por periodos cortos de tiempo y a cambio de un precio. Sin embargo, cabría también la posibilidad de que el propietario de la vivienda fuese una persona jurídica; por ejemplo, una sociedad mercantil que hubiese adquirido el inmueble en el mercado o vía aportación de su socio o socios personas físicas.

Asimismo, y junto a los supuestos de cesión directa del inmueble por su propietario, sería factible que el servicio de alojamiento turístico fuese prestado al usuario por una persona o entidad a la que, a su vez, el propietario hubiese cedido la vivienda a través de un contrato de arrendamiento o por cualquier otro título (como podría ser, por ejemplo, un derecho de usufructo[92]). Debe observarse que, conforme a la jurisprudencia del Tribunal de Justicia de la Unión Europea (en adelante, TJUE), esta persona o entidad no encajaría en el concepto de intermediario al que nos referiremos en el apartado 3.3, pues se trataría de un auténtico prestador de servicios de alojamiento turístico a terceros.

3.2. USUARIOS DE LOS SERVICIOS

Con carácter general, se trata de otros particulares que utilizan la vivienda cedida durante una temporada previo pago del precio acordado con el propietario o cedente de la misma.

Igualmente, y aunque no consideramos que se trate de un supuesto muy habitual, conviene admitir la posibilidad de que el destinatario del servicio de alojamiento sea una persona jurídica que arrienda temporalmente el inmueble para ponerlo a disposición de un tercero (por ejemplo, un trabajador o un socio), siendo este último el que verdaderamente utilizará la vivienda con fines turísticos o

92 Conforme a lo establecido en el artículo 467 del Código Civil, "el usufructo da derecho a disfrutar de los bienes ajenos con la obligación de conservar su forma y sustancia, a no ser que el título de su constitución o la ley autoricen otra cosa".

vacacionales durante el periodo de tiempo fijado. El hecho de que esta situación pueda llegar a darse nos lleva a proponer una distinción entre la figura del contratante, arrendatario o cesionario (que es quien suscribe el contrato y asume los derechos y obligaciones derivados del mismo) y la figura del usuario del servicio (que será, en todo caso, una persona física).

3.3. PLATAFORMAS INTERMEDIARIAS

En lo que atañe al concepto de «intermediario», y pese a la existencia de una amplia jurisprudencia en torno a esta cuestión, considero oportuno traer a colación la sentencia del TJUE de 19 de diciembre de 2019, asunto C-390/18, *AIRBNB Ireland,* en la que se analiza la problemática relativa a la calificación jurídica de los servicios prestados por Airbnb como servicios de la sociedad de la información o como servicios de alojamiento[93].

El Tribunal de Justicia comienza su fundamentación haciendo referencia a las características del servicio de intermediación prestado por la citada entidad, que, a cambio de una remuneración y mediante una plataforma electrónica, pone en contacto "a potenciales arrendatarios con arrendadores, profesionales o no profesionales, que proponen servicios de alojamiento de corta duración y (...), además, ofrece otras prestaciones, como una plantilla que define el contenido de su oferta, un servicio de fotografía, un seguro de responsabilidad civil y una garantía de daños, una herramienta de estimación del precio del alquiler o servicios de pago relativos a las prestaciones de alojamiento[94]. Esta caracterización permi-

---

93 La problemática analizada en esta sentencia puede considerarse equivalente a la abordada por el mismo Tribunal en su sentencia de 20 de diciembre de 2017, asunto C-434/15, *Asociación Profesional Élite Taxi* (en adelante, sentencia Uber), en la que vino a ponerse fin a las dudas existentes en torno a la calificación de los servicios prestados por la plataforma Uber como «servicios en el ámbito de los transportes» o como «servicios de la sociedad de la información». Se trata, sin duda, de una lectura recomendada, habida cuenta de la distinta conclusión a la que llega el TJUE en uno y otro supuesto. De hecho, en el apartado 65 de la sentencia *AIRBNB Ireland* se llega a reconocer la imposibilidad de asimilar "las modalidades de funcionamiento de un servicio de intermediación como el prestado por Airbnb" con "las del servicio de intermediación que dio lugar a las sentencias de 20 de diciembre de 2017 (...) y de 10 de abril de 2018"; entre otras cosas, porque en las prestaciones efectuadas por Airbnb no es posible apreciar el nivel de control constatado por el Tribunal de Justicia en aquellas otras resoluciones.

94 Sentencia *AIRBNB Ireland*, apartado 39.

te confirmar que el servicio prestado reúne todos los requisitos contemplados en el artículo 1 de la Directiva 2015/1535, de 9 de septiembre de 2015, por la que se establece un procedimiento de información en materia de reglamentaciones técnicas y de reglas relativas a los servicios de la sociedad de la información, para ser calificado como «servicio de la sociedad de la información»[95]; en particular:

1) Se trata de un servicio prestado a cambio de una remuneración, siendo indiferente, a tales efectos, que la comisión de la plataforma sea satisfecha por el arrendatario y no por el arrendador.
2) La prestación se realiza a distancia y por vía electrónica, habida cuenta de que los sujetos intervinientes en la transacción "son puestos en contacto a través de una plataforma electrónica en la que no se requiere la presencia simultánea del prestador del servicio de intermediación, por un lado, y del arrendador o el arrendatario, por otro"[96].
3) El servicio se presta a petición individual de sus destinatarios, dado que presupone la publicación de un anuncio en la plataforma por parte del arrendador y la formalización de una solicitud individual por parte del usuario interesado en el mismo.

El TJUE insiste en la procedencia de esta calificación en el caso particular de la plataforma Airbnb, pues las circunstancias concurrentes impiden considerar que el servicio de intermediación cuya naturaleza se discute "forme parte integrante de un servicio global cuyo elemento principal sea un servicio al que corresponda otra calificación jurídica"[97]. En efecto, como se indica en el apartado 53 de la sentencia, el referido servicio de intermediación "es disociable de la transacción inmobiliaria propiamente dicha en la medida en que no solo tiene por objeto la realización inmediata de una prestación de alojamiento, sino, más bien, (...) proporcionar un instrumento que facilite la conclusión de contratos en futuras transacciones"[98]. La prestación consistente en la creación de una lista ordenada de alojamientos disponibles que se adecúen a los criterios seleccionados por el usuario, que se configura

---

95 Conforme a lo previsto en el apartado 1, letra b), del referido precepto, se entenderá por «servicio de la sociedad de la información» "todo servicio prestado normalmente a cambio de una remuneración, a distancia, por vía electrónica y a petición individual de un destinatario de servicios".

96 Sentencia *AIRBNB Ireland*, apartado 47.

97 Sentencia *AIRBNB Ireland*, apartado 50.

98 Sentencia *AIRBNB Ireland*, apartado 53.

como principal rasgo de la plataforma, reviste una importancia tal que en modo alguno puede considerarse meramente accesoria "de un servicio global al que corresponde una calificación jurídica diferente, a saber, la prestación de alojamiento"[99].

A lo anterior se añaden otros elementos de interés que, además de reforzar la conclusión apuntada, ponen de manifiesto las grandes diferencias existentes entre el supuesto de hecho analizado en esta sentencia y el examinado en el marco de la sentencia *Uber*[100]. Así, en el caso de Airbnb, queda acreditado el carácter prescindible de la plataforma para el desarrollo de la actividad de arrendamiento, por cuanto las partes interesadas en la misma (arrendadores y arrendatarios) disponen de otras vías alternativas para satisfacer sus pretensiones y necesidades, como son las agencias inmobiliarias, los anuncios clasificados en papel o en formato electrónico, y los sitios web de alquiler de inmuebles[101]. Asimismo, y aunque es cierto que la plataforma pone a disposición de los arrendadores una herramienta opcional de estimación de precios, son estos últimos quienes fijan libremente la contraprestación que desean obtener por los servicios prestados al inquilino[102]. También resulta probado, en línea con lo previsto en el apartado 68 de la sentencia, que el prestador del servicio de intermediación no lleva a cabo una selección previa ni de arrendadores ni de alojamientos.

Por lo que respecta a los servicios adicionales ofrecidos a los usuarios de la plataforma (como la plantilla que define el contenido de la oferta o los servicios de pago relativos a las prestaciones efectuadas), el Tribunal matiza que "no constituyen para los arrendadores un fin en sí mismo, sino el medio de disfrutar del servicio de intermediación (...) o de ofrecer prestaciones de alojamiento en las mejores condiciones"[103]. Se trata, por tanto, de prestaciones de carácter accesorio que no modifican sustancialmente las características específicas del servicio de intermediación prestado por Airbnb[104].

---

99 Sentencia *AIRBNB Ireland*, apartado 54.

100 Un estudio más detallado de esta sentencia puede encontrarse en López Llopis, E. (2020): "La tributación en el IVA de los servicios prestados por la plataforma Uber", en: *Estudios sobre Jurisprudencia Europea, Materiales del III Encuentro anual del Centro español del European Law Institute*, Volumen II, Ruda González y Jerez Delgado (dirs.), Madrid: Sepín, pp. 1003 a 1017.

101 Sentencia *AIRBNB Ireland*, apartado 55.

102 Sentencia *AIRBNB Ireland*, apartado 56.

103 Sentencia *AIRBNB Ireland*, apartado 58. En refuerzo de esta afirmación, puede verse la jurisprudencia citada en dicho apartado.

104 Sentencia *AIRBNB Ireland*, apartado 64.

Sobre la base de todo lo expuesto, se concluye que el servicio debatido debe ser calificado como «servicio de la sociedad de la información», y no como «servicio de alojamiento». Esta decisión se muestra plenamente coherente con las conclusiones del Abogado General, Sr. Maciej Szpunar, presentadas el 30 de abril de 2019, en las que acaba resolviéndose que "un servicio consistente en poner en relación, a través de una plataforma electrónica, a potenciales arrendatarios con arrendadores que ofrecen prestaciones de alojamiento de corta duración, en una situación en la que el prestador de ese servicio no ejerce control alguno sobre las modalidades esenciales de dichas prestaciones, constituye un servicio de la sociedad de la información"[105].

Igualmente, la postura adoptada por el TJUE en la sentencia *AIRBNB Ireland* resulta congruente con las conclusiones alcanzadas por el mismo Abogado General en el marco del asunto *Uber*, que fueron presentadas el 11 de mayo de 2017. Por su relevancia, considero procedente destacar aquí los ejemplos propuestos en dicho documento, en el que se reconoce que las plataformas de compra de billetes de avión o de reserva de hoteles constituyen una buena muestra de "la situación de un prestador intermediario que facilita las relaciones comerciales entre un usuario y un prestador de servicios (o un vendedor) independiente. (...) En tal caso, la prestación del intermediario tiene un verdadero valor añadido tanto para el usuario como para el empresario de que se trate, pero sigue siendo económicamente autónoma, ya que el empresario desarrolla su actividad de manera independiente"[106]. Una situación distinta se produce, por su parte, "cuando el prestador del servicio facilitado por vía electrónica es también el del servicio que no se presta por esa vía, o cuando ejerce una influencia decisiva sobre las condiciones en que se presta este último (...)"[107].

El propio Abogado General rechazaba entonces la posibilidad de comparar el caso de Uber con el de plataformas de intermediación como las que permi-

[105] Conclusiones del Abogado General de 30 de abril de 2019, asunto C-390/18, *AIRBNB Ireland*, apartado 152.

[106] Conclusiones del Abogado General de 11 de mayo de 2017, asunto C-434/15, *Asociación Profesional Élite Taxi*, apartado 34.

[107] Conclusiones del Abogado General en el asunto C-434/15, apartado 35. A juicio del Abogado General, es dentro de esta segunda categoría donde cabría encuadrar el caso de la plataforma Uber, que "hace bastante más que intermediar entre oferta y demanda: ella misma ha creado la oferta. También regula sus características esenciales y organiza su funcionamiento" (apartado 43).

ten reservar un hotel, entre las que, por analogía, podrían incluirse aquellas que adquieren protagonismo en el sector del alquiler de viviendas turísticas. A este respecto, se realizaban las siguientes observaciones, de gran interés en el contexto de este trabajo:

> "58. Evidentemente, existen similitudes entre ellas, como los mecanismos para reservar o comprar directamente en la plataforma, las facilidades de pago o los sistemas de evaluación (...).
>
> 59. Sin embargo, (...) tanto los hoteles como las compañías aéreas son empresas cuyo funcionamiento es totalmente independiente de cualquier plataforma intermediaria y que utilizan estas plataformas simplemente como un medio entre otros de comercializar sus servicios. Son también dichas empresas, y no las plataformas de reserva quienes determinan las condiciones de prestación de sus servicios, empezando por los precios. (...) Asimismo, el funcionamiento de tales empresas se rige por la normativa propia de su sector de actividad, de modo que las plataformas de reserva no ejercen ningún control previo del acceso a la actividad, como sí hace Uber respecto de sus conductores.
>
> 60. Por último, en una plataforma de reserva de este tipo, los usuarios tienen una verdadera elección entre varios prestadores cuyas ofertas difieren en varios factores importantes desde su punto de vista, como los estándares del (...) alojamiento, (...) la situación del hotel, etcétera. En cambio, en Uber estos factores están estandarizados y los determina la plataforma, de modo que, con carácter general, el pasajero aceptará la prestación del conductor lo más rápidamente posible".

A fecha de hoy, podría afirmarse que todas las plataformas relevantes en el ámbito del alojamiento turístico en viviendas (no solo Airbnb, sino también plataformas como Vrbo, Only-apartments o HomeToGo) se adaptan a las especificaciones señaladas por el Abogado General en el marco de las sentencias aludidas. En particular, se trata de plataformas cuya actividad se limita a mediar entre dos partes interesadas (arrendadores y usuarios de las viviendas) y, en ocasiones, también a proporcionar a dichos sujetos una serie de servicios adicionales ajenos a la propia prestación de alojamiento[108]. Esta conexión entre partes, junto a los potenciales servicios accesorios, se encuentran dotados de un valor económico

[108] En este mismo sentido, Gorospe Oviedo, J. I. (2018) ha defendido que "las plataformas online en el sector del alojamiento turístico generan las condiciones para la celebración de un contrato de arrendamiento vacacional entre los usuarios registrados en la misma. (...) sin embargo, no prestan el servicio principal —alojamiento— que se oferta a través de las mismas. Su labor se limita, en consecuencia, a realizar una mera intermediación, acercando oferta y demanda en un entorno online" (Ob. Cit., p. 218).

propio que se materializa en el pago de una comisión, normalmente por uno de los dos sujetos intervinientes en la transacción (anfitrión o huésped).

Por otro lado, se confirma que son los arrendadores quienes ejercen la actividad de alojamiento de forma independiente. Así, y aunque en todo caso deben respetarse las normas fijadas por la plataforma escogida, son ellos quienes toman todas las decisiones relevantes en relación con los servicios prestados (precio, disponibilidad del inmueble, periodo mínimo de reserva, equipamiento de la vivienda, etc.) y quienes deben procurar el cumplimiento de las obligaciones establecidas en la normativa aplicable (como podría ser la solicitud de permisos o la declaración de inicio de actividad)[109]. A dicha circunstancia se añade, tal y como comentábamos anteriormente, que el recurso a la plataforma intermediaria no resulta ni mucho menos indispensable para el desarrollo de la actividad de arrendamiento, habida cuenta de que los propietarios de las viviendas turísticas, así como los futuros arrendatarios, podrían encontrar clientes y opciones de alojamiento por medio de otras herramientas y recursos alternativos.

3.4. OTROS PARTICIPANTES

A las llamadas plataformas colaborativas, que operan como segundo eslabón de la cadena, situándose entre el prestador y el usuario del servicio, podrían añadirse otros sujetos que también contribuyen al correcto desarrollo del negocio de arrendamiento (muy generalmente en beneficio del arrendador). Se trata de individuos, agencias y entidades especializados en la prestación de una determinada tipología de servicios, cuya calificación jurídica y tratamiento fiscal no parece plantear mayores inconvenientes. A título de ejemplo, quedarían encuadradas en esta última categoría aquellas personas o entidades que se ocupan de la limpieza del inmueble, las empresas dedicadas exclusivamente a la prestación de servicios

109 A algunos de estos aspectos se refiere también el Abogado General en sus conclusiones sobre el asunto *AIRBNB Ireland*. Así, cuando describe las condiciones de funcionamiento de la plataforma, aclara: "Incumbe al arrendador fijar las tarifas, el calendario de disponibilidad y los criterios de reserva, así como elaborar un reglamento interno que los eventuales arrendatarios deben acatar. Además, el arrendador debe seleccionar una de las opciones predefinidas por AIRBNB Ireland en cuanto a las condiciones de cancelación de la reserva de su alojamiento" (apartado 27).

de publicidad[110], o las agencias especializadas en la gestión integral de la actividad de alquiler turístico[111].

4. FORMAS DE ORGANIZACIÓN Y DESARROLLO DE LA ACTIVIDAD DE ALQUILER TURÍSTICO

4.1. ORGANIZACIÓN DE LA ACTIVIDAD

En consonancia con lo expuesto en el epígrafe 3, la actividad de alquiler turístico puede organizarse de formas muy diferentes. De entrada, lo más frecuente en la práctica es que los servicios de alojamiento sean prestados directamente al arrendatario por el propietario del inmueble, que puede ser una persona física o una persona jurídica. Ello no obsta para reconocer la posibilidad de que aquel que asume la condición de arrendador no sea, en realidad, el propietario de la vivienda, sino una persona o entidad que se encuentre en disposición la misma por cualquier título.

Como señala Zapatero Gasco (2017), el ejemplo más común del segundo de los supuestos mencionados "será aquel en el que un sujeto en disposición de la vivienda en virtud de un contrato de arrendamiento proceda al subarriendo total o parcial (...), de modo que pueda sufragar los gastos derivados de dicho contrato"[112]. Al igual que el propietario, este "subarrendador" podría ser una persona

110 Nótese que las plataformas intermediarias más utilizadas en la práctica ofrecen ya un servicio de promoción y comercialización del inmueble que se acompaña de las prestaciones relativas a la gestión de las reservas, la gestión de los pagos, la resolución de conflictos entre propietario y usuario, etc. De aquí también que lo más frecuente sea recurrir a este tipo de plataformas para el ejercicio de la actividad de alquiler turístico en lugar de contratar estos servicios de forma independiente.

111 Este es, por ejemplo, el caso de la agencia Weguest, que, a cambio de una comisión por cada reserva recibida, se encarga de ofrecer un servicio integral que comprende el asesoramiento personalizado (incluyendo asesoramiento fiscal), optimización del anuncio publicado en la plataforma, fotografía, decoración del inmueble, revisión de tarifas, comunicación con el huésped, limpieza y mantenimiento de la propiedad, check in/check out, etc.

112 Zapatero Gasco, A. (2017): "La tributación en el IRPF de los rendimientos percibidos a través de la plataforma Airbnb: aspectos controvertidos", *Documentos de Trabajo del instituto de Estudios Fiscales,* núm. 15 (Ejemplar dedicado a la Fiscalidad de la economía colaborativa: especial mención a los sectores de alojamiento y transporte), p. 99. Como ya sugería este autor, la figura del subarrendamiento parece estar en la mente de algunas

física o una persona jurídica; por ejemplo, una plataforma o agencia inmobiliaria que presta servicios de mediación por cuenta propia en el sector del alquiler turístico[113]. Gorospe Oviedo (2018), por su parte, se refiere a "la posibilidad de que el arrendamiento esté encomendado a un tercero, que no posee título alguno sobre el bien arrendado, pero que se encarga de la gestión, en mayor o menor medida, del alquiler turístico o vacacional del mismo (por ejemplo, estos sujetos reciben el nombre de «coanfitriones» en Airbnb)[114]".

Con independencia de que propietario y arrendador sean o no la misma persona, es ciertamente habitual, como apuntábamos, que el oferente de la vivienda se registre en una plataforma online al objeto de publicitarla y beneficiarse de una simplificación en el proceso de gestión de reservas, lo que normalmente lleva asociado el pago de una tarifa de servicio por parte de dicho sujeto. Así sucede, por ejemplo, en el caso de Rentalia o Mediavacaciones, donde son los anfitriones quienes satisfacen una comisión por cada reserva recibida[115], o en el de Airbnb, donde se prevé la posibilidad de compartir la comisión con el usuario del alojamiento[116]. En otras plataformas, tanto el anfitrión como el huésped se encuentran obligados al pago de un importe (caso de HomeToGo[117]), o bien, es

---

plataformas colaborativas. Entre ellas, la de Airbnb, cuya página web recomienda informarse bien "para saber si existe alguna cláusula que regule el alojamiento de huéspedes o los subarrendamientos", e incluso mostrar "a tu casero la parte de tu anuncio donde figuran tus normas de la casa" (https://www.airbnb.es/help/article/806).

113 Frente a los servicios de mediación por cuenta ajena prestados por plataformas como Airbnb, la mediación por cuenta propia implicaría que no es el propietario del inmueble, sino el propio intermediario, el que presta los servicios de arrendamiento al usuario final. Para ello, el propietario tendría que haber cedido previamente la disposición sobre la vivienda a la plataforma en cuestión, pudiendo distinguirse dos prestaciones diferenciadas de servicios de arrendamiento: del propietario a la plataforma o agencia intermediaria y de la plataforma o agencia intermediaria al usuario final.

114 Gorospe Oviedo, J. I. (2018), Ob. Cit., p. 218.

115 Acerca de las condiciones aplicables en estas plataformas, pueden verse los siguientes enlaces web: https://es.rentalia.com/owner/prices, https://www.mediavacaciones.com/renter-features.php y https://partner.booking.com/es/ayuda/comisi%C3%B3n-facturas-e-impuestos/comision/c%C3%B3mo-funciona-nuestra-comisi%C3%B3n (último acceso: 31/01/2024).

116 https://www.airbnb.es/help/article/1857 (último acceso: 31/01/2024).

117 https://www.hometogo.es/aviso-legal/#cg (último acceso: 31/01/2024). Este sería también el caso de Vrbo cuando se opta por el sistema de "pago-por-reserva". De no ser

el huésped quien asume el coste íntegro del servicio de mediación (Only-apartments[118]).

Sobre la base de estas observaciones, parece razonable afirmar que la formalización de un contrato de alquiler turístico a través de una plataforma de internet supondrá el nacimiento de, al menos, dos relaciones jurídicas diferentes, cada una de las cuales llevará asociado el cumplimiento de unas determinadas obligaciones fiscales. Este número se incrementará a medida que se incorporen agentes a la cadena: arrendatarios que actúan como arrendadores en los supuestos de subarrendamiento, u otros agentes que prestan servicios de gestión al margen de la plataforma colaborativa.

En concreto, se confirmaría la existencia de una doble relación jurídica en aquellos escenarios en los que, habiéndose recurrido a la figura de la plataforma colaborativa, la comisión relativa a sus servicios recaiga exclusivamente sobre una de las dos partes del contrato de cesión. De darse este supuesto, distinguiríamos, por un lado, la relación entre el arrendador y el arrendatario, y, por otro, la relación entre la plataforma y el obligado al pago de la tarifa de servicio. Más específicamente, el arrendador prestaría un servicio de alojamiento al inquilino y la plataforma prestaría un servicio de mediación a aquella de las dos partes que se haga cargo de la comisión establecida.

Distinguiremos una triple relación jurídica, por su parte, cuando la plataforma colaborativa exija el pago de una comisión a las dos partes intervinientes, en cuyo caso el arrendador prestaría un servicio de alojamiento al arrendatario y la plataforma prestaría un servicio de intermediación por cuenta ajena a ambos sujetos.

De concurrir la figura del subarriendo, a las relaciones jurídicas señaladas (dos o tres, en función de las circunstancias) se añadiría una más: la correspondiente al servicio de arrendamiento que el propietario de la vivienda presta al subarrendador. Y otro tanto sucedería si el propietario de la vivienda hubiese recurrido a una empresa que, sin haber recibido título alguno sobre el inmueble, se ocupase de todas las gestiones relativas a su alquiler (por ejemplo, el registro en una plataforma de internet). La única particularidad es que, en este segundo

así, la tarifa de servicio será satisfecha exclusivamente por el huésped. A este respecto: https://www.vrbo.com/es-es/ayuda/articles/Como-se-calcula-la-comision-por-reserva y https://www.vrbo.com/es-es/lp/b/terms-of-service (último acceso: 31/01/2024).

118 https://info.only-apartments.com/es/faqs-es/propietarios/ (último acceso: 31/01/2024).

escenario, no hablaríamos de un servicio de alojamiento análogo al que se produce en los casos de subarriendo, sino de un servicio de gestión que se adiciona al servicio de mediación prestado por la propia plataforma colaborativa.

Centrándonos en los escenarios más frecuentes en la práctica, y considerando que la comisión de la plataforma colaborativa es satisfecha por el ofertante del inmueble (supuesto más habitual), distinguimos las siguientes posibilidades:

Esquema 1.1. Arrendamiento directo por el propietario del inmueble

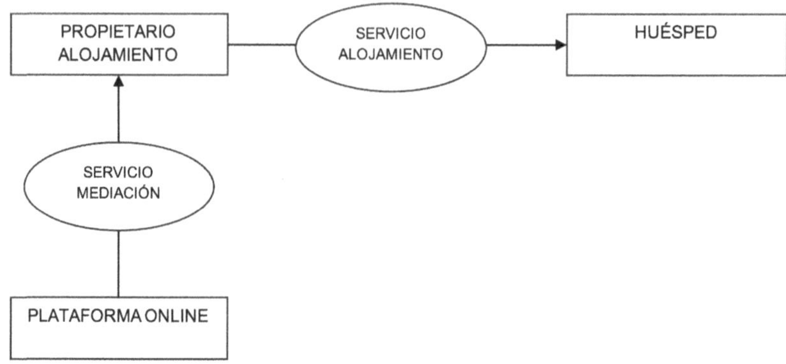

Esquema 1.2. Arrendamiento por el propietario del inmueble a través de una agencia de intermediación inmobiliaria que actúa por cuenta del propietario[119]

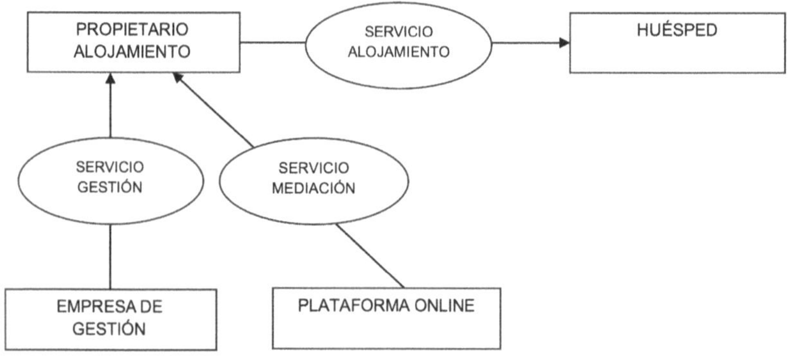

[119] Nótese que, en este tipo de escenarios, lo más habitual es que sea el propietario de la vivienda quien se encargue de su registro en la plataforma online y, por tanto, quien soporte el

Esquema 1.3. Subarrendamiento por una persona física o por una agencia de intermediación inmobiliaria que actúa por cuenta propia

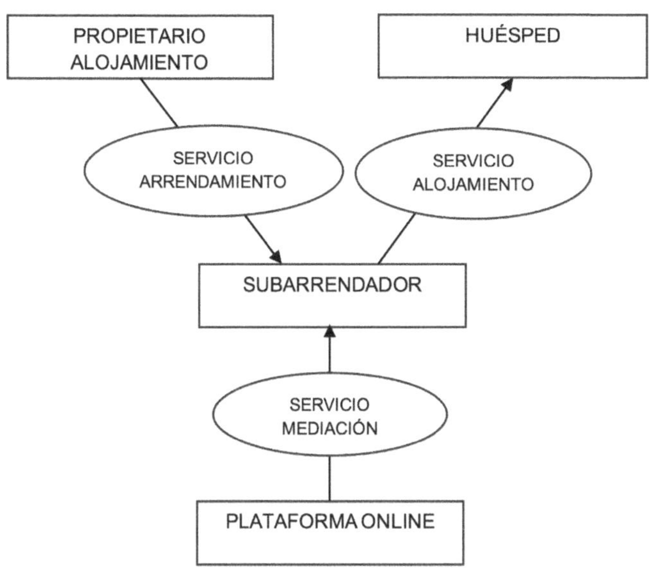

4.2. OBJETO DEL CONTRATO Y CONDICIONES

De acuerdo con la información disponible, resulta probado que, en la práctica totalidad de los casos, el servicio de alojamiento en viviendas de uso turístico es prestado a los usuarios a cambio de un precio. Esta circunstancia será tomada como punto de partida para el desarrollo del presente trabajo, lo que conlleva la exclusión del análisis de ciertos escenarios más propios de la «economía colaborativa», pero entendemos que menos frecuentes, y menos claros también desde el punto de vista de sus implicaciones fiscales. Tal sería el supuesto del propietario

coste asociado al pago de la tarifa de servicio. No obstante, debe aceptarse la posibilidad de que la propia agencia de intermediación inmobiliaria (a la que llamaremos "empresa de gestión") se registre como oferente en la plataforma de alquiler turístico, en cuyo caso el servicio de mediación prestado por esta última tendría como destinataria a la empresa de gestión, y no al propietario del alojamiento. Esta situación no se vería afectada por el hecho de que, ulteriormente, la agencia de intermediación inmobiliaria repercutiese al propietario el importe de la comisión satisfecha.

que cede el disfrute de su vivienda a un tercero a cambio del mero compromiso de compartir los gastos generados durante la estancia (gastos de conservación, suministros, etc.), o aquel otro en el que arrendador y arrendatario pactaran un intercambio, simultáneo o futuro, de sus respectivas viviendas.

Por lo que se refiere al objeto del contrato suscrito entre las partes, parece que lo más habitual es que lo cedido en arrendamiento sea la totalidad de la vivienda turística, y no una habitación u otra parte específica de la misma. Recordemos, de hecho, que muchas CC.AA. prohíben expresamente la cesión de uso de habitaciones para fines turísticos, lo que se suma a las dudas que, desde una perspectiva estrictamente jurídica, han planteado tradicionalmente los arrendamientos de inmueble por habitaciones. En este sentido, apunta De La Encarnación (2016) que "la Ley de Arrendamientos no prevé el alquiler de temporada por habitaciones dentro de una vivienda", de tal suerte que "el régimen jurídico aplicable a estos alquileres turísticos de habitaciones sería únicamente posible entendiéndolo como un arrendamiento de cosa, según lo establecido en los artículos 1542 y 1543 del Código Civil, lo que resultaría ciertamente extraño a la vista de que parece reunir todos los requisitos para considerarla, por un lado, un alojamiento y, por el otro, una explotación turística"[120]. Por su parte, y tras reconocer que el contrato de arrendamiento de habitación presenta un carácter atípico, Fuentes-Lojo Rius (2018) distingue hasta tres posiciones doctrinales enfrentadas en lo que atañe a la normativa que debe resultarle de aplicación: 1) el Título II de la LAU, al recaer sobre una "edificación habitable" y, por tanto, tratarse de un contrato de arrendamiento de vivienda; 2) el Título III de la LAU, por consistir en un arrendamiento para uso distinto del de vivienda; 3) o, como defiende De La Encarnación, el artículo 1543 del Código Civil, por quedar excluido del ámbito de aquella norma especial[121].

Sea cual fuere la normativa y el régimen por el que debe regirse esta clase de contratos, considero razonable defender que, siempre y cuando se satisfaga un precio por el uso de la habitación cedida, las obligaciones fiscales del arrendador serán sustancialmente las mismas que en el caso de arrendamiento de vivienda completa, pues ninguna de las leyes tributarias en vigor condiciona el cumpli-

---

120 De La Encarnación, A. M. (2016), Ob. Cit., p. 36.

121 Fuentes-Lojo Rius, A. (2018): "Normativa aplicable al contrato de arrendamiento de habitaciones", *ElDerecho.com. Noticias Jurídicas y Actualidad,* Lefebvre. Disponible online: https://elderecho.com/normativa-aplicable-al-contrato-de-arrendamiento-de-habitaciones (último acceso: 31/01/2024).

miento de tales obligaciones al hecho de que el inmueble haya sido cedido en su totalidad[122]. Cuestión distinta, que más adelante se analizará, es que la habitación arrendada forme parte de la vivienda habitual del arrendador persona física, lo que inevitablemente nos llevaría a cuestionar la pérdida de la condición de «vivienda habitual» del citado inmueble y, por derivación, de los beneficios fiscales vinculados a la misma de los que viniese disfrutando su propietario (o cuya aplicación pudiera plantearse en el futuro). Entre ellos, la deducción por inversión en vivienda habitual propia del Impuesto sobre la Renta de las Personas Físicas (IRPF) o alguna de las deducciones autonómicas previstas en la normativa reguladora de este mismo impuesto[123].

Finalmente, y en lo que concierne a los compromisos asumidos por parte del arrendador, conviene realizar una distinción entre dos supuestos de hecho diferenciados: aquellos, más frecuentes en la práctica, en los que el arrendador se limita a prestar un servicio de alojamiento con fines turísticos al usuario, y aquellos otros en los que se obliga frente a este a la prestación de uno o varios servicios complementarios al propio alojamiento, como podría ser la limpieza periódica de la vivienda, el cambio de ropa de cama durante la estancia del inquilino, la custodia de maletas o el servicio de desayuno. Como se estudiará en los capítulos siguientes, la existencia de este tipo de prestaciones, más propias de la industria hotelera, ha sido considerada por la DGT como un factor determinante a la hora de identificar las consecuencias tributarias de la actividad de arrendamiento, tanto a efectos del IRPF como a efectos del Impuesto sobre el Valor Añadido (IVA).

---

122 Existen, no obstante, algunas pequeñas diferencias que serán analizadas en el epígrafe correspondiente.

123 A esta cuestión haremos referencia en el Capítulo 2, dedicado a la tributación de los servicios de alquiler turístico en el ámbito de la imposición directa.

Capítulo 2

LA TRIBUTACIÓN DE LOS SERVICIOS DE ALOJAMIENTO TURÍSTICO EN EL IMPUESTO SOBRE LA RENTA DE LAS PERSONAS FÍSICAS

1. SUJECIÓN AL IMPUESTO

1.1. RESIDENCIA EN TERRITORIO ESPAÑOL

El artículo 8 de la Ley 35/2006, de 28 de noviembre, del Impuesto sobre la Renta de las Personas Físicas y de modificación parcial de las leyes de los Impuestos sobre Sociedades, sobre la Renta de no Residentes y sobre el Patrimonio (en adelante, Ley del IRPF o Ley 35/2006), atribuye la condición de contribuyente por dicho impuesto a las personas físicas que tengan su residencia habitual en territorio español. Esta condición se entenderá cumplida, conforme al artículo 9.1 de la misma ley, cuando concurra, al menos, una de las siguientes circunstancias:

a) Que el individuo permanezca más de 183 días en territorio español, computados de manera independiente para cada año natural.

b) Que radique en España "el núcleo principal o la base de sus actividades o intereses económicos", ya sea de forma directa o indirecta[124].

---

[124] Estos criterios se completan con la presunción establecida en el último párrafo del artículo 9.1, en virtual del cual: "Se presumirá, salvo prueba en contrario, que el contribuyente tiene su residencia habitual en territorio español cuando, de acuerdo con los criterios anteriores, resida habitualmente en España el cónyuge no separado legalmente y los hijos menores de edad que dependan de aquél". Por razones de extensión, y salvo que lo requiera la temática abordada, este tipo de presunciones y cláusulas de excepción quedarán excluidas del análisis realizado en este trabajo.

A la vista de esta regulación, podría cuestionarse la condición de contribuyente del IRPF de una persona física que ostenta la propiedad de una o varias viviendas destinadas al alojamiento turístico en territorio español (o es titular de cualquier otro derecho que le habilita para su cesión a terceros mediante precio), pero cuyo domicilio habitual se encuentra en el extranjero, de modo que permanece fuera de España la mayor parte del año. Respecto a la posibilidad de concluir que el citado sujeto tiene su residencia habitual en territorio español por radicar en él "el núcleo principal o la base de sus actividades o intereses económicos", resulta indispensable hacer referencia a los criterios utilizados, tanto por la jurisprudencia como por la doctrina administrativa, para tratar de delimitar el contenido de este concepto jurídico indeterminado.

En lo que atañe al plano jurisprudencial, el Tribunal Supremo (TS) ha manifestado que "la consideración del centro de intereses económicos como definidor de la residencia habitual (...) es un criterio que no hace alusión a vínculos personales afectivos o de otra índole que no sea puramente económica; se limita al aspecto de inversiones y fuentes de renta del sujeto pasivo"[125].

En sentencia de 10 de noviembre de 2021, por su parte, la Audiencia Nacional (AN) trae a colación un cuerpo jurisprudencial previo de gran interés en el ámbito en el que ahora nos encontramos, en virtud del cual "se ha considerado que el núcleo principal o la base de sus actividades o intereses económicos, queda localizado en el lugar donde se ha obtenido el mayor volumen de rentas, es decir, si se obtiene en España más rentas que en cualquier otro país (...). También se ha identificado como el lugar donde se concentre la mayor parte de sus inversiones, donde radique la sede de sus negocios o desde donde administre sus bienes (...)". Incluso, adoptándose "una postura ecléctica se ha afirmado la necesidad de analizar, caso por caso, ambas cuestiones (renta obtenida e inversiones efectuadas)"[126].

La mencionada sentencia alude, asimismo, a una serie de criterios objetivos a los que se ha atribuido relevancia a efectos de determinar la localización del centro de intereses económicos de la persona física. Entre ellos:

---

[125] Sentencia del TS de 4 de julio de 2006, Nº de Recurso: 3400/2001, Sala de lo Contencioso, Sección 2, Fundamento de Derecho (FD) Cuarto.

[126] Sentencia de la AN de 10 de noviembre de 2021, Nº de Recurso: 3/2018, Sala de lo Contencioso, Sección 4, Fundamento Jurídico (FJ) Cuarto. En un sentido análogo, puede verse la sentencia del mismo tribunal de 30 de marzo de 2017, Nº de Recurso: 224/2015, Nº de Resolución: 165/2017, Sala de lo Contencioso, Sección 2, FJ Tercero.

- La gestión de explotaciones económicas.
- La titularidad y utilización de inmuebles, urbanos o rústicos.
- La titularidad y utilización de bienes muebles, principalmente vehículos.
- La titularidad de otros derechos o cuentas bancarias.
- La regularidad de movimientos bancarios.
- Las declaraciones en medios de comunicación.

En una línea muy similar a la apuntada, y partiendo de la premisa de que la normativa vigente no define el concepto cuyo significado pretendemos delimitar, el Tribunal Económico-Administrativo Central (TEAC) ha mantenido que:

> "Sería una interpretación limitada, y desacertada, atender únicamente a la ubicación de las diferentes modalidades de renta obtenidas por el contribuyente, ya que pese a que nos encontremos ante un impuesto que grava la renta, el precepto no acude sólo a las fuentes de renta, sino que nos conduce a «las actividades o intereses económicos».
>
> Por ello, deben tenerse en cuenta otros criterios, como la localización del patrimonio generador de renta, el lugar de gestión y administración del patrimonio, el lugar donde se manifiesta la capacidad contributiva, bien a través de los ingresos, bien de los gastos, y el lugar de gestión de rentas si éstas tienen su origen en actividades económicas[127]".

Descendiendo a un ámbito más concreto, la DGT ha reconocido la posibilidad de que el centro de intereses económicos de una persona física se encuentre en territorio español cuando la mayor parte de sus rendimientos sean de fuente española y el grueso de su patrimonio inmobiliario se encuentre en España, no siendo previsible la transmisión a terceros de dicho patrimonio en el corto plazo[128]. Se trata, sin duda, de un criterio práctico de gran trascendencia en el contexto que nos ocupa, pues, en los términos que acabamos de señalar, podría darse el caso de que el propietario de las viviendas turísticas ofertadas en arrendamiento y radicadas en territorio español tuviera su domicilio habitual en otro país. De darse esta situación, sería factible presumir, a la luz del criterio defendido por la DGT, que el centro de intereses económicos de dicho sujeto, y, por ende, su residencia habitual, se encuentran en España si quedara probado que la mayor parte de su renta procede de la cesión de tales inmuebles y que su patrimonio inmobiliario está constituido principalmente por los mismos. Y ello sin perjuicio

---

127 TEAC, resolución 00/02008/2019/00/00, de 22 de febrero de 2021. En el mismo sentido se pronuncia el referido órgano en su resolución 00/01527/2019/00/00, de 24 de mayo de 2022.

128 Consulta V2135-15, de 13 de julio.

de que el citado individuo pudiera ser perceptor de otras rentas o titular de otros elementos patrimoniales (muebles o inmuebles) fuera de territorio español, y de cuál fuera la concreta calificación que correspondiera otorgar a los ingresos derivados de la explotación de las viviendas a efectos del IRPF[129].

A la misma conclusión señalada en el párrafo precedente entiendo que podría llegarse, sobre la base de la postura mantenida en la consulta V3084-13, en el supuesto de una persona física residente en el extranjero que se dedica a la cesión de viviendas turísticas radicadas en España de manera profesional, constituyendo dicha actividad su principal fuente de renta[130].

Debe observarse que el hecho de considerar residente en territorio español a una persona física cuyo domicilio habitual se encuentra en otro Estado podría dar lugar a un conflicto de doble residencia, en virtud del cual ambas soberanías (la española, por ser donde radica el centro de intereses económicos, y aquella en la que se permanece la mayor parte del año) se atribuyesen la residencia del individuo. La resolución de este conflicto pasaría por aplicar, en caso de existir, lo dispuesto en el convenio de doble imposición suscrito entre las dos partes interesadas, resultando de gran relevancia, a tales efectos, lo dispuesto en el artículo 4.2 del Modelo de Convenio de la OCDE sobre la Renta y el Patrimonio[131]. Conforme a la literalidad de este precepto, cuando una persona física sea residente de los dos Estados contratantes, la situación se resolverá de la siguiente manera:

> "a) se le considerará residente exclusivamente del Estado donde tenga una vivienda permanente a su disposición; si tuviera una vivienda permanente a su disposición en ambos Estados, se la considerará residente exclusivamente del Estado con el que mantenga relaciones personales y económicas más estrechas (centro de intereses vitales);

---

129 Las cuestiones relativas a la calificación de las rentas derivadas de la explotación de la vivienda turística serán objeto de estudio en el epígrafe siguiente.

130 En la consulta indicada se plantea el caso de un profesional que residirá en Turquía a partir del 1 de enero de 2013, pero continuará desarrollando su trabajo como profesional en España y facturando a empresas españolas, sin tener en Turquía ningún cliente. La DGT reconoce la posibilidad de presumir que su centro de intereses económicos radica en España, aun cuando en Turquía vaya a llevar a cabo otra actividad (que, dadas sus características, podría considerarse secundaria).

131 OCDE (2019), Modelo de Convenio Tributario sobre la Renta y sobre el Patrimonio: Versión Abreviada 2017, OECD Publishing, Paris/Instituto de Estudios Fiscales, Madrid, https://doi.org/10.1787/765324dd-es. En adelante, nos referiremos a este documento como "Modelo de Convenio de la OCDE".

> b) si no pudiera determinarse el Estado en el que dicha persona tiene el centro de intereses vitales o si no tuviera una vivienda permanente a su disposición en ninguno de los Estados, se la considerará residente exclusivamente del Estado donde vive habitualmente;
> c) si viviera habitualmente en ambos Estados, o no lo hiciera en ninguno de ellos, se la considerará residente exclusivamente del Estado del que sea nacional;
> d) si fuera nacional de ambos Estados, o no lo fuera de ninguno de ellos, las autoridades competentes resolverán el caso mediante un acuerdo amistoso".

Evidentemente, la determinación de la residencia en un escenario como el descrito se hará depender, en última instancia, de las circunstancias concurrentes en el caso concreto. En primer lugar, será necesario esclarecer si el centro de intereses económicos de la persona física se encuentra o no en territorio español, lo que no siempre estará exento de duda. En segunda instancia, y solo si se produjese un conflicto de doble residencia, tendría que confirmarse la existencia de un convenio de doble imposición y analizar su contenido. De quedar descartada la residencia habitual en territorio español del propietario de la vivienda turística o titular de derechos sobre la misma, las rentas derivadas de la explotación del inmueble tributarían en el Impuesto sobre la Renta de No Residentes (IRNR). De acreditarse su condición de contribuyente del IRPF, por el contrario, el individuo quedaría sujeto a dicho impuesto por la totalidad de su renta, con independencia del lugar donde se hubiera producido y cualquiera que fuese la residencia del pagador[132].

1.2. RESIDENCIA EN EL TERRITORIO DE UNA COMUNIDAD AUTÓNOMA

Como bien es sabido, el IRPF es un impuesto parcialmente cedido a las CC.AA. En particular, el artículo 46.1 de la Ley 22/2009, de 18 de diciembre, atribuye a tales entes la capacidad para ejercer competencias normativas en tres grandes ámbitos; a saber:

1) Importe del mínimo personal y familiar para el cálculo del gravamen autonómico del impuesto.
2) Escala autonómica aplicable a la base liquidable general[133].

---

132 Artículo 2 de la Ley del IRPF.

133 Artículo 46.1 de la Ley 22/2009, de 18 de diciembre, por la que se regula el sistema de financiación de las Comunidades Autónomas de régimen común y Ciudades con

3) Deducciones de la cuota íntegra autonómica que guarden relación con una serie de aspectos predeterminados, como son las circunstancias personales y familiares del contribuyente[134].

De lo anterior se infiere que, a la hora de tributar en el IRPF por las rentas derivadas de la cesión de viviendas para uso turístico, resulta crucial esclarecer dónde radica la residencia del contribuyente dentro del territorio español. Al objeto de resolver esta problemática, habrá que estar a lo dispuesto en el artículo 72 de la Ley del IRPF[135], en el que se establecen una serie de criterios que operan de manera secuencial y que se encuentran resumidos en la Tabla 2.1.

Tabla 2.1. Criterios para determinar la residencia habitual en el territorio de una Comunidad Autónoma

Supuesto	Criterio determinante de la residencia
Personas físicas que permanezcan en territorio español más de 183 días durante el año natural	Permanencia durante un mayor número de días a lo largo del periodo impositivo[136]
	Principal centro de intereses, entendiéndose por tal el territorio donde se obtenga la mayor parte de la base imponible del IRPF, determinada por los siguientes componentes de renta: 1) rendimientos del trabajo, 2) rendimientos del capital inmobiliario y ganancias patrimoniales derivadas de bienes inmuebles, 3) rendimientos derivados de actividades económicas[137]
	Última residencia declarada a efectos del IRPF

Estatuto de Autonomía y se modifican determinadas normas tributarias. El apartado 2 del mismo artículo enumera una serie de materias sobre las que las CC.AA. no podrán ejercer ninguna competencia normativa; entre ellas, las relativas a los pagos a cuenta del IRPF o, con carácter general, todas las "no contempladas en el apartado 1 anterior".

134 Artículo 46 de la Ley 22/2009.

135 Este artículo reproduce los criterios determinantes de la residencia habitual de las personas físicas a los que se refiere el artículo 28 de la Ley 22/2009, antes citada.

136 Salvo prueba en contrario, se presume que la persona permanece en el territorio de una Comunidad Autónoma cuando radique en ella su vivienda habitual.

137 Tales rendimientos se entenderán obtenidos, respectivamente: a) en el lugar donde radique el centro de trabajo, en caso de existir; b) donde esté situado el inmueble del que derivan las rentas y ganancias en cuestión; c) donde radique el centro de gestión de las correspondientes actividades.

Supuesto	Criterio determinante de la residencia
Personas físicas que no permanezcan en territorio español más 183 días durante el año natural	Núcleo principal o base de las actividades o intereses económicos

Fuente: Elaboración propia a partir del contenido del artículo 72, apartados 1 y 4, de la Ley 35/2006.

Una vez identificada la Comunidad Autónoma de residencia (lo que, de nuevo, se hará depender de las circunstancias concurrentes en el caso concreto), el contribuyente quedará obligado a cuantificar la deuda tributaria en atención a lo previsto en la normativa estatal del IRPF y en la normativa autonómica que le sea de aplicación.

2. CALIFICACIÓN DE LAS RENTAS OBTENIDAS

2.1. ARRENDAMIENTO DE LA VIVIENDA TURÍSTICA POR PARTE DE SU PROPIETARIO PERSONA FÍSICA

Con carácter general, los rendimientos percibidos por el propietario de la vivienda turística como consecuencia de su cesión mediante precio recibirán la calificación de rendimientos del capital inmobiliario, tanto en el supuesto de que la vivienda sea cedida en su totalidad como en el caso de que sea cedida por estancias o habitaciones. Así, tal y como se desprende del artículo 22 de la Ley del IRPF, tendrán la consideración de rendimientos del capital inmobiliario todos los "procedentes de la titularidad de bienes inmuebles", ya sean rústicos o urbanos, que "se deriven del arrendamiento o de la constitución o cesión de derechos o facultades de uso o disfrute sobre aquéllos, cualquiera que sea su denominación o naturaleza".

La calificación anterior se aparta, sin embargo, de la establecida en el artículo 27 del mismo texto normativo, donde se prevé la posibilidad de que las rentas derivadas del arrendamiento de bienes inmuebles no sean catalogadas como rendimientos del capital inmobiliario, sino como rendimientos de actividades económicas. En particular, dispone el apartado 2 del precepto indicado que "se considerarán rendimientos íntegros de actividades económicas aquellos que, procediendo del trabajo personal y del capital conjuntamente, o de uno solo de estos factores, supongan por parte del contribuyente la ordenación por cuenta propia de medios de producción y de recursos humanos o de uno de ambos, con la finalidad de intervenir en la producción o distribución de bienes o servicios". Y para el caso particular del arrendamiento, añade: "A efectos de lo dispuesto en el apartado anterior, se entenderá que el arrendamiento de inmuebles se realiza como actividad económica, únicamente cuando para la ordenación de esta se utilice, al menos, una persona empleada con contrato laboral y a jornada completa"[138].

La regulación ofrecida por el legislador estatal en el artículo 27.2 de la Ley 35/2006 ha sido completada por la DGT en el sentido de entender que el arrendamiento de vivienda también constituye actividad económica, aun no existiendo una persona empleada con contrato laboral y a jornada completa, cuando dicho arrendamiento "no se limita a la mera puesta a disposición de (...) los inmuebles durante periodos de tiempo, sino que se complementa con la prestación de servicios propios de la industria hotelera tales como restaurante, limpieza, lavado de ropa y otros análogos"[139]. De acuerdo con el criterio administrativo, por tanto, "si el contribuyente presta este tipo de servicios estaríamos ante rendimientos derivados de actividades económicas, mientras que si no lo hace estaríamos ante rendimientos del capital inmobiliario, salvo que concurrieran las circunstancias previstas en el apartado 2 del artículo 27 de la LIRPF, en cuyo caso, también podríamos estar ante rendimientos derivados de actividades económicas"[140].

En línea con lo apuntado por Desdentado Daroca, Díaz Vales y Lucas Durán (2018), la interpretación señalada parte de la premisa de que la retribución obtenida en este tipo de escenarios "no se percibiría por la mera cesión de bienes inmuebles sino por un servicio complejo que conllevaría otras prestaciones a favor de quien usa el inmueble", pudiendo, pues, concluirse la existencia de

---

138 En opinión de Desdentado Daroca, E., Díaz Vales, F. y Lucas Durán, M. (2018), ambos términos (contrato laboral y la dedicación a tiempo completo) comportan dificultades de interpretación. "Así, por un lado, el contrato será laboral cuando se presenten los tradicionales requisitos de ajenidad y dependencia. Por otro lado, la jornada será a tiempo completo cuando no lo sea a tiempo parcial, esto es, cuando se trabajen las horas previstas en el convenio colectivo o contrato de trabajo, sin que puedan excederse las 40 horas semanales" (Ob. cit., p. 83).

139 Para el caso particular de las viviendas de uso turístico, y entre otras muchas, pueden verse las consultas V0743-22, V3418-20, V1531-19, V1651-18, V3231-18, V2959-17, V0731-17, V1172-15, V0030-14, V3239-13 y V3549-13.

140 *Ibidem.*

actividad económica, no por vía del artículo 27.2 de la Ley del IRPF, sino por vía de lo dispuesto en su artículo 27.1[141]. Desde este punto de vista, podría afirmarse que la existencia de servicios complementarios da lugar a una "alteración" en la naturaleza de la actividad desarrollada por el cedente de la vivienda turística, que ya no se limitaría al mero arrendamiento de bienes inmuebles. Esta circunstancia provoca un desplazamiento del foco de interés desde el apartado 2 del artículo 27 de la Ley del impuesto (estrictamente ligado al requisito de personal empleado para la ordenación de la actividad de arrendamiento) al apartado 1 del mismo precepto (que, decantándose por un criterio más amplio, vincula el concepto de actividad económica a la ordenación por cuenta propia de medios de producción y/o de recursos humanos con la finalidad de intervenir en la producción y distribución de bienes y de servicios).

De lo expuesto se desprende que las rentas procedentes del arrendamiento de viviendas turísticas admiten, en la práctica, una doble calificación. En concreto, serán calificadas como rendimientos de actividades económicas cuando concurra alguna de las siguientes circunstancias, que operan de forma alternativa e independiente:

a) Que el propietario de la vivienda ofertada preste al inquilino servicios hoteleros complementarios.

b) Que, para la ordenación del arrendamiento, se cuente con una o más personas empleadas en los términos establecidos en la Ley del IRPF. Entre las muchas observaciones efectuadas por la doctrina administrativa, se ha matizado que sólo se entenderá cumplida esta condición si el contrato es calificado "como laboral por la normativa laboral vigente, cuestión ajena al ámbito tributario"[142], y que "el empleado debe ser contratado por el arrendador y dedicar la jornada completa de forma exclusiva a gestionar la actividad de arrendamiento de inmuebles"[143].

141 Así se ha reconocido en la consulta V2297-18, donde se concluye que si una persona física alquila una vivienda directamente a los inquilinos y presta servicios complementarios propios de la industria hotelera, aunque sea a través de una empresa de servicios, "las rentas derivadas del arrendamiento se calificarían de rendimientos de actividades económicas, por aplicación del artículo 27.1 de la LIRPF".

142 Entre otras muchas, puede verse las consultas V3318-23 o V3229-23.

143 Consulta V0100-22. En la consulta V2970-21, relativa a una persona física que ostenta la propiedad de varios inmuebles arrendados, unos a título individual y otros en proindiviso, se rechaza, de hecho, la existencia de actividad económica porque "el empleado

Desde mi punto de vista, la adecuada comprensión de la problemática abordada en este epígrafe exige esclarecer dos cuestiones importantes: por un lado, si el hecho de contar con una persona contratada a jornada completa es requisito suficiente para que pueda confirmarse la existencia de actividad económica a efectos del IRPF, y, por otro, más allá de los ejemplos que acabamos de proporcionar, qué debe entenderse realmente por «servicios complementarios propios de la industria hotelera».

En lo que atañe a la primera cuestión, es criterio reiterado de la DGT que la finalidad del artículo 27.2 de la Ley 35/2006 consiste en "establecer unos requisitos mínimos para que la actividad de arrendamiento de inmuebles pueda entenderse como una actividad empresarial, requisitos que inciden en la necesidad de una infraestructura mínima, de una organización de medios empresariales, para que esta actividad tenga tal carácter"[144]. De aquí podría inferirse, dejando a un lado aquellos supuestos en los que se presten servicios hoteleros complementarios, que la circunstancia de contar con una persona contratada a jornada completa sería requisito necesario, aunque no necesariamente suficiente (por tratarse de un requisito mínimo), para la consideración del arrendamiento como actividad económica[145]. Esta interpretación ha sido asumida por el TEAC en resolución de 18 de mayo de 2013, en la que se argumenta lo siguiente:

contratado se dedicaría a la gestión de los arrendamientos correspondientes a todos los inmuebles, (...) por lo que no se cumpliría el requisito de dedicación exclusiva, y por tanto, las actividades de arrendamiento correspondientes a la comunidad de bienes y a los inmuebles de titularidad individual no tendrían la naturaleza de actividades económicas". A similar conclusión se llega, asimismo, en la consulta V1255-20 respecto de un empleado que "compatibiliza la gestión de la actividad de arrendamiento con otras actividades en la empresa" y, por tanto, "no se está dedicando a jornada completa a la actividad de arrendamiento, lo que implica que no se entenderá cumplido el requisito previsto en la ley, salvo que las actividades que desarrolla en la empresa ajenas a la gestión de la actividad de arrendamiento sean notoriamente irrelevantes".

144 Consultas V1299-22, V1203-20, V3231-18, V2297-18 y V2972-17, entre otras muchas.

145 En este sentido parece pronunciarse la DGT en la consulta V4050-16, donde, sin entrar en mayores disquisiciones, concluye que el requisito establecido en el artículo 27.2 en relación con las actividades de arrendamiento "no parece cumplirse en el caso planteado, pues el consultante no va a contratar a una persona empleada con contrato laboral y a jornada completa, (...) circunstancia que implicaría que el rendimiento obtenido no podrá calificarse como rendimiento de actividad económica, sino como rendimiento de capital inmobiliario". Y lo mismo sucede en el caso de la consulta V2806-13, en la que

> "Cuando la actividad realizada no es un mero arrendamiento o compraventa, deja de ser trascendente si se emplea en ella, o no, empleado y local. En ese caso son meros indicios (ni necesarios ni suficientes) de la realización de la actividad económica (...).
>
> Cuando sí es de aplicación la regla [en este caso, la regla contenida en el artículo 27.2 de la Ley del IRPF] "el local y empleado son requisitos necesarios (...) para que haya actividad económica, aunque no suficientes si se acreditase que la carga de trabajo que genera la actividad no justifica tener empleado y local y que, por tanto, se tengan para aparentar que hay actividad económica"[146].

A idéntica conclusión parece conducir, por su parte, el razonamiento esgrimido por este mismo órgano en su resolución de 23 de marzo de 2021, en virtud de la cual "se puede razonablemente deducir que si existe local y empleado en los términos del artículo 27.2 de la LIRPF es porque hay, siquiera mínima, una carga de trabajo"[147].

Por lo que se refiere al carácter meramente presuntivo de la persona empleada, el TS ha señalado que lo dispuesto en el artículo 27.2 no significa que, siempre que se cuente con un trabajador contratado a jornada completa, "deba

---

vuelve a descartarse el cumplimiento de dicho requisito en la medida en la "que se manifiesta que no se va a contratar a un tercero para la gestión de la actividad de arrendamiento, por lo que en la actividad de arrendamiento realizada por el consultante no existiría esa infraestructura mínima requerida por el artículo 27.2 de la Ley del Impuesto para considerar que la actividad de arrendamiento se realiza como una actividad económica".

146 Contestación dada por el TEAC en su resolución 00/4909/2009, de 18 de mayo de 2013. Conviene matizar que esta resolución está basada en una redacción anterior del artículo 27.2 de la Ley 35/2006 que vinculaba la consideración del arrendamiento como actividad económica a la concurrencia de un doble requisito: que se contara, al menos, con una persona empleada con contrato laboral y a jornada completa, y con un local exclusivamente destinado a llevar a cabo la gestión de la actividad. Aun siendo ello así, parece claro que el razonamiento esgrimido por el TEAC resulta perfectamente aplicable en el contexto actual.

147 TEAC, resolución 00/02841/2019/00/00. También a juicio de Seijo Pérez, F. J. *et alter* (2024), "el requisito debe cumplirse de manera inexcusable para que una actividad de arrendamiento se califique como actividad económica" [*Memento Práctico IRPF 2024*, Madrid: Francis Lefebvre, apartado 3716 (Consultado en: https://online.elderecho.com/)].

hablarse de actividades económicas, sino que su presencia constituye un indicio del origen empresarial de los rendimientos"[148].

En otro orden de cosas, podría discutirse si el hecho de externalizar la actividad de arrendamiento a través de un contrato mercantil suscrito con un tercero (por ejemplo, una agencia inmobiliaria) sería equiparable a la existencia de una persona empleada en los términos previstos en la Ley del IRPF. Esta problemática ha sido abordada por la DGT en consultas como la V2998-21 y la V1386-20, en las que se rechaza la equiparación planteada al considerarse "necesario que la estructura organizativa mínima requerida en el artículo 27.2 concurra en la persona que obtiene los rendimientos derivados del arrendamiento y no en un tercero al que se encomiende, legal o contractualmente, la gestión del arrendamiento de los inmuebles".

Si bien la cuestión examinada suscita, como vemos, ciertos interrogantes, no puede negarse que, en el entorno de las plataformas colaborativas como Airbnb, lo más frecuente es que sea el propietario de la vivienda turística quien gestione los alquileres de forma directa y personal, limitándose, asimismo, a la prestación de servicios de alojamiento a terceros. Por ello podemos concluir que, en buena parte de los casos, las rentas percibidas por aquel tendrán que ser incluidas en su declaración anual del IRPF en concepto de rendimientos del capital inmobiliario.

Respecto a qué debe entenderse por «servicios complementarios propios de la industria hotelera», parece oportuno reproducir aquí el contenido de la consulta V1185-17, donde la DGT trata de esclarecer la diferencia subyacente entre la actividad de alquiler de viviendas y la actividad de hospedaje[149]. Acerca de esta diferenciación de supuestos, se indica:

---

148 TS, sentencia de 16 de abril de 2012, Nº de Recurso: 1658/2008, Sala de lo Contencioso, Sección 2, FD Tercero. Con todo, y en aras a determinar la verdadera existencia de actividad económica, la AN ha matizado que "una cosa es que el trabajador contratado a tiempo completo, si se nos permite la expresión, esté infrautilizado (...) y otra muy distinta que su contratación, atendiendo al volumen de la actividad, no sea necesaria" (sentencia de 23 de febrero de 2022, Nº de Recurso: 603/2019, Sala de lo Contencioso, Sección 2, FD Segundo).

149 Si bien esta consulta, como otras que se citarán más adelante, vienen referidas al ámbito del IVA, donde el concepto de servicios complementarios propios de la industria hotelera juega también un papel esencial, parece razonable admitir su validez en el ámbito del IRPF.

> "(...) la actividad de hospedaje se caracteriza, a diferencia de la actividad de alquiler de viviendas, porque normalmente comprende la prestación de una serie de servicios tales como recepción y atención permanente y continuada al cliente en un espacio destinado al efecto, limpieza periódica del inmueble y el alojamiento, cambio periódico de ropa de cama y baño, y puesta a disposición del cliente de otros servicios (lavandería, custodia de maletas, prensa, reservas, etc.), y, a veces, prestación de servicios de alimentación y restauración.
>
> En particular, se consideran servicios complementarios propios de la industria hotelera los siguientes: – Servicio de limpieza del interior del apartamento prestado con periodicidad semanal. – Servicio de cambio de ropa en el apartamento prestado con periodicidad semanal.
>
> Por el contrario, no se consideran servicios complementarios propios de la industria hotelera los que a continuación se citan: – Servicio de limpieza del apartamento prestado a la entrada y a la salida del periodo contratado por cada arrendatario. – Servicio de cambio de ropa en el apartamento prestado a la entrada y a la salida del periodo contratado por cada arrendatario. – Servicio de limpieza de las zonas comunes del edificio (portal, escaleras y ascensores) así como de la urbanización en que está situado (zonas verdes, puertas de acceso, aceras y calles). – Servicios de asistencia técnica y mantenimiento para eventuales reparaciones de fontanería, electricidad, cristalería, persianas, cerrajería y electrodomésticos"[150].

En otras consultas, el referido Centro Directivo ha excluido expresamente del concepto de «servicios complementarios propios de la industria hotelera»:

- La mera puesta a disposición del arrendatario de equipamientos para el apartamento, como vajilla, enseres, aparatos de cocina y otros equipamientos para el hogar[151].
- La entrega de llaves en el momento de la ocupación[152].
- Los servicios de ropa de cama y cambio de sábanas antes y después de las estancias de los inquilinos[153].
- Los servicios de limpieza de entrada y/o salida, normalmente prestados por el arrendador en los intervalos de tiempo comprendidos entre la salida de un inquilino y la llegada del siguiente[154].

---

150 En un sentido análogo, pueden verse las consultas V1338-17 y V4803-16.

151 Consulta V0575-15.

152 Consulta V3095-14.

153 Consulta V0636-17.

154 Entre otras, pueden verse las consultas V0731-17, V4942-16, V0183-15 y V2907-15.

- La resolución puntual de incidencias al inquilino cuando se produzcan[155].

A juicio de Zapatero Gasco (2017), la calificación como rendimientos de la actividad económica de los ingresos derivados de la actividad de alquiler turístico desarrollada en el marco de plataformas colaborativas como Airbnb resulta criticable por varias razones. Primero, porque dicha consideración "rompe con la lógica de la economía colaborativa que motiva transacción en la plataforma", máxime si se tiene en cuenta que muchas de las actividades o servicios ofertados al inquilino (como lavado de ropa o limpieza de la habitación) se realizarían de igual modo, como tareas domésticas habituales, de no existir arrendamiento turístico, ni, por ende, ocupación turística parcial de la vivienda[156]. Segundo, porque "la sujeción de las rentas a la tributación como rendimientos de actividades económicas (...) puede generar para el arrendador unos costes de cumplimiento fiscal demasiado altos en comparación con la actividad realizada (alta en autónomos, presentación de declaraciones, ingresos periódicos, etc.)"[157]. Sobre la base de este razonamiento, se plantea el autor la pertinencia de valorar la fijación de un umbral mínimo de tributación para esta clase de servicios que, al menos en su opinión, pueden considerarse propios de la economía colaborativa[158].

Sin perjuicio de lo apuntado, y si bien la calificación como rendimientos del capital inmobiliario o como rendimientos de la actividad económica traerá consigo algunas consecuencias importantes, debe subrayarse que, tal y como se desprende de lo dispuesto en los artículos 45 y 46 de la Ley 35/2006, ambas categorías de renta forman parte de la base imponible general del IRPF. Esta circunstancia nos lleva a concluir que los efectos prácticos asociados a una diferente calificación de los ingresos obtenidos por el arrendador serán nulos desde el punto de vista del tipo de gravamen aplicable.

---

155 Consultas V0731-17, V2102-14 y V1114-11.

156 Zapatero Gasco, A. (2017), Ob. Cit., p. 94. En este caso, por tanto, "la norma impondría una consecuencia tributaria alejada de la realidad económica de la transacción, considerando como profesional a quien no lo es, y simplemente realiza una actividad enmarcada en el contexto de la economía colaborativa dentro de esa lógica de oferta de bienes infrautilizados con el objeto de cubrir los costes de titularidad o utilización de los mismos" (*ibidem*).

157 *Ibidem*. El autor sugiere la conveniencia de "plantearse si la presión fiscal indirecta asociada a dichos costes de cumplimiento es proporcionada a los rendimientos efectivamente percibidos, y si tiene sentido la exigencia de los mismos".

158 Zapatero Gasco, A. (2017), Ob. Cit., p. 94.

2.2. RENTAS DERIVADAS DEL SUBARRENDAMIENTO DE VIVIENDA TURÍSTICA[159]

En los términos señalados en el Capítulo 1 de esta obra, la figura del subarrendamiento exige realizar una distinción entre dos relaciones jurídicas diferenciadas. Más específicamente, el propietario de la vivienda (arrendador) prestaría un servicio de arrendamiento a otro sujeto (subarrendador) y este último, a su vez, prestaría un servicio de subarrendamiento a un tercero (subarrendatario). Ambos sujetos (arrendador y subarrendador) podrían contar, o no, con una persona empleada para la ordenación de la actividad. Además, la cesión de uso de la vivienda turística por parte del subarrendador podría ir acompañada, o no, de la prestación de servicios hoteleros complementarios.

Desde el punto de vista del IRPF, la calificación de las rentas percibidas por el propietario de la vivienda turística coincidirá con la indicada en el epígrafe 2.1 anterior. Así pues, con independencia del uso que el arrendatario haga del inmueble cedido, las rentas derivadas de este primer arrendamiento tendrán que ser declaradas como rendimientos del capital inmobiliario o como rendimientos de las actividades económicas, en función de las circunstancias concurrentes. Muy ilustrativa resulta, a este respecto, la consulta V2297-18, donde se distinguen dos supuestos diferenciados: que la propietaria del inmueble lo alquile a una empresa de servicios, de tal suerte que sea esta última quien contrate con el inquilino y le preste los servicios correspondientes, o bien, que sea la propietaria quien alquile directamente al inquilino por estancias vacacionales, prestando una serie de servicios hoteleros complementarios a través de la empresa de servicios. Como advierte la DGT, en el primer caso, "los rendimientos derivados del arrendamiento se calificarían de rendimientos del capital inmobiliario, por aplicación de lo dispuesto en los artículos 21 y 22 de la LIRPF. Por el contrario, si la consultante alquila la vivienda directamente a los inquilinos y presta los servicios indicados (...), aunque sea a través de la empresa de servicios, las rentas derivadas

159 Nótese, tal y como sostienen Desdentado Daroca, E., Díaz Vales, F. y Lucas Durán, M. (2018), que "el subarriendo no puede realizarse sin el consentimiento del arrendador y, aun así, está sometido a una serie de condiciones. No obstante, y sin perjuicio de que el negocio de subarriendo sea legal o no (...), lo cierto es que las rentas así obtenidas habrían de tributar en todo caso por el IRPF (...), a no ser que fuera considerado como un enriquecimiento sin causa y, por tanto, fuera objeto de devolución al arrendador" (Ob. cit., p. 82).

del arrendamiento se calificarían de rendimientos de actividades económicas, por aplicación del artículo 27.1 de la LIRPF".

En lo que concierne al subarrendador, del que presumimos la condición de persona física residente en territorio español, conviene hacer alusión en este punto al artículo 25 de la misma ley, donde se efectúa una clasificación de los rendimientos del capital mobiliario en cuatro grandes categorías:

A. Rendimientos obtenidos por la participación en los fondos propios de cualquier tipo de entidad.

B. Rendimientos obtenidos por la cesión a terceros de capitales propios.

C. Rendimientos procedentes de operaciones de capitalización y de contratos de seguro de vida o invalidez.

D. Otros rendimientos del capital mobiliario.

Dentro de la última categoría, y sin ánimo de exhaustividad, alude el legislador a los rendimientos "procedentes del arrendamiento de bienes muebles, negocios o minas, así como los procedentes del subarrendamiento percibidos por el subarrendador, que no constituyan actividades económicas"[160]. El contenido de esta previsión normativa nos lleva a confirmar, de forma similar a lo sucedido en los supuestos de arrendamiento directo del inmueble por su propietario persona física, que los rendimientos obtenidos por el subarrendador de la vivienda turística admiten una doble calificación a efectos del IRPF: rendimientos del capital mobiliario y rendimientos de actividades económicas.

En particular, es doctrina reiterada de la DGT que las rentas derivadas del subarrendamiento tendrán "la consideración de rendimientos del capital mobiliario, salvo que supongan la ordenación por cuenta propia de medios de producción y de recursos humanos con la finalidad de intervenir en la producción o distribución de bienes o servicios, elementos definitorios de una actividad económica, en cuyo caso, los rendimientos obtenidos por el subarrendamiento se calificarán como rendimientos de actividades económicas, lo que concurriría en el supuesto de que se prestaran servicios complementarios propios de la industria hotelera"[161]. Esta interpretación pone de manifiesto que, a juicio de la DGT, la previsión recogida en el artículo 27.2 de la Ley del IRPF en relación con el "arrendamiento de inmuebles" no resulta extensible al subarrendamiento, de tal

160 Artículo 25.4, letra c), de la Ley 35/2006.

161 Consultas V1599-23, V0845-22, V1300-20 y V2474-17, entre otras.

suerte que, en este último caso, la existencia de actividad económica quedaría estrictamente vinculada a la ordenación por cuenta propia de medios de producción y/o recursos humanos por parte del subarrendador.

Con todo, debe observarse que, también en este tipo de escenarios, la renta obtenida por el subarrendador con motivo de la explotación de la vivienda turística tendría la consideración de renta general a efectos del IRPF. Así se infiere de una interpretación conjunta de los artículos 45 y 46 de la Ley 35/2006, que atribuyen dicha calificación tanto a los rendimientos procedentes del capital mobiliario como a los derivados del ejercicio de una actividad económica.

2.3. RENTAS DERIVADAS DE LA TRANSMISIÓN DE LA VIVIENDA TURÍSTICA

Con independencia de la calificación que hayan recibido las rentas derivadas de la explotación, vía arrendamiento, de la vivienda turística, la potencial ganancia o pérdida derivada de su transmisión quedará sometida a las reglas establecidas en la Sección 4.ª del Capítulo II de la Ley del IRPF. A este respecto, debe tenerse en cuenta que, conforme a lo dispuesto en el artículo 28.2 del referido texto normativo, las ganancias o pérdidas procedentes de elementos patrimoniales afectos a la actividad económica del contribuyente (caso de la vivienda turística para el propietario dedicado a la actividad de alquiler) no se tomarán en consideración a la hora de determinar el rendimiento neto de la actividad económica, sino que habrán de ser cuantificadas de acuerdo con lo previsto para esta tipología de renta.

En concreto, la Ley del IRPF califica como ganancias y pérdidas patrimoniales, a incluir en la renta del ahorro en la medida en la que procedan de la transmisión de un elemento patrimonial, "las variaciones en el valor del patrimonio del contribuyente que se pongan de manifiesto con ocasión de cualquier alteración en la composición de aquél, salvo que por esta Ley se califiquen como rendimientos"[162]. Seguidamente, sin embargo, se relacionan una serie de especialidades que podríamos agrupar en cuatro categorías: a) Supuestos en los que se entiende que no existe alteración patrimonial (artículo 33.2); b) Supuestos en los que se entiende que no existe ganancia ni pérdida patrimonial (artículo 33.3); c)

162 Artículo 33 de la Ley del IRPF. Acerca de la consideración como renta del ahorro de tales ganancias y pérdidas cuando procedan de la transmisión de un elemento patrimonial, puede verse lo dispuesto en el artículo 46 de la misma ley.

Pérdidas no computables (artículo 33.5); y d) Ganancias excluidas de gravamen (artículos 33.4 y 38).

Dentro de esta última categoría, y dada su relevancia en el contexto en el que ahora nos encontramos, considero oportuno hacer alusión a una serie de exenciones cuya aplicación práctica queda condicionada a la concurrencia de un elemento clave: que el elemento patrimonial transmitido tenga la consideración de vivienda habitual del contribuyente. Entre dichas exenciones se encuentran las relativas a las siguientes ganancias patrimoniales:

1) Las obtenidas con ocasión de la transmisión de su vivienda habitual por mayores de 65 años o por personas en situación de dependencia severa o gran dependencia[163].
2) Las obtenidas con ocasión de la dación en pago de la vivienda habitual para la cancelación de deudas hipotecarias que recaigan sobre la misma, así como las derivadas de su transmisión cuando aquella se efectúe con motivo de ejecuciones hipotecarias judiciales o notariales[164].
3) Las obtenidas por la transmisión de la vivienda habitual cuando el importe total derivado de la transmisión sea reinvertido en la adquisición de una nueva vivienda habitual y se cumplan las condiciones establecidas en el Reglamento del IRPF[165].

Debe reconocerse que la aplicabilidad de estos supuestos de exención en el sector del alojamiento turístico en viviendas particulares, al menos desde mi punto de vista, quedará reservada a unos pocos casos, pues lo más frecuente en la práctica es que el inmueble cedido en arrendamiento tenga naturaleza de segunda residencia para su propietario; incluso, podría tratarse de un inmueble adquirido como mera inversión, lo que resulta incompatible con el concepto de «vivienda habitual» definido en el artículo 41 bis del Reglamento del impuesto. En efecto, y dejando a un lado las excepciones expresamente contempladas por

163 Artículo 33.4.b) de la Ley del IRPF.

164 Las especialidades concernientes a este supuesto de exención pueden consultarse en el artículo 33.4.d) de la Ley del IRPF.

165 Artículo 38 de la Ley del IRPF y artículo 41 del Real Decreto 439/2007, de 30 de marzo, por el que se aprueba el Reglamento sobre la Renta de las Personas Físicas y se modifica el Reglamento de Planes y Fondos de Pensiones, aprobado por Real Decreto 304/2004, de 20 de febrero (en adelante, Reglamento del IRPF).

el legislador, "se considera vivienda habitual del contribuyente la edificación que constituya su residencia durante un plazo continuado de, al menos, tres años".

La traslación de esta definición al ámbito del alquiler de vivienda turística es susceptible de generar algunas dudas que ya han sido resueltas por la doctrina administrativa. En concreto, si el hecho de ceder temporalmente la vivienda habitual con fines turísticos determina automáticamente la pérdida de dicha condición (o si podría determinarla, en función, por ejemplo, de la duración del contrato formalizado con el usuario), y si el carácter habitual de la vivienda podría verse afectado por el arrendamiento a terceros de alguna de sus habitaciones o estancias.

Por lo que se refiere a la primera de las cuestiones planteadas, la DGT ha defendido la pérdida del carácter de vivienda habitual, y, con ello, del derecho a disfrutar de los beneficios fiscales asociados, "de ser arrendada la vivienda, aunque sea por cortos periodos de tiempo o proceder a un intercambio vacacional, permitiendo su uso a terceras personas"[166]. Esta interpretación, que ha sido criticada por autores como Desdentado Daroca, Díaz Vales y Lucas Durán (2018), se muestra coherente con la mantenida en otras muchas consultas en relación con el concepto de «vivienda habitual» propio del IRPF[167]. Entre ellas, y solo a título de ejemplo, la V3126-23, en la que se reconoce que "la vivienda habitual se configura (...) desde una perspectiva temporal que exige una residencia continuada por parte del contribuyente, lo cual requiere su utilización efectiva y con carácter permanente por el propio contribuyente, circunstancias que no se ven alteradas por las ausencias temporales"[168].

---

166 Consulta V2431-19. En la consulta V2768-18 la DGT adopta esta misma postura respecto de un arrendamiento de vivienda de cuatro meses de duración.

167 A juicio de estos autores, "la finalidad que persiguen los beneficios fiscales aprobados por la normativa tributaria (tutelar el derecho a una vivienda digna contemplado en el artículo 47 CE) no desaparece por el hecho de que se ceda en breves temporadas tal vivienda habitual que, sin embargo, lo seguirá siendo el resto del tiempo" (Ob. Cit., p. 91). Sobre la base de este razonamiento, concluyen que "sería razonable que la Administración tributaria interpretara que cuando la vivienda habitual se cediese por un tiempo reducido tal cesión no implicara la pérdida de tal condición, de manera que pudieran seguir aplicándose respecto de tal inmueble los beneficios fiscales asociados al mismo. En caso contrario, sería necesario que las normas tributarias recogieran tales aspectos" (Ob. Cit., p. 92)

168 En este mismo sentido, pueden verse las consultas V1686-22, V3455-20 y V3315-19.

Sin perjuicio de lo señalado, se ha admitido la recuperación del derecho a practicar los beneficios fiscales ligados a la condición de vivienda habitual (en particular, la deducción por inversión en vivienda habitual y la exención por reinversión en vivienda habitual) cuando, después de haberse destinado el inmueble al alquiler turístico o al intercambio vacacional, vuelva a constituir la residencia del contribuyente "con la intención de habitarla de manera efectiva y con carácter permanente durante, al menos, tres años desde entonces"[169]. Para el caso de la transmisión, este requisito se adicionaría al exigido en el artículo 41 bis, apartado 3, de la Ley 35/2006, en virtud del cual el inmueble transmitido tendría que haber alcanzado "la consideración de vivienda habitual dentro de los dos años inmediatos anteriores a la fecha de su transmisión"[170].

Asimismo, se ha reconocido que el carácter de vivienda habitual no se ve afectado por "el mero hecho de formular el alta como vivienda turística", si bien dejará de tener dicha consideración desde el momento en el que comience a alquilarse[171].

Por lo que respecta a la cesión parcial con fines turísticos de la vivienda habitual, debe admitirse la traslación a este contexto del razonamiento esgrimido en la consulta V2869-20, en la que se aborda el supuesto de un contribuyente que valora la posibilidad de arrendar una habitación de su vivienda y se pregunta si dicha circunstancia tendría alguna consecuencia sobre la deducción por inver-

---

169 Consultas V2431-19 y V2768-18. En la consulta V3586-20 se reconoce, no obstante, que si un contribuyente cede su vivienda habitual como apartamento turístico y, posteriormente, vuelve a residir en la misma durante un periodo inferior a los tres años con carácter previo a su transmisión, podría resultar aplicable la exención por transmisión de vivienda habitual por mayores de 65 años si se probase la concurrencia de "circunstancias que necesariamente exijan el cambio de vivienda", esto es, "circunstancias ajenas a la mera voluntad o conveniencia del contribuyente: no basta la concurrencia de cualquier circunstancia por la que convenga cambiar de domicilio, sino que debe existir una relación de causa-efecto, (...) que obligue a ese cambio anticipado sin completar el periodo mínimo de tres años de residencia en la vivienda en concepto de propietario".

170 Nótese que, conforme a lo dispuesto en el precepto indicado: "A los exclusivos efectos de la aplicación de las exenciones previstas en los artículos 33.4. b) y 38 de la Ley del Impuesto, se entenderá que el contribuyente está transmitiendo su vivienda habitual cuando (...) dicha edificación constituya su vivienda habitual en ese momento o hubiera tenido tal consideración hasta cualquier día de los dos años anteriores a la fecha de transmisión" (artículo 41 bis, apartado 3).

171 Consulta V0265-19.

sión en vivienda habitual de la que viene beneficiándose desde la fecha de adquisición del inmueble[172]. De acuerdo con el criterio de la DGT:

> "De arrendar determinadas estancias de la que constituye la vivienda habitual del contribuyente, este podrá continuar practicando la deducción por inversión en vivienda habitual (...) únicamente, con respecto de la parte de la vivienda que utilice de forma privada, así como por las zonas comunes. Es decir, no podrá deducirse respecto de aquellas zonas que se establezcan de uso reservado para el arrendatario que conviviera en la vivienda.
>
> De esta manera, (...) una vez comience a arrendar la habitación, de las cantidades que satisfaga a partir de entonces solo podrá considerar como base de la deducción el importe que se corresponda proporcionalmente con la superficie que mantiene la consideración de vivienda habitual (zonas o dependencias privadas y comunes, no destinadas exclusivamente al arrendamiento)"[173].

Una interpretación análoga se ha defendido también en la consulta V1314-17 en relación con la exención por transmisión de vivienda habitual para mayores de 65 años. En ella se resuelve que, al haber estado parte de la vivienda arrendada por temporadas, si se procediese a su transmisión antes de que transcurriesen tres años desde la fecha de finalización del último arrendamiento, no se podría "aplicar la exención prevista en el artículo 33.4.b) de la Ley del Impuesto a la parte proporcional de la ganancia patrimonial que corresponda a la parte de la vivienda que hubiera tenido arrendada". Sí resultaría aplicable la mencionada exención, por el contrario, respecto de aquella parte de la vivienda que se "hubiera utilizado de forma privada, incluyendo las zonas comunes, (...) al haber residido de forma continuada en la misma más de tres años".

De lo anterior se infiere que, en consonancia con el criterio administrativo, el hecho de alquilar una habitación o estancia de la vivienda habitual no determinaría la pérdida de este último carácter sobre aquella parte del inmueble que continúe constituyendo la residencia permanente de su propietario. Ello justificaría la posibilidad de continuar disfrutando, o, en su caso, de disfrutar a futuro, de

---

172 Debe matizarse que la deducción por inversión en vivienda habitual fue eliminada de la Ley 35/2006 con efectos 1 de enero de 2013. No obstante, el legislador previó la posibilidad de que continuasen aplicándola todos aquellos contribuyentes que viniesen disfrutando de la misma con anterioridad a esa fecha. A este respecto, puede verse lo dispuesto en la Disposición transitoria decimoctava de la Ley del IRPF.

173 En un sentido similar se ha pronunciado la DGT en consultas como la V3047-20, V3860-15 y la V0848-08.

todos los beneficios fiscales vinculados a esta calificación (tales como exenciones o deducciones de la cuota), si bien la cuantía de dichos beneficios tendría que ser ponderada en atención a la relación existente entre los metros cuadrados de vivienda que se hayan destinado efectivamente al arrendamiento y la superficie total de la misma[174].

En línea con lo apuntado por otros autores, no puede obviarse que la tesis mantenida por la DGT acerca de esta cuestión conduce a una diferencia de trato entre dos situaciones que podrían reputarse equiparables: el arrendamiento parcial de la vivienda habitual (que, conforme a lo señalado, seguirá teniendo dicho carácter respecto de la parte no arrendada) y el arrendamiento completo de la misma por periodos cortos de tiempo (lo que automáticamente conllevaría la pérdida del carácter de vivienda habitual y de los beneficios fiscales asociados). Para Zapatero Gasco (2018), este tratamiento diferenciado carece de toda justificación, "pues cuando el arrendamiento tiene lugar en la vivienda habitual del sujeto con el objeto de cubrir los gastos de titularidad o uso del inmueble, el mismo atiende a la lógica de la economía colaborativa con independencia de que dicho arrendamiento temporal sea total o parcial. Por tanto, la respuesta de la norma tributaria en ambos casos debería ser la misma, desencadenando una idéntica consecuencia respecto de las obligaciones fiscales de los sujetos arrendadores en ambos supuestos"[175].

Una postura mucho más próxima a la defendida por este autor, y a la que, por su interés, considero oportuno hacer referencia en este punto, es la que ha mantenido la Diputación Foral de Gipuzkoa al delimitar el concepto de «vivienda habitual» a efectos del IRPF. Así, tal y como se indica en la Orden Foral 265 2018, de 28 de mayo, por la que se aprueba la interpretación aplicable a la exigencia requerida de ocupación continuada:

> "(...) esta obligación de residir de manera efectiva y permanente en la vivienda no impide que el contribuyente pueda ausentarse temporalmente de la misma (en vacaciones, fines de semana, viajes laborales, etc.), siempre

174 Es importante resaltar que, si el arrendamiento de la habitación o estancia se formalizase antes de haberse consolidado el carácter habitual de la vivienda (por no haberse residido en ella al menos tres años), el incumplimiento del plazo de permanencia determinaría la obligación de regularizar todas las deducciones aplicadas hasta ese momento, tal y como ha sugerido la DGT en consultas como la V0848-08.

175 Zapatero Gasco, A. (2017), Ob. Cit., p. 99.

> que se trate de ausencias compatibles con el necesario grado de estabilidad y continuidad en la ocupación del inmueble.
>
> Además, la consideración de una vivienda como habitual no excluye que puedan obtenerse rendimientos dinerarios o en especie por ella, mientras se encuentre temporalmente vacía (como, por ejemplo, en los supuestos de intercambios de inmuebles durante los períodos vacacionales, etc.).
>
> Consecuentemente, en los casos de alquileres turísticos por espacios breves de tiempo, compatibles con las ausencias temporales del inmueble, resulta admisible considerar que la vivienda no pierde la condición de habitual para el contribuyente y que, en consecuencia, no existe ningún cambio de destino efectivo de la misma, para dedicarla a otra finalidad".

Partiendo de este razonamiento, y en lo que atañe al caso concreto de la deducción por inversión en vivienda habitual, se reconoce, de un lado, la inaplicación del beneficio fiscal durante los periodos en los que se obtenga algún rendimiento por el inmueble ("de modo que, en su caso, habrá que prorratear los importes de que se trate"), y, de otro, la posibilidad de practicar aquella deducción sobre los importes correspondientes a la parte de la vivienda que se utilice de forma privativa, así como a las zonas comunes, en los supuestos de alquiler de estancias o habitaciones. Dicha circunstancia conlleva la imposibilidad de "practicar deducción sobre las cuantías imputables a las zonas de uso reservado a los arrendatarios (...). Todo ello, con independencia de que los arrendatarios utilicen el inmueble como vivienda, o para un uso diferente".

2.4. VIVIENDAS EN EXPECTATIVA DE ALQUILER

Como bien es sabido, uno de los elementos consustanciales a los alquileres de vivienda turística es su excesiva temporalidad. A ello se añaden las fluctuaciones que esta clase de mercados puede experimentar a lo largo del año por razones diversas, como podría ser el empeoramiento de la situación económica, la existencia de potenciales restricciones sanitarias o, incluso, la ubicación del inmueble. Por ello, debe considerarse la posibilidad de que la vivienda turística ofertada en arrendamiento permanezca vacía durante una parte del periodo impositivo. Esta circunstancia nos remite inevitablemente a la figura de la imputación de rentas inmobiliarias regulada en el artículo 85 de la Ley del IRPF[176].

---

[176] Conforme a lo dispuesto en el apartado primero, párrafo primero, de este precepto, "en el supuesto de los bienes inmuebles urbanos, (...) así como en el caso de los inmuebles rústicos con construcciones que no resulten indispensables para el desarrollo de explo-

La duda que se plantea en este punto radica en determinar si el titular de la vivienda turística debe aplicar la imputación de rentas respecto de aquellos períodos temporales durante los cuales la vivienda se encuentra desocupada, pero en expectativa de alquiler. Dicha cuestión ha sido resuelta por el TS en su sentencia de 25 de febrero de 2021, en la que se dictamina que, "conforme al artículo 85 LIRPF, las rentas procedentes de bienes inmuebles, que no se encuentran arrendados ni subarrendados, pero que están destinados a serlo, tributan como rentas imputadas"[177].

La aseveración anterior debe completarse con las conclusiones emanadas de la literalidad de la regulación vigente, de cuyo contenido se desprende la improcedencia de llevar a cabo la imputación indicada en los dos siguientes supuestos:

a) Viviendas turísticas que se encuentren afectas a actividades económicas, pudiendo entenderse cumplida esta condición cuando, para la ordenación de la actividad de alquiler, se cuente con una persona empleada con contrato laboral y a jornada completa, o cuando la cesión de la vivienda turística vaya acompañada de la prestación de servicios complementarios propios de la industria hotelera.

b) Viviendas turísticas que permanezcan arrendadas, y por tanto generen rendimientos del capital, durante todos los días del año. La concurrencia de esta circunstancia, ciertamente difícil en el sector del alojamiento turístico, exigiría la sucesión encadenada de contratos de arrendamiento con diferentes usuarios, sin producirse vacíos (días en los que la vivienda no permanezca alquilada) entre uno y otro.

Conjuntamente con lo señalado, debe tomarse en consideración lo establecido en el segundo apartado del artículo 85 de la Ley del impuesto, en el que se especifica que las rentas presuntas derivadas de la aplicación de dicho precepto serán imputadas "a los titulares de los bienes inmuebles" o, cuando proceda, a los titulares de "derechos reales de disfrute" que recaigan sobre los mismos (como se-

---

taciones agrícolas, ganaderas o forestales, no afectos en ambos casos a actividades económicas, ni generadores de rendimientos del capital, excluida la vivienda habitual y el suelo no edificado, tendrá la consideración de renta imputada la cantidad que resulte de aplicar el 2 por ciento al valor catastral, determinándose proporcionalmente al número de días que corresponda en cada período impositivo".

177 TS, sentencia de 25 de febrero de 2021, Nº de Recurso: 1302/2020, Sala de lo Contencioso, Sección 2, FD Cuarto.

ría el caso del usufructuario)[178]. Esta regla de individualización nos lleva a excluir la imputación de rentas inmobiliarias, asimismo, respecto de aquellos periodos de tiempo en los que la vivienda turística haya permanecido subarrendada[179], tanto en lo que atañe a su propietario como en lo que atañe al arrendatario que actúa como subarrendador. En concreto, confirmamos que no procederá imputación en relación con el segundo de ellos porque ni es propietario ni es titular de derechos reales sobre el inmueble cedido; y tampoco en relación con el primero, porque el arrendamiento concertado con el subarrendador ya supone la obtención por su parte de rendimientos del capital inmobiliario.

Mayores dudas plantea, sin embargo, el supuesto de cesión parcial de la vivienda habitual mediante precio. Para Sanz Gómez (2017), en esta clase de escenarios sería posible admitir dos interpretaciones: la primera radicaría en considerar que la división entre vivienda habitual (parte de la vivienda que se destina a residencia permanente de su propietario) y vivienda no habitual (habitación o estancia ofertada en arrendamiento) se mantiene "durante los periodos en que la habitación no está ocupada", por lo que "deberá procederse a la imputación de renta correspondiente"; la segunda nos llevaría a reconocer que, cuando la habitación no está ocupada, vuelve a formar parte de la vivienda habitual, con todas las consecuencias que de ello se derivan"[180].

Convengo con el autor en que la primera de las alternativas propuestas guarda una mayor coherencia interna si se atiende a la postura defendida por la doctrina administrativa en materia de beneficios fiscales ligados al carácter de vivienda habitual. También parece mostrarse más respetuosa, pese a las diferencias existentes entre los supuestos de hecho analizados, con el criterio mantenido por el TS para los casos de viviendas desocupadas en expectativa de alquiler, al que nos hemos referido anteriormente. Dicho planteamiento se traduciría en la obligación de aplicar la imputación de rentas inmobiliarias sobre aquella parte de la vivienda que, si bien se encuentra destinada al arrendamiento y ofertada como tal, permanece vacía durante una parte del año.

---

178 En particular, tienen la consideración de derechos reales de goce y disfrute: el derecho de usufructo, el derecho de uso y el derecho de habitación. Acerca del contenido de tales derechos, véase el Título VI del Libro II del Código Civil.

179 La obligación de aplicar la imputación de rentas inmobiliarias ha sido recordada por la DGT en numerosas consultas; entre ellas, la V2459-23, V0703-21, V3163-20, V3047-20, V1104-20 y V1694-19.

180 Sanz Gomez, R. (2017), Ob. Cit., p. 76.

3. CUANTIFICACIÓN DE LOS RENDIMIENTOS

De conformidad con lo expuesto en los epígrafes anteriores, las viviendas de uso turístico pueden generar hasta cinco categorías diferenciadas de renta, a saber: rendimientos del capital inmobiliario, rendimientos de actividades económicas, rendimientos del capital mobiliario, imputaciones de renta, y ganancias y pérdidas de patrimonio. Obviando los efectos derivados de una potencial transmisión de la vivienda turística, analizaremos a continuación los criterios que deben seguirse para la cuantificación de la renta percibida en cada uno de los escenarios descritos.

3.1. RENDIMIENTOS DEL CAPITAL INMOBILIARIO

En línea con lo establecido en el artículo 22.2 de la Ley del IRPF, se computará como rendimiento íntegro del capital inmobiliario "el importe que por todos los conceptos deba satisfacer el adquirente, cesionario, arrendatario o subarrendatario, incluido, en su caso, el correspondiente a todos aquellos bienes cedidos con el inmueble y excluido el Impuesto sobre el Valor Añadido o, en su caso, el Impuesto General Indirecto Canario".

Esta previsión normativa se completa con lo dispuesto en el artículo 23 de la misma ley, donde se prevén una serie de gastos deducibles y reducciones que minorarán los rendimientos íntegros obtenidos por el propietario del inmueble con ocasión de su arrendamiento a un tercero. Como es lógico, dicha minoración se traducirá en un ahorro fiscal para el arrendador, que únicamente tributará sobre una parte de los ingresos generados.

A) Gastos deducibles

A efectos de cuantificar el rendimiento neto, el artículo 23.1 de la Ley 35/2006 realiza una distinción entre dos categorías de gastos deducibles. La primera categoría viene constituida por todos aquellos gastos que sean necesarios para la obtención de los correspondientes rendimientos. Se trata de una categoría amplia de supuestos que el legislador se ocupa de concretar, aunque sin ánimo de exhaustividad, en el propio artículo 23 de la Ley del impuesto y en el artículo 13 de su reglamento de desarrollo. En particular, y focalizando nuestra atención en las viviendas de uso turístico, tendrían la consideración de gastos deducibles, entre otros, los siguientes importes:

1) Intereses de los capitales ajenos invertidos en la adquisición o mejora de la vivienda y demás gastos de financiación.

2) Gastos de reparación y conservación, entendiéndose como tal los "efectuados regularmente con la finalidad de mantener el uso normal de los bienes materiales, como el pintado, revoco o arreglo de instalaciones", y los de "sustitución de elementos, como instalaciones de calefacción, ascensor, puertas de seguridad u otros"[181]. No se reconoce esta naturaleza, por el contrario, a las cantidades destinadas a la ampliación o mejora del inmueble, que serán objeto de deducción a través de su amortización.

3) Tributos y recargos no estatales, así como las tasas y recargos estatales, que incidan sobre la vivienda o sobre los rendimientos computados con motivo de su explotación, siempre que no tengan carácter sancionador. Este podría ser el caso del Impuesto sobre Bienes Inmuebles, el impuesto sobre estancias turísticas[182] o la tasa de recogida de basuras recaudada por el ente municipal.

4) Cantidades devengadas por terceros "en contraprestación directa o indirecta o como consecuencia de servicios personales, tales como los de administración, vigilancia, portería o similares"[183]. Dentro de esta tipología de gastos entiendo que cabría incluir, por analogía, las cantidades pagadas por el arrendador a terceras personas a las que se encomienda la limpieza de la vivienda, así como las satisfechas a entidades inmobiliarias, plataformas colaborativas y otro tipo de proveedores de servicios necesarios para la obtención de los rendimientos (entrega y recogida de llaves, publicidad, etc.).

5) Gastos vinculados a la formalización del arrendamiento, subarriendo, cesión o constitución de derechos sobre la vivienda.

6) Gastos de defensa jurídica.

---

181 Artículo 13 del Reglamento del IRPF, letra a).

182 Acerca de este tributo, puede verse lo dispuesto en la consulta V1584-20, donde se reconoce expresamente su consideración como gasto deducible y, en la medida en la que haya sido objeto de repercusión al inquilino, también de ingreso a computar entre los rendimientos íntegros del capital inmobiliario.

183 Artículo 13 del Reglamento del IRPF, letra c).

7) Primas de contratos de seguro de cualquier clase que recaigan sobre el inmueble (responsabilidad civil, incendio, robo, etc.).

8) Cantidades destinadas a suministros (luz, agua, telefonía, internet, etc.).

Desde un punto de vista estrictamente cuantitativo, debe observarse que el importe de los gastos deducibles en concepto de reparación y conservación, conjuntamente considerados con los gastos de financiación, no podrá exceder de la cuantía de los rendimientos íntegros derivados de la explotación de la vivienda turística. El potencial exceso que en su caso se produzca podría ser deducido en el plazo de los cuatro años siguientes, de conformidad con los criterios establecidos en el artículo 13 del Reglamento del IRPF[184].

La segunda categoría de gastos deducibles a la que antes hacíamos alusión quedaría integrada, por su parte, por las cantidades destinadas a la amortización del inmueble y de los demás bienes cedidos con éste (como podría ser el mobiliario arrendado conjuntamente). La propia Ley del impuesto especifica las cantidades que, como máximo, podrán ser objeto de deducción por este concepto; a saber:

- En lo que atañe al propio inmueble, la cuantía que resulte de aplicar un porcentaje del 3% sobre el coste de adquisición satisfecho o, de ser superior, sobre el valor catastral de la vivienda (excluido el valor del suelo)[185].
- En lo que atañe a los bienes de naturaleza mobiliaria arrendados de forma conjunta, el importe que resulte de aplicar un porcentaje del 10% sobre su coste de adquisición[186].

Una vez identificadas las tipologías de gasto susceptibles de minorar el importe de los rendimientos íntegros, conviene hacer referencia a otras dos cuestiones de máxima relevancia en este mismo contexto: una de tipo subjetivo (quién

---

184 Artículo 13, letra a), del Reglamento del IRPF.

185 Tal y como se especifica en el artículo 14.2.a), párrafo segundo, del Reglamento del IRPF: "Cuando no se conozca el valor del suelo, éste se calculará prorrateando el coste de adquisición satisfecho entre los valores catastrales del suelo y de la construcción de cada año".

186 El artículo 14.2, letra b), del Reglamento del impuesto no alude expresamente a este porcentaje del 10%, pero sí se remite a "la tabla de amortizaciones simplificada a que se refiere el artículo 30.1.ª de este Reglamento". La mencionada tabla establece un coeficiente lineal máximo de amortización del 10% para la categoría de "Instalaciones, mobiliario, enseres y resto del inmovilizado material".

soporta los gastos) y otra de tipo cuantitativo (cómo se determina la cuantía del gasto efectivamente deducible).

Por lo que se refiere, en primer lugar, al aspecto subjetivo, huelga señalar que los gastos que hayan sido necesarios para la obtención de los correspondientes rendimientos tan "sólo serán deducibles en la medida en que sean soportados y pagados de forma efectiva por el arrendador, de tal forma que, si fuera el arrendatario el que los paga y soporta, el propietario no podría deducirse ninguna cantidad. No obstante, hay que tener en cuenta que, si los importes de estos gastos se repercuten al inquilino, los mismos se computarán como rendimiento íntegro del capital inmobiliario, siendo a su vez, deducibles de dicho rendimiento"[187].

En lo que concierne al aspecto cuantitativo, no cabe duda de que todos los conceptos de gasto referenciados en el artículo 23 de la Ley del IRPF (gastos correlacionados con los ingresos y gastos derivados de la amortización del inmueble) serán íntegramente deducibles cuando la vivienda turística, o la totalidad de sus estancias si se tratase de una vivienda que se cede por habitaciones, hubieran permanecido arrendadas durante todos los días del año natural. De no ser así, y en la medida en la que no se trate de gastos susceptibles de individualización, sería necesario llevar a cabo una ponderación de los mismos en atención al tiempo efectivo de ocupación de la vivienda y, en su caso, también a los metros cuadrados de superficie que han sido objeto de cesión a tercero.

Centrando nuestro interés en los supuestos de arrendamiento discontinuo del inmueble a lo largo del periodo impositivo, es doctrina reiterada de la DGT que los rendimientos íntegros del capital inmobiliario podrán minorarse en el importe de todos los gastos que, habiendo sido necesarios para su obtención, correspondan "al periodo de tiempo en que el inmueble haya estado alquilado", así como "las cantidades destinadas a la amortización del inmueble alquilado respecto a los días en que haya durado el alquiler, y de los demás bienes cedidos con la misma, siempre que respondan a depreciación efectiva"[188]. Idéntica postura ha

---

187 Véanse, entre otras, las consultas de la DGT V3163-20, V3047-20 y V1694-19.

188 Consultas V0703-21, V3163-20, V3047-20, V2177-20 y V1694-19, por citar solo algunos ejemplos. En la consulta V2527-18, de hecho, se llega a reconocer la deducción de los gastos correspondientes a un único día de arrendamiento, pues, de la información ofrecida por el contribuyente, "se deduce que el inmueble está alquilado 1 día (...). Por tanto, (...) sólo se pueden deducir de los rendimientos íntegros, los gastos necesarios para su obtención y las cantidades destinadas a la amortización (...) correspondientes a 1 día".

mantenido, por su parte, el TS en su ya citada sentencia de 25 de febrero de 2021, en la que se concluye que los gastos asociados a unos bienes inmuebles que están destinados al arrendamiento "deben admitirse como deducibles única y exclusivamente por el tiempo en que los mismos estuvieron arrendados y generaron rentas, en la proporción que corresponda"[189].

El criterio señalado no resultará aplicable, sin embargo, en relación con aquellos gastos soportados por el contribuyente que se encuentren íntegra y directamente correlacionados con los ingresos derivados de la cesión de uso de la vivienda turística. Tales gastos podrán ser deducidos en su totalidad, aun cuando la duración del arrendamiento haya sido inferior al año natural, si el inmueble de que se trate hubiese permanecido en expectativa de alquiler a lo largo del mismo. En este sentido se pronuncia la DGT en consultas como la V0109-16, en la que se afirma:

> "(...) en el supuesto de que el inmueble no hubiera estado arrendado durante todo el año, determinados gastos (...), tales como intereses y demás gastos de financiación, así como los incluidos en las letras b), c), e), f), g) y h) del artículo 13 del Reglamento del Impuesto, para determinar el importe deducible, se deberán prorratear en función del número de días del año en que el inmueble hubiera estado arrendado. No se prorratearán los gastos de conservación y reparación, los de publicidad, los ocasionados por la formalización del arrendamiento y los de defensa de carácter jurídico relativos al inmueble o a los rendimientos generados por su arrendamiento, siempre que vayan dirigidos exclusivamente a la futura obtención de rendimientos del capital inmobiliario y no al disfrute, siquiera temporal, del inmueble por el titular"[190].

En otras muchas consultas, en las que se ha reiterado este mismo criterio, se ha subrayado la necesidad de acreditar la situación de expectativa de alquiler en la que se encuentra el inmueble sobre el que recaen los gastos en cuestión. Dicha acreditación, se indica, "podrá realizarse por cualquiera de los medios de prueba generalmente admitidos en derecho, cuya valoración (...) corresponderá a los ór-

---

[189] Sentencia del TS de 25 de febrero de 2021, antes citada, FD Cuarto. Parece claro, como sugiere Sanz Gómez (2017), que, en este tipo de situaciones, "serán particularmente importantes las cuestiones relativas a la prueba", a cuyos efectos podría ser interesante acudir al historial de reservas y transacciones por cada propietario que ofrecen plataformas intermediarias como Airbnb (Ob. Cit., p. 76).

[190] En una línea similar, y entre otras muchas, pueden verse las consultas V1457-21, V2612-21, V3418-20, V1687-20 y V2863-15.

ganos de comprobación de la Agencia Estatal de Administración Tributaria"[191]. A mi modo de ver, la propia publicación de la oferta del alquiler de la vivienda en una plataforma intermediaria como Airbnb podría hacerse valer como elemento de prueba suficiente de la situación de expectativa de alquiler, siempre que el arrendador del inmueble pudiera acreditar, a su vez, la realidad de dicho anuncio.

A la vista de lo expuesto en los párrafos anteriores, y en la medida en la que resulte probada la situación de expectativa de alquiler, quedaría confirmada la posibilidad de deducción íntegra de los gastos inherentes a los servicios de limpieza del inmueble entre un inquilino y el siguiente contratados con un tercero, así como los derivados del pago de comisiones por servicios de gestión o intermediación en la actividad de alquiler turístico, habida cuenta de la indiscutible correlación que tales gastos presentan con respecto a los rendimientos posteriormente obtenidos por el arrendador de la vivienda con motivo de su explotación comercial[192].

En lo que atañe a aquellas otras situaciones en las que lo cedido con fines turísticos no sea una vivienda completa, sino una habitación o estancia independiente de la misma, ha de tenerse en cuenta que los gastos incurridos por el contribuyente que sean susceptibles de deducción tendrán que ser ponderados, a su vez, en atención a la superficie del inmueble que se destina efectivamente al arrendamiento. A este respecto, conviene traer a colación el criterio defendido por la DGT en la consulta V1791-21, en la que se reconoce la posibilidad de deducir de los rendimientos íntegros del capital inmobiliario todos los gastos necesarios para su obtención con las siguientes especialidades:

> "(...) únicamente los gastos proporcionales incurridos correspondientes a esa parte de la propiedad (dos habitaciones, en este caso) que está alquilada serían considerados deducibles.
>
> En los gastos generales incurridos que no sean susceptibles de individualización, será necesario prorratear los gastos totales teniendo en cuanto cuáles corresponden a la parte de la casa que está alquilada (dos habitaciones,

---

191 A título de ejemplo, pueden verse las consultas V1263-23, V1457-21, V1401-21, V1404-21, V2612-21, V0578-21, V0541-21, V1687-20, V3418-20, V1841-20 y V0981-19.

192 En este mismo sentido, Sanz Gómez, R. (2017) defiende que, a diferencia de lo sucedido con otros gastos (como los inherentes a un préstamo hipotecario), que constituyen gasto deducible en proporción a la superficie y el tiempo arrendado, "los gastos directamente vinculados con el arrendamiento (por ejemplo, la comisión que cobra Airbnb) serán gasto deducible en su totalidad" (Ob. Cit., p. 76).

en este caso) y cuáles corresponden a la parte que no lo está (resto de la vivienda). Esto último dependerá de los pactos contractuales existentes entre arrendador y arrendatario"[193].

B) Reducciones

El artículo 23.2 de la Ley del IRPF concluye la regulación relativa al cálculo de los rendimientos del capital inmobiliario previendo la posibilidad de practicar una reducción sobre los mismos en aquellos supuestos en los que el inmueble arrendado vaya a ser destinado a vivienda por parte del arrendatario. Desde el 1 de enero de 2024, los porcentajes de reducción serán del 90%, 70%, 60% o 50%, en función de las circunstancias concurrentes en el caso concreto.

Aunque por razones de extensión no analizaremos aquí las condiciones determinantes de la aplicación de cada uno de los porcentajes indicados, sí podemos resaltar que el elemento esencial para que un contribuyente pueda acogerse a esta reducción radica, como acabamos de apuntar, en el destino que el arrendatario vaya a dar al inmueble cedido, condicionándose el disfrute de la medida a la utilización como "vivienda" por parte de aquel. El problema se plantea porque, a diferencia de lo sucedido con respecto a la «vivienda habitual», la normativa estatal del IRPF no contiene ninguna definición expresa del término «vivienda», lo que provoca el surgimiento de ciertas dudas sobre la aplicabilidad de este beneficio fiscal en los supuestos de arrendamiento turístico o vacacional[194].

Por una parte, debe reconocerse que las notas de permanencia y estabilidad que tradicionalmente se han vinculado al concepto de vivienda en el plano jurídico no concurren en un escenario como el descrito, en el que las partes implicadas formalizan un contrato de arrendamiento de muy corta duración (con frecuencia, inferior a la semana). Este planteamiento nos llevaría a rechazar el acceso a la reducción por arrendamiento de vivienda en el sector del alojamiento turístico. Al mismo tiempo, sin embargo, podrían esgrimirse dos argumentos

193 En un sentido similar, pueden verse las consultas V2690-20, V3203-20, V3047-20, V2482-19, V2288-19 y V0537-19.

194 Acerca de esta misma cuestión, puede verse el trabajo de Lucas Durán, M. (2018): "¿Se aplica la reducción del 60 por 100 prevista en el art. 23.2 LIRPF para arrendamientos de bienes inmuebles con destino a «vivienda» en supuestos de alquileres de temporada y, particularmente, en alquileres turísticos?", *Revista de Contabilidad y Tributación*, núm. 423, pp. 131-144.

que conducirían a la conclusión contraria: primero, que el artículo 23 de la Ley 35/2006 no utiliza la expresión «vivienda habitual» (como sí hace en otros preceptos) a la hora de configurar la reducción examinada, como tampoco se remite de forma expresa a la definición de aquel concepto ofrecida en su Disposición adicional vigésima tercera; y, segundo, que, a efectos de la exención en el IVA para los arrendamientos destinados a uso exclusivo de vivienda, la DGT ha entendido que dicha circunstancia concurre, y, por ende, que la referida exención es aplicable, en relación con los arrendamientos vacacionales o de temporada. Y ello al considerar que "la normativa reguladora del Impuesto sobre el Valor Añadido no determina el concepto de vivienda, por lo que resulta procedente definirla, según la noción usual de la misma, como edificio o parte del mismo destinado a habitación o morada de una persona física o de una familia, constituyendo su hogar o sede de su vida doméstica"[195].

Una posición totalmente opuesta a la señalada ha mantenido, sin embargo, este Centro Directivo en el ámbito del IRPF, donde ya en diversas ocasiones se ha rechazado la posibilidad de extender la reducción de los rendimientos del capital inmobiliario a los arrendamientos de vivienda para uso turístico, al "tratarse del arrendamiento de un inmueble cuyo destino primordial no es satisfacer la necesidad permanente de vivienda del arrendatario"[196]. Y la misma solución se ha aplicado, sobre la base de idéntico razonamiento, a los supuestos de arrendamiento de vivienda a otro contribuyente persona física para que este último la explote en condición de subarrendador[197].

Desde mi punto de vista, una adecuada comprensión de la postura adoptada por la DGT en torno a este tema exige tomar en consideración que, tal y como ha destacado el TEAC, la discusión que aquí se plantea no concierne al concepto de «vivienda», sino al de «arrendamiento de vivienda»[198]. Partiendo de esta premisa, el citado órgano razona:

> "Ciertamente, la LIRPF no define lo que debe entenderse por «arrendamiento de bienes inmuebles destinados a vivienda» o, simplemente, arren-

[195] Entre otras, pueden verse las consultas V2102-14, V1293-10 y V1846-09.

[196] En este sentido se pronuncia la DGT en consultas como la V3163-20, V0731-17, V3660-16, V3109-15, V3095-14, V3319-13, V3554-13, V2220-12, V1114-11, V1523-10 y V1754-09.

[197] Consulta V1203-20.

[198] TEAC, resolución 00/05663/2017/00/00, de 8 de marzo de 2018, FD Tercero.

damiento de vivienda. Tampoco, a tal efecto, remite a ninguna otra norma, como pueda ser la Ley de Arrendamientos Urbanos (...).

Ahora bien, conforme a lo dispuesto en el artículo 7 de la Ley 58/2003, General Tributaria, las disposiciones generales del derecho administrativo y los preceptos del derecho común tienen carácter supletorio respecto a las fuentes del ordenamiento tributario, por lo que (...) habrá que acudir supletoriamente a la Ley 29/1994, de 24 de noviembre, de Arrendamientos Urbanos (LAU) (...).

De los preceptos expuestos de la LAU y de su preámbulo se colige que, en comparación con los arrendamientos destinados a vivienda, los celebrados por temporada se destinan a satisfacer una necesidad temporal de vivienda, no permanente, siendo la temporalidad el verdadero criterio diferenciador de ambos tipos de arrendamiento. Así, aunque ambos arrendamientos se destinen a satisfacer una necesidad de vivienda —necesidad de una edificación habitable—, la diferencia sustancial entre ambos radica en que la causa que los motiva es distinta; en unos será satisfacer una necesidad permanente y, en otros, una necesidad temporal. El criterio relevante para distinguir unos de otros no será, por tanto, el tiempo por el que se pacte el contrato sino la finalidad a la que se destine la edificación habitable —la vivienda—, para uso permanente de vivienda o para uso temporal"[199].

Esta interpretación se refuerza si se atiende a la finalidad perseguida por el legislador mediante la introducción de la ventaja fiscal examinada, a la que el propio TEAC se refiere también en la resolución que parcialmente se acaba de transcribir. En efecto, es imperante destacar que el objetivo inherente a la reducción por arrendamiento de vivienda no fue otra que la de "impulsar el mercado del alquiler en nuestro país reduciendo el número de viviendas vacías o desocupadas para, de este modo, favorecer el acceso a una necesidad humana básica, como es la vivienda, a un sector de la población que no cuenta con los recursos suficientes para acceder a una vivienda en propiedad y que, además, se encuentra con importantes dificultades para el acceso a una vivienda en régimen de alquiler por los altos precios que se piden en el mercado, por lo que la medida perdería parte de su sentido si se admitiese su aplicación cuando se trata de un arrendamiento de temporada o vacacional"[200].

Finalmente, la regulación contenida en los artículos 23.3 de la Ley del IRPF y 15 de su reglamento de desarrollo nos llevan a concluir que, en el hipotético

---

199 TEAC, resolución de 8 de marzo de 2008, FD Cuarto.

200 *Ibidem*. Este mismo argumento es esgrimido por Desdentado Daroca, E., Díaz Vales, F. y Lucas Durán, M. (2018), para quienes "en modo alguno podría pensarse que la norma pretendiera un fomento del alquiler vacacional" (Ob. Cit., p. 81).

supuesto de que el propietario de la vivienda turística percibiese una indemnización del arrendatario, subarrendatario o cesionario por daños o desperfectos en el inmueble, dicho rendimiento sería calificado como obtenido de forma notoriamente irregular en el tiempo. Esta circunstancia justificaría la aplicabilidad de una reducción del 30% sobre el rendimiento neto vinculado a la indemnización satisfecha.

3.2. RENDIMIENTOS DE ACTIVIDADES ECONÓMICAS

Tal y como apunta Zapatero Gasco (2017), una de las principales consecuencias derivadas de la calificación como rendimientos de actividades económicas de las rentas derivadas del alquiler turístico es "la consideración de los inmuebles sobre los que se constituye el arrendamiento como afectos a la actividad económica"[201]. Así lo reconoce expresamente el legislador en el artículo 29 de la Ley del IRPF y 22 de su reglamento de desarrollo, donde se atribuye dicha consideración, entre otros elementos patrimoniales, a los bienes inmuebles en los que se lleva a cabo la actividad económica del contribuyente, así como cualesquiera otros que sean necesarios para la obtención de los correspondientes rendimientos. Los preceptos referenciados admiten, asimismo, la posibilidad de afectación parcial a la actividad de aquellos elementos patrimoniales que, siendo divisibles por naturaleza, no sirvan de forma exclusiva al objeto de aquella. Esta circunstancia podría darse, como el propio TS ha admitido, en el caso particular de los bienes inmuebles, una parte de los cuales podría destinarse a la vida privada del contribuyente "y otra, perfectamente diferenciada, al ejercicio de su actividad profesional"[202].

Como fácilmente se comprenderá, la cuestión relativa a la afectación parcial de los bienes inmuebles adquiere una importancia crucial en el contexto que nos ocupa, pues, como ya se ha comentado en otros epígrafes de esta obra, es perfectamente factible que lo ofertado con fines turísticos no sea una vivienda completa, sino alguna de sus habitaciones o estancias. Y, si bien es cierto que el carácter divisible de los bienes inmuebles no plantea discusión, el artículo 22.3 del Reglamento del IRPF matiza que, en los casos de utilización parcial para los

---

201 Zapatero Gasco, A. (2017), Ob. Cit., p. 92,

202 TS, sentencia de 13 de junio de 2019, Nº de Recurso: 1463/2017, Nº de Resolución: 825/2019, Sala de lo Contencioso, Sección 2, FD Segundo.

fines de la actividad, "sólo se considerarán afectadas aquellas partes de los elementos patrimoniales que sean susceptibles de un aprovechamiento separado e independiente del resto". Esta última observación podría generar dudas en aquellas situaciones (entendemos más habituales) en las que la habitación o estancia arrendada no cuente, por ejemplo, con un acceso independiente.

Al respecto de la problemática planteada en el párrafo anterior, y a pesar de las diferencias existentes entre ambos supuestos, resulta ilustrativo el razonamiento esgrimido en la consulta V1424-12, acerca de una sociedad de responsabilidad limitada dedicada al alquiler de inmuebles que pretende adquirir un piso y habilitarlo como oficina, con una sola puerta de acceso y despachos independientes. Como se matiza en el escrito de consulta, tanto la cocina, como la puerta de la calle y zonas de aseo serían de uso común con otras personas y actividades. Tales circunstancias no obstan a la DGT para reconocer, si bien tácitamente, la posibilidad de que el inmueble en cuestión cumpla las condiciones establecidas en el artículo 22.3 del Reglamento del IRPF, al indicarse que "la utilización de un despacho cerrado, integrado en una oficina que cuenta con más despachos, zonas comunes y una única puerta de acceso desde la calle, sólo será admisible (...) cuando la parte utilizada para la actividad de arrendamiento de inmuebles sea susceptible de un aprovechamiento separado o independiente del resto".

En otras muchas consultas, por su parte, este mismo órgano se ha limitado a señalar que, cumpliéndose la condición indicada (esto es, la posibilidad de aprovechamiento separado e independiente del resto), "se podrá afectar la parte del inmueble que se utilice para el desarrollo de la actividad económica", sin ofrecer criterios específicos que puedan ser observados a la hora de llevar a cabo la valoración correspondiente[203]. En cualquier caso, se aclara en la consulta V1424-12, el aprovechamiento separado e independiente es una cuestión de hecho "que este Centro Directivo no puede entrar a valorar", siendo el contribuyente quien deberá acreditarla por cualquier medio de prueba admitido en derecho.

Al margen de lo apuntado, y en términos muy generales, el propio TEAC ha reconocido que:

> "La normativa reguladora del Impuesto sobre la Renta de las Personas Físicas permite la afectación parcial de elementos patrimoniales divisibles, siempre que la parte afectada sea susceptible de un aprovechamiento separado e independiente del resto, lo que puede acontecer en el supuesto de

---

[203] Consulta V0376-15.

> una vivienda que, parcialmente, se utiliza para el ejercicio de una actividad económica.
>
> La determinación de la parte del inmueble que se utiliza en el desarrollo de la actividad económica se puede realizar de una manera objetiva poniendo en relación los metros cuadrados destinados a la actividad económica con los metros cuadrados totales de la vivienda; partiendo de este dato es fácil hallar la porción de los gastos derivados de la titularidad de la vivienda que corresponden a la parte destinada a la actividad económica"[204].

Una vez confirmada la afectación (total o parcial) de la vivienda ofertada en arrendamiento a la actividad económica del contribuyente, estaremos en disposición de determinar el rendimiento computable a efectos del IRPF, para lo que habrá de estar a lo previsto en los artículos 28 a 32 de la Ley 35/2006 y su correspondiente desarrollo reglamentario. Con carácter general, como sabemos, la regulación vigente en este ámbito se traduce en una remisión genérica a la normativa del Impuesto sobre Sociedades (IS). No obstante, matiza el artículo 28.1 de la Ley del IRPF, dicha remisión deberá entenderse realizada "sin perjuicio de las reglas especiales contenidas en este artículo, en el artículo 30 (...) para la estimación directa, y en el artículo 31 (...) para la estimación objetiva".

Por lo que se refiere a la potencial aplicación del método de estimación objetiva en el sector del alquiler de viviendas vacacionales, conviene hacer alusión a la Orden HFP/1359/2023, de 19 de diciembre, por la que se desarrollan para el año 2024 el método de estimación objetiva del Impuesto sobre la Renta de las Personas Físicas y el régimen especial simplificado del Impuesto Sobre el Valor Añadido, cuyo contenido ha de ponerse en relación con el criterio mantenido por la DGT acerca del epígrafe de las Tarifas del Impuesto sobre Actividades Económicas (IAE) en el que deben cursar alta los sujetos pasivos de dicho impuesto cuya actividad consista en el arrendamiento de viviendas de uso turístico[205]. En lo que atañe a esta última cuestión, se ha defendido tradicionalmente una doble posibilidad, en función de que el arrendador se limite a ceder el uso de la vivienda a cambio de un precio o se obligue también a la prestación de servicios hoteleros complementarios. En particular:

> "si la consultante realizara, exclusivamente, la actividad de alquiler de viviendas, sin prestar los servicios propios de la actividad de hospedaje (...)

---

204 TEAC, resolución 04454/2014/00/00, de 10 de septiembre de 2015, FD Cuarto.

205 Todas las cuestiones relativas al IAE serán abordadas con mayor nivel de detalle en el Capítulo 4 de esta obra.

y limitándose a poner a disposición del arrendatario las instalaciones en condiciones adecuadas de uso, debería clasificarse en el epígrafe 861.1 de la sección primera de las Tarifas, «Alquiler de viviendas». (...)

Por el contrario, en aquellos casos en que (...) ésta no se limitara a la mera puesta a disposición de un inmueble o parte del mismo, sino que se tratara de una actividad que reúne las características propias de las actividades de servicios de hospedaje, (...) debería causar alta en el grupo o epígrafe que le corresponda dentro de la Agrupación 68, «Servicios de hospedaje». Y en ese caso, si las autoridades administrativas competentes no hubieran otorgado ninguna categoría al establecimiento o local en que se prestan dichos servicios de hospedaje, correspondería darse de alta, en el grupo 685 de la sección primera, «Alojamientos turísticos extrahoteleros»"[206].

Tratándose de viviendas que hayan sido clasificadas por la normativa sectorial autonómica como establecimientos de hospedaje, la doctrina más reciente de la DGT ha clarificado la necesidad de cursar alta en el segundo de los epígrafes indicados, con independencia de las prestaciones efectivamente realizadas por el arrendador del inmueble (es decir, con independencia de que se trate de arrendamientos puros o de cesiones de uso que vayan acompañadas de la prestación de servicios adicionales o complementarios)[207].

La relevancia de la interpretación apuntada queda fuera de toda duda cuando se analiza el contenido de la Orden HFP/1359/2023, a la que acabamos de hacer mención, cuyo artículo 1 se limita a incluir en el método de estimación objetiva las actividades de "Servicio de hospedaje en hoteles y moteles de una o dos estrellas" (epígrafe 681), "Servicio de hospedaje en hostales y pensiones" (epígrafe 682) y "Servicio de hospedaje en fondas y casas de huéspedes" (epígrafe 683). Ello supone dejar fuera de su ámbito de aplicación las actividades económicas consistentes en el mero arrendamiento de viviendas (sin prestación de servicios hoteleros complementarios) y las consistentes en la prestación de servicios de hospedaje en viviendas turísticas, que, a estos efectos, y dada su falta de encaje en el resto de las categorías expresamente relacionadas, tendrían la consideración de "alojamientos turísticos extrahoteleros".

Más específicamente, la Sección Primera del Real Decreto Legislativo 1175/1990, de 28 de septiembre, por el que se aprueban las tarifas y la instruc-

---

206 Consulta V0731-17. En el mismo sentido pueden verse las consultas V2887-16, V2588-16 y V3886-15.

207 A este respecto, pueden verse las consultas V0068-23 y V1129-22.

ción del Impuesto sobre Actividades Económicas, distingue las siguientes actividades dentro de la "Agrupación 68. Servicios de hospedaje":

- Servicio de hospedaje en hoteles y moteles (Grupo 681).
- Servicio de hospedaje en hostales y pensiones (Grupo 682).
- Servicio de hospedaje en fondas y casas de huéspedes (Grupo 683).
- Servicio de hospedaje en hoteles-apartamentos (Grupo 684).
- Alojamientos turísticos extrahoteleros (Grupo 685).
- Explotación de apartamentos privados a través de agencia o empresa organizada (Grupo 686).
- Campamentos turísticos en los que se prestan los servicios mínimos de salubridad, como agua potable, lavabos, fregaderos, etc. (Grupo 687).

Partiendo de la base de que las viviendas turísticas no han sido catalogadas por ninguna Comunidad Autónoma como "hoteles y moteles", "hostales y pensiones" o "fondas y casas de huéspedes" (Grupos 681, 682 y 683 de las Tarifas del IAE), concluimos que el método de estimación objetiva propio del IRPF no resultará extensible a la actividad de alquiler turístico, y, por ende, que los rendimientos obtenidos con ocasión de la misma tendrán que ser cuantificados necesariamente por el método de estimación directa[208].

Como bien es sabido, el método de estimación directa admite dos modalidades diferenciadas: normal y simplificada, siendo uno de los elementos deter-

---

208 En idéntico sentido se ha pronunciado la DGT en consultas como la V3154-13, en la que se aborda el caso de una persona física que explota una vivienda turística e incluye un servicio completo de alojamiento por días o semanas y una serie de servicios complementarios. En su respuesta, el mencionado Centro Directivo señala: "En cuanto a la determinación del rendimiento neto de la actividad, al no estar incluida en el ámbito de la estimación objetiva, el método aplicable sería el de estimación directa simplificada (...)" (el subrayado es mío). También en la consulta V3239-13, donde se reconoce que "ni la actividad económica clasificada en el Epígrafe 685 de las Tarifas (...), ni la actividad de arrendamiento de inmuebles (epígrafes 681 o 682 de las Tarifas del IAE) se encuentran comprendidas en el ámbito de aplicación del método de estimación objetiva". A mi modo de ver, no obstante, quizá podrían plantearse dudas en aquellas CC.AA. (caso de La Rioja) que atribuyen a la cesión de viviendas turísticas por habitaciones el mismo régimen jurídico que a las pensiones, si bien debe recordarse que la problemática planteada solo tiene cabida en aquellos supuestos en los que el arrendamiento de la vivienda tenga la consideración de actividad económica a efectos del IRPF.

minantes de la aplicación de la modalidad simplificada que el importe neto de la cifra de negocios del conjunto de las actividades ejercidas por el contribuyente no haya superado los 600.000 euros en el año inmediato anterior[209]. A mi modo de ver, esta última circunstancia concurrirá normalmente en relación con los propietarios personas físicas de una vivienda turística (o incluso varias) que se cede (o ceden) en arrendamiento de forma más o menos regular a lo largo del periodo impositivo. Sin embargo, la casuística es diversa, por lo que no puede descartarse la trascendencia en este contexto del método de estimación directa normal, sobre todo si consideramos la facultad de renuncia a la modalidad simplificada a la que se refiere el artículo 28.1.b) del Reglamento del IRPF.

Pues bien, una revisión de las especialidades contempladas en el artículo 28.1 de la Ley 35/2006 en lo que concierne a la cuantificación del rendimiento neto de la actividad permite alcanzar una serie de conclusiones importantes. Dichas conclusiones, que son comunes a las dos modalidades del método de estimación directa, pueden resumirse como sigue:

1) Tendrán la consideración de gastos deducibles todos aquellos que se encuentren correlacionados con los ingresos derivados del arrendamiento de la vivienda turística[210]. Este podría ser el caso de las cantidades satisfechas a terceros por la prestación de servicios diversos (limpieza, intermediación en la actividad de alquiler turístico, etc.), gastos financieros inherentes a la adquisición o mejora de la vivienda[211], primas de seguros,

---

209 Artículo 28.1 del Reglamento del IRPF.

210 Acerca de esta cuestión, el TEAC ha señalado que "la deducibilidad de los gastos en la determinación del rendimiento de una actividad económica se encuentra presidida por el principio de correlación de ingresos y gastos, de tal suerte que sólo aquellos respecto de los que se acredite que se han ocasionado en el ejercicio de la misma serán deducibles" (TEAC, resolución 4454/2014/00/00, de 10 de septiembre de 2015, FD Tercero). En idéntico sentido, la DGT ha manifestado que "la deducibilidad de los gastos está condicionada por el principio de su correlación con los ingresos, de tal suerte que aquéllos respecto de los que se acredite que se han ocasionado en el ejercicio de la actividad, que estén relacionados con la obtención de los ingresos, serán deducibles (...), mientras que cuando no exista esa vinculación o no se probase suficientemente no podrían considerarse como fiscalmente deducibles de la actividad económica" (V3239-13).

211 Como se aclara en la consulta V2647-23, relativa a una persona física que va a darse de alta como autónomo para desarrollar la actividad de alquiler de una casa rural, serán deducibles los pagos de los recibos del préstamo hipotecario que se ha solicitado para la construcción del inmueble en la parte correspondiente a los intereses, "en tanto que

comunidad de propietarios, tributos que recaigan sobre el inmueble o sobre los rendimientos gravados (como el Impuesto sobre Bienes Inmuebles o la tasa de basuras), y gastos de reparación y conservación[212].

2) También serán deducibles las cantidades destinadas a la amortización de la vivienda, en la medida en la que se correspondan con su depreciación efectiva. A fin de calcular el gasto deducible por este concepto, deberán aplicarse las tablas oficiales de amortización recogidas en la Ley 27/2014, de 28 de noviembre, del Impuesto sobre Sociedades (en adelante, LIS)[213], o bien, tratándose de la modalidad simplificada del método de estimación directa, la tabla de amortizaciones simplificada que se apruebe por el Ministro de Hacienda y Administraciones Públicas[214].

3) Las posibles ganancias o pérdidas de patrimonio derivadas de la transmisión de la vivienda turística no tendrán naturaleza de rendimientos de las actividades económicas, debiendo cuantificarse conforme a lo previsto en la sección 4.ª del Capítulo II de la Ley 35/2006 (*Ganancias y pérdidas patrimoniales).*

Como acertadamente sugieren Desdentado Daroca, Díaz Vales y Lucas Durán (2018), una diferencia destacable entre la calificación de las rentas percibidas como rendimientos del capital inmobiliario o como rendimientos de la actividad económica es que, en este segundo supuesto, el hecho de que la vivienda turística no se encuentre arrendada de forma efectiva durante una parte del año natural no traería consigo la necesidad de prorratear los gastos soportados por el contribuyente en relación con la misma, siempre que el inmueble esté en situación de expectativa de arrendamiento y, por tanto, subsista la afectación a la actividad. Y ello, apuntan los autores, porque nos estamos refiriendo a "bienes afectos a la actividad económica que en todo momento han de estar ofertados en el mercado"[215].

---

el préstamo se destina a la adquisición de un elemento patrimonial afecto a la actividad económica".

212 Nótese que la lista de gastos que aquí se propone es meramente ejemplificativa.

213 Recordemos que, conforme a lo previsto en el artículo 12.1 de la LIS, los edificios, mobiliario y enseres no serán amortizables ni por el método de porcentaje constante ni por el método de números dígitos.

214 Artículo 30, apartado 1.º, del Reglamento del IRPF.

215 Desdentado Daroca, E., Díaz Vales, F. y Lucas Durán, M. (2018), Ob. Cit., p. 84.

Una situación distinta se plantearía, sin embargo, cuando la afectación a la actividad económica de la vivienda fuera meramente parcial. Así, y en línea con lo comentado para los rendimientos del capital inmobiliario, el criterio mantenido por la DGT es que el contribuyente empresario podrá deducir "la totalidad de los gastos derivados del arrendamiento de la vivienda, como pueden ser amortizaciones, Impuesto sobre Bienes Inmuebles, intereses, tasa de basuras, comunidad de propietarios, etc., proporcionalmente a la parte de la vivienda afectada", si bien tal deducibilidad quedará condicionada a que los gastos en cuestión sean "convenientemente justificados mediante el original de la factura normal o simplificada (o documento equivalente emitido antes de 1 de enero de 2013) y registrados en los libros-registro que, con carácter obligatorio, deben llevar los contribuyentes que desarrollen actividades económicas, siempre que determinen el rendimiento neto de las mismas en el régimen de estimación directa, en cualquiera de sus modalidades"[216].

Mención separada merecen, por su parte, los gastos relativos a suministros, que, desde el 1 de enero de 2018, quedan sometidos a una regla especial. A ella se refiere el artículo 30.2, apartado 5.º, de la Ley del IRPF, en virtud del cual los mencionados gastos ("tales como agua, gas, electricidad, telefonía e Internet") serán deducibles de los rendimientos íntegros en el porcentaje que se obtenga al multiplicar por un 30% "la proporción existente entre los metros cuadrados de la vivienda destinados a la actividad respecto a su superficie total, salvo que se pruebe un porcentaje superior o inferior". De este modo vino a ponerse fin a la problemática que tradicionalmente había existido en torno a la deducción de esta clase de gastos, de la que da buena cuenta la resolución del TEAC de 10 de septiembre de 2015, anteriormente citada[217].

---

216 Consulta V1286-15. En un sentido similar, pueden verse las consultas V2034-14 y V3239-13. En la consulta V1173-15, por su parte, se matiza la necesidad de prorratear, no solo en atención a la parte de la vivienda que está afectada a la actividad, sino también en atención al porcentaje de titularidad en el inmueble que corresponda al contribuyente.

217 Dada la naturaleza de los gastos por suministros, sostenía el TEAC en dicha resolución, "no existe una regla racional que permita discernir qué parte es utilizada para fines particulares y qué parte para el desarrollo de la actividad económica. Por ello, en ausencia de método de cálculo objetivo, (...) sólo puede admitirse la deducción de aquellos gastos si su vinculación con la obtención de los ingresos resultara acreditada por el obligado tributario. Así las cosas, la sola proporción en función de los metros cuadrados de la vivienda afectos a la actividad no serviría, pero podría, en su caso, servir un criterio com-

Para finalizar, debe señalarse que todas las demás cuestiones ligadas a la cuantificación de los rendimientos netos de la actividad económica se aplicarán sin particularidades en el marco de la actividad de alquiler turístico. Entre ellas, las recogidas en el artículo 30.2 de la Ley del impuesto, las previstas en el artículo 30 de su reglamento de desarrollo en relación con el método de estimación directa simplificada, o la regulación contenida en ambos textos normativos en materia de reducciones[218].

3.3. RENDIMIENTOS DEL CAPITAL MOBILIARIO

Conforme a lo indicado anteriormente, las rentas derivadas del subarrendamiento de una vivienda turística podrán ser calificadas como rendimientos de la actividad económica (en cuyo caso resultarían trasladables a este punto todas las observaciones efectuadas en el epígrafe anterior) o como rendimientos del capital mobiliario. En lo que concierne a estos últimos, el artículo 27 de la Ley del IRPF establece que, para la determinación del rendimiento neto, se deducirán de los rendimientos íntegros todos los gastos que hayan sido necesarios para su obtención, así como el importe del deterioro sufrido por los bienes o derechos de los que tales rendimientos procedan. Esta previsión normativa es objeto de aclaración en el artículo 20 del Reglamento del impuesto, en el que se reconoce que, a efectos de cuantificar el rendimiento neto del capital mobiliario procedente del subarrendamiento, tendrán la consideración de gastos deducibles los previstos en los artículos 13 y 14 del mismo texto normativo. A título de especialidad, no obstante, se excluye la aplicación a este tipo de supuestos de la limitación relativa a la deducción de los gastos de financiación, reparación y conservación del bien subarrendado.

---

binado de metros cuadrados con los días laborables de la actividad y las horas en que se ejerce dicha actividad en el inmueble". En términos muy similares, afirmaba la DGT en la consulta V1286-15 que "los gastos derivados de los suministros (agua, luz, calefacción, teléfono, conexión a Internet, etc.) solamente serán deducibles cuando los mismos se destinen exclusivamente al ejercicio de la actividad, no pudiendo aplicarse, en este caso, la misma regla de prorrateo que se aplicará a los gastos derivados del arrendamiento de la vivienda".

218 En lo que atañe a estas reducciones, puede verse lo dispuesto en el artículo 30 de la Ley del IRPF, así como en los artículos 25 y 26 de su reglamento de desarrollo.

En consonancia con lo expuesto, y por analogía con lo señalado en el artículo 23 para los rendimientos del capital inmobiliario, la referencia contenida en el artículo 27 a los gastos que hayan sido "necesarios" para la obtención de los correspondientes rendimientos podría considerarse comprensiva, entre otros, de los siguientes importes:

- Intereses de préstamos bancarios que hayan sido invertidos por el subarrendador en la mejora de la vivienda cedida.
- Gastos de reparación y conservación del inmueble satisfechos por el propio subarrendador.
- Cantidades devengadas por terceros como consecuencia de servicios personales, tales como vigilancia, portería o limpieza de la vivienda. Asimismo, serían deducibles por este concepto las comisiones pagadas a terceros por sus servicios de gestión o intermediación en la actividad de alquiler turístico.
- Cantidades destinadas a la amortización de los bienes muebles que se cedan conjuntamente con la vivienda o estancia, en la medida en la que hayan sido adquiridos por el subarrendador.

Para el caso específico del subarrendamiento, por su parte, la DGT ha admitido también la deducción del "gasto correspondiente a las rentas satisfechas por el arrendamiento de la vivienda" (ya sea en su totalidad o en proporción a la parte que se destina a la cesión de uso mediante precio), así como los impuestos, gastos de comunidad y cualesquiera otros a los que el arrendador (propietario del inmueble) debe hacer frente, pero que son objeto de repercusión al arrendatario[219]. De aquí se infiere que los gastos que se hallen correlacionados con los ingresos tan solo serán deducibles de los rendimientos íntegros cuando hayan sido soportados efectivamente por el subarrendador de la vivienda cedida, ya sea de forma directa o por repercusión expresa de su propietario.

Por otra parte, es evidente que, en los supuestos de subarrendamiento, habrá determinados gastos que no serán deducibles para el contribuyente que ocupa la posición de subarrendador, como son los tributos que gravan la propiedad del inmueble (salvo que hayan sido repercutidos a dicho sujeto) o las cantidades

[219] Entre otras, pueden verse las consultas V1483-22, V2316-20, V1300-20 y V1173-15.

destinadas a su amortización (cuya deducción corresponderá, en todo caso, al propietario de la vivienda arrendada)[220].

En lo que atañe a la reducción por irregularidad del artículo 26 de la Ley del IRPF, finalmente, conviene subrayar que el artículo 21 del Reglamento del impuesto califica como rendimientos del capital mobiliario obtenidos de forma irregular en el tiempo los importes obtenidos por el traspaso o la cesión del contrato de arrendamiento, así como las indemnizaciones recibidas del arrendatario o subarrendatario por daños o desperfectos en el inmueble. De percibir rentas de esta naturaleza, por tanto, y en línea con lo comentado en el epígrafe relativo a los rendimientos del capital inmobiliario, el subarrendador de la vivienda turística tendría derecho a una reducción del 30% sobre el rendimiento neto correspondiente a tales importes.

3.4. IMPUTACIÓN DE RENTAS INMOBILIARIAS

Tal y como anticipábamos en el epígrafe 2.4, procederá realizar la imputación de rentas inmobiliarias respecto de aquella parte del periodo impositivo en que la vivienda de uso turístico haya permanecido desocupada. Ello será así con independencia de las razones que hubiesen justificado dicha circunstancia y aun cuando pudiera acreditarse que el citado inmueble ha estado en situación de expectativa de arrendamiento durante los periodos de desocupación[221].

---

220 En cuanto a las cantidades destinadas a la amortización de la vivienda, la propia DGT ha reconocido la imposibilidad de proceder a su deducción como gasto por parte del subarrendador, "ya que es necesario que la amortización recaiga sobre inmuebles propiedad del contribuyente, lo cual no acontecerá en este caso ya que la consultante no ostenta la propiedad de los inmuebles que pretende subarrendar" (V2316-20).

221 A este respecto, se indica en la consulta V0079-22 que la finalidad del artículo 85 de la Ley del IRPF radica en "someter a gravamen una capacidad económica puesta de manifiesto por la titularidad de un inmueble o de un derecho real sobre el mismo", sin tomar en consideración su utilización efectiva, ni las circunstancias que pudieran afectar a dicha utilización ("tales como la enfermedad, el trabajo u otras"). En la misma línea, el TS ha reconocido que el hecho de que el inmueble haya permanecido vacío por razones ajenas a la voluntad del propietario no deja sin efecto la obligación de tributar sobre "las rentas procedentes de bienes inmuebles, que no se encuentran arrendados ni subarrendados, pero que están destinados a serlo, (...) como rentas imputadas" (sentencia del TS de 25 de febrero de 2021, citada en una nota a pie anterior, FD Cuarto).

Partiendo de esta premisa, y de acuerdo con lo establecido en el artículo 85 de la Ley del IRPF, el importe de la renta a computar por este concepto se calculará del siguiente modo:

Valor catastral de la vivienda x 2% x número de días durante los cuales el inmueble ha permanecido desocupado / 365 o 366

El porcentaje del 2% se reducirá al 1,1% en los siguientes supuestos:

- Cuando se trate de inmuebles localizados en municipios en los que los valores catastrales hayan sido revisados, modificados o determinados en el plazo de los últimos diez años[222].
- Cuando, a la fecha de devengo del IRPF, el inmueble careciera de valor catastral o este no hubiera sido notificado a su titular, en cuyo caso el porcentaje referido se aplicará sobre el 50% del valor comprobado por la Administración a efectos de otros tributos o, de ser superior a aquel, sobre la contraprestación o el precio satisfecho con motivo de su adquisición.

La cuantía resultante del cumplimiento de la regla descrita, sobre la que no podrá deducirse ningún gasto ni aplicarse reducción alguna, se integrará en la base imponible del contribuyente en concepto de renta general.

4. INDIVIDUALIZACIÓN E IMPUTACIÓN TEMPORAL DEL RENDIMIENTO

A tenor de lo previsto en el artículo 11 de la Ley del IRPF, que debe ser interpretado en conexión con las normas sobre titularidad jurídica de los bienes y derechos contenidas en las disposiciones reguladoras del régimen económico del matrimonio, así como en los preceptos del Código Civil aplicables en cada caso a las relaciones patrimoniales entre los miembros de la familia, la individualización de las rentas derivadas de la explotación o transmisión de viviendas de uso turístico o vacacional se llevará a cabo sobre la base de los criterios contenidos en la Tabla 2.2.

222 Artículo 85.1, párrafo segundo, de la Ley del IRPF.

Tabla 2.2. Individualización de las rentas procedentes de la vivienda de uso turístico

Naturaleza del rendimiento	Sujeto al que se imputa la renta
Rendimientos del capital inmobiliario	Titular o titulares de la vivienda arrendada (o del derecho real sobre ella), según las normas sobre titularidad jurídica aplicables en cada caso[223]
Rendimientos del capital mobiliario	Subarrendador
Rendimientos de la actividad económica	Quien realice de forma habitual, personal y directa la actividad de arrendamiento o subarrendamiento de la vivienda (salvo prueba en contrario, quien figura como titular de la actividad económica)[224]
Ganancias y pérdidas patrimoniales	Titular o titulares de la vivienda, según las normas sobre titularidad jurídica aplicables en cada caso

Fuente: Elaboración propia a partir del contenido del artículo 11 de la Ley del IRPF.

Por lo que respecta a la cesión de uso de la vivienda turística por parte del titular de un derecho de usufructo, conviene traer a colación el criterio mantenido por la DGT en la consulta V0386-23, en la que se aborda el supuesto de un contribuyente que es usufructuario al 50% de un inmueble arrendado por sus hijos (nudos propietarios) como alojamiento turístico. Aun faltando el consentimiento del usufructuario, este Centro Directivo se apoya en las normas del Código Civil para resolver que corresponderá a dicho sujeto la atribución de los rendimientos del capital inmobiliario derivados del arrendamiento de la vivienda en su porcentaje de participación[225].

223 Tratándose de bienes inmuebles que sean comunes a ambos cónyuges, el rendimiento obtenido se atribuirá por mitad a cada uno de ellos, salvo que se pruebe otra cuota de participación. Por su parte, en aquellos escenarios en los que no resulte debidamente acreditada la titularidad del inmueble, la Administración tributaria podrá considerar como titular a quien figure como tal en un registro fiscal u otros de carácter público.

224 Como aclara la DGT en la consulta V1531-11, "los rendimientos derivados del ejercicio de la actividad económica se imputarán íntegramente a (...) quien ejerce exclusivamente la actividad económica, con independencia de su estado civil y, en su caso, del régimen económico de su matrimonio".

225 Esta solución se muestra coherente con lo indicado en el artículo 471 del Código Civil, en virtud del cual "el usufructuario tendrá derecho a percibir todos los frutos naturales, industriales y civiles, de los bienes usufructuados (...)".

En lo que concierne, por otro lado, a la imputación temporal de los rendimientos percibidos, habrá que estar a lo dispuesto en el artículo 14 de la Ley 35/2006. Dicho precepto establece una regla general por tipo de rendimiento y una serie de reglas especiales, que, dado su carácter específico, difícilmente podrían llegar a darse en el contexto que se analiza.

Atendiendo a las reglas generales, se confirma que las rentas procedentes de la explotación de la vivienda turística se imputarán de la siguiente manera:

- Tratándose de rendimientos del capital (mobiliario o inmobiliario, según corresponda), al periodo impositivo en el que sean exigibles para su perceptor.
- Tratándose de rendimientos de las actividades económicas, al período impositivo de su devengo, con independencia de la fecha de cobro. Esta regla resultará de aplicación en tanto no se haya optado por el denominado criterio de caja. De haberlo hecho, los ingresos derivados de la actividad de alquiler turístico se imputarán al periodo impositivo en el que se produzca el pago efectivo del precio convenido[226].
- Tratándose de ganancias o pérdidas derivadas de la eventual transmisión de la vivienda turística, al periodo impositivo en el que tenga lugar la alteración patrimonial.

5. DEDUCCIONES DE LA CUOTA ÍNTEGRA AUTONÓMICA

El razonamiento efectuado con respecto a la deducción de la cuota íntegra estatal del IRPF por inversión en vivienda habitual debería poder extrapolarse, al menos desde mi punto de vista, al ámbito de las deducciones de la cuota íntegra autonómica que algunas CC.AA. han establecido por adquisición o arrendamiento de vivienda habitual, así como por la realización de determinadas inversiones en la vivienda habitual del contribuyente[227]. Y ello, además de por razones obvias de seguridad jurídica, porque la mayor parte de las leyes autonómicas se

---

226 Acerca de este criterio, puede verse lo señalado en el artículo 7.2 del Reglamento del IRPF.

227 Por razones de extensión, en este epígrafe nos centraremos únicamente en las deducciones de la cuota íntegra del IRPF susceptibles de ser aplicadas por el arrendador de la vivienda turística.

remiten de forma expresa, a estos y otros efectos, al concepto de «vivienda habitual» definido en la normativa estatal del impuesto[228].

Entre tales deducciones, y por citar solo algunos ejemplos de interés, se encontrarían las siguientes:

- Obras de rehabilitación energética de la vivienda habitual (Canarias)[229].
- Inversiones en dispositivos domésticos de ahorro de agua y en instalaciones de recursos energéticos renovables (Murcia)[230].
- Obras de conservación o mejora de la calidad, sostenibilidad y accesibilidad en la vivienda habitual (Comunidad Valenciana)[231].

---

228 En el caso de ciertas CC.AA., como por ejemplo las Islas Baleares, la consideración como vivienda habitual de un inmueble arrendado parece hacerse depender de la duración del contrato de arrendamiento, que tendrá que ser como mínimo de un año. A este respecto, puede verse lo señalado en los artículos 3 y 3 bis del Decreto Legislativo 1/2014, de 6 de junio, por el que se aprueba el Texto Refundido de las disposiciones legales de la Comunidad Autónoma de las Illes Balears en materia de tributos cedidos por el Estado. Dicho criterio ha sido avalado por la DGT en algunas de sus consultas, en las que la delimitación entre un arrendamiento de temporada (que no da derecho a la reducción por arrendamiento de vivienda) y otro que no lo es se ha hecho depender de esta misma circunstancia (consultas V2690-20 y V1236-18, entre otras).

229 Artículo 14 bis del Decreto-Legislativo 1/2009, de 21 de abril, por el que se aprueba el Texto Refundido de las disposiciones legales vigentes dictadas por la Comunidad Autónoma de Canarias en materia de tributos cedidos.

230 Artículo 1, apartado Cinco, del Real Decreto Legislativo 1/2010, de 5 de noviembre, por el que se aprueba el Texto Refundido de las disposiciones legales vigentes en la Región de Murcia en materia de tributos cedidos. Esta deducción podrá aplicarse también cuando la vivienda en la que se realizan las obras esté destinada al arrendamiento, siempre que no tenga la consideración de actividad económica. En tal caso, el acceso al beneficio quedaría condicionado al requisito de que el inmueble tenga la consideración de vivienda habitual para el arrendatario, tal y como dicho concepto se encuentra definido en la normativa estatal del IRPF.

231 Artículo 4 Uno, letra w), de Ley 13/1997, de 23 de diciembre, por la que se regula el tramo autonómico del Impuesto sobre la Renta de las Personas Físicas y restantes tributos cedidos.

- Inversión en instalaciones de climatización y/o agua caliente sanitaria que empleen energías renovables y se encuentren destinadas exclusivamente al autoconsumo (Galicia)[232].

La traslación a este contexto del criterio mantenido por la DGT en relación con los beneficios fiscales reconocidos por el legislador estatal (exenciones y deducciones de la cuota) nos llevaría, pues, a concluir que el acceso a las deducciones indicadas, así como a otras equivalentes que se encuentren ligadas a la calificación del inmueble como «vivienda habitual» del contribuyente, quedaría descartado cuando la inversión de que se trate se realice en una segunda vivienda destinada al alquiler turístico (ya sea durante todo el año o durante periodos específicos de tiempo que se completan con otros de uso particular por parte de su propietario), o bien, en una vivienda destinada a residencia permanente que pierde el carácter de vivienda habitual por ser cedida en arrendamiento a un tercero (aunque sea durante periodos cortos de tiempo).

Tratándose de una vivienda destinada a residencia permanente que se arrienda por habitaciones o estancias, sin embargo, el acatamiento del criterio administrativo avalaría la posibilidad de aplicar tales beneficios fiscales de forma proporcional, en atención a los metros cuadrados del inmueble que efectivamente sean utilizados como vivienda habitual por el contribuyente persona física.

Descendiendo a un ámbito más concreto, parece factible excluir la compatibilidad de los arrendamientos de vivienda para uso turístico con la deducción por arrendamiento de vivienda social vigente en la Comunidad Autónoma de Aragón[233] y con la práctica totalidad de las deducciones autonómicas que se encuentran vinculadas al depósito de la fianza a que se refiere el artículo 36.1 de la LAU. En el primer supuesto, porque la citada deducción se encuentra condicionada al hecho de que el contribuyente "haya puesto una o más viviendas a disposición de la Administración de la Comunidad Autónoma de Aragón, o de alguna de las entidades a las que se atribuya la gestión del Plan de Vivienda Social

---

232 Artículo 5 Trece del Decreto Legislativo 1/2011, de 28 de julio, por el que se aprueba el texto refundido de las disposiciones legales de la Comunidad Autónoma de Galicia en materia de tributos cedidos por el Estado.

233 Artículo 110-13, apartado 1, del Decreto Legislativo 1/2005, de 26 de septiembre, del Gobierno de Aragón, por el que se aprueba el texto refundido de las disposiciones dictadas por la Comunidad Autónoma de Aragón en materia de tributos cedidos.

de Aragón"[234], lo que resulta del todo punto incompatible con la libre gestión del inmueble que se presupone al propietario de una vivienda arrendada con fines de alquiler turístico o vacacional. En el segundo, porque, en los términos apuntados en el Capítulo 1 de este trabajo, los arrendamientos de vivienda turística quedaron excluidos de la LAU con efectos 6 de junio de 2013 y, en consecuencia, dejaron de verse afectados por la previsión relativa a la exigencia y prestación de fianza contemplada en su artículo 36[235]. No obstante, y a este mismo respecto, debe recordarse también que, de no existir normativa sectorial, la cesión efectuada quedará sometida al régimen jurídico de los arrendamientos de temporada, a los que sí sería de aplicación lo dispuesto en el mencionado precepto. De aquí se infiere que, en última instancia, la posibilidad o imposibilidad de acceder a esta clase de deducciones se hará depender de las circunstancias concurrentes en el caso concreto.

Sin perjuicio de lo señalado en el párrafo anterior, ha de tenerse en cuenta que la mayor parte de las deducciones susceptibles de ser encuadradas en la segunda de las categorías indicadas condicionan su aplicabilidad por parte del arrendador a la concurrencia de algún requisito que, en sí mismo considerado, no parece casar demasiado bien con la naturaleza y las características propias del alquiler de vivienda turística, lo que conllevaría su exclusión en este supuesto particular. Entre tales requisitos se encontraría el hecho de que el contrato de arrendamiento tenga una duración mínima (superior a la que vendría siendo habitual en este tipo de escenarios)[236] o que dicho contrato tenga la consideración

---

234 *Ibidem.*

235 Recordemos que, con efectos 6 de junio de 2013, se incorpora una nueva letra al artículo 5 de la LAU, en virtud del cual quedan excluidos del ámbito objetivo de dicha ley: "e) La cesión temporal de uso de la totalidad de una vivienda amueblada y equipada en condiciones de uso inmediato, comercializada o promocionada en canales de oferta turística o por cualquier otro modo de comercialización o promoción, y realizada con finalidad lucrativa, cuando esté sometida a un régimen específico, derivado de su normativa sectorial turística".

236 Es el caso de la deducción autonómica por determinadas inversiones de mejora de la sostenibilidad de la vivienda habitual, regulada en el artículo 3 del Decreto Legislativo 1/2014, de 6 de junio, vigente en las Islas Baleares. De entrada, la aplicación de esta deducción queda condicionada al hecho de que el inmueble en el que se realizan las inversiones "constituya o vaya a constituir la vivienda habitual del contribuyente o de un arrendatario en virtud de un contrato de alquiler suscrito con el contribuyente sometido a la legislación de arrendamientos urbanos" (apartado 1). El apartado 4, letra

de "arrendamiento de vivienda, de conformidad con la legislación de arrendamientos urbanos"[237].

Un análisis más detallado exigiría, por su parte, otro grupo de deducciones de la cuota íntegra autonómica ligadas a la propiedad o arrendamiento a tercero de un bien inmueble cuyo disfrute no queda vinculado a la utilización del mismo como vivienda habitual por parte del propietario o inquilino, ni, en su caso, a la duración del contrato de arrendamiento celebrado con este último. Nos referimos, en particular, a las figuras que se enumeran en los apartados 5.1 y siguientes.

5.1. DEDUCCIÓN POR OBRAS DE MEJORA DE EFICIENCIA ENERGÉTICA EN EDIFICIOS DE VIVIENDAS O EN VIVIENDAS UNIFAMILIARES (GALICIA)[238]

Uno de los presupuestos básicos para el acceso a esta deducción es que las obras en cuestión se realicen "en inmuebles de uso residencial vivienda"[239]. De acuerdo con los criterios de la Comunidad Autónoma de Galicia de noviembre de 2020, recogidos en la consulta 143054 del programa Informa[240], el artículo 3 del Decreto Legislativo 1/2011, ocupado de regular la medida examinada, "establece que se entenderá por vivienda la edificación destinada a la residencia de las personas físicas". Así pues, el inmueble sobre el que recaiga el beneficio aludido "tendrá que tener dicha finalidad, pudiendo ser vivienda habitual, segunda residencia, estar alquilado para cualquiera de dichos fines salvo que las rentas

a), del mismo precepto dispone expresamente que, tratándose de inmuebles cedidos en arrendamiento, será requisito indispensable que la duración del contrato suscrito con un mismo arrendatario sea igual o superior al año.

237 Así sucede en el caso de la deducción por obtención de rentas derivadas de arrendamientos de vivienda aplicable en la Comunitat Valenciana y regulada en el artículo 4 Uno, letra j), de la Ley 13/1997. La exigencia de que se trate de un "arrendamiento de vivienda, de conformidad con la legislación de arrendamientos urbanos", dejaría fuera del ámbito objetivo de la deducción los contratos de arrendamiento con fines turísticos o vacacionales, así como los arrendamientos de temporada sujetos a la LAU.

238 Artículo 5, apartado Dieciocho, del Decreto Legislativo 1/2011, antes citado.

239 *Ibidem.*

240 Tal y como se especifica en su página web, el programa Informa es una base de datos que contiene, en formato pregunta-respuesta, los principales criterios de aplicación de la normativa tributaria (https://www2.agenciatributaria.gob.es/ES13/S/IAFRIAFRIINF).

percibidas por dicho alquiler tributen como actividad económica, e incluso estar desocupada pese a tener esa finalidad, quedando por tanto fuera del ámbito objetivo de la misma, los despachos profesionales o los inmuebles para el ejercicio de una actividad económica".

De lo anterior se desprende, en mi opinión, la posible extensión de la figura al supuesto particular de los inmuebles destinados al alojamiento turístico o de temporada, siempre que no se cuente con una persona empleada con contrato laboral y a jornada completa para la ordenación del arrendamiento, ni se presten al usuario servicios complementarios propios de la industria hotelera.

5.2. DEDUCCIÓN POR REHABILITACIÓN DE BIENES INMUEBLES SITUADOS EN CENTROS HISTÓRICOS (GALICIA)[241]

Conforme a su regulación jurídica, la aplicación práctica de esta deducción no queda condicionada a la utilización del inmueble rehabilitado como vivienda habitual o esporádica de su propietario o de un tercero. En consecuencia, no parece justificado excluir su disfrute en aquellos casos en los que las obras de rehabilitación tengan por objeto un inmueble destinado al alquiler turístico.

5.3. DEDUCCIÓN POR ADQUISICIÓN Y REHABILITACIÓN DE VIVIENDAS EN LOS PROYECTOS DE ALDEAS MODELO (GALICIA)[242]

En virtud de lo establecido en el artículo 5, apartado Veinte, del Decreto Legislativo 1/2011, el acceso a esta deducción se hace depender del cumplimiento simultáneo de dos requisitos: 1.– Que las viviendas adquiridas o rehabilitadas se sitúen en terrenos integrados en proyectos de aldeas modelo, de acuerdo con lo previsto en la normativa autonómica correspondiente, y 2.– Que se trate de viviendas destinadas a residencia de los contribuyentes que las adquieran o rehabiliten, ya sea con carácter habitual o esporádico. Esta mención al uso "esporádico" del inmueble por parte del contribuyente nos llevaría a entender cumplido el requisito apuntado (y, en consecuencia, a defender la aplicabilidad de la deducción) en aquellos supuestos en los que dicho sujeto se reserve el uso de

241 Artículo 5 Catorce del Decreto Legislativo 1/2011.

242 Artículo 5 Veinte del Decreto Legislativo 1/2011.

la vivienda turística durante ciertos periodos de tiempo o días aislados a lo largo del año natural.

5.4. DEDUCCIÓN POR GASTOS DIRIGIDOS AL USO DE NUEVAS TECNOLOGÍAS EN LOS HOGARES GALLEGOS (GALICIA)[243]

Los presupuestos de aplicación de este beneficio fiscal, que también se encuentra regulado en el Decreto 1/2011, son los siguientes: 1.– Que, durante el ejercicio, se suscriba un contrato de conexión a líneas de alta velocidad[244], y 2.– Que la línea contratada se destine al uso exclusivo del hogar y no se vincule al ejercicio de cualquier actividad empresarial o profesional. En el caso particular de las viviendas de uso turístico, el cumplimiento de esta segunda exigencia quedaría condicionado al hecho de que las rentas percibidas por el contribuyente que soporta los gastos no fueran calificadas como rendimientos de actividades económicas.

Al margen de lo indicado, considero necesario traer a colación dos elementos importantes. Por un lado, que el Decreto Legislativo 1/2011 no ofrece una definición específica del término «hogar», sobre el que descansa la deducción examinada. Por otro, que, conforme a la literalidad de su artículo 3, "los conceptos de vivienda habitual, adquisición de vivienda habitual y reinversión en vivienda habitual serán los contemplados en la normativa reguladora del impuesto sobre la renta de las personas físicas. Se entenderá por vivienda la edificación destinada a la residencia de las personas físicas". La consideración simultánea de estas circunstancias me lleva a concluir que, en la práctica, la aplicabilidad de la medida al supuesto particular de las viviendas de uso turístico se hará depender del significado que se atribuya al término «hogar», pudiendo distinguirse, a tal efecto, dos posibilidades:

- Estimar que dicho concepto es asimilable al de «vivienda habitual», lo que excluiría la posibilidad de acceder a la deducción. Y ello, como es sabido, porque la ley estatal del IRPF vincula aquella condición al hecho

243 Artículo 5 Ocho del Decreto Legislativo 1/2011.

244 De acuerdo con su normativa reguladora, no resultará aplicable la deducción cuando se trate de un simple cambio de compañía prestadora del servicio, ni cuando se contrate la conexión a una línea de alta velocidad y el contribuyente mantenga, al mismo tiempo, otras líneas contratadas en ejercicios anteriores.

de que el inmueble de que se trate haya constituido la residencia del contribuyente durante un plazo continuado de tres años.

- Estimar que dicho concepto es asimilable al de mera «vivienda», lo que nos llevaría a defender la conclusión contraria si atendemos a la interpretación que de este último término ha realizado la Comunidad Autónoma de Galicia en lo que atañe a la deducción por obras de mejora de eficiencia energética en viviendas o edificios de viviendas, anteriormente analizada[245].

5.5. DEDUCCIÓN POR GASTOS DERIVADOS DEL ARRENDAMIENTO DE VIVIENDAS (MADRID)[246]

A tenor de lo previsto en el artículo 8 bis del Decreto Legislativo 1/2010, de 21 de octubre, del Consejo de Gobierno, por el que se aprueba el Texto Refundido de las Disposiciones Legales de la Comunidad de Madrid en materia de tributos cedidos por el Estado, aquellos contribuyentes "que tengan inmuebles arrendados como vivienda" podrán deducir el 10% de las cantidades satisfechas por los siguientes conceptos, siempre que se encuentren vinculados con los citados inmuebles: gastos de conservación y reparación, formalización de contratos de arrendamiento, primas de seguros por daño e impagos, y obtención de certificados de eficiencia energética.

Este beneficio fiscal fue incorporado al listado de deducciones autonómicas del IRPF de la Comunidad de Madrid con efectos 18 de abril de 2023. Frente a lo sucedido con otras deducciones preexistentes (como la deducción por pago de intereses de préstamos para la adquisición de vivienda por jóvenes menores de treinta años), su aplicación se condiciona, simplemente, a la existencia de uno o varios inmuebles arrendados "como vivienda", sin especificarse el carácter habitual o esporádico de la misma. La Exposición de Motivos de la Ley 10/2023, de 12 de abril, a la que dicha figura debe su existencia, no ofrece mayor información al respecto, limitándose a señalar que "se introducen tres nuevas deducciones

245 A este respecto, puede verse el contenido de la consulta 143054 del programa Informa, antes transcrita.

246 Artículo 8 bis del Decreto Legislativo 1/2010, de 21 de octubre, del Consejo de Gobierno, por el que se aprueba el Texto Refundido de las Disposiciones Legales de la Comunidad de Madrid en materia de tributos cedidos por el Estado.

destinadas directamente a mejorar la renta de las familias e incentivar las mejoras en las viviendas de alquiler"; entre ellas, la deducción por gastos derivados del arrendamiento.

A mi modo de ver, un elemento que podría adquirir cierta relevancia en este contexto es que el Decreto Legislativo 1/2010 se remite en diversas ocasiones a la normativa estatal del IRPF a efectos de definir el concepto de «vivienda habitual»[247] y que, a diferencia de lo observado acerca de la normativa gallega, no esboza una definición específica del concepto de «vivienda». Siendo ello así, la traslación al caso del criterio defendido por la DGT en relación con este segundo término (que se encuentra presente, por ejemplo, en el ámbito de la reducción por arrendamiento de vivienda) nos llevaría a descartar la posibilidad de que los propietarios de inmuebles destinados al alquiler turístico (y no a satisfacer "la necesidad permanente de vivienda del arrendatario") pudieran beneficiarse del ahorro fiscal asociado a esta deducción. La solución apuntada sería coherente, asimismo, con la finalidad de la medida examinada, a la que se refiere la Exposición de Motivos que acabamos de mencionar, y con los elementos consustanciales a la figura del «arrendamiento de vivienda» que se derivan del contenido de la Ley de Arrendamientos Urbanos.

5.6. DEDUCCIÓN POR OBRAS DE MEJORA EN VIVIENDAS (CANTABRIA)[248]

De nuevo, nos encontramos ante una deducción cuyos presupuestos básicos de aplicación permanecen ajenos a la utilización que se haga del inmueble mejorado. En este sentido, el artículo 2, punto 3, del Decreto Legislativo 62/2008, de 19 de junio, reconoce la posibilidad de deducir un 15% de las cantidades satisfechas durante el ejercicio fiscal que cumplan los siguientes requisitos: 1.– Que se efectúen en cualquier vivienda o viviendas que sean propiedad del contribuyente

---

247 Así lo hace, por ejemplo, en su artículo 10, referido a la deducción por incremento de los costes de la financiación ajena para la inversión en vivienda habitual derivado del alza de los tipos de interés; en el artículo 12, sobre la deducción por el pago de intereses de préstamos para la adquisición de vivienda por jóvenes menores de treinta años; o en el artículo 22 bis, acerca de las reducciones de la base imponible del Impuesto sobre Sucesiones y Donaciones de adquisiciones "inter vivos".

248 Artículo 2, apartado 3, del Decreto Legislativo 62/2008, de 19 de junio, por el que se aprueba el texto refundido de la Ley de Medidas Fiscales en materia de Tributos cedidos por el Estado.

y se encuentren situadas en la Comunidad de Cantabria, o bien, en el edificio en el que radiquen dichas viviendas; 2.– Que las obras tengan por objeto alguna de las mejoras enumeradas en la norma referenciada (rehabilitación, mejora de la eficiencia energética, protección del medio ambiente, accesibilidad, seguridad, infraestructuras de telecomunicación que permitan el acceso a Internet, etc.); y 3.– Que la vivienda en cuestión no se encuentre afectada al desarrollo de una actividad económica.

En línea con lo sugerido respecto de otras deducciones autonómicas previamente analizadas, por tanto, considero que podría admitirse el disfrute de este beneficio fiscal por parte de los propietarios de viviendas turísticas en la medida en que las rentas derivadas de la cesión de uso del inmueble no tengan para aquellos la consideración de rendimientos de la actividad económica.

5.7. INVERSIÓN EN INSTALACIONES DE AUTOCONSUMO DE ENERGÍA ELÉCTRICA O DESTINADAS AL APROVECHAMIENTO DE DETERMINADAS FUENTES DE ENERGÍA RENOVABLES EN VIVIENDAS (COMUNIDAD VALENCIANA)[249]

Pese a quedar reservada inicialmente para las instalaciones realizadas en la vivienda habitual del contribuyente o en instalaciones colectivas del edificio donde dicha vivienda se encuentra situada, la normativa reguladora de la deducción a la que ahora nos referimos reconoce la posibilidad de aplicarla, aunque con una minoración importante de su cuantía, cuando las inversiones que se pretende incentivar se efectúen en "viviendas que constituyan segundas residencias, siempre que estas no se encuentren relacionadas con el ejercicio de una actividad económica, de conformidad con la normativa estatal reguladora del impuesto"[250]. A mi juicio, el hecho de no exigirse la utilización efectiva del inmueble por parte de quien acomete la inversión podría llevarnos a defender la aplicabilidad del beneficio fiscal cuando dicho inmueble sea empleado por el contribuyente con fines de alquiler turístico. A tales efectos, no obstante, sería requisito necesario que los rendimientos derivados de su explotación no tuvieran para aquel la consideración de rendimientos de la actividad económica.

---

249 Artículo 4.1, letra o), de la Ley 13/1997.

250 *Ibidem*.

Por otra parte, debe observarse que, en virtud de lo establecido por el legislador valenciano en este punto, el concepto de vivienda al que deberá estarse es el contenido en la normativa autonómica reguladora de la vivienda, que en este caso particular vendría representada por la Ley 8/2004, de 20 de octubre, de la Comunidad Valenciana. De acuerdo con el artículo 2 del citado texto normativo, "se entiende por vivienda toda edificación habitable, destinada a residencia de personas físicas, y que reúna los requisitos básicos de calidad de la edificación, entorno y ubicación conforme a la legislación aplicable, y que sea apta para la obtención de la licencia municipal de ocupación o, en el caso de viviendas protegidas o rehabilitadas de protección pública, la cédula de calificación definitiva".

6. OBLIGACIONES FORMALES

Con independencia de la calificación que corresponda otorgar a las rentas derivadas de la explotación de la vivienda turística, quien asuma la condición de arrendador estará obligado a presentar declaración por el IRPF en los términos previstos en el artículo 96 de la Ley 35/2006 y 61 de su reglamento de desarrollo, no pareciendo factible la aplicación en este contexto de ninguna de las excepciones a la obligación de declarar expresamente contempladas en tales preceptos[251]. Asimismo, dado el carácter autoliquidable del impuesto, el contribuyente quedará obligado a determinar la deuda tributaria al tiempo de presentar su declaración y a ingresarla en el lugar, forma y plazos que hayan sido establecidos por el Ministro de Economía y Hacienda[252].

A lo anterior se añadiría la obligación de conservar, en tanto no se haya producido la prescripción, "los justificantes y documentos acreditativos de las opera-

---

251 Si bien el artículo 96 de la Ley del IRPF exonera de la obligación de declarar a los contribuyentes que, bajo determinadas circunstancias, obtengan rentas del capital mobiliario o rentas inmobiliarias imputadas, las condiciones de aplicación de tales supuestos son tan particulares que difícilmente podrían llegar a operar en el sector del alojamiento turístico. Lo mismo sucede con respecto al supuesto previsto en el penúltimo párrafo del artículo 96.2, en virtud del cual no tendrán obligación de declarar en ningún caso "los contribuyentes que obtengan exclusivamente rendimientos íntegros del trabajo, de capital o de actividades económicas, así como ganancias patrimoniales, con el límite conjunto de 1.000 euros anuales y pérdidas patrimoniales de cuantía inferior a 500 euros".

252 Artículo 62.1 del Reglamento del IRPF.

ciones, rentas, gastos, ingresos, reducciones y deducciones de cualquier tipo que deban constar en sus declaraciones"[253]. Esto último supone que, durante un plazo de cuatro años, el arrendador de la vivienda turística deberá guardar todos los documentos justificativos de las prestaciones de alojamiento (y otras prestaciones accesorias) que haya efectuado, los ingresos percibidos como contraprestación por las mismas y los gastos en los que hubiese incurrido con motivo de aquellas.

Para el supuesto de que las rentas percibidas deban ser declaradas como rendimientos de la actividad económica, el arrendador empresario (propietario, usufructuario o subarrendador) deberá escoger entre los métodos de estimación directa normal o directa simplificada, a menos que se incumplieran los requisitos establecidos en el artículo 28 del Reglamento del IRPF para la aplicación de la segunda modalidad, en cuyo caso se aplicará necesariamente la primera de ellas. Las obligaciones inherentes a cada uno de estos métodos se concretan en la llevanza de contabilidad ajustada a lo dispuesto en el Código de Comercio, que únicamente operará para el método de estimación directa normal[254], y en la llevanza de unos Libros registro (ventas e ingresos, compras y gastos, y bienes de inversión) cuando el método utilizado para la cuantificación del rendimiento neto sea el de estimación directa simplificada[255].

Asimismo, el arrendador que ostente la condición de empresario quedará obligado a realizar pagos fraccionados a cuenta del IRPF con periodicidad trimestral, a cuyo efecto habrá que estar a lo indicado en el artículo 99.7 de la Ley del impuesto y en los artículos 109 a 111 de su reglamento de desarrollo[256].

---

253 Artículo 104.1 de la Ley del IRPF.

254 Artículo 68.2 de la Ley del IRPF.

255 Artículo 68, apartados 3 y 4, de la Ley del IRPF. Acerca del contenido de estos libros registro, puede verse la Orden HAC/773/2019, de 28 de junio, por la que se regula la llevanza de los libros registros en el Impuesto sobre la Renta de las Personas Físicas. Nótese que la actividad de alquiler tiene carácter mercantil, por lo que, sin perjuicio de lo señalado en la normativa fiscal, subsiste la obligación de llevar contabilidad adaptada a las especificaciones del Código de Comercio.

256 En epígrafes posteriores de este trabajo haremos referencia a otras obligaciones fiscales relevantes, aunque más vinculadas a lo sucedido en el ámbito de otros impuestos. Entre ellas se encontraría la relativa a la presentación de una declaración censal de alta en Hacienda, la expedición y entrega de factura por las operaciones realizadas, y la obligación de suministro periódico de información sobre operaciones con terceras personas

Finalmente, conviene traer a colación lo dispuesto en el artículo 76.1.b) del Reglamento del IRPF, en virtud del cual estarán obligados a practicar retención o ingreso a cuenta los contribuyentes que ejerzan actividades económicas en tanto satisfagan rentas sometidas a esta obligación. Del contenido de dicha previsión normativa se infiere que, en aquellas situaciones en las que el arrendamiento de la vivienda turística tenga la consideración de actividad económica a ojos del IRPF, el arrendador empresario asumirá la obligación de practicar retención sobre las rentas dinerarias que abone en el ejercicio de su actividad, siempre que tales rentas encajen en alguna de las categorías enumeradas en el artículo 75 del citado reglamento. En particular, y por mencionar solo algunos ejemplos de interés, quedará obligado a practicar retención sobre las rentas satisfechas al personal que tenga empleado, con contrato laboral y a jornada completa, para la ordenación de la actividad de alquiler[257], o sobre las rentas satisfechas a profesionales independientes por sus servicios de intermediación en la actividad de alquiler turístico[258].

En lo que atañe a las rentas percibidas por el propio arrendador con motivo de la explotación de la vivienda, es importante tener en cuenta que, con carácter general, el destinatario de los servicios prestados por aquel será una persona física actuando como consumidor final, por lo que no resultará aplicable la obligación que venimos analizando[259]. Con todo, y aunque no será lo más frecuente en la práctica, debe admitirse la posibilidad de que quien asume la condición de arrendatario sea una sociedad mercantil u otro empresario persona física residente en territorio español que, adoptando el rol de intermediario por cuenta propia, alquila la vivienda para su posterior explotación con fines turísticos[260]. En este

257 Artículo 75.1.a) del Reglamento del IRPF.

258 Artículo 75.1.c) del Reglamento del IRPF.

259 En este sentido se ha pronunciado la DGT en consultas como la V0690-19, V2474-17 o V3208-17, en las que se aborda la problemática relativa al subarrendamiento de vivienda con fines turísticos.

260 Tratándose de una persona o entidad no residente en territorio español, el artículo 99.2 de la Ley del IRPF limita la obligación de retener a "las personas físicas, jurídicas y demás entidades no residentes en territorio español, que operen en él mediante establecimiento permanente, o sin establecimiento permanente respecto a los rendimientos del trabajo que satisfagan, así como respecto de otros rendimientos sometidos a retención o ingreso a cuenta que constituyan gasto deducible para la obtención de las rentas a que se refiere el apartado 2 del artículo 24 del texto refundido de la Ley del Impuesto sobre la Renta de no Residentes". Este último precepto se refiere exclusivamente a "los casos de presta-

último supuesto, recordemos, se distinguirían dos prestaciones diferenciadas de arrendamiento: la que efectúa el propietario de la vivienda con respecto al intermediario (prestación 1) y la que efectúa el intermediario con respecto al usuario final (prestación 2). El elemento característico de la primera prestación es que, en un escenario como el descrito, el pagador de la renta (esto es, el arrendatario que al mismo tiempo actúa como subarrendador) sería un sujeto obligado a retener a tenor de lo señalado en el artículo 76.1 del Reglamento del IRPF. Sea cual fuere la concreta calificación que correspondiera otorgar a las rentas obtenidas por el propietario de la vivienda turística, esta circunstancia determinaría para el arrendatario la obligación de practicar retención, o, en su caso, ingreso a cuenta, en la medida en la que no concurriese ninguna de las circunstancias de excepción previstas por el legislador estatal[261].

La misma conclusión que acabamos de apuntar ha sido defendida por la DGT en su consulta V0719-18, relativa a un contribuyente que alquila un inmueble para su posterior subarriendo con fines turísticos sin prestar servicios propios de la industria hotelera. Como sostiene este Centro Directivo, "el arrendatario, persona física, sólo estaría obligado a retener en el caso de que dichas rentas fuesen satisfechas en el ejercicio de una actividad económica por él desarrollada (...). Cuestión distinta sería que el arrendatario fuese una persona jurídica, ya que en cuanto éste tendría la condición de sujeto obligado a retener de acuerdo a lo establecido en el artículo 76.1 del Reglamento del Impuesto, estaría obligado a practicar retención sobre los rendimientos correspondientes al arrendamiento del inmueble que satisfaga al arrendador, en caso de que este último fuese una persona física, salvo por la parte de dichos rendimientos a los que resultase aplicable alguno de los supuestos de exoneración del artículo 75.3.g) del mismo Reglamento"[262].

---

ciones de servicios, asistencia técnica, obras de instalación o montaje derivados de contratos de ingeniería y, en general, de actividades o explotaciones económicas realizadas en España sin mediación de establecimiento permanente".

261 Nótese que, conforme a lo previsto en el artículo 75.2.a) del Reglamento del IRPF, estarán sujetas a retención o ingreso a cuenta, con carácter general e independientemente de su calificación, los "rendimientos procedentes del arrendamiento o subarrendamiento de inmuebles urbanos. A estos efectos, las referencias al arrendamiento se entenderán realizadas también al subarrendamiento".

262 En particular, el artículo 75.3.g) del Reglamento del IRPF excluye la obligación de practicar retención o ingreso a cuenta sobre las rentas derivadas del arrendamiento o subarrendamiento en tres supuestos: "1.º Cuando se trate de arrendamiento de vivienda por

empresas para sus empleados. 2.º Cuando las rentas satisfechas por el arrendatario a un mismo arrendador no superen los 900 euros anuales. 3.º Cuando la actividad del arrendador esté clasificada en alguno de los epígrafes del grupo 861 de la Sección Primera de las Tarifas del Impuesto sobre Actividades Económicas (...), o en algún otro epígrafe que faculte para la actividad de arrendamiento o subarrendamiento de bienes inmuebles urbanos, y aplicando al valor catastral de los inmuebles destinados al arrendamiento o subarrendamiento las reglas para determinar la cuota establecida en los epígrafes del citado grupo 861 no hubiese resultado cuota cero".

Capítulo 3

LA TRIBUTACIÓN DE LOS SERVICIOS DE ALOJAMIENTO TURÍSTICO EN EL IMPUESTO SOBRE EL VALOR AÑADIDO

1. EL ARRENDAMIENTO DE VIVIENDA TURÍSTICA COMO ACTIVIDAD ECONÓMICA

1.1. EL CONCEPTO DE ACTIVIDAD ECONÓMICA EN LA JURISPRUDENCIA COMUNITARIA

De entrada, podría afirmarse que el IVA es uno de los impuestos respecto de los que mayor problemática han planteado tradicionalmente los negocios jurídicos ligados al fenómeno de la economía colaborativa, entre los que, de manera más o menos pacífica, se ha incluido el relativo a la actividad de alquiler turístico en viviendas. Esta circunstancia viene motivada por el hecho de que, a diferencia del resto de los tributos analizados en esta obra, el IVA es un impuesto armonizado a nivel de la Unión Europea (UE) y, en consecuencia, debe ser aplicado e interpretado a la luz de la normativa comunitaria y de la doctrina emanada de las sentencias del TJUE. El debate surge, más específicamente, a la hora de determinar si la operación o conjunto de operaciones que los particulares realizan, generalmente en el marco de plataformas intermediarias como Airbnb, constituye o no una actividad económica, lo que a su vez pasa por esclarecer el cumplimiento de una serie de requisitos básicos que el Tribunal de Justicia ha ido matizando con el paso del tiempo.

El artículo 9.1 de la Directiva 2006/112/CE del Consejo, de 28 de noviembre de 2006, relativa al sistema común del Impuesto sobre el Valor Añadido (en adelante, Directiva IVA), define el concepto de «actividad económica» a partir de la noción de «sujeto pasivo»[263]. Concretamente, el apartado 1 del citado texto normativo dispone:

> "Serán considerados «sujetos pasivos» quienes realicen con carácter independiente, y cualquiera que sea el lugar de realización, alguna actividad económica, cualesquiera que sean los fines o los resultados de esa actividad.
> Serán consideradas «actividades económicas» todas las actividades de fabricación, comercio o prestación de servicios, incluidas las actividades extractivas, las agrícolas y el ejercicio de profesiones liberales o asimiladas. En particular será considerada actividad económica la explotación de un bien corporal o incorporal con el fin de obtener ingresos continuados en el tiempo."

Del contenido del precepto transcrito se desprende, por un lado, que el concepto de «sujeto pasivo» propio del IVA reviste un carácter ciertamente amplio, dando cabida "a todas las personas físicas y jurídicas, tanto públicas como privadas, incluso entidades carentes de personalidad jurídica, que se ajusten a los criterios enunciados en esa disposición"[264]. Por otro, y a juicio del TJUE, que la existencia de actividad económica en el ámbito de este impuesto queda supeditada a la concurrencia simultánea de cuatro condiciones: independencia, habitualidad, onerosidad y naturaleza económica. A tales condiciones, que han sido objeto de una extensa labor interpretativa por parte de este mismo tribunal, nos referiremos con mayor nivel de detalle en las siguientes líneas.

A) Independencia

Conforme a lo dispuesto en el artículo 10 de la Directiva IVA, "la condición de que la actividad económica se realice con carácter independiente (...) excluye del gravamen a los asalariados y a otras personas en la medida en que estén vin-

---

263 En este mismo sentido, el Tribunal de Justicia ha señalado que "el concepto de «sujeto pasivo» debe definirse en relación con el de «actividad económica»", de donde resulta "que es la existencia de dicha actividad lo que justifica la calificación de sujeto pasivo". A este respecto, y entre otras, pueden verse las sentencias de 20 de enero de 2021, asunto C-655/19, *AJFP Sibiu y DGRFP Brasov*, apartado 25; y de 15 de septiembre de 2011, C-180/10 y C-181/10, *Słaby y otros,* apartado 43.

264 A este respecto, pueden verse las sentencias del TJUE de 17 de diciembre de 2020, asunto C-449/19, *WEG Tevesstraße*, apartado 29; de 16 de julio de 2020, asunto C-424/19, *UR*, apartado 16; de 29 de septiembre de 2015, asunto C-276/14, *Wroclaw,* apartado 28; y de 12 de octubre de 2016, asunto C-340/15, *Nigl y otros*, apartado 27.

culadas a su empresario por un contrato de trabajo o por cualquier otra relación jurídica que cree lazos de subordinación en lo que concierne a las condiciones laborales y retributivas y a la responsabilidad del empresario."

La indeterminación de la expresión «lazos de subordinación» ha llevado al Tribunal de Justicia a pronunciarse expresamente sobre esta cuestión en diversas sentencias, ofreciendo una serie de criterios susceptibles de ser utilizados para valorar el cumplimiento del requisito analizado. Entre ellas, destaca la de 18 de octubre de 2007, asunto C-355/06, *Van der Steen,* en la que se aborda el caso de un individuo que es, al mismo tiempo, accionista único, administrador y miembro del personal de una sociedad para la que presta servicios de limpieza en cumplimiento de un contrato de trabajo.

En su respuesta a la cuestión prejudicial planteada por el órgano remitente, el TJUE acaba sentando un precedente importante al apreciar la existencia de una relación de subordinación entre el señor Van der Steen y la sociedad sobre la base de tres elementos; a saber: 1º) era la sociedad quien celebraba los contratos con terceros y abonaba al demandante un sueldo mensual y una paga de vacaciones, de tal suerte que éste "dependía de la sociedad para la determinación de sus condiciones retributivas"[265]; 2º) el señor Van der Steen "no actuaba en su nombre, por su propia cuenta y bajo su exclusiva responsabilidad, sino por cuenta de la sociedad y bajo la responsabilidad de ésta"[266]; y 3º) era la sociedad quien soportaba el riesgo económico de la actividad desarrollada[267].

Del razonamiento apuntado se colige que, a fin de alcanzar una conclusión válida sobre la concurrencia del requisito de independencia en un supuesto particular, es necesario atender al fondo de las operaciones que se realizan para confirmar, o en su caso descartar, la existencia de verdaderos lazos de subordinación. A tales efectos, resulta oportuno esclarecer quién fija las condiciones retributivas del individuo que ejerce la actividad, quién asume la responsabilidad y el riesgo económico de la misma, y por cuenta de quién se efectúan las operaciones que aquella comprende[268].

---

265 Sentencia *Van der Steen*, apartado 22.

266 Sentencia *Van der Steen*, apartado 23.

267 Sentencia *Van der Steen*, apartado 24.

268 La relevancia de los criterios mencionados en segundo y último lugar vuelve a ponerse de manifiesto en otras sentencias posteriores del Tribunal de Justicia. Así sucede, por

En su sentencia *Wroclaw*, el Tribunal europeo amplía su jurisprudencia anterior sobre este tema al atribuir relevancia al hecho de que la forma de ejecución del trabajo sea organizada libremente por el individuo. Así, tal y como puede leerse en el apartado 34 de la sentencia, "para apreciar la independencia de las actividades consideradas el Tribunal de Justicia ha tenido en cuenta (...) el hecho de que [los operadores] actuaban por su propia cuenta y bajo su plena responsabilidad, organizaban libremente la forma de ejecución de su trabajo y percibían ellos mismos la retribución que constituía sus ingresos"[269].

En sentido contrario, se ha rechazado expresamente que la circunstancia de estar sometido a un control disciplinario y a la supervisión de un determinado ente, así como el hecho de que la remuneración percibida venga fijada por ley, puedan considerarse criterios suficientes para apreciar la existencia de una situación jurídica de subordinación[270].

En lo que concierne a la asunción del riesgo económico, de la jurisprudencia comunitaria se desprende la necesidad de concretar quién soporta los costes inherentes a la actividad y los gastos derivados de la organización de los recursos humanos y materiales empleados[271]. Asimismo, en el apartado 38 de la sentencia *Wroclaw*, antes citada, se apunta a la posesión de un patrimonio propio por parte de los individuos que la llevan a cabo como un indicio del carácter independiente en su desarrollo.

Por lo que respecta a la responsabilidad, finalmente, el elemento decisivo parece ser el de la responsabilidad derivada de las relaciones contractuales establecidas por los operadores en el ejercicio de la actividad en cuestión, así como su responsabilidad por los perjuicios ocasionados a terceros[272].

---

ejemplo, en la sentencia *WEG Tevesstraße*, apartado 30; y en la sentencia *Nigl y otros,* apartado 28.

269 Esta misma jurisprudencia ha sido invocada también en las sentencias de 21 de diciembre de 2023, asunto C-288/22, *TP*, apartado 52; y de 13 de junio de 2019, asunto C420/18, *IO,* apartado 39.

270 En este sentido se pronuncia el TJUE en la sentencia de 26 de marzo de 1987, asunto 235/85, *Comisión/Países Bajos,* apartado 14.

271 Véase la sentencia de 25 de julio de 1991, asunto C-202/90, *Ayuntamiento de Sevilla,* apartado 13.

272 Sentencia *Ayuntamiento de Sevilla,* apartado 15.

B) Habitualidad

Según el criterio tradicionalmente defendido por el TJUE, "una actividad se califica (...) de económica cuando presenta carácter permanente y se efectúa a cambio de una remuneración que percibe el autor de la operación"[273]. La presencia de actividad económica se supedita, de este modo, a la concurrencia de dos requisitos esenciales: la permanencia o habitualidad en su ejercicio y la onerosidad de la misma.

El problema que se plantea en relación con el primero de los elementos indicados es que, en el ámbito comunitario, no existe una definición expresa del concepto de «habitualidad». No obstante, el Tribunal de Justicia ha declarado en alguna ocasión que "el concepto de actividad económica (...) no se refiere a las actividades ejercidas de modo ocasional"[274], de donde se desprende que hay habitualidad cuando la actividad no constituye para el individuo una práctica excepcional, sino ordinaria, continuada o frecuente.

Tampoco la jurisprudencia comunitaria ofrece criterios o indicios claros que puedan ser tenidos en cuenta a la hora de valorar si una determinada actividad se realiza o no con carácter habitual (lo más frecuente, de hecho, es que la apreciación de esta circunstancia se deje en manos de los jueces nacionales). Sin embargo, existe algún pronunciamiento expreso que puede arrojar luz sobre el particular; por ejemplo, el derivado de la sentencia *Van Tiem*, en la que se admite la concurrencia del requisito analizado cuando el propietario de un bien inmueble cede un derecho de superficie sobre el mismo a un tercero por un periodo de dieciocho años[275].

---

273 Véanse, entre otras, las sentencias de 15 de abril de 2021, asunto C-846/19, *Administration de l'Enregistrement, des Domaines y de la TVA*, apartado 47; de 13 de junio de 2018, asunto C-421/17, *Polfarmex*, apartado 38; de 12 de enero de 2017, asunto C-28/16, *MVM*, apartado 25; y de 13 de diciembre de 2007, asunto C-408/06, *Götz*, apartado 18. También las sentencias *WEG Tevesstraße*, apartado 34; *TP*, apartado 42; *IO*, apartado 24; y *Comisión/Países Bajos*, apartado 9.

274 Sentencia de 26 de septiembre de 1996, asunto C-230/94, *Enkler*, apartado 20.

275 Sentencia de 4 de diciembre, asunto C-186/89, *Van Tiem*.

C) Onerosidad

De acuerdo con la jurisprudencia del TJUE, para que una actividad tenga la consideración de económica es necesaria la existencia de una remuneración. Así pues, se entenderá que el individuo desarrolla una actividad económica cuando, además de hacerlo con independencia y habitualidad, dicha actividad sea retribuida mediante el pago de un precio.

Tradicionalmente, el concepto de «contraprestación» ha sido definido por el Tribunal europeo como "la contrapartida económica de la prestación considerada"[276], lo que no debe confundirse con la necesidad de que aquella tenga carácter pecuniario. En efecto, se ha reconocido que el cumplimiento del requisito de onerosidad no se hace depender de la naturaleza de la remuneración pactada entre las partes, sino del mero hecho de que la misma pueda expresarse en dinero[277]. En línea con este razonamiento, se concluía en la sentencia de 26 de septiembre de 2013, asunto C-283/12, *Serebryannay vek*, que "los contratos de trueque, en los que, por definición, la contraprestación debe pagarse en especie, y las transacciones en las que la contraprestación es dineraria son, desde el punto de vista económico y comercial, dos situaciones idénticas"[278].

Al mismo tiempo, debe tenerse en cuenta que, tal y como se infiere del artículo 9.1 de la Directiva IVA, antes transcrito, el requisito de onerosidad no debe asociarse necesariamente con la finalidad lucrativa[279]. Así, cuando el citado

---

[276] Véanse, entre otras, las sentencias de 27 de junio de 2017, asunto C-74/16, *Congregación de Escuelas Pías Provincia Betania,* apartado 47; de 23 de febrero de 2016, asunto C-179/14, *Comisión/Hungría*, apartado 153; y de 18 de diciembre de 2007, asunto C-281/06, *Jundt,* apartado 29.

[277] Véanse las sentencias de 2 de junio de 1994, asunto C-33/93, *Empire Stores*, apartado 12; y de 23 de noviembre de 1988, asunto 230/87, *Naturally Yours Cosmetics,* apartado 16.

[278] Sentencia *Serebryannay vek*, apartado 39. En este mismo sentido se pronuncia el TJUE en las sentencias de 16 de septiembre de 2020, asunto C-528/19, *Mitteldeutsche Hartstein-Industrie*, apartado 45; de 27 de marzo de 2014, C-151/13, *Le Rayon d'Or*, apartados 36 y 37; de 19 de diciembre de 2012, asunto C-549/11, *Orfey Balgaria,* apartado 35; de 9 de junio de 2011, C-285/10, *Campsa Estaciones de Servicio*, apartado 25; de 20 de enero de 2005, C-412/03, *Hotel Scandic Gåsabäck*, apartado 22; y de 3 de julio de 1993, asunto C-330/95, *Goldsmiths,* apartados 23 y 25.

[279] A título de ejemplo, véase la sentencia de 2 de junio de 2016, asunto C-263/15, *Lajvér,* apartado 35 y jurisprudencia allí citada.

precepto define el concepto de «sujeto pasivo», dispone que se atribuirá esta condición a quienes realizan una actividad económica con carácter independiente, "cualesquiera que sean sus fines o resultados". Esta apreciación se muestra coherente con la tesis defendida por el TJUE en el ámbito de la libre prestación de servicios, en virtud de la cual "el factor decisivo que hace que una actividad esté comprendida con relación a aplicación de las disposiciones del Tratado relativas a la libre prestación de servicios es su carácter económico, a saber, que la actividad no debe ejercerse sin contrapartida. En cambio, (...) no es necesario que el prestador persiga el objetivo de obtener un beneficio"[280]. De aquí se deduce la posibilidad de admitir la existencia de actividad económica, incluso cuando la misma "se hubiera ejercido a título casi benévolo[281] o "con la finalidad de paliar los efectos de un caso de fuerza mayor"[282].

En otro orden de cosas, y sin perjuicio de lo señalado, debe matizarse también que las exigencias concernientes al requisito de onerosidad no se agotan con el cobro de una remuneración que retribuya la operación o actividad desarrollada por el sujeto en cuestión. De la jurisprudencia comunitaria se desprende, además, la necesidad de un vínculo directo entre la prestación que se realiza y la contraprestación que a cambio se recibe, cuya apreciación se hace depender, a su vez, de la concurrencia de una serie de condiciones; principalmente, que la remuneración pactada se configure como contravalor efectivo de la operación que se efectúa, lo que se materializa en la subsistencia de una relación directa e inmediata entre ambos elementos[283]. Igualmente, resulta indispensable que la remuneración pactada tenga carácter determinado o determinable, y que sea cierta,

---

280 Sentencia *Jundt,* antes citada, apartados 32 y 33. Un razonamiento similar puede encontrarse en la sentencia de 12 de julio de 2001, asunto C-157/99, *Smits y Peerbooms*, apartados 50 y 52.

281 Sentencia *Jundt*, apartado 34.

282 Sentencia de 19 de julio de 2012, asunto C-263/11, *Redlihs*, apartado 29.

283 Por citar algunas de las más famosas, véanse las sentencias del Tribunal de Justicia de 11 de junio de 2020, asunto C-43/19, *Vodafone Portugal,* apartado 31; de 10 de noviembre de 2016, asunto C-432/15, *Baštová,* apartado 28; de 14 de noviembre de 2000, asunto C-142/99, *Floridienne y Berginvest,* apartado 20; de 3 de marzo de 1994, asunto C-16/93, *Tolsma*, apartados 13 y 14; y de 8 de marzo de 1988, asunto C-102/86, *Apple and Pear Development Council*, apartado 12.

en el sentido de que su percepción no se haga depender del cumplimiento de circunstancias ajenas a la propia operación[284].

D) Naturaleza económica

Según jurisprudencia consolidada del Tribunal de Justicia, "si bien la Directiva 2006/112 asigna un ámbito de aplicación muy amplio al IVA, dicho impuesto sólo contempla las actividades de carácter económico"[285]. De aquí la extrema relevancia que se atribuye al concepto de «actividad económica» en el contexto de este tributo y la necesidad de dotarlo de un significado claro y preciso.

En los términos antes comentados, la naturaleza económica de la actividad ejercida por un determinado operador no se hace depender de los objetivos pretendidos por el mismo ni de los resultados alcanzados. Desde este punto de vista, es indiferente que la finalidad perseguida sea la de obtener un beneficio y de que los precios cargados a los clientes sean superiores o inferiores a los normales de mercado[286]. En ocasiones, no obstante, la problemática asociada a la calificación de una actividad como económica a efectos del IVA no guarda relación con su carácter oneroso o gratuito, sino con la propia naturaleza de las operaciones en las que dicha actividad consiste. En este sentido, conviene traer a colación la doctrina sentada por el TJUE en su sentencia de 29 de abril de 2004, asunto C-77/01, *EDM*, en la que se reconoce que una persona actúa como sujeto pasivo del impuesto "cuando efectúa operaciones que constituyen la prolongación directa, permanente y necesaria de su actividad imponible (...). Esto ocurre cuando las operaciones de que se trata se efectúan en el contexto de unos objetivos empresariales o con una finalidad comercial"[287].

Entre los criterios que pueden emplearse para valorar la concurrencia de este requisito, se ha aludido en diversas ocasiones a la naturaleza de los bienes utilizados para el desarrollo de la actividad, y, más específicamente, al tipo de uso

---

[284] El requisito de certeza en cuanto a la existencia misma de retribución fue apuntado inicialmente por el TJUE en su sentencia *Tolsma*. Años después, en el marco de la sentencia *Baštová*, el Tribunal hizo depender su decisión final de la ausencia de dicho requisito. Esta jurisprudencia ha vuelto a invocarse en otras sentencias posteriores, como la dictada en el marco del asunto *TP*, apartado 36.

[285] Sentencia *Lajvér*, apartado 20.

[286] En este sentido, y solo a título de ejemplo, véase la sentencia *Lajvér*, apartado 45.

[287] Sentencia EDM, apartados 66 y 67.

que pueda conferirse a los mismos por razón de dicha naturaleza. Este elemento nos llevaría a proponer una distinción entre los bienes que únicamente son apropiados para una explotación económica, por un lado, y los que pueden ser utilizados simultánea o indistintamente con fines privados y con fines empresariales, por otro[288]. En principio, la primera circunstancia bastaría para admitir que su propietario lo explota para las necesidades de una actividad económica. Tratándose de supuestos en los que la naturaleza del bien hiciera posible un uso mixto, por su parte, el Tribunal aconseja llevar a cabo una comparación "entre (...) las condiciones en las que el interesado explota efectivamente el bien y (...) las condiciones en las que se ejerce habitualmente la actividad económica correspondiente"[289]. Sobre la base de este criterio, se ha reconocido que el hecho de realizar "gestiones activas de comercialización (...), recurriendo a medios similares a los empleados por un fabricante, un comerciante o un prestador de servicios" constituye un indicio a favor de la existencia de actividad económica[290].

Cuando las circunstancias concurrentes en el caso concreto permitan concluir que las operaciones efectuadas se inscriben en el marco de la gestión del patrimonio personal del individuo, y no en un contexto de objetivos empresariales, podría descartarse la naturaleza económica de la actividad desarrollada por el mismo, aun cuando las operaciones de que se trate presenten carácter independiente, habitual y oneroso. Esta apreciación no ha de verse desvirtuada por la aplicación de otros criterios que podrían parecer relevantes, pero que no per-

---

288 Véanse las sentencias de 20 de junio de 2013, asunto C-219/12, *Finanzamt Freistadt Rohrbach Urfahr*, apartado 20; *Redlihs*, apartado 34; y *Enkler*, apartado 27.

289 Sentencias *Finanzamt Freistadt Rohrbach Urfahr*, apartado 21; *Redlihs*, apartado 35; y *Enkler*, apartado 28.

290 A título de ejemplo, puede verse la sentencia *Slaby*, apartado 39, en la que se analiza el caso de una persona física que lleva a cabo la venta de unos terrenos en los que ejercía una actividad agrícola y que son recalificados como edificables tras una modificación de los planes urbanísticos. En otras resoluciones posteriores, el TJUE ha matizado que este criterio no resulta determinante para que pueda apreciarse la existencia de actividad económica. En efecto, "no cabe deducir de la jurisprudencia del Tribunal de Justicia que el hecho de realizar gestiones activas de comercialización de inmuebles constituya un requisito necesario para que una actividad relativa a la gestión de un patrimonio inmobiliario pueda considerarse ejercida con el fin de obtener ingresos continuados en el tiempo y, por tanto, para poder calificar esa actividad de «económica»". En este sentido, puede verse la sentencia de 25 de febrero de 2021, asunto C-604/19, *Gmina Wroclaw*, apartado 74; y la sentencia *IO*, apartado 29.

miten determinar por sí mismos si la actividad ejercida reviste o no aquella naturaleza. Así sucedería con los aspectos concernientes al periodo durante el cual se lleva a cabo la actividad en cuestión, los resultados obtenidos, la importancia de la clientela, el importe de los ingresos percibidos por el operador, o el número y magnitud de las ventas[291]. Asimismo, matiza el TJUE, el hecho de que la adquisición de un bien corporal se realice para satisfacer las necesidades personales del adquirente "no se opone a que dicho bien se utilice posteriormente para ejercer una «actividad económica»"[292].

1.2. APLICACIÓN DE LA JURISPRUDENCIA COMUNITARIA AL CASO PARTICULAR DE LAS VIVIENDAS DE USO TURÍSTICO

Las consecuencias asociadas a la prestación de servicios de alojamiento turístico en el IVA, sean cuales sean las circunstancias en las que tales servicios se prestan, se encuentran debidamente previstas en la Directiva del impuesto. De entrada, y como señalábamos anteriormente, el artículo 9.1 del citado texto normativo atribuye la consideración de actividad económica, en particular, a "la explotación de un bien corporal o incorporal con el fin de obtener ingresos continuados en el tiempo". Esta previsión ha sido invocada por el Tribunal de Justicia en numerosas ocasiones para atribuir al arrendamiento naturaleza de actividad económica, siempre y cuando se acredite el requisito de la habitualidad en la prestación del servicio y su carácter oneroso. Aun en ese caso, dado que los arrendadores de viviendas turísticas suelen recurrir a la utilización de plataformas intermediarias para la gestión de los arrendamientos y no siempre realizan una oferta continuada de sus servicios, procederemos a analizar la concurrencia de todos y cada uno de los requisitos enunciados en el epígrafe anterior.

A) Independencia

La emisión de un pronunciamiento sobre el carácter independiente de la actividad desarrollada por los arrendadores de viviendas turísticas exige descartar la existencia de una relación de dependencia o subordinación entre el individuo

291 Sentencia *AJFP Sibiu y DGRFP Brasov*, apartado 30; *Redlihs*, apartado 30; *Slaby*, apartados 37 y 38; y *Enkler*, apartado 29. Igualmente, puede verse la sentencia de 17 de octubre de 2019, asunto C-692/17, *Paula Nascimento Consulting*, apartado 25.

292 Sentencia *Redlihs*, apartado 31.

que ejerce la actividad (propietario, usufructuario o arrendatario de la vivienda) y la plataforma o agente intermediario al que se recurre para su mejor organización. A este respecto, conviene tener en cuenta, por un lado, que, si bien la plataforma pone a disposición de los usuarios un entorno web que favorece el éxito de los intercambios y generalmente también una serie de servicios adicionales (seguros, sistema de pagos, sistema de valoración de usuarios, etc.), son los arrendadores quienes, llegado el momento, fijan las condiciones de la prestación y la organizan libremente[293]. Esta circunstancia constituye un claro indicio del carácter independiente en el desarrollo de la actividad controvertida.

Idéntica conclusión se alcanza cuando se examinan los aspectos relativos a la asunción del riesgo económico que dicha actividad conlleva. En este sentido, resulta determinante que los prestadores de los servicios de alojamiento sean quienes ostentan la titularidad de los derechos sobre el único (o principal) medio material utilizado en el seno de la actividad y soporten todos los gastos inherentes a la misma, como podría ser el pago de tributos, la cuota de arrendamiento exigida por el propietario (casos de subarriendo), o los salarios del personal eventualmente contratado para su ordenación. Esta conclusión no se ve alterada por el hecho de que los llamados "anfitriones" puedan cobrar algún suplemento al inquilino, ya sea por limpieza del inmueble o por otra clase de gastos relacionados con aquel, o, incluso, de que sea este último (y no el arrendador) quien asuma el pago íntegro de la comisión cobrada por el agente intermediario.

B) Onerosidad

En lo que atañe a la onerosidad, parece claro que, de formalizarse un contrato de arrendamiento entre el propietario, usufructuario o arrendatario de la vivienda turística y un tercero, en virtud del cual este último asuma el derecho de uso y disfrute del inmueble por un periodo de tiempo y a cambio de un precio, se entenderá que el arrendador, que tiene la condición de empresario o profesional actuando en el ejercicio de su actividad, presta un servicio a título oneroso.

Los datos disponibles sobre precios e ingresos acreditan la concurrencia de este requisito respecto de los servicios de alojamiento turístico ofertados en el marco de plataformas de internet como Airbnb o Vrbo, ya que tales servicios se

---

293 Acerca de esta misma cuestión, puede verse el análisis realizado en el Capítulo 1 de este trabajo acerca de la doctrina emanada de la sentencia *AIRBNB Ireland*.

prestan siempre a cambio de una retribución que satisface las condiciones exigidas por el TJUE. En particular, se trata de una remuneración cierta y determinada, habida cuenta de que su importe es conocido de antemano por las partes implicadas en la operación, y su pago se hace depender, única y exclusivamente, de la prestación realizada por el arrendador de la vivienda. Dichas circunstancias acreditan la existencia de una relación directa entre la prestación efectuada y la contraprestación recibida, que se configura como contravalor efectivo de la primera.

C) Habitualidad

Por lo que se refiere al carácter habitual de las prestaciones realizadas por el arrendador, partimos del hecho de que ni la Directiva comunitaria ni la ley española del IVA establecen circunstancia alguna que necesariamente deba darse para entender que una actividad se ejerce de forma permanente o continuada. De aquí puede inferirse que una persona física que cede en arrendamiento un inmueble, obteniendo por ello unos rendimientos periódicos, se convierte en empresario o profesional a efectos del impuesto con independencia del uso que vaya a darse al inmueble arrendado, de los medios que utilice para su promoción y comercialización, y de la duración del contrato de arrendamiento. Con carácter general, por tanto, ostenta dicha condición el arrendador de una vivienda que es objeto de cesión de uso por periodos cortos de tiempo, normalmente inferiores a una semana de duración.

Dicho lo anterior, y dado que la Directiva 2006/112 no vincula la adquisición o mantenimiento de la condición de empresario del arrendador a la utilización efectiva del inmueble por un tercero durante un número específico de días o meses, podría suscitar dudas el hecho de que la vivienda turística o vacacional permaneciese vacía, debido por ejemplo a una escasez de demanda, durante buena parte del año. También podría resultar problemático el hecho de que la disponibilidad del inmueble (esto es, su ofrecimiento efectivo a través de los canales de comercialización correspondientes) se limitase a periodos cortos y aislados de tiempo; por ejemplo, porque el arrendador se reservase su disfrute con fines personales o no pudiese atender a las obligaciones inherentes a la actividad de arrendamiento. A ello se añade que muchas plataformas de internet, como es el caso de Airbnb, ponen a disposición de los usuarios una aplicación de calendario que permite informar al resto de miembros de la comunidad sobre la disponibilidad de la vivienda ofertada, así como la opción de ocultarla y, por ende, hacerla invisible a ojos de los demás.

Si bien el Tribunal de Justicia no se ha pronunciado expresamente sobre los supuestos de hecho que se acaban de plantear, en diversas ocasiones ha reconocido que, para adquirir la condición de sujeto pasivo del IVA, no es necesario que la persona haya iniciado la realización habitual de las entregas de bienes o prestaciones de servicios en que consiste la actividad, siendo suficiente la intención, confirmada por elementos objetivos, de iniciar el desarrollo de una actividad económica con carácter independiente[294]. De aquí se desprende que la existencia de una voluntad susceptible de ser probada a través de cualquier medio de prueba se configura como criterio suficiente para que pueda apreciarse el ejercicio de una actividad económica por parte del individuo.

Trasladado al ámbito que nos ocupa, este criterio serviría de base para justificar que el arrendador de un inmueble destinado al alojamiento turístico o vacacional, al menos con carácter general, adquiere la condición de empresario en el momento en el que procede al registro de dicho inmueble en una plataforma de internet del tipo Airbnb, o bien, comienza a promocionar o comercializar la vivienda por cualquier otra vía. Antes de ello, incluso, podría considerarse adquirida la condición de empresario en el momento en el que, obligado por una determinada normativa, presentase una declaración de inicio de actividad turística o cursase alta en la matrícula del IAE. Y ello porque, al actuar de este modo, estaría poniendo de manifiesto su intención de llevar a cabo una actividad empresarial consistente en la prestación a terceros de servicios de alojamiento turístico[295]. Esta conclusión es independiente, entre otros factores, del número de días durante los cuales se hubiese alquilado efectivamente el inmueble a lo largo del año y de la finalidad originaria del propietario al adquirirlo. Así pues, podría apreciarse igualmente la existencia de actividad económica en aquellos casos en

---

294 A título de ejemplo, véanse las sentencias del TJUE de 14 de marzo de 2013, asunto C-527/11, *Ablessio,* apartado 25; de 8 de junio de 2000, asunto C-396/98, *Schloßstraße,* apartado 36; de 8 de junio de 2000, asunto C-400/98, *Breitsohl,* apartado 34; y de 21 de marzo de 2000, asuntos acumulados C-110/98 y C-147/98, *Gabalfrisa,* apartado 47. También la sentencia *Lajvér*, apartado 32.

295 En un sentido similar, la Comisión Europea (2015) ha reconocido que, si bien la existencia de habitualidad debe ser analizada caso por caso, el registro en una plataforma a través de la cual se prestarán los servicios podría estar poniendo de manifiesto la intención del anfitrión de proporcionar servicios de alojamiento de forma regular ["VAT treatment of the sharing economy", *Value Added Tax Committee Working Paper*, No 878, p. 7].

los que la vivienda ofertada en arrendamiento no se hubiese adquirido exprofeso para el ejercicio de una actividad de esta naturaleza.

En los términos antes apuntados, no obstante, es importante tener en cuenta que la publicitación de una vivienda a través de canales de comercialización turística no tiene por qué conllevar una oferta permanente o continuada a terceros de los servicios de que se trate, por lo que debe admitirse el planteamiento de supuestos generadores de duda en los que la concurrencia o no del requisito de habitualidad se haría depender de las circunstancias concurrentes. A la hora de hacer frente a este tipo de escenarios, podría ser interesante atender a la naturaleza de la vivienda ofertada, pues no parece factible concluir que dos personas físicas se encuentran en una situación equivalente si una de ellas ofrece en arrendamiento su vivienda habitual de forma esporádica y la otra, un inmueble calificado administrativamente como vivienda de uso turístico o vacacional que sirve en exclusiva a las necesidades de la actividad de alquiler. Asimismo, y para el caso de que se recurriese a una plataforma online del tipo Airbnb, opino que sería fundamental tomar en consideración la información recopilada y proporcionada por la misma sobre cada miembro de la comunidad, principalmente en lo que atañe al estado presente y pasado de su calendario, así como a los periodos de tiempo durante los cuales la vivienda ha estado disponible, reservada y ocupada de manera efectiva. De nuevo, sin embargo, nos enfrentaríamos al problema de determinar el número de intercambios "ofertados" que marcarían la diferencia entre un prestador de servicios habitual y un individuo que sólo presta servicios de arrendamiento de forma ocasional o esporádica.

D) Naturaleza económica

El artículo 9.1 de la Directiva IVA califica como actividades económicas todas las actividades de prestación de servicios, entre las que se incluiría la actividad consistente en la prestación de servicios de alojamiento turístico en viviendas. Tratándose de prestaciones efectuadas por particulares, no obstante, resulta lícito cuestionarse si aquellas deben entenderse realizadas en el marco de la gestión de un patrimonio personal (lo que, en sí mismo considerado, no puede reputarse constitutivo de actividad económica[296]) o en un contexto de objetivos empresariales.

---

296 En este sentido, y entre otras, véanse las sentencias *Słaby*, apartados 36 a 39; *Trgovina Prizma*, apartados 23 y 24; *Rēdlihs*, apartado 36

Pues bien, como el propio TJUE ha matizado en más de una ocasión, las iniciativas consistentes en llevar a cabo gestiones activas de comercialización de bienes inmuebles "no forman parte del marco normal de gestión de un patrimonio personal, por lo que no cabe considerar que las operaciones que resultan de ellas constituyen el mero ejercicio del derecho de propiedad"[297]. Tales iniciativas "se inscriben más bien en el marco de una actividad ejercida con el fin de obtener ingresos continuados el tiempo y que, por tanto, puede calificarse de económica"[298]. De aquí se infiere que las prestaciones de servicio realizadas por los arrendadores de viviendas turísticas o vacacionales constituyen, en principio, una actividad económica a efectos del IVA.

A la misma conclusión apuntada en el párrafo anterior conducen otros dos argumentos de interés. El primero es que las condiciones de explotación de las viviendas de uso turístico presentan similitudes importantes con aquellas que son propias del sector del alojamiento turístico tradicional (con el que, de hecho, los arrendadores de esta clase de inmuebles compiten directamente). El segundo es que el empleo de páginas web, agencias inmobiliarias o anuncios clasificados para dar publicidad a los servicios ofertados permite apreciar una identidad con los medios de comercialización utilizados a tal fin por otros prestadores de servicios que operan en el mismo sector o en sectores análogos (caso paradigmático de los hoteles). Sin perjuicio de que el resto de los requisitos exigidos por el TJUE puedan entenderse cumplidos, ambas circunstancias ponen de manifiesto que, en un escenario como el descrito, los servicios de arrendamiento son prestados por el individuo en un contexto de objetivos empresariales o con una finalidad comercial.

Por otra parte, y a la vista de las condiciones bajo las cuales se organiza y desarrolla habitualmente la actividad consistente en el arrendamiento de viviendas vacacionales, puede entenderse que los sujetos que la llevan a cabo actúan en la práctica como auténticos oferentes de servicios, es decir, con el firme propósito de intervenir en la producción y distribución de servicios de alojamiento en el mercado. Este hecho nos llevaría a catalogar las prestaciones efectuadas como actos de explotación de un bien corporal con el fin de obtener ingresos continuados en el tiempo y, en última instancia, por tanto, como operaciones realizadas en el marco de una actividad de naturaleza económica.

---

297 Sentencias *AJFP Sibiu y DGRFP Brasov*, apartado 31, y *Trgovina y Prizma,* apartado 24.

298 Sentencia *AJFP Sibiu y DGRFP Brasov*, apartado 31.

2. SUJECIÓN AL IMPUESTO

El artículo 4.Uno de la Ley 37/1992, de 28 de diciembre, del Impuesto sobre el Valor Añadido (en adelante, LIVA) declara sujetas "las entregas de bienes y prestaciones de servicios realizadas en el ámbito espacial del impuesto por empresarios o profesionales a título oneroso, con carácter habitual u ocasional, en el desarrollo de su actividad empresarial o profesional". De aquí se infiere que la sujeción al IVA de una determinada operación, ya sea calificada como entrega de bienes o como prestación de servicios, quedará condicionada a la concurrencia simultánea de cuatro requisitos:

1) Que la operación sea realizada por un empresario o profesional,
2) actuando en el ejercicio de su actividad,
3) en el ámbito espacial del impuesto, y
4) a título oneroso.

Partiendo de la premisa de que las cesiones de uso de viviendas turísticas o vacacionales se efectúan siempre a cambio de un precio, determinar el tratamiento que las citadas prestaciones deben recibir a efectos del IVA exige esclarecer, en primer lugar, si el arrendador del inmueble tiene la consideración de empresario a la luz de lo dispuesto en la Ley 37/1992, lo que será independiente de la conclusión a la que se haya llegado en relación con otros tributos. En caso de que así sea, se tendrá que resolver si dicho sujeto actúa en el ejercicio de su actividad empresarial cuando formaliza los contratos de arrendamiento; y, por último, si la prestación que se lleva a cabo se entiende realizada o no en el territorio de aplicación del IVA español (en adelante, TAI). Todas estas cuestiones serán abordadas con mayor nivel de detalle en las siguientes líneas.

2.1. CONDICIÓN DE EMPRESARIO O PROFESIONAL

Dado que el concepto de «empresario o profesional» propio del IVA se encuentra estrechamente vinculado al concepto de «actividad económica», sobre el que ya nos hemos pronunciado en el primer epígrafe de este capítulo, no considero oportuno realizar aquí un nuevo análisis de la cuestión, que inevitablemente nos llevaría a los mismos resultados[299]. No obstante, y por su interés, me

[299] Con carácter general, y sin perjuicio de las especialidades que seguidamente se comentan, el artículo 5.Uno de la LIVA considera empresarios o profesionales a todas las "per-

parece necesario traer a colación dos de las conclusiones que hemos alcanzado al examinar la actividad de arrendamiento de viviendas turísticas a la luz de la jurisprudencia del TJUE.

La primera de ellas es que, sin perjuicio de algunos supuestos aislados en los que sería necesario un estudio más detallado de las circunstancias concurrentes, puede entenderse que los arrendadores de viviendas turísticas desarrollan una actividad de naturaleza económica a efectos del IVA. Ello es así con independencia del destino que vaya a darse al inmueble arrendado, de los medios que se utilicen para su comercialización, de la naturaleza de las prestaciones convenidas, y de la duración de los contratos de arrendamiento concertados con los usuarios.

La segunda es que la condición de sujeto pasivo del arrendador no se ve afectada por el hecho de que la vivienda turística permanezca en situación de expectativa de arrendamiento durante largos periodos de tiempo, pues lo verdaderamente relevante a este respecto no es el número de operaciones efectuadas a lo largo del año o el volumen de ingresos obtenidos por el arrendador, sino la intención, confirmada por elementos objetivos, de llevar a cabo una actividad empresarial. En el caso particular del alojamiento turístico en viviendas, esta intención podría considerarse manifestada por el mero registro del inmueble en una plataforma de internet como Airbnb, la presentación de una declaración de inicio de actividad, o la solicitud de los permisos y autorizaciones necesarios para su ejercicio.

Sin perjuicio de lo anterior, y pasando ya a centrarnos en las particularidades del ordenamiento jurídico español, debe observarse que el artículo 5.Uno de la Ley 37/1992 atribuye expresamente la condición de empresarios o profesionales a los sujetos que "realicen una o varias entregas de bienes o prestaciones de servicios que supongan la explotación de un bien corporal o incorporal con el fin de obtener ingresos continuados en el tiempo. En particular, tendrán dicha consideración los arrendadores de bienes" (el subrayado es mío)[300]. Como acer-

---

sonas o entidades que realicen las actividades empresariales o profesionales definidas en el apartado siguiente de este artículo". En particular, "actividades extractivas, de fabricación, comercio y prestación de servicios, incluidas las de artesanía, agrícolas, forestales, ganaderas, pesqueras, de construcción, mineras y el ejercicio de profesiones liberales y artísticas".

300 Debe tenerse en cuenta que, a efectos de resolver la sujeción al IVA, es indiferente que la actividad en cuestión sea desarrollada por una persona física, una persona jurídica o alguna de las entidades sin personalidad jurídica propia a las que se refiere el artículo

tadamente apuntan Bahía Almansa y Cruz Padial (2018), por tanto, una misma persona podría ser considerada como empresario o profesional a efectos del IVA simplemente por ser arrendador de un bien inmueble, pero no tener dicha consideración a efectos del IRPF, pues, en el ámbito de otros tributos, el arrendamiento solo presenta naturaleza de actividad económica cuando para su ordenación se utilice al menos una persona empleada con contrato laboral y a jornada completa, o bien, se preste algún servicio propio de la industria hotelera[301].

En lo que concierne a la adquisición de la condición de sujeto pasivo, el artículo 5.Dos, párrafo segundo, de la LIVA dispone que las actividades empresariales o profesionales "se considerarán iniciadas desde el momento en que se realice la adquisición de bienes o servicios con la intención, confirmada por elementos objetivos, de destinarlos al desarrollo de tales actividades"[302]. Por su parte, el apartado Tres del mismo artículo presume el ejercicio de una actividad empresarial o profesional en los siguientes supuestos:

84.Tres de la LIVA (herencias yacentes, comunidades de bienes y demás entidades que constituyan una unidad económica o un patrimonio separado susceptible de imposición). En lo que atañe al caso particular de la comunidad de bienes, reconoce la DGT en su consulta V4138-16, que "la prestación de servicios de alojamiento turístico extrahotelero determina la condición de empresario a efectos del Impuesto sobre el Valor Añadido de la comunidad de bienes". En la consulta V1094-19, por su parte, se aclara que la consideración como sujeto pasivo del IVA de una comunidad de bienes compuesta por los copropietarios de unas viviendas que van a ser arrendadas como alquiler turístico vacacional a través de plataformas de internet "requiere que las operaciones que han de efectuarse se puedan entender referidas a una actividad empresarial o profesional ejercida por ella y no por sus miembros o comuneros. Para ello, sería necesario que las operaciones, y el riesgo o ventura que de ellas derive, se refiriese a la citada comunidad de forma indiferenciada y no a sus miembros o componentes, así como que la normativa sustantiva de la actividad por desarrollar sea tal que permita su ejercicio a través de una entidad con esta configuración".

301 Bahía Almansa, B. y Cruz Padial, I. (2018), Ob. Cit., p. 68.

302 La anticipación de la condición de empresario o profesional al momento en el que se empiezan a adquirir inputs con la intención de utilizarlos en el desarrollo de una actividad económica encuentra su reflejo, asimismo, en el artículo 111.Uno de la LIVA. Dicho precepto contempla la posibilidad de ejercitar el derecho a deducir en relación con las cuotas soportadas al efectuar adquisiciones de bienes o servicios con la intención, confirmada por elementos objetivos, de destinarlos a la realización de actividades empresariales o profesionales.

1) Cuando, conforme a lo establecido en el artículo 3 del Código de Comercio, la persona que se proponga llevarla a cabo "anunciare por circulares, periódicos, cárteles, rótulos expuestos al público, o de otro modo cualquiera, un establecimiento que tenga por objeto alguna operación mercantil". Este podría ser el caso de una vivienda destinada al arrendamiento turístico o vacacional que se anuncia a través de una plataforma de internet, dado el carácter mercantil que reviste la actividad de arrendamiento[303].

2) Cuando, para la realización de las operaciones de que se trate se exija contribuir por el IAE. Tal y como se verá en el capítulo siguiente de este trabajo, dicha circunstancia exigiría que la condición de empresario recaiga sobre una entidad (con o sin personalidad jurídica) cuyo importe neto de la cifra de negocios sea superior al millón de euros y, tratándose de arrendamientos de vivienda sin servicios complementarios propios de la industria hotelera, la cuota derivada de aplicar la normativa reguladora del citado impuesto sea igual o superior a 601,01 euros[304].

Descendiendo a un plano más específico, y en línea con lo abordado en el capítulo dedicado al IRPF, me parece oportuno esclarecer si la condición de empresario o profesional debería predicarse también de quienes se limitan a ofertar en arrendamiento habitaciones o estancias aisladas de una determinada vivienda, así como de aquellas personas o entidades que explotan una vivienda de uso turístico o vacacional en régimen de subarrendamiento.

Pues bien, en el primero de los escenarios planteados, no cabe duda de que la concurrencia de las notas de independencia, onerosidad, habitualidad y naturaleza económica determinaría la consideración de empresario de aquel que ocupa la posición de arrendador. Y ello porque, al igual que sucedía en el plano del IRPF, la Ley del IVA no vincula dicha condición, ni, por ende, la sujeción al impuesto de las prestaciones efectuadas, al requisito de que el inmueble ofertado se arriende en su totalidad. De hecho, son numerosas las consultas de la DGT en

303 En este sentido, advierte la DGT en su consulta V0015-16 que la actividad de arrendamiento de inmuebles "no se encuentra excluida del ámbito mercantil".

304 Acerca de esta cuestión, véase el análisis realizado en el epígrafe 4 del capítulo siguiente.

las que se ha reconocido la sujeción al IVA de "los arrendamientos de viviendas completas o por habitaciones" (el subrayado es mío)[305].

Idéntica conclusión cabría alcanzar, al menos desde mi punto de vista, en el hipotético supuesto de que la habitación o estancia que se ofrece en arrendamiento formase parte de la vivienda habitual del arrendador, si bien en este caso sería necesario confirmar que no nos encontramos ante un mero ejercicio del derecho de propiedad por parte de aquel. En los términos antes señalados, esta circunstancia podría considerarse excluida cuando el arrendador realizase gestiones activas de comercialización del inmueble, recurriendo a medios similares a los empleados por un prestador de servicios de alojamiento.

Igualmente, cabría resolver la sujeción al impuesto, siempre que resulte acreditada la concurrencia de todos los requisitos emanados del artículo 4 de la LIVA, en aquellos escenarios en los que la persona que formaliza el contrato de arrendamiento con los usuarios no sea, en realidad, el propietario de la vivienda, sino un sujeto al que se ha cedido el correspondiente derecho de uso para que la explote en régimen de subarriendo, o, incluso, una persona física que a su vez ocupe el inmueble en virtud de un contrato de arrendamiento de más larga duración. De resultar probada la sujeción al IVA, por tanto, el subarrendador asumiría todas las obligaciones inherentes a dicho tributo, sin ninguna especialidad con respecto a aquellos supuestos en los que es el propio titular del derecho de propiedad quien efectúa las prestaciones en cuestión. A ello se sumarían las obligaciones que, ya de por sí, tendría que asumir el propietario de la vivienda en su condición de empresario o profesional, pues no debemos olvidar que, en este tipo de situaciones, concurrirían dos prestaciones diferenciadas, cada una de ellas sometida a su propio régimen tributario: el servicio de arrendamiento que el propietario del inmueble presta al arrendatario-subarrendador y el servicio de arrendamiento que este último presta a los usuarios efectivos de la vivienda[306].

305 En este sentido, y entre otras muchas, pueden verse las consultas V0009-21, V0008-21 y V2880-19.

306 Sobre esta clase de operativas existe también un abundante aparato de doctrina administrativa al que se hará referencia en epígrafes siguientes de este mismo capítulo.

2.2. ACTUACIÓN EN EL EJERCICIO DE LA ACTIVIDAD EMPRESARIAL O PROFESIONAL

Verificado el cumplimiento de la condición de empresario por parte del arrendador de la vivienda turística, quedaría por determinar si dicho sujeto actúa en el ámbito de su actividad empresarial cuando formaliza un contrato de arrendamiento sobre el inmueble. A este respecto, establece el artículo 4.Dos de la LIVA que, se entenderán realizadas en el ejercicio de una actividad empresarial o profesional, "b) Las transmisiones o cesiones de uso a terceros de la totalidad o parte de cualesquiera de los bienes o derechos que integren el patrimonio empresarial o profesional de los sujetos pasivos".

Partiendo de la premisa de que la actividad desarrollada por un arrendador de viviendas turísticas (sea o no propietario de las mismas) consiste en la prestación de servicios de alojamiento o de servicios de hospedaje a terceras personas, según el caso, parece claro que el patrimonio empresarial del citado individuo vendrá integrado, cuando menos principalmente, por los inmuebles sobre los que recaen tales prestaciones. A su vez, debe tenerse en cuenta que la propia noción de «arrendamiento» conlleva la cesión temporal del derecho de uso y disfrute sobre un bien corporal o incorporal[307], de donde se infiere que, cada vez que se celebra un contrato de esta naturaleza, concurre la circunstancia prevista en la letra b) del artículo 4.Dos ("cesiones de uso a terceros..."), y, en definitiva, que aquel que ocupa la posición de arrendador actúa en el marco de su actividad empresarial o profesional al proceder de este modo.

2.3. LOCALIZACIÓN DE LOS SERVICIOS

Como comentábamos anteriormente, otro de los elementos determinantes de la sujeción al IVA español es que la operación se entienda realizada en el ámbito espacial (o territorio de aplicación) de dicho impuesto, que se encuentra conformado por el territorio peninsular español y las Islas Baleares[308]. En aras a con-

---

307 Según el artículo 1543 del Código Civil, sobre disposiciones generales del contrato de arrendamiento, "en el arrendamiento de cosas, una de las partes se obliga a dar a la otra el goce o uso de una cosa por tiempo determinado y precio cierto".

308 Artículo 3, apartados Uno y Dos, de la LIVA. Como bien es sabido, los territorios de Canarias, Ceuta y Melilla quedan excluidos del ámbito de aplicación del IVA español por razones diferentes. En el caso de Ceuta y Melilla, la exclusión viene justificada por

firmar el cumplimiento de este requisito en el supuesto particular de los arrendamientos de vivienda para uso turístico, lo primero que convendría dilucidar es la concreta calificación que tales prestaciones deben recibir a efectos del IVA, pues, si bien hemos dado por sentado que se trata de prestaciones de servicios (y no de entregas de bienes), el análisis desarrollado en el ámbito del IRPF podría suscitar dudas sobre su posible catalogación como servicios de arrendamiento puro (alquiler de viviendas) o como servicios de hostelería, con las consecuencias que de ello podrían derivarse en materia de localización.

Pues bien, la calificación como prestaciones de servicios de los arrendamientos de vivienda turística, vayan acompañados o no de servicios adicionales, queda fuera de toda duda cuando se atiende a lo dispuesto en el artículo 11 de la LIVA, en el que se define el concepto de «prestación de servicios» en sentido negativo o por exclusión, como "toda operación sujeta (...) que (...) no tenga la consideración de entrega, adquisición intracomunitaria o importación de bienes". A continuación, y solo a título de ejemplo, se atribuye esta consideración a los "arrendamientos de bienes, industria o negocio, empresas o establecimientos mercantiles, con o sin opción de compra" (apartado 2.º), y a los "servicios de hostelería, restaurante o acampamento y las ventas de bebidas o alimentos para su consumo inmediato en el mismo lugar" (apartado 9.º). Por su parte, el artículo 8.Dos.5.º del mismo texto normativo califica como «entregas de bienes» aquellas cesiones que se realicen "en virtud de contratos de arrendamiento-venta y asimilados", asimilándose a estos "los de arrendamiento con opción de compra desde el momento en que el arrendatario se comprometa a ejercitar dicha opción y, en general, los de arrendamiento de bienes con cláusula de transferencia de la propiedad vinculante para ambas partes". De aquí se desprende que los arrendamientos de vivienda turística o vacacional, sin opción de compra por naturaleza, serán catalogados en todo caso como prestaciones de servicios a efectos del IVA, incluso en aquellos supuestos en los que, prestándose servicios complementarios propios de la industria hotelera, pudiera entenderse que nos encontramos ante servicios más propios del sector de la hostelería que ante un alquiler de viviendas.

Esclarecida la calificación de las prestaciones efectuadas, será el análisis de las reglas de localización previstas en los artículos 69 y 70 de la Ley 37/1992 el que nos permitirá resolver si dichas prestaciones se entienden realizadas en el

tratarse de territorios no comprendidos en la Unión Aduanera; en el caso de Canarias, por tratarse de un territorio excluido de la armonización de los impuestos sobre el volumen de negocios.

territorio de aplicación del IVA español, y, por tanto, si se encuentran sujetas al mencionado impuesto. Bien es sabido que el artículo 69 de la LIVA, ocupado de establecer las reglas generales en esta materia (es decir, las reglas aplicables en ausencia de regla especial), vincula la localización del servicio a la condición del destinatario, pudiendo distinguirse dos posibilidades: que el destinatario sea un empresario o profesional actuando como tal, o que se trate de un sujeto actuando en calidad de consumidor final. El artículo 70, por su parte, contempla una serie de reglas especiales de localización que atienden a la concreta naturaleza del servicio prestado, y entre las que, sin duda, destacamos la concerniente a los servicios relacionados con bienes inmuebles.

En particular, dispone este segundo precepto en su apartado Uno, número 1.º, que se entenderán prestados en el TAI español los servicios "relacionados con bienes inmuebles que radiquen en el citado territorio". Seguidamente, y solo a título ejemplificativo, se atribuye esta consideración, entre otros, a los servicios de "arrendamiento o cesión de uso por cualquier título de dichos bienes, incluidas las viviendas amuebladas"[309], así como a los servicios "de alojamiento en establecimientos de hostelería, acampamento y balneario"[310].

Sin perjuicio de la posible aplicación de alguno de los supuestos de exención relacionados en el artículo 20 de la LIVA, a los que seguidamente nos referiremos, la regulación examinada nos lleva a confirmar que la prestación consistente en la cesión de uso de viviendas situadas en territorio peninsular o en el territorio de las Islas Baleares quedará sujeta en todo caso al IVA español. Ello será así, como más adelante se comprobará, con independencia de:

- Las concretas condiciones pactadas entre las partes, de modo que la regla de localización será la misma tanto en aquellos escenarios en los que el arrendador se obligue a la prestación de servicios complementarios propios de la industria hotelera, como en aquellos otros en los que no se asuma un compromiso de esta naturaleza[311].
- La duración de la prestación efectuada, que bien podría consistir en un arrendamiento de larga duración o en un arrendamiento de temporada (meses, semanas o incluso días).

[309] Artículo 70.Uno.1.º, letra a), de la LIVA.

[310] Artículo 70.Uno.1.º, letra b), de la LIVA.

[311] A esta cuestión nos referiremos con más detalle en el epígrafe siguiente.

- La calificación administrativa que, en su caso, se haya conferido al inmueble cedido, lo que básicamente dependerá de la existencia de una normativa sectorial que resulte aplicable y del acomodo del alojamiento a las características y requisitos fijados en la misma.

3. APLICACIÓN DE LA EXENCIÓN POR ARRENDAMIENTO DE VIVIENDA

Si bien los servicios prestados por el arrendador de una vivienda vacacional situada en el TAI español se encuentran sujetos al IVA en la medida en la que se presten (o se tenga intención de prestarlos) de manera habitual y a cambio de un precio, resulta preciso tomar en consideración lo previsto en el artículo 20.Uno de la Ley 37/1992, cuyo apartado 23.º declara exentos los arrendamientos que tengan por objeto una edificación o parte de la misma destinada "exclusivamente a viviendas"[312]. La exención queda condicionada a la calificación del arrendamiento como prestación de servicios (lo que ya hemos visto que se cumplirá siempre en el caso de los arrendamientos de vivienda turística o vacacional) y resulta extensible a los garajes, anexos accesorios a las viviendas y bienes muebles que sean arrendados conjuntamente con aquellas.

De entrada, como podemos comprobar, el legislador vincula la aplicación de la exención por arrendamiento al destino que vaya a darse al inmueble cedido, de tal suerte que, solo en aquellas situaciones en las que se haga un uso exclusivo de vivienda, quedará sin efecto la obligación de repercusión del impuesto por parte del arrendador. A ello se añadiría que el propio artículo 20.Uno.23.º establece un listado cerrado de supuestos no amparados en la referida exención, entre los que se encuentran:

> "e') Los arrendamientos de apartamentos o viviendas amueblados cuando el arrendador se obligue a la prestación de alguno de los servicios complementarios propios de la industria hotelera, tales como los de restaurante, limpieza, lavado de ropa u otros análogos.

[312] En consultas como la V2295-17 y V2190-17 se aclara que, por "partes" de una edificación, han de entenderse aquellas, cualquiera que sea su destino (vivienda, comercial, etc.), "que sean susceptibles por sí mismas de actuaciones parciales de rehabilitación, por permitir un uso autónomo respecto del resto de la edificación al tener entidad propia de carácter objetivo".

f') Los arrendamientos de edificios o parte de los mismos para ser subarrendados (...)".

De lo anterior se desprende, al margen de algunas aclaraciones que más adelante se realizarán, que, desde una perspectiva práctica, la exención en el IVA del arrendamiento de vivienda exige, en realidad, la concurrencia de un triple requisito:

1) Que el inmueble arrendado sea empleado con fines exclusivos de vivienda (lo que, entre otros aspectos, excluiría la posible utilización del inmueble para el desarrollo de una actividad empresarial o profesional).
2) Que dicha utilización la realice el propio arrendatario (esto es, quien figure como tal en el contrato de arrendamiento suscrito con el arrendador).
3) Que el arrendador no se haya obligado frente a aquel a la prestación de servicios complementarios propios de la industria hotelera.

En lo que atañe a los arrendamientos de vivienda para uso turístico o vacacional, lo cierto es que la concurrencia de las condiciones apuntadas es susceptible de plantear algunos interrogantes. Por ejemplo, debe determinarse si, en este tipo de escenarios, existe realmente un uso exclusivo de vivienda por parte del arrendatario (algo que ya habíamos descartado a efectos del IRPF); si la mera clasificación administrativa de la vivienda turística como establecimiento de hospedaje supondría el incumplimiento del mencionado requisito aun cuando no se llegaran a prestar servicios hoteleros complementarios; o si quedaría exento el arrendamiento de un inmueble que será utilizado como vivienda habitual del inquilino cuando, previa autorización del propietario, dicho sujeto destinase una de las habitaciones o estancias a la cesión de uso con fines turísticos o vacacionales. Otras dudas que podrían surgir, como la referente a la delimitación conceptual de la expresión «servicios complementarios propios de la industria hotelera», ya han sido abordadas en el Capítulo 2 de esta obra, si bien se efectuarán algunos comentarios aclaratorios en los siguientes epígrafes.

3.1. CONCEPTO DE VIVIENDA A EFECTOS DEL IVA

De forma análoga a lo sucedido en el ámbito del IRPF, la limitada duración en el tiempo que caracteriza a los arrendamientos de tipo vacacional o turístico podría llevarnos a poner en tela de juicio el cumplimiento del requisito relativo al uso exclusivo de vivienda por parte del arrendatario. La realidad, no obstante, es que la normativa reguladora del IVA no delimita el concepto de «vivienda» sobre el que descansa la exención contemplada en el artículo 20.Uno.23.º y tampoco efectúa una remisión a la definición ofrecida por otras leyes tributarias. Así las cosas, la DGT ha manifestado la necesidad de definir el término indicado según su "noción usual (...), como edificio o parte del mismo destinado a habitación o morada de una persona física o de una familia, constituyendo su hogar o sede de su vida doméstica"[313].

Esta vaga delimitación teórica del concepto de «vivienda», que se erige como elemento clave del supuesto, sirve de base a la conclusión de que, a efectos de aplicar la exención por arrendamiento, no es preciso que el objeto del contrato constituya la vivienda habitual del arrendatario en los términos descritos en la Ley del IRPF; que el arrendamiento vaya destinado a satisfacer una necesidad permanente de vivienda por parte del mismo[314]; o que el contrato suscrito entre las partes tenga una determinada duración. De aquí que puedan calificarse como prestaciones de servicios exentas de IVA, entre otras:

- Los alquileres de habitaciones o en régimen de piso compartido[315].
- Los alquileres de temporada, como podría ser el alquiler de un apartamento en la playa durante el verano[316].
- El alquiler de apartamentos turísticos y viviendas vacacionales[317].
- El alquiler de casas rurales, aunque sólo sea los fines de semana[318].
- El alquiler de una vivienda por semanas, quincenas o meses[319].

Debe observarse que esta propuesta ejemplificativa permite resolver otra de las cuestiones dudosas que planteábamos al comienzo del presente epígrafe: si la

---

313 Entre otras, véanse las consultas V0646-20, V2102-14, V1293-10 y V1846-09.

314 En este sentido se pronuncia la DGT en consultas como la V1408-17 y V1564-11, en las que se reconoce abiertamente la aplicabilidad de la exención por arrendamiento "aunque no se trate de una «vivienda permanente»".

315 A título de ejemplo, pueden verse las consultas V2625-13, V0779-07 y V1553-06.

316 Entre otras, véase la consulta V0895-05.

317 Consultas V0625-22, V1203-20, V0489-17, V2588-16, V3319-13 y V1114-11. En este mismo sentido, el TEAC ha reconocido la exención del "arrendamiento de apartamentos turísticos y viviendas vacacionales sin servicios de industria hotelera" (resolución de 22 de febrero de 2022, número 00/05871/2019/00/00, FD Sexto).

318 Consultas V3157-14, V2102-14 y V2592-13.

319 Consultas V3588-20 y V1091-13.

aplicación de la exención por arrendamiento de vivienda podría verse afectada por el hecho de que el inmueble en el que se prestan los servicios hubiera sido calificado como establecimiento de hospedaje por las autoridades administrativas competentes. Esta circunstancia parece ser rechazada por la DGT en consultas como la V0106-22, V2316-20 o V1651-18, en las que se defiende la obligación de cursar alta en el grupo 685 («Alojamientos turísticos extrahoteleros») de la sección primera de las Tarifas del IAE (entendemos que por la calificación administrativa de la vivienda, puesto que el arrendador no se obliga a prestar servicios hoteleros complementarios) y, sin embargo, se acepta la exención en el IVA de las prestaciones efectuadas[320]. Y otro tanto podría decirse de la consulta V3549-13, donde se confirma la aplicación de la exención en relación con un sujeto que "ha obtenido una licencia municipal para realizar el alquiler de una vivienda de uso turístico".

La conclusión apuntada se muestra coherente con el carácter finalista que, a juicio de este Centro Directivo, presenta la exención del artículo 20.Uno.23.º de la LIVA, en el bien entendido de que no se trata de "una regulación de carácter objetivo que atienda al bien que se arrienda, sino (...) de una exención (...) que hace depender del uso de la edificación su posible aplicación, siendo esta preceptiva cuando el destino efectivo del objeto del contrato es el de vivienda, pero no en otro caso"[321]. Así pues, cabría reconocer la procedencia de la exención respecto de aquellos arrendamientos de bienes inmuebles que, reuniendo las condiciones necesarias para ello, sean utilizados como vivienda por parte del arrendatario, sea cual fuere la normativa sectorial que les resulte aplicable y con independencia de que el referido inmueble disponga, o no, de cédula de habitabilidad o licencia de primera ocupación[322].

Precisamente por incumplirse el requisito concerniente al uso exclusivo de vivienda, se ha rechazado la exención en aquellos supuestos en los que el destinatario del servicio no sea una persona física (o un grupo de personas físicas)

---

320 Acerca de esta cuestión, véase el análisis realizado en el epígrafe 4.3 del capítulo siguiente.

321 Este razonamiento se reproduce en consultas como la V0415-22, V2534-22, V0170-22, V0009-21, V0008-21, V3092-20, V2725-20, V2865-19, V2880-19, V4706-16, V0901-12 y V2298-12.

322 Así, por ejemplo, en la consulta V3095-18 se admite el carácter exento del arrendamiento de un local tipo loft que carece de cédula de habitabilidad, pero reúne las condiciones de vivienda (cocina y baño independiente).

actuando en calidad de consumidor final. Así, son numerosas las consultas en las que se reitera que "el arrendamiento de un inmueble, cuando se destine para su uso exclusivo como vivienda, estará sujeto y exento (...). En otro caso, el mencionado arrendamiento estará sujeto y no exento (...). En particular, será así cuando se alquile a personas jurídicas (dado que no los pueden destinar directamente a viviendas) (...) o en los arrendamientos de viviendas que sean utilizadas por el arrendatario para otros usos, tales como oficinas o despachos profesionales, etc."[323].

Al mismo tiempo, la DGT ha venido manifestando que el uso efectivo del inmueble como vivienda es requisito necesario, pero no suficiente, para la aplicación de la exención analizada. Y ello porque, de acuerdo con la literalidad del artículo 20.Uno.23.º, "ha de entenderse que el uso como vivienda de la edificación ha de realizarse necesaria y directamente por el arrendatario, consumidor final a los efectos del Impuesto sobre el Valor Añadido, y no por terceras personas"[324]. Esta interpretación cuenta, no obstante, con dos excepciones importantes; a saber:

1) Cuando el arrendatario de la vivienda sea un consumidor final, el arrendamiento "estará exento, sin perjuicio de que este consumidor final permita el uso de la vivienda a otras personas"[325].

2) Cuando se arrienda una vivienda a un empresario o profesional para ceder el uso a terceras personas, dicho arrendamiento podría quedar exento del IVA si resultase acreditado, por cualquier medio de prueba admitido en derecho, que el arrendatario no tiene la intención ni la facultad de explotar el bien arrendado a través del subarrendamiento. Esta excepción quedaría condicionada a la concurrencia simultánea de dos condiciones: que en el contrato de arrendamiento se designe a una o varias personas físicas concretas como usuarias efectivas de la vivienda, y que la persona

---

323 Este razonamiento se reproduce, entre otras muchas, en las consultas V0415-22, V0170-22, V0009-21, V0008-21, V3092-20, V2880-19, V0644-18, V1185-17, V0715-17, V3820-16, V2957-15, V3095-14, V2348-13 y V1564-11.

324 Consultas V1095-22, V2725-20, V2865-19, V3095-18, V2298-12, entre otras muchas.

325 Entre otras, véanse las consultas V1055-22, V0655-20, V0719-18, V0983-17 y V4618-16.

jurídica que actúa como arrendataria tenga prohibida la facultad de subarrendar o ceder el inmueble a terceros[326].

Conviene matizar que el planteamiento efectuado por la DGT al respecto de esta segunda cuestión encuentra su razón de ser en sendas resoluciones del TEAC de 15 de diciembre de 2016, en las que se afirmaba que:

> "La dicción del precepto [artículo 20.Uno.23.º] y finalidad de la exención deben permitir incluir este supuesto en la norma, dado que con ello no se violenta ni su ámbito de aplicación ni la finalidad perseguida por el legislador. En este sentido se deduce que lo que se pretende con la exención es que la finalidad del contrato de arrendamiento debe ser únicamente servir de vivienda a una concreta persona, es decir, que cuando se acredita que no existe un negocio jurídico posterior al contrato de arrendamiento por el que se cede el uso de la vivienda (porque se concreta la persona física o personas físicas que van a ocupar el inmueble destinado a vivienda), y que por ello no puede destinarse a residencia de otra persona, cualquiera que sea su título o el motivo de la cesión, debe incluirse la operación dentro de la exención que ahora examinamos.
>
> No se incluirá en el ámbito de aplicación de la exención aquel contrato de arrendamiento por el que se faculta al arrendatario a designar a las personas que vayan a ocupar la vivienda. Esta designación posterior de la persona o de las personas (es así cuando puede destinarse a un uso de distintas personas por períodos temporales inferiores al del contrato de arrendamiento de forma sucesiva) que van a ocupar el inmueble no puede sino comportar una cesión o subarriendo que impide que el arrendamiento este exento de IVA"[327].

Si bien entendemos que la situación descrita por el TEAC se dará con poca frecuencia en el sector de la vivienda turística, podría pensarse en el caso de una sociedad que alquila un inmueble de esta naturaleza durante un cierto periodo

---

326 En este sentido, y entre otras, pueden verse las consultas V0542-22, V2725-20, V0655-20, V0013-19 y V2021-17. En todas ellas, la DGT afirma lo siguiente: "cabe entender que no concurre tal subarrendamiento cuando quede acreditado, por cualquier medio de prueba admitido en Derecho, que no existe intención de explotar el bien arrendado por parte del arrendatario sino destinarlo directamente a un uso efectivo y propio como vivienda por parte de una persona física concreta, la cual debe figurar necesariamente como usuaria en el propio contrato de arrendamiento, y que, por tanto, no puede destinarse a su uso por persona distinta al tener prohibida el arrendatario la facultad de subarrendar o ceder la vivienda a terceros".

327 TEAC, resoluciones 00/03856/2013/00/00 y 00/03857/2013/00/00, de 15 de diciembre de 2016, FD Tercero. Idéntico razonamiento se reproduce posteriormente en la resolución número 00/04423/2014/00/01, de 25 de enero de 2018, FD Tercero.

de tiempo para ponerlo en disposición de uno o varios trabajadores, o de uno o varios socios, que viajan regularmente al municipio en el que dicho inmueble se encuentra ubicado o a los que regularmente se retribuye con una estancia de estas características. En la medida en la que tales usuarios (personas físicas) se encuentren designados de forma concreta y específica en el contrato de arrendamiento, la traslación del criterio administrativo nos llevaría a calificar la prestación efectuada por el arrendador como un arrendamiento de inmueble para uso exclusivo de vivienda, y, por derivación, como una prestación de servicios exenta del IVA[328].

3.2. SUPUESTOS DE SUBARRIENDO

En los términos anteriormente comentados, la letra f') del artículo 20.Uno.23.º excluye del ámbito objetivo de la exención por arrendamiento de vivienda las cesiones de uso de edificios o partes de los mismos para ser subarrendados, siendo indiferente, a estos efectos, la condición del subarrendador y las circunstancias bajo las cuales se proceda a la explotación efectiva de la vivienda (cesiones de uso a consumidores finales o a otros sujetos pasivos del IVA, con o sin prestación de servicios hoteleros complementarios, etc.). Se trata de un supuesto que no plantea mayores dudas en la práctica y que, como sabemos, nos llevaría a hablar de, al menos, dos prestaciones diferenciadas.

Por un lado, tendríamos el servicio de arrendamiento prestado por el propietario de la vivienda al intermediario, que estará sujeto y no exento por resultar aplicable la excepción de la letra f'). Esta excepción se encuentra plenamente justificada si tenemos en cuenta que, en un escenario como el descrito, la fina-

---

328 En un sentido similar, la consulta V0440-18 aborda el supuesto de una persona física que arrienda una casa rural de su propiedad a una asociación que, a su vez, cabe suponer que la cederá a sus asociados. La DGT reconoce que la prestación de arrendamiento efectuada por el propietario de la vivienda estará exenta de IVA en la medida en que la asociación, que figuraría como arrendataria en el contrato, no perciba contraprestación alguna de las personas que ocuparán el inmueble de manera efectiva. Así pues, siempre que la asociación arrendataria no realice una actividad empresarial o profesional y no ceda el inmueble a título oneroso, "el arrendamiento del inmueble (...) estará igualmente sujeto y exento del Impuesto sobre el Valor Añadido. En el caso de que la asociación arrendataria actúe como empresario o profesional subarrendando o cediendo el uso de la vivienda turística a sus asociados o a terceros a título oneroso, dicho arrendamiento estará sujeto y no exento tributando al tipo impositivo general".

lidad del arrendamiento no consiste en satisfacer la necesidad de vivienda (permanente o temporal) de quien aparece designado como arrendatario en el contrato de arrendamiento, sino en proporcionar a este los medios necesarios para el desarrollo de una actividad empresarial consistente en el subarrendamiento de bien inmueble. Por otro lado, tendríamos el servicio de arrendamiento prestado por la entidad intermediaria al usuario final, que estará exento o no exento del impuesto en función de las circunstancias concurrentes en el caso concreto. En particular, quedará exento del IVA en la medida en la que el usuario efectivo de la vivienda sea un consumidor final, vaya a destinar el inmueble exclusivamente a dicho uso y el arrendamiento no vaya acompañado de la prestación de servicios adicionales propios de la industria hotelera[329].

En este mismo sentido, son numerosas las consultas de la DGT en las que se ha manifestado que "los arrendamientos de viviendas a empresarios o profesionales, que a su vez son objeto de una cesión posterior por parte de dicho arrendatario en el ejercicio de una actividad empresarial, dejan de estar exentos (...), y ello con independencia de que la ulterior cesión de los mismos se realice en virtud de un nuevo contrato de arrendamiento (...), o en virtud de otro título"[330]. En concreto, se entenderá "que existe cesión posterior por el arrendatario en el ejercicio de una actividad empresarial y profesional, (...) entre otros, en los siguientes supuestos:

- Cesión de la edificación destinada a vivienda por un empleador a favor de sus empleados o los familiares de éstos.
- Cesión de la edificación destinada a vivienda para el ejercicio de una actividad empresarial o profesional.
- Cesión de la edificación destinada a vivienda por cualquier otro título oneroso"[331].

Huelga señalar que la solución apuntada resultará de aplicación en todas aquellas situaciones en las que el arrendatario de la vivienda vaya a destinar el

329 Lógicamente, la cadena de intermediarios podría incluir a más de un subarrendador. Sin embargo, lo más frecuente en la práctica suele ser la participación de tres agentes: el propietario del inmueble, el arrendatario-subarrendador (que presta un servicio de intermediación por cuenta propia) y el usuario final.

330 En este sentido, y por citar solo algunos ejemplos, pueden verse las consultas V2534-22, V1095-22, V0542-22, V2725-20, V0655-20 y V2298-12.

331 *Ibidem*.

inmueble a la cesión de uso mediante precio, ya se trate de una persona jurídica, una entidad sin personalidad jurídica propia o una persona física que tenga la condición de empresario o profesional (o vaya a adquirirla, precisamente, con motivo del subarrendamiento de la vivienda cedida). Siendo el destinatario una persona física, no obstante, entiendo que podrían plantearse ciertas dudas cuando lo arrendado fuese un inmueble destinado a vivienda habitual del referido individuo, pero en el propio contrato de arrendamiento se le autorizase expresamente a ceder el derecho de uso de alguna de sus habitaciones o estancias previo consentimiento del arrendador[332].

Desde mi punto de vista, la resolución del supuesto de hecho planteado en el párrafo precedente exige tomar en consideración que el artículo 20.Uno.23.º de la LIVA no se limita a exigir el uso de vivienda para la exención del arrendamiento, sino que añade el adjetivo «exclusivo». Este requisito de exclusividad ha sido invocado en muchas ocasiones para rechazar la exención, por ejemplo, en aquellos escenarios en los que el inmueble arrendado vaya a ser utilizado por el arrendatario simultáneamente como vivienda habitual y para el ejercicio de una actividad empresarial o profesional, en el bien entendido de que no cabe una aplicación parcial de la misma. Dicho en otros términos: o se realiza un uso exclusivo de vivienda, en cuyo caso la prestación de arrendamiento estaría exenta, o no existe tal uso exclusivo, en cuyo caso el arrendador del inmueble quedaría obligado a repercutir IVA al destinatario.

Sobre la base de este razonamiento, opino que las prestaciones efectuadas por el propietario del inmueble en beneficio de un subarrendador que hace de aquel su vivienda habitual deberían calificarse como prestaciones de servicios sujetas y no exentas del impuesto, aun cuando el usuario de la estancia subarrendada fuera un consumidor final y no se le prestasen servicios complementarios propios de la industria hotelera. Así, la ausencia de un uso exclusivo de vivienda por parte del propio subarrendador, ligada a la exclusión de las cesiones de inmuebles o parte de los mismos para ser subarrendados del ámbito objetivo de la exención por arrendamiento, nos llevaría a descartar la aplicabilidad de dicha medida en este supuesto particular.

---

332 Tratándose de arrendamientos de vivienda sometidos a la LAU, "la vivienda arrendada sólo se podrá subarrendar de forma parcial y previo consentimiento escrito del arrendador" (artículo 8.2).

En un sentido análogo al señalado parece pronunciarse la DGT en su consulta V4706-16, en la que se analiza el caso del arrendatario de un inmueble que, a su vez, va a ser destinado a vivienda de terceros a través del subarrendamiento. Las cesiones en cuestión, que abarcarán la vivienda completa o alguna de sus habitaciones, se realizarán mediante contratos de temporada y sin ofrecer servicios adicionales propios de la industria hotelera. En respuesta a la cuestión planteada, este Centro Directivo insiste en que "el uso efectivo del edificio o parte del mismo como vivienda, aun siendo requisito necesario para la aplicación del supuesto de exención que se discute, no es, sin embargo, requisito suficiente, ya que, de acuerdo con la redacción del precepto, ha de entenderse que el uso como vivienda de la edificación ha de realizarse necesaria y directamente por el arrendatario"[333]. Una postura similar ha sido defendida, asimismo, por el TEAC, para quien la dicción del artículo 20.Uno.23º, letra b), de la LIVA fundamenta la conclusión de que "la exención se aplica a los arrendamientos destinados únicamente a vivienda del propio arrendatario, siempre que no se subarriende en todo o en parte" (el subrayado es mío)[334].

3.3. SERVICIOS COMPLEMENTARIOS PROPIOS DE LA INDUSTRIA HOTELERA

En consonancia con lo establecido en la letra e') del artículo 20.Uno.23.º de la LIVA, la exención por arrendamiento de vivienda tampoco resultará de aplicación cuando el arrendador se hubiese obligado frente al arrendatario a la prestación de servicios complementarios propios de la industria hotelera. Esta diferencia de trato con respecto a la mera cesión de uso del inmueble (alquiler de vivienda en sentido estricto) encuentra su justificación en el hecho de que el carácter vacacional o turístico del contrato de arrendamiento no impide la concurrencia del elemento clave sobre el que se asienta la exención, a saber, el uso exclusivo como vivienda por parte del destinatario. No obstante, si el arrendador se hubiese comprometido a la prestación de servicios hoteleros complementarios, entiende la DGT que dichos "servicios constituyen un complemento normal del servicio de hospedaje prestado a los clientes, por lo que no pierden su carácter de

333 En un sentido similar, puede verse la consulta V0113-05.

334 Resoluciones del TEAC número 00/03856/2013/00/00 y 00/03857/2013/00/00, de 15 de diciembre de 2016, FD Tercero.

servicios de hostelería, pues se presta a los clientes un servicio que va más allá de la mera puesta a disposición de un inmueble o parte del mismo"[335].

El razonamiento esgrimido nos lleva a concluir que, en aquellos casos en los que el arrendador del inmueble proporciona al usuario servicios complementarios que van más allá de la mera cesión de uso de la vivienda, el servicio de alojamiento que efectivamente se presta acabaría quedando subsumido en una prestación más amplia de servicios de hostelería[336]. Esta circunstancia determinaría la imposibilidad de declarar exento el arrendamiento (y consiguiente tributación en el IVA de la prestación efectuada), así como la aplicación del tipo reducido de gravamen que para esta clase de operaciones prevé el artículo 91 de la LIVA[337].

En cuanto a qué es lo que debe entenderse por «servicios complementarios propios de la industria hotelera», lo primero que conviene tomar en consideración es que el artículo 20.Uno.23.º no define la citada expresión de forma expresa, pero sí alude, a título meramente ejemplificativo, a los "servicios de restaurante, limpieza, lavado de ropa u otros análogos". Este listado abierto de supuestos ha sido completado por la DGT a través de sus consultas, habiéndose atribuido dicha consideración, entre otros, a:

- Los servicios de limpieza del interior del apartamento, así como los servicios de cambio de ropa, prestados con periodicidad semanal o superior[338] o a demanda del cliente[339].
- Los servicios adicionales de restauración en el interior del inmueble[340].

335 Entre otras muchas consultas en las que se reproduce este razonamiento, pueden verse las siguientes: V0170-22, V2534-22, V2457-21, V0009-21, V0008-21, V3092-20, V0825-19, V0823-19, V2880-19, V0442-19, V2655-18, V1185-17, V0636-17, V0731-17, V1338-17, V4803-16, V4766-16, V4929-16, V0600-15, V3154-13 y V2298-12.

336 En consultas como la V0690-19, V0949-17 y V0829-16, de hecho, la DGT asimila la prestación efectuada a los "servicios de alojamiento hotelero o equivalentes".

337 La cuestión referente a los tipos impositivos aplicables será abordada en un epígrafe posterior de este capítulo.

338 A título de ejemplo, véanse las consultas relacionadas en la nota a pie número 335.

339 Consultas V0823-19 y V2880-19.

340 A este respecto, y entre otras, pueden verse las consultas V2173-23, V0823-19, V0825-19, V2880-19 y V4929-16.

- La atención personalizada las 24 horas del día a través de teléfono móvil[341].
- El suministro de bebidas y alimentos (por ejemplo, mediante reposición semanal del frigorífico)[342].

Por el contrario, se han excluido del ámbito objetivo de la expresión analizada las prestaciones consistentes en:

- Servicio de limpieza de las zonas comunes del edificio (portal, escaleras y ascensores) o de la urbanización en la que está situado (zonas verdes, puertas de acceso, aceras y calles)[343].
- Servicios de asistencia técnica y mantenimiento para eventuales reparaciones de fontanería, electricidad, cristalería, persianas, cerrajería y electrodomésticos[344].
- Servicios de ropa de cama y cambio de sábanas antes y después de las estancias de los inquilinos[345].
- Servicios de limpieza de entrada y/o salida, normalmente prestados por el arrendador en los intervalos de tiempo comprendidos entre la salida de un inquilino y la llegada del siguiente[346].
- Mera puesta a disposición del arrendatario de equipamientos para el apartamento, como vajilla, enseres, aparatos de cocina y otros equipamientos para el hogar[347].
- Entrega de llaves en el momento de la ocupación[348].
- Conexión a internet wifi de forma permanente, incluso cuando la vivienda no se encuentre arrendada[349].

---

341 Consultas V0823-19 y V2880-19.

342 Consulta V3154-13.

343 Véanse las consultas citadas en la nota a pie número 335.

344 *Ibidem.*

345 *Ibidem.*

346 *Ibidem.*

347 Consulta V0575-15.

348 Consulta V3095-14.

349 Consulta V2457-21.

- Puesta a disposición de los inquilinos de un teléfono para la comunicación de posibles incidencias o averías[350].

Aunque la aplicabilidad de la exención por arrendamiento de vivienda debe ser valorada a la luz de las circunstancias concurrentes, que podrían ser muy diversas, la traslación del criterio administrativo al supuesto particular de los arrendamientos de vivienda turística nos lleva a confirmar que, en buena parte de los casos, el servicio prestado al usuario del inmueble se encontrará exento de IVA. Así, dada la corta duración de esta clase de arrendamientos, lo más habitual en la práctica será que el arrendador se limite a prestar una serie de servicios que, de acuerdo con la postura mantenida por la DGT, no serían catalogados como propios de la industria hotelera; básicamente, limpieza y cambio de ropa de cama y toallas a la salida del periodo contratado por cada arrendatario, entrega de llaves a la entrada, y puesta a disposición de vajilla y otros enseres básicos.

Una vez delimitado el significado de la expresión que constituye el objeto de este epígrafe, parece oportuno preguntarse quién debe prestar los servicios en cuestión para que la exención por arrendamiento resulte excluida; qué sucedería si los servicios complementarios fuesen ofrecidos al inquilino pero no llegaran a prestarse efectivamente; y si las prestaciones consistentes en servicios propios de la industria hotelera tienen siempre carácter accesorio con respecto a la prestación de alojamiento o podrían llegar a considerarse como una prestación independiente.

En lo que atañe al primero de los interrogantes planteados, debe apuntarse que lo verdaderamente importante a efectos de determinar la aplicabilidad de la exención por arrendamiento de vivienda no es que el usuario del inmueble reciba servicios complementarios propios de la industria hotelera, sino que, en caso de hacerlo, dichos servicios sean prestados por el propio arrendador o por un tercero que actúa en nombre y por cuenta de aquel[351]. En este sentido, y a título de ejemplo, se ha reconocido la exención de los arrendamientos de apartamentos-viviendas cuando los arrendatarios vayan a poder disfrutar de determinados servicios (como lavadoras accionadas por monedas, máquinas expendedoras de

350 Consultas V2655-18 y V0489-17.

351 En este sentido, y solo a título de ejemplo, puede verse la consulta V1564-11, en la que se afirma que los servicios de arrendamiento que se acompañen de servicios hoteleros complementarios están sujetos y no exentos de IVA, "incluso en el caso de que estos servicios se presten por un tercero para el consultante y éste, a su vez, los facture al cliente".

comidas y bebidas, etc.), en la medida en la que no sean prestados directamente por el arrendador ni subcontratados por el mismo[352]. Como consecuencia de ello, nos encontraríamos ante prestaciones de servicios efectuadas por terceros en nombre propio que tendrían que tributar en el IVA de manera independiente, en función del régimen y tipo impositivo que corresponda a cada una de ellas[353].

Por lo que se refiere a la cuestión formulada en segundo lugar, podría suceder que el arrendador de la vivienda turística ofreciese al arrendatario la posibilidad de recibir una serie de servicios complementarios, pero, ante la falta de solicitud, dichos servicios no llegaran a prestarse, ni, por ende, a abonarse de manera efectiva. En estos supuestos, la DGT ha reconocido la imposibilidad de calificar la operación como arrendamiento con servicios complementarios propios de la industria hotelera, lo que automáticamente justificaría, dando por cumplidos el resto de los requisitos necesarios, la aplicabilidad de la exención por arrendamiento de vivienda[354].

En lo que concierne a la calificación de los servicios hoteleros como accesorios o independientes con respecto a la propia prestación de alojamiento, conviene hacer alusión el criterio defendido por este mismo órgano en consultas como la V0009-21. Tras reconocer la exención del arrendamiento, la DGT se apoya en la jurisprudencia del TJUE en torno a la noción de prestación accesoria a otra principal para resolver que "los servicios auxiliares al arrendamiento prestados por el arrendador, cuyo fin esencial sea también la estancia o arrendamiento, sin tener otro fin en sí mismos, que se presten conjuntamente con el servicio de arrendamiento se considerarán actividades accesorias a las de arrendamiento"[355]. Ello será así, matiza a continuación, aun cuando los mencionados servicios se

352 Consulta V2298-12.

353 Consulta V0170-22.

354 Consulta V1564-11.

355 En este sentido se pronuncia la DGT en la consulta V1095-22. En efecto, es jurisprudencia reiterada del TJUE que "una prestación debe ser considerada accesoria de una prestación principal cuando no constituye para la clientela un fin en sí, sino el medio de disfrutar en las mejores condiciones del servicio principal del prestador", sin que a estos efectos sea decisivo el hecho de que se facture un precio único. A este respecto, y entre otras, pueden verse las sentencias de 25 de febrero de 1999, C-349/96, *CPP*, apartado 30; y de 22 de octubre de 1998, asuntos acumulados C-308/96 y C-94/97, *Madgett y Baldwin*, apartado 24.

facturen de manera separada, pudiendo considerarse como prestación accesoria a la de alojamiento y, en consecuencia, quedando igualmente exentos de IVA.

Una situación distinta se dará, sin embargo, en aquellos casos, como el descrito en la consulta V1533-22, en los que el arrendador se obligue a prestar servicios complementarios propios de la industria hotelera, pero tales servicios no se incluyan como parte de la renta arrendaticia, sino que serán prestados "al margen del propio contrato de arrendamiento, de forma separada y voluntaria para el arrendatario, con un precio independiente por cada uno de ellos"[356]. En este tipo de escenarios, la DGT entiende que el arrendamiento de la vivienda, por un lado, y los servicios propios de la industria hotelera, por otro, constituyen prestaciones independientes, de tal suerte que el arrendamiento podría encontrarse exento de IVA sin perjuicio de la tributación que corresponda a cada uno de los servicios adicionales ofrecidos al arrendatario del inmueble[357].

3.4. CONSIDERACIONES CRÍTICAS

El artículo 135.1, letra l), de la Directiva IVA obliga a los Estados miembros de la UE a eximir de gravamen el arrendamiento y el alquiler de bienes inmuebles. Seguidamente, sin embargo, el apartado 2 del referido precepto establece una serie de excepciones; entre ellas, la concerniente a "las operaciones de alojamiento, tal como se definan en las legislaciones de los Estados miembros, que se efectúen en el marco del sector hotelero o en sectores que tengan una función similar, incluidos los arrendamientos de campos de vacaciones o de terrenos acondicionados para acampar" (el subrayado es mío). Estas últimas operaciones aparecen posteriormente mencionadas en el Anexo III del mismo texto normativo, en el que se ofrece un listado de las entregas de bienes y prestaciones de servicios que podrán quedar sujetas a los tipos reducidos del IVA, y entre los que particularmente se alude al "alojamiento facilitado por hoteles y establecimientos afines, incluido el alojamiento para vacaciones y el arrendamiento de emplazamientos

356 Un asunto similar se aborda en las consultas V3092-20 y V2151-10, entre otras muchas.

357 Sin duda, esta problemática nos recuerda a la abordada por el TJUE en su sentencia de 11 de junio de 2009, asunto C-572/07, *RLRE Tellmer Property*, en la que se debate si el servicio de limpieza de las partes comunes de un inmueble puede considerarse accesorio a un servicio de arrendamiento.

en terrenos para campings y espacios de estacionamiento de caravanas" (el subrayado es mío)[358].

Haciendo uso del margen de libertad concedido por la normativa comunitaria para la delimitación del ámbito objetivo de la exención por arrendamiento, el legislador español ha optado por resolver que una determinada operación se realiza en el marco de un sector con una función similar al hotelero cuando la misma vaya acompañada de la prestación de servicios complementarios propios de la industria hotelera. Así pues, y en los términos anteriormente señalados, la cesión de uso de una vivienda turística o vacacional sin servicios complementarios tendría la consideración de prestación exenta aun en el caso de que el citado inmueble hubiera sido calificado como establecimiento de hospedaje por la normativa sectorial correspondiente, y aun siendo posible entender, a la vista de las circunstancias concurrentes, que nos encontramos ante una tipología de establecimientos afines a los hoteles (y, por ende, propios de un sector similar al hotelero desde el punto de vista de la función acometida).

Sobre la base de lo expuesto en el párrafo precedente, convengo con Desdentado Daroca, Díaz Vales y Lucas Durán (2018) en que la elección de nuestro legislador podría "estar en parte desenfocada"[359]. En efecto, la clave del asunto radicaría "en determinar qué sectores tienen una «función similar» a las operaciones de alojamiento efectuadas en el marco del sector hotelero"[360], aunque no parece que debiera ser tan relevante la naturaleza de los servicios accesorios que eventualmente se presten al arrendatario como "el propio servicio de alojamiento, en tanto que los demás servicios enunciados podrán acompañar o no al mismo"[361]. Por ello se preguntan los autores si acaso no "resultaría más lógico establecer el parámetro de comparabilidad en función de la sustituibilidad del servicio principal (alojamiento) que, desde una perspectiva sociológica y para el consumidor medio de los mis-

358 Punto 12 del Anexo III de la Directiva IVA. Acerca de este supuesto, el artículo 43 del Reglamento de Ejecución n.º 282/2011, de 15 de marzo de 2011, por el que se establecen disposiciones de aplicación de la Directiva 2006/112/CE relativa al sistema común del impuesto sobre el valor añadido (en adelante, Reglamento de Ejecución de la Directiva IVA), aclara que "el «alojamiento para vacaciones» (...) incluirá el arrendamiento de tiendas de campaña, caravanas o viviendas móviles instaladas en campings y utilizadas a modo de alojamiento".

359 Desdentado Daroca, E., Díaz Vales, F. y Lucas Durán, M. (2018), Ob. Cit., p. 70

360 *Ibidem*.

361 *Ibidem*.

mos, pueda realizarse entre ambos sectores"[362]. Este planteamiento nos llevaría a rechazar la aplicación de la exención por arrendamiento a los alquileres de vivienda turística o vacacional con independencia de que llegasen o no a ofrecerse servicios adicionales al usuario del inmueble, pues viene siendo "habitual que cuando una determinada persona pretende viajar a un destino turístico (...) se plantee, en relación de sustituibilidad, contratar una habitación de hotel (...) o bien una vivienda en régimen de alquiler por días"[363]. Siendo ello así, se trataría de dos servicios "plenamente comparables y similares en cuanto a la función que prestan (...), con lo que desde la perspectiva del principio de neutralidad que informa el IVA deberían probablemente ser tratados de forma idéntica"[364].

En una línea muy similar a la apuntada, el hecho de que la exención por arrendamiento de vivienda se haga depender, en esencia, de la prestación combinada de servicios hoteleros complementarios ha sido criticado por Sanz Gómez (2017), para quien el elemento diferenciador de estas operaciones no debería ser tanto la prestación de servicios complementarios, sino el uso que vaya a hacerse del inmueble, debiendo estructurarse la exención por arrendamiento "en torno al concepto de vivienda"[365]. La propuesta del autor, "siguiendo el artículo 5.e) de la LAU, es que los arrendamientos que queden sujetos y no exentos en IVA sea la cesión temporal (...) del uso de la totalidad de una vivienda amueblada y equipada en condiciones de uso inmediato, comercializada o promocionada en canales de oferta turística y realizada con una finalidad lucrativa"[366]. La implantación de dicho criterio pasaría por "una reforma de la Ley de IVA que determine que los arrendamientos turísticos no se benefician de la exención (...)", lo que resulta perfectamente compatible con la Directiva del impuesto y, además, se asimila a la práctica seguida por otros

---

362 Desdentado Daroca, E., Díaz Vales, F. y Lucas Durán, M. (2018), Ob. Cit., p. 71.

363 *Ibidem.*

364 *Ibidem.* Partiendo de este razonamiento, se sugiere una modificación del artículo 20.Uno.23.º de la LIVA con la finalidad de adecuar su contenido al de la Directiva del impuesto. En particular, se propone eliminar "la referencia a prestaciones de servicios complementarios propios de la industria hotelera, para referirse simplemente (...) a «operaciones de alojamiento que se efectúen en el marco del sector hotelero o en sectores que tengan una función similar», pudiéndose especificar reglamentariamente los requisitos que habrían de cumplir tales alojamientos, ya sea con referencia a servicios complementarios prestados que se asimilen a los de la industria hotelera o bien a servicios de estancia equiparables o respecto de los cuales exista una relación de sustituibilidad" (Ob. Cit., p. 72).

365 Sanz Gómez, R. (2017), Ob. Cit., p. 73.

366 Sanz Gómez, R. (2017), Ob. Cit., p. 74.

Estados miembros de la UE (como República Checa, Dinamarca, Alemania y Malta)[367]. Como fundamento de la propuesta, se alude a dos motivos: el primero, "una cuestión de neutralidad entre diversas opciones de alojamiento que, gracias a la aplicación de las nuevas tecnologías, aparecen como alternativas"; y el segundo, "de naturaleza extrafiscal: se trata de reducir los efectos perniciosos que tiene la proliferación descontrolada de este tipo de viviendas"[368].

Desde mi punto de vista, y al margen de lo defendido por los autores mencionados, quizá debiera admitirse también que la aplicabilidad de la exención del artículo 20.Uno.23.º a los arrendamientos de viviendas turísticas o vacacionales que hayan sido calificadas como establecimientos de hospedaje conforme a la normativa sectorial correspondiente podría entrar en contradicción con la excepción contemplada en la letra e') del mismo precepto respecto a los servicios de hostelería, independientemente de que las prestaciones cuya tributación se discute vayan efectivamente acompañadas, o no, de la prestación de servicios hoteleros complementarios. En este sentido, son numerosas las consultas de la DGT en las que, manteniéndose la obligación de cursar alta en el grupo 685 de las Tarifas del IAE («Alojamientos turísticos extrahoteleros»), se ha reconocido la exención de IVA en la medida en la que no se presten servicios complementarios al propio servicio de alojamiento. Así sucede, por citar algún ejemplo destacado, en la consulta V2655-18, en la que se plantea el caso de una persona física que quiere inscribir una vivienda de uso turístico en el Registro de Turismo de su Comunidad Autónoma. Dado que la vivienda será cedida a terceros sin servicios complementarios, la DGT resuelve que las prestaciones efectuadas estarán exentas de IVA, y, sin embargo, "teniendo en cuenta las condiciones en que se desarrolla la actividad de arrendamiento, y que desde febrero de 2017 la Comunidad de Castilla y León cuenta con una regulación específica para las viviendas de uso turístico en cuyo registro la consultante manifiesta su deseo de inscribir dicha vivienda, deberá darse de alta en el grupo 685 de la sección primera de las Tarifas que clasifica los «Alojamientos turísticos extrahoteleros»".

367 *Ibidem*.

368 *Ibidem*. Un razonamiento idéntico al apuntado, basado en los mismos argumentos, puede encontrarse en Bahía Almansa, B. y Cruz Padial, I. (2018), Ob. Cit., pp. 73-74. Estas últimas añaden, no obstante, que el criterio aplicado a efectos de IVA se basa en un concepto de vivienda diferente del que informa el resto de la normativa tributaria, dando lugar a una situación de incongruencia con respecto a otros ámbitos del ordenamiento que carece de toda justificación (Ob. Cit., p. 74).

Si bien es cierto que vincular la exención por arrendamiento de vivienda a la calificación administrativa del inmueble podría dar lugar a importantes diferencias entre CC.AA., habida cuenta de la gran dispersión normativa que existe en la actualidad, no puede negarse que el criterio respaldado por la doctrina administrativa adolece de una evidente falta de coherencia. Esta falta de coherencia se agrava si, atendiendo a una interpretación teleológica de la norma fiscal, aceptamos que la exención por arrendamiento está llamada a cumplir una función social equivalente a la de la reducción por arrendamiento del IRPF, cuya aplicación al supuesto del alquiler turístico o vacacional ha sido sistemáticamente rechazada.

A la vista de lo anterior, entiendo que sería necesaria una revisión de la postura mantenida por la DGT acerca de la cuestión examinada, y, en su caso, siguiendo la tesis propuesta por Desdentado Daroca, Díaz Vales y Lucas Durán, una reconsideración de la alternativa escogida por el legislador español para la traslación al ordenamiento interno de lo dispuesto en al artículo 135 de la Directiva IVA. En particular, me parece fundamental esclarecer si realmente el sector de la vivienda turística cumple una «función similar» a la del sector hotelero y si estas viviendas tienen la consideración de «establecimientos afines» a los hoteles, pues no puede obviarse que la relación de supuestos contenida en el Anexo III de la Directiva se encuentra estrechamente ligada a lo previsto en su artículo 135. De hecho, y como seguidamente se comentará, las prestaciones de alojamiento acompañadas de servicios complementarios propios de la industria hotelera, asimilables a los servicios de hostelería a juicio de la DGT, tributarán al tipo reducido del 10% de acuerdo con el criterio de este Centro Directivo.

4. CUANTIFICACIÓN DEL IVA DEVENGADO

Tal y como se desprende del estudio realizado en el epígrafe 3, los servicios de arrendamiento de vivienda turística o vacacional quedarán efectivamente gravados por el IVA en tres situaciones:

1) Cuando el arrendatario sea una persona jurídica, salvo que en el propio contrato de arrendamiento se designe de forma concreta y específica a una o varias personas físicas como usuarias del inmueble.

2) Cuando el arrendatario sea una persona física que vaya a destinar el inmueble, o parte del mismo, a fines distintos al de vivienda o a la cesión de uso a terceros mediante precio.

3) Cuando el arrendador preste al arrendatario servicios complementarios propios de la industria hotelera.

La cuantificación del IVA devengado en cualquiera de estos casos exige esclarecer los criterios que deben seguirse para la determinación de la base imponible del impuesto, por un lado, y para la identificación del tipo de gravamen aplicable, por otro. A tales cuestiones nos referiremos en las siguientes líneas[369].

4.1. DETERMINACIÓN DE LA BASE IMPONIBLE

Conforme a lo establecido en el artículo 78.Uno de la LIVA, la base imponible del impuesto "estará constituida por el importe total de la contraprestación de las operaciones sujetas al mismo". Más específicamente, y a los efectos que aquí nos interesan, se incluyen en el concepto de «contraprestación» los gastos accesorios cargados al destinatario de la operación[370], así como los tributos y gravámenes de cualquier clase que recaigan sobre aquella (excepto el propio IVA)[371].

De aquí se infiere que la base imponible de la prestación realizada por el arrendador de la vivienda turística, independientemente de su naturaleza, se corresponderá con la suma total satisfecha por el arrendatario como remuneración por el servicio recibido. En función de las circunstancias concurrentes, dicha suma podría incluir, además del precio pactado por el servicio de alojamiento, otros gastos e importes repercutidos al usuario del inmueble. Por ejemplo:

- Gastos de limpieza de la vivienda.
- Comisiones satisfechas por el arrendador a plataformas o agentes intermediarios.

---

369 De acuerdo con la literalidad del artículo 37.3 del Real Decreto 1624/1992, de 29 de diciembre, por el que se aprueba el Reglamento del Impuesto sobre el Valor Añadido (en adelante, RIVA), una actividad sólo puede tributar en régimen simplificado si tributa en régimen de estimación objetiva en el IRPF. Dado que ya en el Capítulo 2 de este trabajo se descartó la potencial aplicación del método de estimación objetiva respecto de los arrendamientos de vivienda turística o vacacional, confirmamos que, en el ámbito del IVA, la determinación de las cuotas devengadas por la actividad de arrendamiento turístico se realizará siempre sobre la base del régimen general de estimación directa.

370 Artículo 78.Dos, apartado 1.º, de la LIVA.

371 Artículo 78.Dos, apartado 4.º, de la LIVA.

- Gastos derivados de prestaciones complementarias, como suministro de alimentos o bebidas durante la estancia del inquilino.

Por el contrario, y en línea con lo dispuesto en el artículo 78.Tres de la LIVA, no formarán parte de la base imponible del impuesto, entre otros conceptos:

- Las potenciales indemnizaciones satisfechas por el arrendatario para la reparación de un daño causado al arrendador (por ejemplo, por destrozos ocasionados en el inmueble), dado que los citados importes no constituyen remuneración de la prestación o prestaciones efectuadas por este último[372].
- Los descuentos y bonificaciones que se concedan al inquilino, simultáneamente o con carácter previo al momento en el que se lleve a cabo la operación, siempre que se concedan en función de la misma y se justifiquen por cualquier medio de prueba admitido en derecho[373].

Mayores dudas podría plantear, por su parte, la integración en la base imponible del IVA de las sumas abonadas por el arrendador de la vivienda en concepto de «tasa turística»[374]. En efecto, y como más adelante se concretará, los arrendadores de viviendas vacacionales situadas en el territorio de Cataluña e Islas Baleares asumirán la condición de sustituto del arrendatario respecto de la obligación de ingreso del referido tributo (que recibe el nombre de *Impuesto sobre las estancias en establecimientos turísticos* en el caso de Cataluña[375] y de *Impuesto sobre estancias turísticas* en el caso de las Islas Baleares[376]). Dado que, conforme al artículo 36.3 de la LGT, el sustituto "podrá exigir del contribuyente el importe de las obligaciones tributarias satisfechas, salvo que la ley señale otra cosa", no se

---

372 Artículo 78.Tres, apartado 1.º, de la LIVA.

373 Artículo 78.Tres, apartado 2.º, de la LIVA.

374 Las particularidades de esta figura, así como la regulación aplicable al respecto en las CC.AA. que han optado por su implantación, son analizadas con mayor nivel de detalle en el último capítulo de esta obra.

375 Este impuesto se encuentra regulado en los artículos 22 a 50 bis de la Ley 5/2017, de 28 de marzo, de medidas fiscales, administrativas, financieras y del sector público y de creación y regulación de los impuestos sobre grandes establecimientos comerciales, sobre estancias en establecimientos turísticos, sobre elementos radiotóxicos, sobre bebidas azucaradas envasadas y sobre emisiones de dióxido de carbono.

376 Ley 2/2016, de 30 de marzo, del impuesto sobre estancias turísticas en las Illes Balears y de medidas de impulso del turismo sostenible.

ha considerado oportuno analizar la deducibilidad del importe ingresado por este concepto en el IRPF del arrendador, pues, estando prevista su repercusión, debe entenderse que no constituirá un coste efectivo para aquel. Ahora bien, en la medida en la que el artículo 78.Dos.4.º de la LIVA atribuye naturaleza de «contraprestación» a los tributos y gravámenes que recaigan sobre las operaciones gravadas, sí parece necesario pronunciarse sobre la potencial inclusión de la llamada «tasa turística» en la base imponible de dicho impuesto.

Al objeto de resolver el interrogante planteado, lo dispuesto en el artículo 78 de la Ley 37/1992 debe examinarse de forma conjunta con lo indicado en su artículo 78.Tres, apartado 3.º, a tenor del cual quedan excluidas de la base imponible del IVA los denominados «suplidos», esto es, "las sumas pagadas en nombre y por cuenta del cliente en virtud de mandato expreso del mismo. El sujeto pasivo vendrá obligado a justificar la cuantía efectiva de tales gastos y no podrá proceder a la deducción del impuesto que eventualmente los hubiera gravado". Partiendo de la literalidad de este precepto, para que una determinada cantidad tenga naturaleza de suplido, y, en consecuencia, resulte excluida de la base imponible del IVA, es necesaria la concurrencia simultánea de cuatro requisitos. En particular:

1) Debe tratarse de sumas pagadas en nombre y por cuenta del cliente.
2) Dicho pago ha de realizarse en virtud de mandato expreso, verbal o escrito, del mismo.
3) El pago debe justificarse por cualquier medio de prueba admitido en Derecho.
4) El empresario o profesional que actúa como mediador en el pago no podrá deducir el IVA que eventualmente hubiera gravado los gastos en cuestión.

Como vemos, y aquí radicaría el elemento clave, una de las características definitorias de los suplidos es que su pago debe llevarse a cabo "en nombre y por cuenta del cliente" y "en virtud de mandato expreso del mismo". Esta no parece ser, sin embargo, la situación que se plantea en el caso que nos ocupa, en el que no existe un mandato expreso de pago dirigido al titular del establecimiento turístico por parte del usuario, sino que es la propia normativa autonómica la que reconoce a dicho sujeto como sustituto del contribuyente[377]. De aquí que no re-

377 La condición de sustituto del contribuyente del establecimiento turístico se encuentra prevista en el artículo 30 de la Ley 5/2017 (Cataluña) y en el artículo 6.2 de la Ley

sulte posible, al menos a la luz de la regulación vigente en este ámbito, atribuir la calificación de suplido a la suma pagada por el arrendador de la vivienda cedida.

En consonancia con lo expuesto, y dado que la suma satisfecha responde al pago de un tributo que grava la propia prestación de servicios efectuada en beneficio del arrendatario (ya se trate de un servicio de arrendamiento propiamente dicho o de un servicio de hostelería), el importe asociado formará parte de la base imponible del IVA de conformidad con el artículo 78.2.4.º de la Ley 37/1992. Esta conclusión ha sido confirmada por la DGT en su consulta V3750-16, relativa al impuesto sobre estancias turísticas aplicable en el territorio de las Islas Baleares. Tal y como subraya el mencionado Centro Directivo, se da la circunstancia de que "el titular de los establecimientos no actúa en nombre y por cuenta del cliente, sino que es propiamente sujeto pasivo del impuesto actuando en nombre propio, aunque se permita exigir su importe mediante la expedición de la correspondiente factura". Y a ello se añade que el referido sujeto "tampoco actúa en virtud de un mandato expreso, verbal o escrito, de su cliente". Así pues, "el impuesto objeto de consulta formará parte de la base imponible del Impuesto sobre el Valor Añadido en las prestaciones de servicios de alojamiento prestados por los establecimientos turísticos", sin que ello exija el cumplimiento de "obligaciones formales específicas adicionales a las establecidas para el régimen correspondiente a la tributación de los servicios de alojamiento"[378].

En otro orden de cosas, conviene matizar que la interpretación defendida por la doctrina administrativa en relación con aquellos supuestos en los que el arrendador de la vivienda turística preste al inquilino servicios complementarios propios de la industria hotelera justificaría la inaplicación de la regla especial de base imponible contenida en el artículo 79.Dos de la LIVA[379]. Dicha regla especial, que nos llevaría a calcular bases imponibles diferenciadas a partir del precio único abonado por el arrendatario, queda excluida, sin embargo, cuando los servicios prestados "constituyan el objeto de prestaciones accesorias de otra

2/2016 (Baleares).

378 A esta misma conclusión se llega en la consulta V0489-17, acerca de un contribuyente que destina al alquiler vacacional una vivienda de su propiedad situada en el territorio de las Islas Baleares.

379 En consonancia con lo establecido en el primer párrafo de este precepto, "cuando en una misma operación y por precio único se entreguen bienes o se presten servicios de diversa naturaleza, (...) la base imponible correspondiente a cada uno de ellos se determinará en proporción al valor de mercado de los bienes entregados o de los servicios prestados".

principal sujeta al impuesto"[380]. Esta última circunstancia debe entenderse cumplida, de acuerdo con la jurisprudencia emanada del TJUE, en el caso de un empresario dedicado a la actividad de hospedaje que comprende la cesión de uso de un inmueble y la prestación de una serie de servicios adicionales que, careciendo de otro fin en sí mismo, permiten al usuario disfrutar en mejores condiciones de la estancia o arrendamiento.

4.2. TIPO DE GRAVAMEN

Por lo que respecta al tipo de gravamen, la regulación contenida en la Ley 37/1992 y el modo en el que aquella debe ser interpretada a la luz del criterio mantenido por la DGT, justifican la pertinencia de realizar una distinción entre dos categorías de situaciones, según cuál sea la causa que justifique la inaplicación de la exención por arrendamiento de vivienda al caso concreto. En este sentido, se hace preciso diferenciar entre aquellos escenarios en los que la exención resulte excluida por razón del uso que el arrendatario vaya a hacer del inmueble cedido, y aquellos otros en los que dicha exclusión venga motivada por la naturaleza de las prestaciones efectuadas en beneficio de aquel.

En lo que atañe a la primera de las categorías propuestas, que abarcaría las cesiones de vivienda a persona jurídica, las cesiones destinadas a persona física que no vaya a realizar un uso exclusivo de vivienda y las destinadas al subarrendamiento, el tipo impositivo será el general del 21%. Así, por ejemplo, y entre otros supuestos de interés, se ha reconocido la aplicación del tipo general en relación con las siguientes operaciones:

- Alquiler de un apartamento a una agencia de viajes, "independientemente de que lo use la agencia de viaje o lo subarriende"[381].

---

[380] Artículo 79.Dos de la LIVA, párrafo segundo.

[381] Consulta 1313-04. Si bien se trata de una cuestión que excede de los objetivos del presente trabajo, es interesante resaltar que una sociedad dedicada al arrendamiento de viviendas a sus titulares personas físicas para posteriormente arrendarlas en nombre propio a terceras personas como viviendas turísticas, prestando servicios propios de la industria hotelera, podría acogerse al "régimen especial de agencias de viajes del Impuesto sobre el Valor Añadido, con independencia de que formalmente tenga la consideración de agencia de viaje o no, tal y como ha puesto de manifiesto reiteradamente el Tribunal de Justicia de la Unión Europea, entre otras, en la sentencia de 22 de octubre de 1998,

- Arrendamiento prestado por personas físicas a una entidad que alquila inmuebles urbanos para posteriormente subarrendarlos a estudiantes con servicios complementarios propios de la industria hotelera[382].
- Arrendamiento de una casa rural a una empresa durante la temporada estival para que sea esta última la que, a través de tour operadores europeos, la alquile por semanas a turistas[383].
- Alquiler de un inmueble destinado a alojamiento turístico por parte de su propietario persona física a una empresa de alquiler de viviendas que, a su vez, lo subarrendará a terceros como vivienda turística[384].
- Alquiler de tres apartamentos a una sociedad civil que los va a acondicionar para su explotación como apartamentos turísticos[385].

Tratándose de prestaciones de alojamiento que vayan acompañadas de servicios hoteleros complementarios, por su parte, la DGT ha subrayado en reiteradas ocasiones la necesidad de atender a lo dispuesto en el artículo 91.Uno.2.2.º de la LIVA, que extiende el tipo reducido del 10% a los "servicios de hostelería, acampamento y balneario, los de restaurantes y, en general, el suministro de comidas y bebidas para consumir en el acto, incluso si se confeccionan previo encargo del destinatario". En este sentido, y solo por citar algún ejemplo de interés, puede hacerse referencia a la consulta V0823-19, en la que se matiza que "el tipo impositivo aplicable en el Impuesto sobre el Valor Añadido a los arrendamientos de apartamentos, cuando el arrendador se obligue a prestar al usuario los servicios complementarios propios de la industria hotelera, será el tipo reducido previsto en la normativa del Impuesto para los servicios de hostelería"[386].

---

asuntos C-308/96 y C-94/97". Este criterio, extraído de la consulta V1545-18, ha sido reiterado por la DGT en otras ocasiones.

382 Consulta V1095-22.

383 Consulta V2584-21.

384 Consulta V0714-15.

385 Consulta V1536-16.

386 En un sentido similar, y entre otras muchas, pueden verse también las consultas V2661-21, V0008-21, V2457-21, V3588-20, V2880-19, V0715-17, V1536-16, V0946-16, V4929-16, V2957-15, V0714-15, V1114-11 y V2151-10. Igualmente, resulta ilustrativa a este respecto la consulta V2297-18, en la que se afirma: "tributa al tipo reducido del 10 por ciento los servicios prestados por la consultante (arrendamiento con servicios propios de la industria hotelera) cuando lo alquila directamente a los clientes-inquili-

La conclusión anterior no se vería desvirtuada, tal y como se ha admitido igualmente en otras consultas, por el hecho de que los servicios hoteleros complementarios no sean prestados al inquilino directamente por el arrendador, sino por un tercero que actúa en nombre y por cuenta de este. Así se desprende, entre otras, del contenido de la consulta V1293-10, en la que se concluye que el subarriendo de una vivienda por parte de una empresa española está sujeto y no exento de IVA si el subarrendador se obliga a prestar el servicio de limpieza del inmueble, "aunque lo subcontrate a otra entidad (como puede ser el propietario de la vivienda)"[387].

Tampoco se vería alterada dicha conclusión, en línea con lo señalado acerca de la determinación de la base imponible del IVA, por el hecho de que la operación efectuada se integre por un servicio de alojamiento y un conjunto de prestaciones diversas (como servicio de lavandería, caja fuerte, bar, internet, etc.), siempre y cuando estas últimas prestaciones puedan considerarse accesorias, en atención a las circunstancias concurrentes, al servicio básico contratado por el usuario[388]. A este respecto, y en términos muy similares a los comentados en un epígrafe anterior, aclara la DGT en su consulta V3092-20 lo siguiente:

> "(...) tributarían al tipo reducido del 10 por ciento, los servicios complementarios en caso de que se ofrecieran conjuntamente con los servicios de alojamiento sin que ello conllevase un incremento del precio de estos últimos servicios y se ofrecieran con independencia de que fueran utilizados o no por el destinatario de los mismos (...).
>
> Por el contrario, en relación con aquellos servicios adicionales que el consultante está dispuesto a prestar (...) a requerimiento de los mismos y por precio independiente, del escrito de consulta se deduce que van a ser objeto de facturación de forma separada al servicio básico cuando sea con-

nos. Por el contrario, la cesión del inmueble a una empresa de servicios que lo arrendará ulteriormente con servicios hoteleros tributará al tipo general del 21 por ciento sin perjuicio del tipo que corresponda repercutir por la empresa al inquilino".

387 En esta misma línea, y entre otras, véanse las consultas V2957-15, V1564-11 y V0071-07.

388 A título de ejemplo, puede verse la consulta V2151-10, en la que se resuelve que "el servicio principal consiste en el arrendamiento de apartamentos a turistas, estudiantes, etc. durante el tiempo de su estancia. El resto de las prestaciones (...), tales como servicios de lavandería, limpieza de los apartamentos, etc., se pueden considerar como el medio de disfrutar en las mejores condiciones del servicio principal del prestador, por lo que el tipo impositivo aplicable al citado servicio principal será igualmente aplicable al resto de servicios accesorios".

tratado (...). En consecuencia, dichos servicios no se pueden entender como accesorios del servicio principal de alojamiento, sino que cada uno de ellos constituye una prestación de servicios independiente (...) debiendo tributar por el Impuesto sobre el Valor Añadido al tipo impositivo que en cada caso corresponda.

En este sentido, tributarán al tipo reducido del 10 por ciento el servicio de restaurante para la cena y la entrega de comidas preparadas (almuerzo). El resto de servicios, como servicio de limpieza con periodicidad superior a la básica, lavandería y servicio de mudanzas tributarán al tipo general del Impuesto del 21 por ciento".

5. SUJETO PASIVO

5.1. CONSIDERACIONES PREVIAS

Como es bien sabido, son sujetos pasivos del IVA, con carácter general, las personas físicas o jurídicas que tengan la condición de empresarios o profesionales y realicen las entregas de bienes o prestaciones de servicios sujetas al impuesto[389]. Dicha condición recaerá, no obstante, sobre el destinatario de la operación gravada, entre otros supuestos y con ciertas especialidades, cuando la misma sea efectuada por una persona o entidad no establecida en el TAI y su destinatario sea un empresario o profesional actuando como tal[390].

Una mejor comprensión de lo dispuesto en el párrafo precedente exige tomar en consideración dos aspectos de interés. El primero es que, conforme a lo indicado en el artículo 84.Dos de la LIVA, se consideran establecidos en el TAI "los sujetos pasivos que tengan en el mismo la sede de su actividad económica, su domicilio fiscal o un establecimiento permanente que intervenga en la realización de las entregas de bienes y prestaciones de servicios sujetas al impuesto". La segunda es que el artículo 69.Tres.2.º de la misma ley define el concepto de «establecimiento permanente» como "cualquier lugar fijo de negocios donde los empresarios o profesionales realicen actividades empresariales o profesionales"; en concreto, se atribuye esta consideración a los "bienes inmuebles explotados en arrendamiento o por cualquier título".

---

389 Artículo 84.Uno.1.º de la LIVA.

390 Artículo 84.Uno.2.º, letra a), de la LIVA.

Esta última previsión normativa (la relativa a los bienes inmuebles explotados en arrendamiento) ha sido objeto de una importante controversia, tanto en el plano doctrinal como en el ámbito jurisprudencial, dada su potencial incompatibilidad con los principios derivados de la legislación comunitaria en materia de IVA y con los criterios de interpretación respaldados por el TJUE en torno al concepto de «establecimiento permanente». A este respecto, conviene traer a colación el razonamiento esgrimido por el citado tribunal en su sentencia de 3 de junio de 2021, asunto C-931/19, *Titanium*, en la que se da respuesta a una cuestión que, a los efectos que aquí nos interesan, resulta determinante: "si un inmueble que se da en arrendamiento (...) es un establecimiento permanente (...) en circunstancias en las que el propietario de dicho inmueble no dispone de su propio personal para ejecutar la prestación en relación con el arrendamiento"[391]. Apoyándose en su jurisprudencia previa, y sobre la base de lo previsto en el artículo 11 del Reglamento de Ejecución de la Directiva IVA, el Tribunal de Justicia subraya que:

> "El concepto de «establecimiento permanente» (...) exige una consistencia mínima, mediante la reunión de modo permanente de los medios humanos y técnicos necesarios para las prestaciones de determinados servicios. Por consiguiente, presupone un grado suficiente de permanencia y una estructura apta, desde el punto de vista del equipo humano y técnico, para hacer posibles, de forma autónoma, las prestaciones de servicio de que se trate (...). En particular, una estructura carente de personal propio no puede estar comprendida en este concepto de «establecimiento permanente»"[392].

De aquí se desprende que "un inmueble que no dispone de ningún recurso humano que lo haga capaz de obrar de manera autónoma incumple de manera evidente los criterios establecidos por la jurisprudencia para ser calificado de establecimiento permanente"[393].

Mucho antes de la publicación de esta relevante sentencia, el TEAC vino a defender ya una interpretación análoga a la apuntada en resolución de 20 de octubre de 2016, en la que se abordaba la posibilidad de derivar la existencia de

---

391 Sentencia *Titanium*, apartado 40. Acerca de la noción de «establecimiento permanente», y entre otras, se ha pronunciado el Tribunal de Justicia en las siguientes sentencias: de 28 de junio de 2007, C-73/06, *Planzer Luxembourg*; de 17 de julio de 1997, C-190/95, *ARO Lease*; de 20 de febrero de 1997, C-260/95, *DFDS*; de 2 de mayo de 1996, C-231/94, *Faaborg-Gelting Linien*; y de 4 de julio de 1985, C-168/84, *Berkholz*.

392 Sentencia *Titanium*, apartado 42.

393 Sentencia *Titanium*, apartado 45.

un establecimiento permanente a partir de la mera titularidad de un inmueble cedido en arrendamiento. Tal y como expresaba entonces el referido órgano:

> "Debe indicarse que la Directiva 2006/112/CE no establece un concepto de establecimiento permanente, si bien no puede olvidarse que se trata de un concepto autónomo de Derecho Comunitario que debe aplicarse uniformemente (...). Por ello, los distintos supuestos especificados por la norma interna deberán ajustarse a los principios y criterios derivados de la norma comunitaria sobre el IVA y también ajustarse a los criterios de interpretación que del concepto de establecimiento permanente realice el TJUE"[394].

Tras enumerar las condiciones que todo lugar fijo de negocios debe cumplir, de acuerdo con la jurisprudencia comunitaria, para ser considerado como establecimiento permanente, concluía el TEAC que cualquiera de los supuestos particulares recogidos en el artículo 69.Tres de la LIVA (entre ellos, el relativo a los bienes explotados en arrendamiento o por cualquier título) "deben reunir tales condiciones, ya que se trata de las notas esenciales del concepto de establecimiento permanente"[395]. En consecuencia, no puede apreciarse que la mera titularidad de un inmueble arrendado constituya establecimiento permanente a efectos del IVA si no se acredita "la existencia de un conjunto de medios materiales y humanos presente en el territorio de aplicación del Impuesto, destinado al desarrollo de actividad económica en el mismo"[396].

Haciéndose eco de esta última resolución, así como del razonamiento esgrimido por el TJUE en su sentencia *Titanium*, la consulta V2502-21 viene a marcar un punto de inflexión en la postura que tradicionalmente había mantenido la DGT acerca de la cuestión examinada. En el marco de dicha consulta, se afirma:

> "(...) en los supuestos de arrendamientos de inmuebles situados en el territorio de aplicación del Impuesto cuyos titulares sean sujetos no establecidos en el mismo, se considerará que dichos propietarios no disponen de un establecimiento permanente en el referido territorio cuando los mismos no dispongan de su propio personal para gestionar dichos arrendamientos.
>
> Esta conclusión supone un cambio de criterio respecto al mantenido por esta Dirección General, entre otras, en la contestación vinculante de 17 de septiembre de 2019, número V2517-19, o la de 21 de enero de 2020, nú-

394 TEAC, resolución 2330/2013/00/00, de 20 de octubre de 2016, FD Cuarto. A la misma conclusión, y sobre la base de un razonamiento análogo, llega el TEAC en su resolución de 22 de mayo de 2019, 00/00043/2015/00/00, FD Tercero.

395 *Ibidem*.

396 *Ibidem*.

mero V0116-20, en las que se ponía de manifiesto la posible existencia de un establecimiento permanente en estos supuestos cuando los medios humanos necesarios para la gestión del arrendamiento estuviesen a disposición del propietario de forma indirecta o subcontratada"[397].

La conclusión a la que llegamos, a la vista de la regulación vigente en este contexto y la interpretación que debe hacerse de la misma, es que los arrendadores de viviendas turísticas o vacacionales situadas en el TAI español que no desarrollen otro tipo de actividades económicas, más allá del arrendamiento de la vivienda o viviendas en cuestión, se considerarán establecidos en dicho territorio en las siguientes situaciones:

- En todo caso, cuando se trate de una persona física con residencia habitual en el territorio peninsular español o en las Islas Baleares (siendo este uno de los supuestos más frecuentes en la práctica)[398].
- En todo caso, cuando se trate de una entidad cuya sede de actividad económica radique en el TAI, entendiendo por tal el lugar en el que se centralice la gestión y el ejercicio habitual de la actividad empresarial[399].
- Tratándose de una persona o entidad no residente en territorio español cuya única conexión con el mismo sean los bienes inmuebles ofertados en arrendamiento, cuando disponga en el TAI de personal propio para la gestión de las operaciones en las que consiste dicha actividad.

La consideración de empresario establecido no se verá afectada por la concreta naturaleza de las prestaciones efectuadas en favor del destinatario del servicio (podría tratarse de meras cesiones de uso de vivienda o de servicios de hostele-

---

397 En el mismo sentido se pronuncia la DGT en consultas como la V0244-23, V1121-23, V2524-23 y la V0242-23.

398 Conforme a lo dispuesto en el artículo 48.2.a) de la LGT, al que implícitamente se remite el artículo 84.Dos de la LIVA, el domicilio fiscal de las personas físicas será, con carácter general, "el lugar donde tengan su residencia habitual".

399 Artículo 84.Dos de la LIVA. Nótese que, a tenor de lo establecido en el artículo 48.2.b) de la LGT, el domicilio fiscal de las personas jurídicas será el de "su domicilio social, siempre que en él esté efectivamente centralizada su gestión administrativa y la dirección de sus negocios. En otro caso, se atenderá al lugar en el que se lleve a cabo dicha gestión o dirección. Cuando no pueda determinarse el lugar del domicilio fiscal de acuerdo con los criterios anteriores prevalecerá aquel donde radique el mayor valor del inmovilizado". La expresión «sede de la actividad económica», por su parte, se encuentra definida en el artículo 69.Tres.1.º de la LIVA.

ría), ni por la condición de este último (que generalmente, como sabemos, será una persona física actuando en calidad de consumidor final).

5.2. SUJETO PASIVO DE LOS SERVICIOS DE ARRENDAMIENTO DE VIVIENDAS TURÍSTICAS SUJETOS AL IVA ESPAÑOL

En lo que atañe a la condición de sujeto pasivo por las prestaciones consistentes en el arrendamiento de viviendas vacacionales situadas en el TAI español, resulta indispensable tener en cuenta la reforma operada en el redactado del artículo 84.Uno de la LIVA por la Ley 31/2022, de 23 de diciembre, de Presupuestos Generales del Estado para el año 2023, que, al objeto de adaptar la legislación española a la normativa comunitaria en materia de supuestos de inversión del sujeto pasivo, introduce dos nuevas excepciones a esta regla especial: una relativa a los servicios de arrendamiento de bienes inmuebles, que adquiere relevancia en el epígrafe en el que ahora nos encontramos, y otra relativa a los servicios de intermediación en el arrendamiento de bienes inmuebles, que será objeto de estudio en un epígrafe posterior.

Pues bien, hasta el 1 de enero de 2023, la identificación del lugar de establecimiento del arrendador de una vivienda turística radicada en el territorio de aplicación del IVA español constituía un elemento determinante a la hora de atribuir la condición de sujeto pasivo respecto de los servicios prestados al usuario del inmueble. Más específicamente, y en consonancia con lo previsto en el artículo 84.Uno, apartados 1.º y 2.º, de la Ley 37/1992, se distinguían las siguientes posibilidades:

Tabla 3.1. Determinación del sujeto pasivo de las prestaciones de arrendamiento de viviendas turísticas situadas en el TAI hasta 31 de diciembre de 2022

Arrendador	Arrendatario	Sujeto pasivo
Establecido en el TAI	Indiferente	Arrendador
No establecido en el TAI	Consumidor final	Arrendador
	Empresario o profesional establecido en el TAI	Arrendatario
	Empresario o profesional no establecido en el TAI	Arrendador

Fuente: Elaboración propia a partir del contenido de los artículos 84.Uno, apartados 1.º y 2.º, de la LIVA, según redacción vigente hasta 31 de diciembre de 2022.

Para una mejor comprensión del contenido de la tabla, debe observarse que el artículo 84.Uno.2.º, letra a), de la LIVA (aplicable en este tipo de escenarios antes de la entrada en vigor de la reforma analizada) hace depender la inversión del sujeto pasivo de la concurrencia de una doble condición: que el destinatario de la prestación tenga la consideración de empresario o profesional a efectos de este impuesto, y que el sujeto que la realiza (prestador del servicio) no se encuentre establecido en el TAI español. A continuación, no obstante, la letra a') del mismo precepto excluye la regla indicada (haciendo prevalecer, por tanto, la regla general del artículo 84.Uno.1.º) cuando se trate de prestaciones de servicios que se entiendan localizadas en el TAI en virtud de una regla especial (artículo 70 de la LIVA) y quien actúa como destinatario sea un empresario o profesional no establecido en dicho territorio[400]. Tratándose de arrendamientos de vivienda u otros servicios directamente relacionados con bienes inmuebles, por tanto, la inversión del sujeto pasivo quedaba condicionada al cumplimiento de un triple requisito:

1) Que el arrendador del inmueble no se encontrase establecido en el TAI.
2) Que el destinatario del servicio fuese un empresario o profesional a efectos del IVA.
3) Que el destinatario del servicio tuviese en el TAI la sede de su actividad económica, su domicilio fiscal o un establecimiento permanente que in-

[400] Por la misma razón comentada respecto de los propietarios de bienes inmuebles cedidos en arrendamiento, el hecho de ser arrendatario de un inmueble situado en territorio español no determina, por sí mismo, la existencia de un establecimiento permanente. Así, por ejemplo, si una persona física arrienda una vivienda turística de su propiedad, situada en el TAI, a un intermediario no residente para que este último lo explote a través del subarrendamiento, la consideración de dicho intermediario como empresario establecido o no establecido exigiría analizar las circunstancias concurrentes en el caso concreto. En este sentido, puede verse el razonamiento esgrimido por el TEAC en su resolución de 19 de julio de 2012, número 00/1485/2010, de la que se extrae la siguiente doctrina: "Una entidad no establecida no dispone de establecimiento permanente en el territorio de aplicación del impuesto si es simplemente destinataria de servicios de almacenamiento sin ser propietaria o titular de un derecho de uso o arrendamiento del propio almacén. Aun siéndolo, deben concurrir el resto de los requisitos o condiciones que expresamente exige el TJUE (presencia física, permanencia en el tiempo de la sede o lugar fijo de negocios, y realización efectiva de una actividad económica por parte del establecimiento permanente)".

terviniese en la realización de entregas de bienes o prestaciones de servicios sujetas al impuesto.

La novedad que se produce a raíz de la modificación introducida por la Ley 31/2022 es que la regla de inversión a la que acabamos de referirnos, si bien continúa vigente, deja de ser aplicable, a título de excepción, a las "prestaciones de servicios de arrendamientos de bienes inmuebles que estén sujetas y no exentas del Impuesto"[401]. De aquí se infiere que, a partir del 1 de enero de 2023, la condición de sujeto pasivo recaerá en todo caso en el proveedor del servicio de alojamiento turístico, con independencia del lugar donde esté establecido y de que el arrendatario sea otro empresario o un consumidor final[402]. Ello determinaría la obligación del citado sujeto de repercutir al destinatario de la operación gravada el IVA devengado con ocasión de la misma y de cumplir con todas las obligaciones materiales y formales derivadas de la normativa de este impuesto.

La duda podría plantearse, al menos desde mi punto de vista, en relación con aquellas prestaciones de arrendamiento que vayan acompañadas de servicios propios de la industria hotelera, pues, en los términos antes defendidos, el criterio de la doctrina administrativa parece avalar la subsunción del servicio de alojamiento dentro de un servicio más amplio que tendría naturaleza de servicio de hostelería y que estaría conformado por una serie de prestaciones diversas que se complementan entre sí. Trasladando a este contexto la interpretación mantenida por la DGT acerca de la exención por arrendamiento de vivienda, la determinación del tipo impositivo aplicable y la localización de los servicios de intermediación en esta clase de prestaciones (a la que haremos alusión más adelante)[403], concluimos que la excepción introducida en el artículo 84.Uno.2.º de la LIVA únicamente

401 Artículo 84.Uno.2.º.a), letra d'), de la LIVA.

402 Acerca de este supuesto de excepción, y solo a título de ejemplo, pueden verse las consultas de la DGT V2522-23, V2524-23 y V1121-23.

403 Así, por ejemplo, en la consulta V2173-23, la DGT pone de manifiesto que, cuando se prestan servicios complementarios propios de la industria hotelera, no nos encontramos ante una prestación de servicios de intermediación en el arrendamiento de bienes inmuebles, y, por tanto, no resulta aplicable la regla de localización del artículo 70.Uno.1.º de la LIVA (sobre servicios directamente relacionados con bienes inmuebles), sino la regla general del artículo 69.Uno.1.º. A este mismo respecto, debe matizarse que, si bien el artículo 70 de la Ley del impuesto establece una regla especial para la localización de los servicios de mediación, dicha regla no se aplica cuando el destinatario del servicio tenga la condición de empresario o profesional a efectos de IVA.

resultará de aplicación cuando la prestación efectuada por el arrendador se limite a la cesión de uso del inmueble ofertado. No sucederá lo mismo, sin embargo, cuando se trate de cesiones de uso acompañadas de servicios hoteleros complementarios, respecto de las que seguirían siendo válidos los escenarios reflejados en la Tabla 3.1 anterior[404].

En consonancia con lo expuesto, las posibilidades existentes en materia de sujeto pasivo en el sector del alojamiento turístico en viviendas tras la reforma del artículo 84.Uno de la LIVA serían las indicadas en la Tabla 3.2, que se muestra a continuación.

Tabla 3.2. Determinación del sujeto pasivo de las prestaciones de arrendamiento de viviendas turísticas situadas en el TAI a partir del 1 de enero de 2023

<table>
<tr><th></th><th>Arrendador</th><th>Arrendatario</th><th>Sujeto pasivo</th></tr>
<tr><td>Sin servicios complementarios</td><td>Indiferente</td><td>Indiferente</td><td>Arrendador</td></tr>
<tr><td rowspan="4">Con servicios complementarios</td><td>Establecido en el TAI</td><td>Indiferente</td><td>Arrendador</td></tr>
<tr><td rowspan="3">No establecido en el TAI</td><td>Consumidor final</td><td>Arrendador</td></tr>
<tr><td>Empresario o profesional establecido en el TAI</td><td>Arrendatario</td></tr>
<tr><td>Empresario o profesional no establecido en el TAI</td><td>Arrendador</td></tr>
</table>

Fuente: Elaboración propia a partir del contenido de los artículos 84.Uno, apartados 1.° y 2.°, de la LIVA, según redacción en vigor a 1 de enero de 2023.

6. DEDUCCIÓN DEL IVA SOPORTADO POR EL ARRENDADOR DE LA VIVIENDA TURÍSTICA

Según jurisprudencia consolidada del TJUE, "el régimen de deducciones establecido en la Directiva IVA tiene por objeto liberar completamente al empre-

404 Recordemos que los servicios de hostelería también se consideran directamente relacionados con bienes inmuebles y se localizan, por tanto, de acuerdo con la regla especial del artículo 70.Uno.1.º de la LIVA. Acerca de esta cuestión, puede verse el epígrafe 2.3 de este mismo capítulo.

sario del peso del IVA devengado o pagado en el marco de todas sus actividades económicas. Así, el sistema común del IVA pretende garantizar la perfecta neutralidad con respecto a la carga fiscal de todas las actividades económicas, cualesquiera que sean sus fines o sus resultados, a condición de que dichas actividades estén a su vez, en principio, sujetas al IVA (...)"[405].

En el ámbito español, son los artículos 92 a 114 de la Ley 37/1992 los que se ocupan de regular el régimen de deducciones propio de este impuesto, estableciendo una serie de requisitos y condiciones para el ejercicio del derecho a deducir que se encuentran esquematizados en el Cuadro 3.1.

Cuadro 3.1. Requisitos para la deducción de las cuotas de IVA soportadas (esquema-resumen)

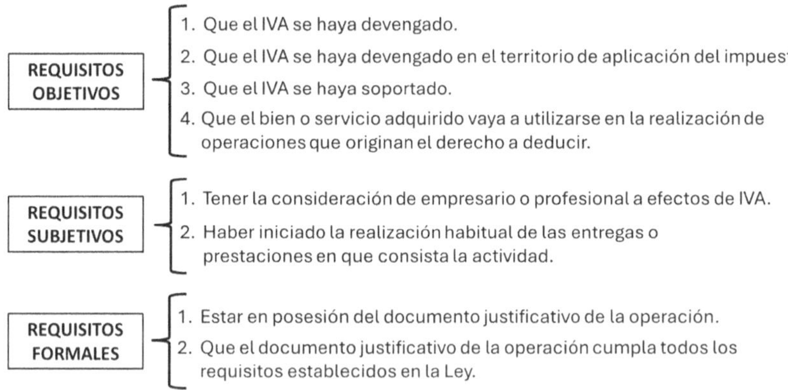

Fuente: Elaboración propia a partir del contenido de los artículos 92 y siguientes de la Ley del IVA[406].

[405] En este sentido, y entre otras muchas, puede verse la sentencia del TJUE de 28 de julio de 2016, C-332/15, *Giuseppe Astone*, apartado 29.

[406] Es importante resaltar que, al hacer referencia a los requisitos subjetivos del derecho a deducción, el artículo 93.Uno de la LIVA señala que este derecho podrá ser ejercitado por "los sujetos pasivos del Impuesto que (...) hayan iniciado la realización habitual de entregas de bienes o prestaciones de servicios correspondientes a sus actividades empresariales o profesionales". Seguidamente, sin embargo, se introduce una excepción, al reconocerse la posibilidad de que las cuotas soportadas o satisfechas con anterioridad al inicio de las operaciones en que consiste la actividad económica sean deducidas "con arreglo a lo dispuesto en los artículos 111, 112 y 113 de esta Ley". Esta previsión normativa se muestra coherente con lo previsto en el artículo 5.Dos de la LIVA, al que

Los requisitos reflejados en el cuadro conviven con toda una serie de limitaciones, exclusiones y restricciones del derecho a deducir que, por razones de extensión, no serán objeto de estudio detallado en este trabajo[407]. De todas ellas, y a mi modo de ver, la única cuestión que podría jugar un papel relevante en el sector del alojamiento turístico en viviendas sería la concerniente al IVA soportado en la adquisición de bienes de inversión, que será deducible total o parcialmente, como sabemos, en función del grado de afectación del elemento patrimonial de que se trate a la actividad económica del contribuyente[408].

Pues bien, partiendo de la premisa de que las prestaciones de servicio exentas de IVA por aplicación del artículo 20 de la Ley del impuesto (las llamadas «exenciones limitadas») no tienen la consideración de operaciones generadoras del derecho a deducir, al no corresponderse con ninguno de los supuestos tasados a los que se refiere el artículo 94 de la misma ley[409], confirmamos que el derecho a deducción por parte del arrendador de una vivienda de uso turístico o vacacional dependerá, en última instancia, de la aplicabilidad de la exención por arrendamiento de vivienda. En particular, el proveedor del alojamiento turístico podrá deducir las cuotas de IVA soportadas cuando concurra alguna de las siguientes circunstancias:

1) Que el arrendatario no utilice el inmueble con fines exclusivos de vivienda (como sucedería, por ejemplo, cuando se trate de una persona jurídica y en el contrato de arrendamiento no se haya designado a una o varias personas físicas como usuarias efectivas del inmueble).

---

hacíamos alusión en un epígrafe anterior, y en el que se adelanta la condición de empresario o profesional al momento en el que empiezan a adquirirse bienes o servicios con la intención, confirmada por elementos objetivos, de utilizarlos en el desarrollo de una actividad empresarial o profesional.

407 En lo que concierne a esta cuestión, pueden consultarse los artículos 95 (*Limitaciones del derecho a deducir)* y 96 (*Exclusiones y restricciones del derecho a deducir*) de la Ley 37/1992.

408 Artículo 96.Tres de la LIVA.

409 En efecto, y al margen de otros supuestos que carecen de relevancia en este contexto, el artículo 94 de la LIVA califica como operaciones generadoras del derecho a deducir: las entregas de bienes y prestaciones de servicios sujetas y no exentas; las operaciones exentas de conformidad con lo previsto en "los artículos 20 bis, 21, 22, 23, 24 y 25"; y los servicios "prestados por agencias de viajes que estén exentos del impuesto en virtud de lo establecido en el artículo 143".

2) Que se trate de una vivienda cedida para ser subarrendada a terceros.
3) Que el arrendador preste servicios complementarios propios de la industria hotelera.

Ninguna de estas condiciones concurrirá generalmente en el caso de los arrendadores de viviendas turísticas que operan en el marco de plataformas como Airbnb, pues, como ya se ha señalado en reiteradas ocasiones a lo largo de esta obra, lo más frecuente en la práctica es que dichos sujetos se limiten a la prestación de un servicio de alojamiento a personas físicas que hacen un uso particular del inmueble. Esta forma de operar excluiría automáticamente el derecho a deducción del proveedor de los servicios, de tal suerte que el IVA satisfecho por el mismo en las adquisiciones de bienes y servicios destinados a la actividad de alquiler (entre los que se encontraría, por ejemplo, el IVA de la comisión pagada a la plataforma por los servicios de mediación recibidos o el IVA de los servicios de limpieza) acabaría convirtiéndose en un coste para él.

Si los servicios de arrendamiento prestados a terceros resultasen gravados efectivamente por el impuesto (bien porque no se hiciera un uso exclusivo de vivienda por el propio arrendatario u otra persona física designada en el contrato, bien porque se prestasen servicios hoteleros adicionales), la realización de operaciones sujetas y no exentas justificaría el derecho a la deducción de las cuotas soportadas en la adquisición de los inputs necesarios para el ejercicio de la actividad[410]. Entre ellos, y solo a título de ejemplo, podría mencionarse el IVA de las comisiones pagadas a otros empresarios o profesionales independientes por servicios diversos (mediación, asesoramiento, etc.); compra de alimentos o bebidas para ser suministrados al usuario del inmueble; servicios de limpieza; compra de vajilla, enseres, ropa de cama, toallas, electrodomésticos o elementos de decoración; consumos y suministros; o trabajos de reparación en la vivienda. Tratándose de un inmueble adquirido con la intención de ser utilizado en el desarrollo de la actividad de alojamiento turístico, incluso, el arrendador podría deducir el IVA potencialmente soportado en su compra o rehabilitación[411], en

---

410 Acerca de esta cuestión, resulta interesante el asunto abordado por la DGT en su consulta V3154-13, sobre una persona física que adquiere una vivienda para destinarla a la explotación turística con servicios complementarios, pero, por motivos personales, "no pudo iniciar la actividad en su momento, teniendo intención de iniciarla en breve".

411 Conforme a lo señalado en el artículo 93.Cuatro de la LIVA, "no podrán ser objeto de deducción, en ninguna medida ni cuantía, las cuotas soportadas o satisfechas por las adquisiciones o importaciones de bienes o servicios efectuadas sin la intención de uti-

el bien entendido de que, en este último caso, nos encontraríamos ante la adquisición de un bien de inversión sometido al régimen de regularización a que se refieren los artículos 109 y 110 de la LIVA[412].

La deducción del IVA soportado en todos estos supuestos quedaría condicionada al cumplimiento de los requisitos reflejados en el Cuadro 3.1, entre los que destacaríamos la necesidad de que las cuotas se hayan devengado en el TAI español (artículo 92.Uno), que se disponga de la factura o documento justificativo (artículo 97.Uno) y que, tratándose de servicios y/o bienes corrientes, se vaya a producir una afectación directa y exclusiva de los mismos a la actividad de alquiler (artículo 96.Uno).

Finalmente, podría plantearse el caso de un sujeto (persona física o jurídica) que dispone de varias viviendas turísticas en territorio español, dándose la circunstancia de que algunos de los arrendamientos efectuados se encuentran exentos del impuesto y otros no. En este tipo de situaciones, como bien es sabido, entraría en juego la regla de la prorrata, regulada en los artículos 102 a 106 de la Ley 37/1992. Ello supone que las cuotas de IVA soportadas por el arrendador en el ejercicio de su actividad empresarial serían deducibles parcialmente, en mayor o menor medida, en atención a la modalidad de prorrata escogida (prorrata general o prorrata especial[413]), y, en el hipotético supuesto de que la modalidad aplicable fuese la especial, en atención al destino específico que fuera a darse

---

lizarlos en la realización de actividades empresariales o profesionales, aunque ulteriormente dichos bienes o servicios se afecten total o parcialmente a las citadas actividades". De aquí se infiere que un individuo que adquiere una vivienda para uso particular no podrá deducir el IVA soportado en la adquisición, aunque, meses o años después, acabe destinándola, total o parcialmente, a la actividad de arrendamiento turístico.

412 A juicio de Desdentado Daroca, E., Díaz Vales, F. y Lucas Durán, M. (2018), la deducción del IVA soportado en la adquisición o rehabilitación del inmueble sería susceptible de acarrear una serie de cuestiones problemáticas; a saber: 1) "que existan cuantiosas devoluciones de IVA, en el supuesto de apartamentos nuevos o adquiridos de otra empresa con renuncia a la exención (...), con el consiguiente «perjuicio económico» para la Hacienda Pública"; y 2) que, "si bien estaría excluida de dicho ámbito la edificación cedida para uso turístico que se utilice también como vivienda habitual (...), en el caso de segundas residencias a disposición del titular en el tiempo en que no estén alquiladas, podría resultar difícil probar que tales usos personales se han producido" (Ob. Cit., pp. 74-75).

413 La prorrata general se encuentra regulada en los artículos 104 y 105 de la LIVA. La prorrata especial, en el artículo 106.

al bien o servicio adquirido (afectación exclusiva a la actividad de alojamiento exenta, afectación exclusiva a la actividad de alojamiento sujeta y no exenta, o afectación común a las dos actividades[414]).

7. ESPECIAL REFERENCIA A LOS SERVICIOS DE MEDIACIÓN EN EL ALQUILER DE VIVIENDAS TURÍSTICAS SITUADAS EN EL TAI

7.1. DELIMITACIÓN CONCEPTUAL DE LOS SERVICIOS DE MEDIACIÓN

La DGT define los servicios de mediación como aquellas actividades tendentes a poner en contacto a comprador y vendedor de una operación comercial, haciendo posible o facilitando dicha operación[415]. Estas actividades reciben expresamente la calificación de prestaciones de servicios en el artículo 11.Dos.15.º de la LIVA, en virtud del cual tienen esta consideración las "operaciones de mediación y las de agencia o comisión cuando el agente o comisionista actúe en nombre ajeno. Cuando actúe en nombre propio y medie en una prestación de servicios se entenderá que ha recibido y prestado por sí mismo los correspondientes servicios."

En lo que atañe al sector del arrendamiento, son numerosas las consultas de la DGT en las que se ha defendido que, en aras a determinar la forma de actuar del agente intermediario, "es importante analizar si los arrendadores mantienen

---

414 En su modalidad general, el fundamento de la regla de la prorrata es muy simple. Si un empresario realiza únicamente operaciones que originan el derecho a deducción, podrá deducir íntegramente el IVA soportado. Si realiza únicamente operaciones que no originan el derecho a deducción, no podrá deducir las cuotas soportadas en ninguna medida. Si realiza simultáneamente operaciones que originan el derecho a deducir y operaciones que no originan este derecho, podrá deducir el IVA soportado parcialmente. Esta deducción parcial vendrá determinada por un porcentaje (porcentaje de deducción), que se calculará de acuerdo con el procedimiento establecido en el artículo 104 de la LIVA. En su modalidad especial, la regla de la prorrata supone: a) La deducción del 100% del IVA soportado en adquisiciones de bienes y servicios afectos exclusivamente a la realización de actividades que originan el derecho a deducir; b) La deducción del 0% del IVA soportado en adquisiciones de bienes y servicios afectos exclusivamente a la realización de actividades que no originan el derecho a deducir; c) La deducción del porcentaje de prorrata general del IVA soportado (porcentaje de deducción) en adquisiciones de bienes y servicios afectos indistintamente a la realización de los dos tipos de actividades.

415 A título de ejemplo, puede verse la consulta V2311-06.

una comunicación y relación directa con los arrendatarios, son quienes fijan las reglas y condiciones de la prestación del servicio de arrendamiento y quienes ordenan la forma de hacer efectivo el cobro de la contraprestación y reciben la misma, o si por el contrario, es la consultante quien establece las condiciones del servicio, tiene conocimiento y relación directa con los arrendatarios y recibe el cobro de la contraprestación"[416]. En el primer caso, debe entenderse que el agente intermediario "actúa en nombre y por cuenta de los clientes prestando un servicio de mediación, siendo los arrendadores los que prestarían directamente a los arrendatarios el servicio de arrendamiento propiamente dicho"[417]. En el segundo, la entidad intermediaria "prestaría los servicios de arrendamiento en nombre propio a los arrendatarios a la vez que sería la destinataria de los servicios de arrendamiento prestados por el titular de los apartamentos turísticos"[418].

Centrando nuestra atención en las plataformas de internet más frecuentemente utilizadas por los arrendadores de viviendas turísticas o vacacionales (entre las que, sin duda, destaca Airbnb), la aplicación del criterio defendido por la doctrina administrativa nos llevaría claramente a calificar tales prestaciones como servicios de mediación a efectos del IVA. Esta calificación, que se apoya asimismo en la jurisprudencia emanada del asunto *AIRBNB Ireland*[419], no se ve desvirtuada, a juicio de la DGT, por el hecho de que los servicios en cuestión sean prestados exclusivamente a través de internet, pues, de entender que nos encontramos ante un servicio prestado por vía electrónica, y no ante un servicio de mediación, se daría la circunstancia de "que, servicios idénticos en su naturaleza, dos servicios de mediación por ejemplo, pudieran ser objeto de un análisis que desembocase, a los efectos de los elementos del impuesto, en un resultado diferente por el mero hecho del distinto medio, electrónico o no, a través del cual el servicio se presta, lo cual, sería contrario al principio de neutralidad que inspira el sistema del impuesto sobre el valor añadido"[420].

Por lo que se refiere a la intermediación en el cobro de la contraprestación pactada, de la que también suelen beneficiarse los usuarios de esta clase de plataformas, son diversas las consultas en las que se atribuye relevancia al fin principal

416 Entre otras, véanse las consultas V2173-23, V1461-17 y V4942-16.

417 *Ibidem.*

418 *Ibidem.*

419 Acerca de esta sentencia, véase el epígrafe 3 del Capítulo 1.

420 En este sentido, y entre otras, pueden verse las consultas V0183-15 y V2722-14.

de la relación existente entre el agente intermediario y el destinatario del servicio. Cuando la intermediación en el cobro no constituya el objeto ni la finalidad principal del contrato suscrito entre ambos, como podríamos entender que sucede en este caso, la misma debe ser considerada como una prestación accesoria de la principal, teniendo tanto una como otra, en su totalidad, la naturaleza de servicio de mediación comercial[421]. De aquí se infiere que la calificación de la prestación efectuada por la plataforma como «servicio de mediación» tampoco se ve afectada por el hecho de que se ponga a disposición de los arrendadores y los arrendatarios un sistema seguro y eficaz de gestión de cobros, en virtud del cual es la propia plataforma quien recibe la contraprestación satisfecha por el cliente, y, posteriormente, una vez descontada la comisión por uso del servicio, transfiere dicho importe al prestador del servicio de alojamiento.

Evidentemente, la gran diversidad de escenarios que pueden darse en la práctica nos lleva a admitir la posibilidad de que el servicio de mediación prestado al arrendador de la vivienda turística, al arrendatario, o a ambos, según las condiciones pactadas, adopte la forma de una mediación por cuenta propia (lo que nos llevaría a hablar de dos prestaciones diferenciadas de arrendamiento) o de una mediación por cuenta ajena (en cuyo caso distinguiríamos una prestación de arrendamiento y una prestación de mediación). Cuándo nos encontramos ante una tipología de servicio y cuándo ante la otra es algo que dependerá de las circunstancias concurrentes en cada supuesto concreto.

Aun partiendo de esta realidad, los dos siguientes epígrafes se centrarán en la situación particular de aquellos comisionistas que actúan en nombre y por cuenta del cliente. En primer lugar, porque se trata de lo más habitual cuando se piensa en las grandes plataformas online especializadas en el sector del alojamiento turístico. En segunda instancia, porque los servicios de mediación que se prestan por cuenta propia (caso del subarrendamiento) no plantean ninguna especialidad con respecto a lo comentado en epígrafes anteriores, tanto en términos de exención, como en términos de localización o determinación del tipo impositivo aplicable.

---

421 Entre otras muchas, véanse las consultas V0949-17, V0654-16, V5209-16, V0183-15, V1341-14 y V2722-14.

7.2. LOCALIZACIÓN DEL SERVICIO

Lo primero que conviene recordar acerca de las operaciones de mediación es que, conforme a lo establecido en el artículo 31 bis del Reglamento de Ejecución de la Directiva IVA, tienen la consideración de servicios directamente relacionados con bienes inmuebles los de "intermediación en la venta o el arrendamiento, con o sin opción de compra, de bienes inmuebles"[422], pero no los servicios de "intermediación en la prestación de servicios de alojamiento en el sector hotelero o en sectores con una función similar (...) si el intermediario actúa en nombre y por cuenta de un tercero"[423]. En lo que concierne a esta última categoría de supuestos, dispone, a su vez, el artículo 31 de la misma norma que los servicios prestados por intermediarios que actúen en nombre y por cuenta ajena y que consistan en "la intermediación en la provisión de alojamiento en el sector hotelero o en sectores con una función similar" se inscribirán en el ámbito de aplicación del artículo 44 de la Directiva cuando se presten a un sujeto pasivo que actúe como tal (regla general de localización de los servicios prestados a empresarios), o en el ámbito de aplicación del artículo 46 cuando se presten a una persona que no tenga la condición de sujeto pasivo (regla especial de localización relativa a los servicios de mediación).

Sobre la base de la regulación transcrita, que ha sido incorporada al ordenamiento jurídico español, la DGT ha concluido que la regla de localización que debe regir respecto de los servicios proporcionados por una plataforma web establecida en otro Estado que intermedia en la actividad de alquiler de viviendas y cobra una comisión al propietario, será la contemplada en el artículo 70.Uno.1.º de la LIVA cuando no se presten servicios complementarios propios de la industria hotelera al usuario del inmueble[424]. Esto es, cuando las prestaciones efectuadas por el arrendador consistan en la mera cesión de uso de la vivienda turística, se atenderá a la regla especial de localización de los servicios directamente relacionados con bienes inmuebles. Esta regla especial, que resultaría igualmente aplicable si el servicio fuese prestado directamente al arrendatario (sujeto pasivo o no del impuesto), determinará la sujeción al IVA de dicho servicio en la medi-

422 Artículo 31bis, apartado 2, letra p), del Reglamento de Ejecución.

423 Artículo 31 bis, apartado 3, letra d), del Reglamento de Ejecución.

424 A este respecto, y por citar solo algunos ejemplos, pueden verse las consultas V2173-23, V0690-19 y V0644-18.

da en la que los inmuebles que se ceden en arrendamiento se encuentren situados en el TAI español.

De haberse ofrecido al inquilino la prestación de servicios hoteleros complementarios, no obstante, la regla de localización se hará depender de la condición del cliente. De aquí se desprende la necesidad de realizar una distinción entre dos supuestos de hecho diferenciados:

A) El destinatario del servicio de mediación es un sujeto pasivo del impuesto

Esta situación, que entendemos será la más frecuente en la práctica, se dará, por ejemplo, cuando el servicio de mediación sea prestado directamente al arrendador de la vivienda turística. En estos casos, se atenderá a la regla de localización prevista en el artículo 69.Uno de la LIVA, en virtud de la cual el servicio se entenderá prestado en el TAI (y, por ende, quedará sujeto al IVA español) cuando el sujeto pasivo que actúa como destinatario tenga "en el citado territorio la sede de su actividad económica, (...) un establecimiento permanente o, en su defecto, el lugar de su domicilio o residencia habitual, siempre que se trate de servicios que tengan por destinatarios a dicha sede, establecimiento permanente, domicilio o residencia habitual, con independencia de dónde se encuentre establecido el prestador de los servicios y del lugar desde el que los preste"[425]. Tratándose de un empresario o profesional no establecido en el TAI, por tanto, el servicio de mediación quedaría no sujeto al IVA español[426].

B) El destinatario del servicio de mediación es un consumidor final

En este supuesto, que se dará cuando el servicio de mediación sea prestado directamente al arrendatario que efectúa un uso particular de la vivienda turística, la regla de localización a observar será la recogida en el artículo 70.Uno.6.º de la LIVA. Conforme a lo señalado en dicho precepto, se entienden prestados en el TAI los servicios "de mediación en nombre y por cuenta ajena (...) siempre que las operaciones respecto de las que se intermedie se entiendan realizadas en

---

425 Acerca de esta cuestión, y a título de ejemplo, pueden verse las consultas V2173-23, V2564-11 y V2563-11.

426 Recordemos que, tal y como se desprende de la jurisprudencia comunitaria, el hecho de ser titular de un inmueble arrendado en territorio español no determina, per se, la existencia de un establecimiento permanente en dicho territorio.

el territorio de aplicación del Impuesto". Esta disposición nos remite necesariamente al contenido del artículo 70.Uno.1.º, letra h), de la misma ley, que, como ya sabemos, localiza en el TAI los servicios "relacionados con bienes inmuebles que radiquen en el citado territorio", y, entre ellos, los servicios de "alojamiento en establecimientos de hostelería, acampamento y balneario". Una consideración simultánea de las previsiones normativas referenciadas nos lleva a concluir, en línea con lo apuntado anteriormente, que el servicio de mediación prestado en estas condiciones quedará sujeto en todo caso al IVA español en la medida en la que los inmuebles que se ceden en arrendamiento se encuentren situados en el territorio peninsular español o en las Islas Baleares.

Esquemáticamente, el análisis desarrollado en los últimos párrafos conduce a la situación reflejada en la Tabla 3.3, que será de aplicación tanto en los supuestos en los que el agente intermediario actúe en nombre y por cuenta del arrendador de la vivienda turística como en aquellos otros en los que actúe en nombre y por cuenta del arrendatario, sea cual sea la condición de este último.

Tabla 3.3. Localización de los servicios de mediación por cuenta ajena en la actividad de arrendamiento de viviendas turísticas situadas en el TAI

	Destinatario del servicio de mediación	**Localización**
Sin servicios complementarios	Indiferente	TAI
Con servicios complementarios	Consumidor final	TAI
	Empresario o profesional establecido en el TAI	TAI
	Empresario o profesional no establecido en el TAI	Sede del cliente (no sujeción)

Fuente: Elaboración propia a partir del contenido de los artículos 69 y 70 de la LIVA.

Confirmada la localización en el TAI del servicio prestado por el agente intermediario, y habida cuenta de que la exención por arrendamiento de vivienda no resulta extensible a los servicios de mediación, se confirmaría la existencia de un servicio sujeto y no exento de IVA español. El tipo impositivo aplicable, de acuerdo con lo dispuesto en los artículos 90 y 91 de la LIVA, sería el general del 21%.

7.3. SUJETO PASIVO

De forma análoga a lo sucedido con los servicios de arrendamiento de bienes inmuebles, la reforma operada por el legislador español en el marco del artículo 84.Uno de la LIVA reconduce a la regla general de sujeto pasivo una tipología de prestaciones que, hasta el 1 de enero de 2023, y en función de las circunstancias del caso, podían quedar sometidas a la regla de inversión. Nos referimos, en particular, a las "prestaciones de servicios de intermediación en el arrendamiento de bienes inmuebles" efectuadas por todo tipo de empresarios o profesionales (entre los que destacarían, por la relevancia que han adquirido en los últimos años, las plataformas de internet del tipo Airbnb).

Partiendo de la sujeción al IVA español del servicio de mediación y asumiendo que dicho servicio se presta directamente al arrendador, debe reconocerse que, hasta la fecha de entrada en vigor de la modificación llevada a cabo por la Ley 31/2022, no resultaba indiferente que el agente intermediario tuviera la sede de su actividad económica o un establecimiento permanente en el TAI o, por el contrario, facturase directamente sus servicios desde un territorio distinto. Este último era, de hecho, el supuesto más habitual en la práctica, dado que buena parte de las plataformas especializadas en el sector del alojamiento turístico en viviendas tienen la sede de su actividad en otros países y, al menos en apariencia, no disponen de lugares fijos de negocio en territorio español.

En efecto, el artículo 84.Uno.2.º.a), letra a'), de la Ley del impuesto atribuía la condición de sujeto pasivo al destinatario de la operación gravada cuando quien la realiza (plataforma intermediaria, en este caso) no se encuentra establecido en el ámbito de aplicación del IVA español (lugar donde se entiende prestado y, por tanto, debe tributar el servicio), y quien la recibe (arrendador) tiene la condición de empresario o profesional establecido en el TAI (lo que necesariamente se cumplirá en la medida en la que se acredite la existencia de independencia, onerosidad, habitualidad y naturaleza económica de la actividad, así como la disposición en territorio español de una estructura de medios materiales y humanos para el desarrollo de la misma). Siendo el arrendador un empresario establecido, por tanto, la concurrencia de las circunstancias indicadas determinaba el acomodo de la situación a los requisitos exigidos en el precepto indicado para la inversión del sujeto pasivo. Ello conllevaba el desplazamiento de la citada condición desde la plataforma intermediaria al arrendador de la vivienda, quedando este último obligado a ingresar en la Hacienda española la cuota de IVA devengada con motivo de la prestación recibida. Se generaba, así, una situación especialmente gravosa para los arrendadores de viviendas turísticas que se limitaban a prestar servicios de alojamiento exentos del impuesto, pues, como más adelante se comentará, estos sujetos quedan exonerados de la práctica totalidad de las obligaciones materiales y formales previstas en la regulación vigente; entre ellas, y sólo a título de ejemplo, la obligación de cursar alta en el Censo de Empresarios, Profesionales y Retenedores, o la de presentar declaraciones periódicas y recapitulativas.

El escenario se planteaba diferente, sin embargo, en aquellos casos en los que la plataforma intermediaria se encontraba establecida en el TAI español, o bien, el destinatario del servicio era un arrendador no establecido o el propio arrendatario entendido como consumidor final, dado que, en todos ellos, el incumplimiento de las condiciones establecidas en el artículo 84.Uno.2.º de la LIVA excluía automáticamente la aplicación de la regla especial que venimos analizando.

Del razonamiento anterior se infiere que las posibilidades existentes hasta el 1 de enero de 2023 en materia de sujeto pasivo respecto de los servicios de mediación por cuenta ajena en la actividad de alquiler de viviendas turísticas coincidían, en esencia, con las reflejadas en la Tabla 3.1 anterior. Así:

Tabla 3.4. Determinación del sujeto pasivo de las prestaciones de mediación en el arrendamiento de viviendas turísticas situadas en el TAI hasta 31 de diciembre de 2022

Agente intermediario	Destinatario del servicio de mediación	Sujeto pasivo
Establecido en el TAI	Indiferente	Agente intermediario
No establecido en el TAI	Consumidor final	Agente intermediario
	Empresario o profesional establecido en el TAI	Destinatario del servicio
	Empresario o profesional no establecido en el TAI	Agente intermediario

Fuente: Elaboración propia a partir del contenido de los artículos 84.Uno, apartados 1.º y 2.º, de la LIVA, según redacción vigente hasta 31 de diciembre de 2022.

El planteamiento descrito en la Tabla 3.4. cambia radicalmente tras la reforma operada en el redactado del artículo 84.Uno por la Ley 31/2022, que incorpora una nueva letra al listado preexistente de supuestos de excepción en los que no resulta aplicable la regla de inversión del sujeto pasivo. Dado que la excepción introducida únicamente afecta a los servicios de intermediación "en el arrendamiento de bienes inmuebles", la doctrina emanada de las consultas de la DGT nos llevaría a distinguir dos grandes categorías de situaciones, en función de que las prestaciones efectuadas por el arrendador de la vivienda turística vayan acompañadas o no de servicios complementarios propios de la industria hotelera. En particular:

A. Tratándose de prestaciones de arrendamiento no acompañadas de servicios hoteleros complementarios, el sujeto pasivo del servicio de intermediación será, en todo caso, el empresario o profesional que lo preste, sea cual sea la condición del destinatario (podría ser el propio arrendador, un arrendatario-consumidor final o un arrendatario-sujeto pasivo del IVA), así como el lugar en el que tanto el agente intermediario como el destinatario del servicio de mediación se encuentren establecidos.

B. Tratándose de prestaciones de arrendamiento acompañadas de servicios hoteleros complementarios, será preciso determinar quién actúa como destinatario del servicio de mediación. Si el destinatario es otro sujeto pasivo del IVA establecido en el TAI (podría ser el arrendador o un arrendatario actuando en calidad de empresario o profesional), la concurrencia del supuesto de hecho descrito en el artículo 84.Uno.2.º.a), letra a'), de la LIVA justificará la aplicación de la regla de inversión[427]. Si el destinatario del servicio de mediación es el propio inquilino entendido como consumidor final, el sujeto pasivo del impuesto será el propio intermediario, ya se trate de una persona física o de una entidad (con o sin personalidad jurídica) y con independencia del lugar donde el mismo se encuentre establecido.

Esquemáticamente, los escenarios potenciales que pueden darse en la práctica a partir del 1 de enero de 2023 son los recogidos en la Tabla 3.5.

[427] Este es el mismo supuesto de hecho que se plantea en la consulta V2173-23, relativa a una entidad con sede en territorio español que opera un negocio de alquiler turístico de un inmueble de su propiedad situado en dicho territorio. La entidad presta servicios propios de la industria hotelera a los arrendatarios y comercializa sus servicios a través de dos plataformas de intermediación con sede en otros Estados miembros de la UE. La DGT reconoce la condición de sujeto pasivo de la referida entidad respecto de los servicios de mediación recibidos por aplicación del artículo 84.Uno.2.º de la LIVA.

Tabla 3.5. Sujeto pasivo de los servicios de mediación por cuenta ajena en la actividad de arrendamiento de viviendas turísticas situadas en el TAI a partir del 1 de enero de 2023

	Lugar de establecimiento de la plataforma	Destinatario del servicio de mediación	Sujeto pasivo
Sin servicios complementarios	Indiferente	Indiferente	Agente intermediario
Con servicios complementarios	Indiferente	Consumidor final	Agente intermediario
	TAI	Empresario o profesional establecido en el TAI	Agente intermediario
	Fuera del TAI	Empresario o profesional establecido en el TAI	Destinatario del servicio por inversión

Fuente: Elaboración propia a partir del contenido de la Tabla 3.3. y del artículo 84.Uno de la LIVA, según redacción en vigor a 1 de enero de 2023[428].

La Tabla 3.6, que se muestra a continuación, integra los contenidos de las Tablas 3.3 y 3.5, de manera que se resuelve, de acuerdo con la regulación vigente, cuál es el lugar de realización y quién es el sujeto pasivo de los servicios de mediación por cuenta ajena prestados por la plataforma o agente intermediario en la medida en la que se entiendan localizados en el TAI español.

---

428 En línea con lo reflejado en la Tabla 4.3, de prestarse servicios complementarios propios de la industria hotelera y ser el destinatario del servicio un sujeto pasivo del IVA no establecido en el TAI, el servicio de mediación no se localizaría en ningún caso en dicho territorio, y, por tanto, no estaría sujeto al IVA español.

Tabla 3.6. Lugar de realización y sujeto pasivo de los servicios de mediación por cuenta ajena en la actividad de arrendamiento de viviendas turísticas situadas en el TAI

	Destinatario del servicio de mediación	Lugar de establecimiento de la plataforma	Localización	Sujeto pasivo
Sin servicios complementarios	Indiferente	Indiferente	TAI	Plataforma
Con servicios complementarios	Consumidor final	Indiferente	TAI	Plataforma
	Empresario o profesional establecido en el TAI	TAI	TAI	Plataforma
		Fuera del TAI	TAI	Destinatario del servicio por inversión
	Empresario o profesional no establecido en el TAI	Indiferente	Sede del cliente (no sujeción)	

Fuente: Elaboración propia a partir del contenido de los artículos 69, 70 y 84 de la Ley 37/1992, según redacción en vigor a 1 de enero de 2023.

8. SUPUESTOS ESPECIALES DE CESIÓN DE USO DE VIVIENDAS

Ya en varias ocasiones a lo largo de este trabajo se ha insistido en la idea de que la actividad consistente en el arrendamiento de viviendas turísticas presenta todos los elementos típicos de lo que podría considerarse un negocio inmobiliario tradicional; un negocio caracterizado, eso sí, por la aparición de nuevas vías para la gestión y comercialización de los servicios ofertados, y por la creciente presencia de particulares interesados en obtener un beneficio económico mediante la explotación de esta clase de inmuebles (muchas veces adquiridos, precisamente, con una finalidad lucrativa).

Hasta ahora, hemos partido de la premisa de que las cesiones de uso de viviendas turísticas se realizan siempre a cambio de un precio fijado por el arrendador, normalmente en atención al número de días de estancia y, en su caso, al coste de los servicios complementarios prestados al inquilino[429]. No obstante, y si bien en el Capítulo 1 descartábamos el estudio de otro tipo de escenarios alternativos, me parece oportuno hacer referencia en este punto a la figura, cada vez más extendida, del intercambio de viviendas. Al igual que sucede con el arrendamiento de vivienda propiamente dicho, y aunque lo más frecuente en la práctica parece ser el intercambio de vivienda habitual por parte de su propietario, lo cierto es que la mencionada alternativa:

- Podría recaer sobre la vivienda habitual de una determinada persona física o sobre un inmueble que tenga la consideración de segunda residencia.
- Podría afectar a la totalidad de la vivienda o solo a una parte de la misma (intercambio de habitaciones o estancias).
- Podría ser de interés para los propietarios, para los titulares de derechos de uso y disfrute, o, incluso, para quienes asumen la condición de arrendatarios de los inmuebles en cuestión.

De entrada, las circunstancias que rodean a las operaciones de intercambio de vivienda nos llevan a dibujar una realidad mucha más próxima al fenómeno de la economía colaborativa que la examinada hasta el momento. Y ello porque la finalidad comercial de la que hablábamos en el epígrafe 1.1.1 de este capítulo, que se configura como requisito indispensable para la sujeción al IVA de la transacción efectuada, podría resultar dudosa. De aquí la necesidad de llevar a cabo un estudio caso por caso que, atendiendo a las circunstancias concurrentes, permita confirmar o descartar la existencia de actividad económica a ojos de este impuesto.

En particular, señalábamos anteriormente, el concepto de «actividad económica» en el IVA ha sido vinculado por el TJUE a la confluencia de cuatro elementos básicos: independencia, onerosidad, habitualidad y naturaleza económica. De ellos, y al menos a mi modo de ver, solo los relativos al carácter oneroso, por un lado, y a la verdadera naturaleza económica, por otro, exigirían un análisis específico en el escenario que ahora se propone[430]. En lo que atañe al carácter

429 Otros factores a tener en cuenta, tal y como se plantea en el marco de la consulta V0415-22, podrían ser el número de inquilinos, la temporada de ocupación o la inclusión de mascotas.

430 Por lo que se refiere a los requisitos de independencia y habitualidad, nos remitimos al análisis realizado en el epígrafe 1.1.2 de este mismo capítulo acerca de la actividad de arrendamiento de viviendas turísticas.

oneroso, porque el hecho de que la vivienda sea cedida a cambio del derecho a utilizar otra vivienda podría poner en tela de juicio el cumplimiento de las condiciones de las que tradicionalmente se ha hecho depender el carácter oneroso de una operación, y que se concretan en la necesidad de que la contraprestación recibida sea cierta, determinada o determinable, y se configure como contravalor efectivo de la prestación que se efectúa. Por lo que respecta a la naturaleza económica de la actividad, no queda del todo claro si el individuo que opta por participar en este tipo de transacciones actúa verdaderamente en un contexto de objetivos empresariales (es decir, con una finalidad comercial) o si, por el contrario, las cesiones realizadas podrían catalogarse como meros actos de gestión de su propio patrimonio personal. Por ello se hace necesario un examen detallado de la cuestión a la luz de la jurisprudencia comunitaria que se abordará a lo largo de los siguientes epígrafes.

8.1 CARÁCTER ONEROSO

En línea con lo apuntado en el primer epígrafe de este capítulo, la ausencia de ánimo de lucro no es óbice para resolver que una actividad se ejerce con carácter oneroso[431]. Esta distinción entre ánimo de lucro y onerosidad reviste una importancia crucial en el ámbito en el que ahora nos encontramos, en el que, a título de contraprestación, el individuo que asume la condición de cedente recibe el derecho a usar otra vivienda, que no tiene por qué ser la del usuario al que se presta alojamiento, ni por qué disfrutarse de manera simultánea durante la estancia de este último. Ello es así en la medida en la que algunas plataformas de internet especializadas en el intercambio de viviendas (como sucede en el caso paradigmático de HomeExchange) admiten una doble posibilidad[432]:

---

431 Tal y como se recuerda en la sentencia *Lajvér*, antes citada, "tanto del propio tenor del artículo 9, apartado 1, párrafo segundo, de la Directiva 2006/112 como de la jurisprudencia del Tribunal de Justicia se desprende que, para considerar que la explotación de un bien corporal o incorporal se ejerce con el fin de obtener ingresos, es indiferente que la explotación tenga o no la finalidad de obtener un beneficio" (apartado 35).

432 Acerca de esta cuestión, puede verse el siguiente enlace web: https://www.homeexchange.com/es/p/como-funciona-es. Otras plataformas especializadas en la actividad de intercambio de viviendas, aparentemente menos extendidas en España, son INTERVAC (https://es.intervac-homeexchange.com/) y HomeLink (https://homelink.org/es/). Sus condiciones de funcionamiento pueden consultarse en línea.

a) Intercambios recíprocos, lo que supone que dos usuarios permutan sus respectivas viviendas durante un periodo de tiempo determinado, de tal suerte que uno de ellos se aloja en la vivienda del otro mientras ese otro se aloja en la suya.

b) Intercambios no recíprocos, en los que el individuo que cede su vivienda a otro miembro de la comunidad recibe un cierto número de puntos que podrá utilizar para alojarse en las viviendas de otros usuarios. Esta alternativa permitiría al sujeto cedente escoger las características de las viviendas en las que quiere alojarse, su ubicación o el momento exacto del disfrute.

De acuerdo con la jurisprudencia del TJUE, la existencia de una remuneración (ya sea en forma de disfrute simultáneo de otra vivienda o puntos canjeables por estancias futuras) justifica el cumplimiento del requisito de onerosidad, siendo irrelevante que el propietario, arrendatario o usufructuario de la vivienda cedida no actúe guiado por la voluntad de obtener un beneficio económico. En este sentido, se ha reconocido el carácter oneroso de la actividad cuando la contraprestación pactada deba pagarse en especie, como de hecho sucede en los contratos de trueque.

Además de existir, la contraprestación acordada ha de ser cierta, determinada o determinable, y guardar un vínculo directo con la prestación que se efectúa. Centrando nuestra atención en este último elemento, parece evidente que las monedas virtuales percibidas por el cedente del inmueble en los supuestos de intercambio no recíproco constituyen el contravalor cierto y efectivo del servicio prestado al otro usuario, entendiendo por servicio prestado la cesión del uso y disfrute de la vivienda por un concreto periodo de tiempo. Por una parte, prestación y contraprestación se encuentran ligadas de tal modo que la falta de una implicaría la falta de la otra[433], habida cuenta de que el oferente de una vivienda (o parte de ella) sólo recibe monedas cuando las plazas de alojamiento disponibles son efectivamente cedidas a un tercero. Por otra parte, el número de monedas a percibir suele cuantificarse en función de ciertos factores estrictamente ligados a las características de la vivienda ofertada (como el número de personas que pueden alojarse en el inmueble, su ubicación o las instalaciones disponibles).

---

433 Al respecto de esta cuestión, puede verse el trabajo de Sánchez Gallardo, F. J. (2002): "La sentencia de 22 de noviembre de 2001 del Tribunal de Justicia de las Comunidades Europeas, la inclusión de las subvenciones en la base imponible del IVA", *Carta Tributaria*, núm. 6, p. 23.

Esta circunstancia permite apreciar la existencia de un vínculo necesario entre la prestación que se realiza y la contraprestación que se recibe a cambio.

En lo que concierne a los intercambios recíprocos de vivienda, parece innegable también que prestación y contraprestación se encuentran ligadas de tal modo que la falta de una implicaría la falta de la otra, dado que el derecho al disfrute de la vivienda cedida por otro usuario de la plataforma se configura como contrapartida por la cesión de la vivienda propia. Sin embargo, debe reconocerse que, a efectos de formalizar la operación, no se exige que los inmuebles intercambiados sean equivalentes, ni tan solo similares, lo que podría generar dudas sobre la existencia del vínculo directo entre prestación y contraprestación que el Tribunal de Justicia ha venido reclamando en sus sentencias.

De conformidad con la doctrina mayoritaria, ese vínculo directo necesario para que pueda entenderse cumplido el requisito de onerosidad no puede apreciarse cuando la contraprestación satisfecha no se cuantifique en función de la prestación que se recibe. Si bien esta apreciación nos llevaría a poner en tela de juicio la existencia del referido vínculo directo en algunos supuestos (por ejemplo, cuando las viviendas intercambiadas tengan valores de mercado o precios de alquiler sustancialmente distintos[434]), conviene traer a colación el matiz que introducen algunos autores al condicionar su concurrencia a la posibilidad de establecer una conexión entre la magnitud del beneficio o ventaja que el servicio prestado reporta a su destinatario y la cuantía de la contraprestación pagada por este último[435].

El razonamiento anterior enlaza directamente con el principio de subjetividad de la contraprestación, consagrado por el TJUE en sentencias como la de 5 de febrero de 1981, asunto 154/80, *Coöperatieve Aardappelenbewaarplaats*, en la que se afirma que la contraprestación "es un valor subjetivo, ya que la base imponible es la contraprestación realmente recibida y no un valor estimado conforme

---

[434] En esta misma línea, la Comisión Europea (2015) ha reconocido que el vínculo directo que necesariamente debe existir entre prestación y contraprestación no plantea ninguna duda cuando se intercambian bienes con un valor similar, pero podría perderse en el caso de los intercambios de vivienda cuyos alquileres en el mercado sean muy diferentes (Ob. Cit., p. 10).

[435] En este sentido, y entre otros, se pronuncian Sánchez Gallardo, F. J. (2002), Ob. Cit., p. 13; y Rodríguez Márquez, J. (2008): "La polémica en torno a la sujeción a IVA de la participación de los clubes en quinielas", *Revista Aranzadi de Derecho de Deporte y Entretenimiento*, núm. 24, p. 351.

a criterios objetivos" (el subrayado es mío)[436]. En línea con esta interpretación, la "evaluación de la contraprestación ha de realizarse sobre una base subjetiva, no siendo factible la utilización de métodos objetivos más que cuando así esté específicamente previsto"[437]. Para el caso de que la contraprestación pactada sea en especie y las partes no hayan atribuido a la misma un valor dinerario, como aparentemente sucede en el contexto que nos ocupa, coincido con Gómez Aragón (2015) en que "tal valor habrá de determinarse de manera indirecta en cada caso concreto, pero en ningún caso recurriendo para ello a criterios abstractos u objetivos (...), sino atendiendo a criterios subjetivos que pongan de manifiesto cuál es el valor realmente atribuido a la contraprestación no dineraria (...) como contravalor de la operación cuya base imponible se trata de determinar"[438].

La conclusión a la que llegamos sobre lo base de lo expuesto en los párrafos precedentes es que no parece razonable que la naturaleza onerosa de la operación se haga depender de la equivalencia en cuanto a las características o los valores de las viviendas que se intercambian, dado que el concepto de «contraprestación» no tiene carácter objetivo. Así pues, son los sujetos intervinientes en la transacción quienes han de determinar si el beneficio que les reporta el disfrute de la vivienda cedida por otro usuario (servicio recibido) es lo suficientemente elevado como para justificar la cesión de la vivienda propia (contraprestación), definiendo, de este modo, la contraprestación susceptible de ser satisfecha. Este planteamiento fundamentaría la idea de que los intercambios recíprocos de vivienda entre dos personas físicas también cumplen el requisito de onerosidad exigido por el TJUE para que pueda apreciarse la existencia de actividad económica, pues el simple hecho de aceptar la participación en la operación de intercambio implica reconocer una equivalencia entre las viviendas intercambiadas.

---

436 Sentencia *Coöperatieve Aardappelenbewaarplaats*, apartado 13. Esta referencia al principio de subjetividad de la contraprestación se encuentra presente en otras muchas sentencias posteriores del Tribunal de Justicia. Entre ellas, en la sentencia *Empire Stores*, apartado 12; y en la sentencia *Naturally Yours Cosmetics*, apartado 16.

437 Sánchez Gallardo, F. J. (2002), Ob. Cit., p. 24. En este mismo sentido, véase el trabajo de Sánchez Sánchez, Á. (2007): "La inclusión de las subvenciones en la base imponible del IVA de acuerdo a la jurisprudencia del TJCE", *Revista Técnica Tributaria*, núm. 79, p. 102.

438 Gómez Aragón, D. (2015): "Base imponible del IVA en operaciones con contraprestación no dineraria", *Carta Tributaria*, núm. 3, p. 32.

8.2. NATURALEZA ECONÓMICA

A mi modo de ver, la problemática que verdaderamente plantean los intercambios de vivienda desde la óptica del IVA, más allá de las particularidades vinculadas a la habitualidad o el carácter oneroso, guarda relación con el requisito concerniente a la naturaleza económica de la actividad desarrollada. Por un lado, podría entenderse que aquellos sujetos que aceptan ceder sus viviendas a cambio del derecho a disfrutar de la vivienda de otros actúan como auténticos oferentes de servicios de alojamiento. Esta tesis conduciría automáticamente a la conclusión de que tales sujetos llevan a cabo una actividad económica consistente en la explotación de un bien corporal con el fin de obtener ingresos continuados en el tiempo, y, por derivación, que las operaciones de intercambio realizadas se encuentran sujetas al IVA.

Por otro lado, y en un sentido totalmente opuesto al señalado, podría esgrimirse que quienes promueven la celebración de este tipo de transacciones no lo hacen en calidad de oferentes-empresarios (esto es, con la finalidad de intervenir en la producción y distribución de servicios de alojamiento), sino como miembros de una comunidad a cuyo buen funcionamiento desean contribuir (y en la que, de hecho, muchas veces participan en calidad de demandantes-consumidores). De ser este el caso, y sin perjuicio de que las condiciones relativas al carácter oneroso, independiente y habitual resultasen acreditadas, la naturaleza económica (y consiguiente sujeción al IVA) de las prestaciones efectuadas quedaría excluida ante la ausencia de una finalidad empresarial o comercial por parte de aquellos.

Pues bien, un examen de las circunstancias que rodean a las operaciones de intercambio celebradas en el marco de plataformas colaborativas como HomeExchange me lleva a defender que la segunda de las alternativas planteadas se muestra más acorde con la realidad fáctica de la situación y es, por tanto, la que debería prevalecer. A este respecto, y siguiendo la doctrina del TJUE, considero que los intercambios analizados entran dentro de lo que podría calificarse como marco normal de gestión del patrimonio personal del propio interesado[439], independientemente de que lo ofrecido sea una vivienda propia (supuesto habitual del oferente-propietario) o un inmueble sobre el que se ostente otro tipo de derechos.

439 En este mismo sentido se ha pronunciado la Comisión Europea (2015), Ob. Cit., p. 10.

Bien es cierto, y así debe admitirse, que, de acuerdo con la jurisprudencia comunitaria, el recurso a plataformas online para la publicitación de las viviendas o plazas de alojamiento disponibles constituiría un indicio a favor de la existencia de actividad económica. Y ello porque, tal y como se ha reconocido ya en diversas ocasiones, las iniciativas consistentes en la realización de gestiones activas de comercialización mediante el empleo de medios habitualmente utilizados por otros empresarios, como es el caso de internet, refuerzan la tesis de que la explotación del bien de que se trate se efectúa con una finalidad comercial o en un contexto de objetivos empresariales. Sin embargo, no me parece que este criterio pueda reputarse determinante a la hora de apreciar la naturaleza económica de la actividad en un escenario como el que ahora se describe.

En primer lugar, y aun cuando la naturaleza económica no se haga depender de los objetivos perseguidos mediante el ejercicio de la actividad ni de los resultados alcanzados[440], aceptar que un individuo actúa en un contexto de objetivos empresariales cuando, generalmente movido por la búsqueda de un ahorro económico o por el sentimiento de pertenencia a la comunidad, formaliza un intercambio de vivienda con otro sujeto constituye, a mi juicio, una interpretación forzada. Asimismo, conviene tener en cuenta que los objetivos perseguidos por estos individuos podrían no llegar a alcanzarse si no fuera por el empleo de determinadas plataformas de internet que han emergido en los últimos años. Desde este punto de vista, el uso de las nuevas tecnologías de la información y la comunicación no sólo conlleva una mayor disponibilidad de información y un incremento de las posibilidades de promoción y publicidad, sino que, muchas veces, son precisamente dichas tecnologías las que hacen posible la toma de contacto y la celebración de acuerdos entre dos sujetos con necesidades similares. Dado que difícilmente podría pensarse en un medio distinto para la consecución de los fines pretendidos, opino que internet no debería concebirse, al menos en este supuesto particular, como medio de comercialización habitual en el ámbito empresarial, sino como única herramienta disponible (o quizá como herramienta más efectiva) para la puesta en contacto de personas totalmente desconocidas y a menudo residentes en diferentes partes del mundo que comparten una serie de motivaciones e intereses.

En segundo lugar, como el propio Tribunal de Justicia ha señalado, el mero ejercicio del derecho de propiedad por parte de su titular no puede considerarse

440 Artículo 9.1 de la Directiva IVA y artículo 4.Tres de la Ley 37/1992.

por sí solo constitutivo de una actividad económica. En principio, nada se opone a que, en el ejercicio de sus derechos legítimos, el propietario, usufructuario o arrendatario de una vivienda que tiene intención de pasar unos días fuera ofrezca a otros individuos interesados la posibilidad de utilizar el inmueble durante su ausencia, ya sea en el marco de una operación de intercambio recíproco o no recíproco. Esta interpretación no se vería afectada por el hecho de que tales intercambios se ofreciesen con mayor o menor regularidad, ya que las propias condiciones de las transacciones efectuadas (generalmente impuestas por las reglas de funcionamiento de las plataformas en las que se opera) impiden que dichas transacciones constituyan una fuente de ingresos para aquellos que participan en las mismas. De aquí también la posibilidad de entender que las citadas plataformas no son empleadas por los usuarios como "medios de comercialización" (puesto que su voluntad no es la comercialización de servicios), sino como mero punto de encuentro entre miembros de una comunidad determinada.

En un sentido muy similar al apuntado se pronunciaba el Comité IVA en el Documento de trabajo "*VAT treatment of the sharing economy*", publicado en el año 2015, en el que se matizaba que la finalidad de obtener ingresos no es evidente cuando dos individuos intercambian apartamentos durante un periodo vacacional, como también resulta dudosa la posibilidad de conferir a aquellos la calificación de sujetos pasivos del IVA. En efecto, puede ocurrir que la razón principal por la que un individuo ofrece su casa durante las vacaciones en el marco de una plataforma colaborativa consista en tener acceso a otra de las casas ofertadas en la plataforma[441]. Si el principal objetivo de la persona que ofrece su casa fuera la de obtener ingresos, sería quizás más fácil alquilar directamente el inmueble, lo que podría hacerse también recurriendo al empleo de una plataforma colaborativa. Así pues, la evaluación deberá hacerse caso por caso. Dado que la economía colaborativa cubre una gran multitud de plataformas y transacciones, la valoración acerca del propósito perseguido no será la misma en el supuesto de individuos que intercambian casas una vez al año durante el periodo de vaca-

441 A esta cuestión nos referíamos al comienzo de este mismo epígrafe al plantear la posibilidad de que los individuos que se registran en plataformas como HomeExchange no ofrezcan su vivienda a otros usuarios en calidad de oferentes-empresarios, sino en calidad de demandantes-consumidores. Ello supone que estarían ofreciendo el uso y disfrute de sus viviendas a otros miembros de la comunidad a modo de contraprestación por un servicio que ellos mismos desean consumir (ahora o en el futuro).

ciones que en el de los individuos que ofrecen un gran número de apartamentos vacacionales a lo largo del mismo[442].

9. OBLIGACIONES FORMALES

A la hora de analizar las obligaciones, tanto formales como materiales, que recaen sobre los arrendadores de viviendas turísticas situadas en el TAI, lo primero que debe subrayarse es que, desde el 1 de enero de 2023, la condición de sujeto pasivo respecto de aquellas prestaciones de arrendamiento que no vayan acompañadas de servicios complementarios propios de la industria hotelera recaerá siempre en la persona del arrendador. Ello será así con independencia del lugar donde radique la residencia habitual o la sede de la actividad económica del referido sujeto, y, tratándose de una persona física o entidad no residente en territorio español, del hecho de que la vivienda o viviendas ofertadas constituyan o no un establecimiento permanente a efectos de este impuesto.

Lo mismo sucederá, recordemos, en relación con los servicios de mediación en esta clase de arrendamientos cuando sean prestados por empresarios o profesionales no establecidos en el TAI, que, tras la reforma operada por la Ley 31/2022, quedarán sometidos a la regla general de sujeto pasivo del artículo 84.Uno.1.º de la LIVA. Como ya anticipábamos en un epígrafe anterior, esta modificación supuso cambios importantes en materia de obligaciones formales frente a la situación existente hasta 31 de diciembre de 2022, en la que muchos arrendadores de viviendas turísticas (personas físicas residentes en España exclusivamente dedicadas a la realización de cesiones exentas) se veían obligados a ingresar en la Hacienda española el IVA devengado con motivo de la prestación de aquellos servicios de mediación y a cumplir con una serie de exigencias de las que, en otro caso, se habrían visto exonerados.

Aclarado lo anterior, conviene remitirse al artículo 164.Uno de la LIVA, que atribuye a los sujetos pasivos del impuesto las obligaciones que se relacionan a continuación:

1) Presentar declaraciones relativas al comienzo, modificación y cese de la actividad.

[442] Comisión Europea (2015), Ob. Cit., pp. 8-9.

2) Solicitar de la Administración el número de identificación fiscal y comunicarlo y acreditarlo en los supuestos que se establezcan.
3) Expedir y entregar factura de todas las operaciones, ajustada a lo que se determine reglamentariamente.
4) Llevar la contabilidad y los registros que resulten procedentes, sin perjuicio de lo dispuesto en el Código de Comercio y demás normas contables.
5) Presentar periódicamente, o a requerimiento de la Administración, información relativa a las operaciones económicas con terceras personas y, en particular, una declaración recapitulativa de operaciones intracomunitarias.
6) Presentar las declaraciones-liquidaciones correspondientes e ingresar el importe del impuesto resultante.
7) Presentar una declaración-resumen anual.
8) Nombrar un representante a efectos del cumplimiento de las obligaciones impuestas cuando se trate de sujetos pasivos no establecidos y concurran determinadas condiciones.

Dada la influencia que la exención por arrendamiento de vivienda está llamada a tener sobre la exigibilidad de buena parte de las obligaciones enumeradas, procederemos a examinar cada una de ellas con mayor nivel de detalle.

9.1. PRESENTACIÓN DE DECLARACIONES CENSALES DE ALTA, MODIFICACIÓN Y CESE DE ACTIVIDAD (MODELOS 036 Y 037)

Conforme al artículo 9.1 del RGGIT, quienes hayan de formar parte del Censo de Empresarios, Profesionales y Retenedores deberán presentar una declaración de alta en el mismo. Previamente, el artículo 3.2 de este mismo reglamento aclara que:

> "El Censo de Empresarios, Profesionales y Retenedores estará formado por las personas o entidades que desarrollen o vayan a desarrollar en territorio español alguna de las actividades u operaciones que se mencionan a continuación:
>
> a) Actividades empresariales y profesionales. Se entenderá por tales aquellas cuya realización confiera la condición de empresario o profesional (...).
>
> No se incluirán en el Censo de Empresarios, Profesionales y Retenedores quienes efectúen exclusivamente arrendamientos de inmuebles exentos del Impuesto sobre el Valor Añadido, conforme al artículo 20.uno.23.° de la Ley

> 37/1992 (...), siempre que su realización no constituya el desarrollo de una actividad empresarial de acuerdo con lo dispuesto en la normativa reguladora del Impuesto sobre la Renta de las Personas Físicas".

El artículo 27.2 de la Ley del IRPF, recordemos, califica el arrendamiento de inmuebles como actividad económica únicamente cuando para su ordenación "se utilice, al menos, una persona empleada con contrato laboral y a jornada completa". De aquí se infiere que, en el ámbito de los servicios de alojamiento turístico en viviendas, no regirá la obligación de presentar declaración de alta, modificación y cese de actividad cuando concurran simultáneamente tres condiciones:

1) Que las cesiones efectuadas se realicen para uso exclusivo de vivienda por parte del arrendatario (o, en su caso, de la persona o personas físicas que hayan sido designadas de forma concreta y específica en el contrato de arrendamiento como usuarias del inmueble).
2) Que el propietario de la vivienda no preste al arrendatario servicios complementarios propios de la industria hotelera.
3) Que para la ordenación de la actividad de arrendamiento no se utilice personal empleado con contrato laboral y a jornada completa.

Sí deberá cumplirse con la obligación indicada, por su parte, cuando el arrendamiento del inmueble tenga para el arrendador naturaleza de actividad económica a ojos del IRPF (sea cual sea la condición del inquilino y las concretas condiciones pactadas con el mismo) y cuando, no teniendo dicha naturaleza, se incumplan los requisitos exigidos en la LIVA para la aplicación de la exención por arrendamiento de vivienda.

Además de cursar alta en el Censo de Empresarios, los arrendadores de viviendas turísticas que se obliguen a prestar servicios hoteleros complementarios y, al mismo tiempo, sean destinatarios de servicios de mediación provistos por plataformas o agentes no establecidos en el TAI, pero sí en otro punto de la Comunidad, quedarán obligados a solicitar la inscripción en el Registro de Operadores Intracomunitarios (en adelante, ROI)[443]. A esta conclusión se llega tras

443 Si bien centramos nuestra atención en los servicios de mediación en el arrendamiento, por tratarse de uno de los supuestos más habituales en la práctica, esta observación sería extrapolable a cualesquiera otras situaciones en las que el arrendador de la vivienda turística (preste o no servicios hoteleros complementarios al inquilino) reciba servicios de empresarios o profesionales no establecidos en el TAI respecto de los que asuma la condición de sujeto pasivo del impuesto. Así podría suceder, por ejemplo, en el caso

una consideración simultánea de lo previsto en los artículos 3.3 y 25 del RGGIT. En particular, el primero de estos preceptos señala que formarán parte del ROI todas las personas o entidades que, teniendo asignado el número de identificación fiscal a que se refiere el artículo 25 del RGGIT (al que haremos alusión con la denominación de NIF-IVA), se encuentren en una serie de supuestos tasados; entre ellas, los "empresarios o profesionales que sean destinatarios de servicios prestados por empresarios o profesionales no establecidos en el territorio de aplicación del Impuesto (...) respecto de los cuales sean sujetos pasivos"[444].

Por su parte, el artículo 25 del RGGIT dispone que, a efectos del IVA, para las personas o entidades que realicen las operaciones intracomunitarias enumeradas en su apartado 2 (entre las que vuelve a hacerse referencia a la adquisición de servicios prestados por empresarios o profesionales no establecidos en el TAI respecto de los que se asuma la condición de sujeto pasivo), "el número de identificación será el definido de acuerdo con lo establecido en este reglamento, al que se antepondrá el prefijo ES, conforme al estándar internacional código ISO-3166 alfa 2". Este número de identificación, matiza seguidamente el legislador, "se asignará cuando se solicite por el interesado la inclusión en el Registro de operadores intracomunitarios".

Huelga subrayar, finalmente, que, a tenor de lo previsto en el artículo 79.1.4.º del Reglamento del IVA, tienen la consideración de adquisiciones intracomunitarias de servicios "las prestaciones de servicios sujetas y no exentas en el territorio de aplicación del Impuesto que sean prestadas por un empresario o profesional cuya sede de actividad económica o establecimiento permanente desde el que las preste o, en su defecto, el lugar de su domicilio o residencia habitual, se encuentre en la Comunidad pero fuera del territorio de aplicación del Impuesto y el sujeto pasivo sea el destinatario".

---

de servicios de publicidad o asesoramiento prestados por profesionales establecidos en otros Estados, a los que también resultaría de aplicación la regla general de localización del artículo 69.Uno.1.º de la LIVA.

444 Artículo 3.3.c) del RGGIT.

9.2. SOLICITUD Y COMUNICACIÓN DEL NÚMERO DE IDENTIFICACIÓN FISCAL

De acuerdo con el artículo 18.1 del RGGIT, "las personas físicas y jurídicas, así como los obligados tributarios a que se refiere el artículo 35.4 de la Ley 58/2003, (...) tendrán un número de identificación fiscal para sus relaciones de naturaleza o con trascendencia tributaria". Al no contemplarse ninguna especialidad, confirmamos que la obligación de disponer y, de ser necesario, acreditar el número de identificación fiscal deberá ser observada por todos los arrendadores de viviendas turísticas o vacacionales, sean cuales fueren las circunstancias concurrentes en el caso concreto. Desde este punto de vista, resultaría indiferente que el arrendador del inmueble fuese una persona física, una persona jurídica o una entidad sin personalidad jurídica propia; que estuviese establecido o no en el TAI español; y que las prestaciones efectuadas cumplieran los requisitos exigidos para quedar exentas del impuesto[445].

Al mismo tiempo, y en línea con lo comentado el apartado 9.1 anterior, los arrendadores de viviendas turísticas que se obliguen a proporcionar servicios complementarios propios de la industria hotelera y actúen como sujetos pasivos con respecto a los servicios de mediación prestados por empresarios o profesionales establecidos fuera del TAI, pero dentro de la Comunidad, quedarán obligados a cumplir con la especialidad prevista en el artículo 25 del RGGIT, que se concreta en la solicitud y posesión del llamado NIF-IVA.

9.3. EXPEDICIÓN Y ENTREGA DE FACTURA

El artículo 3.1 del Real Decreto 1619/2012, de 30 de noviembre, por el que se aprueba el Reglamento por el que se regulan las obligaciones de facturación (en adelante, Reglamento de facturación) enumera una serie de supuestos en los que, con carácter general, se exonera al sujeto pasivo de la obligación de expedir factura. Entre ellos, y a los efectos que aquí nos interesan, se alude expresamente

[445] Tratándose de servicios de arrendamiento prestados por personas físicas con residencia habitual en el TAI, no obstante, debe matizarse que el cumplimiento de la obligación indicada se traduciría en la mera posesión de un documento nacional de identidad válido (artículo 19.1 del RGGIT). En lo que atañe a las personas físicas de nacionalidad extranjera, véase el artículo 20 del mismo texto normativo. Para las personas jurídicas y entidades sin personalidad jurídica propia, véase lo dispuesto en los artículos 22 a 24.

a las operaciones exentas de IVA "en virtud de lo establecido en el artículo 20 de su ley reguladora"[446], con dos excepciones:

1) Prestaciones de servicios definidas en el artículo 20.Uno, apartados 16.º y 18.º, que cumplan ciertos requisitos[447].
2) Operaciones exentas de IVA conforme al artículo 20.Uno, apartados 2.º, 3.º, 4.º, 5.º, 15.º, 20.º, 21.º, 22.º, 24.º y 25.º[448].

Como podemos comprobar, las prestaciones consistentes en el arrendamiento de bienes inmuebles, a las que se refiere el artículo 20.Uno de la LIVA en su apartado 23.º, quedan excluidas del catálogo de operaciones para las que sí resulta obligatoria la expedición de factura al destinatario de la operación. Ello justificaría la exclusión del ámbito objetivo de la exigencia analizada de los arrendadores que se limiten a realizar cesiones de uso de viviendas exentas del impuesto, a menos que, en los términos señalados en el artículo 2.2.a) del Reglamento de facturación, el destinatario de la prestación sea un empresario o profesional actuando como tal, o, no siéndolo, exija la expedición de dicho documento justificativo para el ejercicio de cualquier derecho de naturaleza tributaria[449]. Así podría suceder, por ejemplo, en el caso de un abogado o un asesor fiscal por cuenta propia que se desplaza a otro municipio por razones profesionales y, en lugar de alojarse en un hotel, opta por reservar una vivienda destinada al uso turístico o vacacional, dándose la circunstancia de que el precio pagado por el alquiler, siempre que esté debidamente justificado, sea gasto deducible de sus rendimientos de la actividad económica.

---

446 Artículo 3.1.a) del Reglamento de facturación.

447 Artículo 3.2 del Reglamento de facturación, al que expresamente se remite la letra a) de su apartado 1.

448 Artículo 3.1.a) del Reglamento de facturación. En efecto, tras excluirse la obligación de expedir factura en relación con las operaciones exentas del artículo 20 de la LIVA, el citado precepto matiza: "No obstante, la expedición de factura será obligatoria en las operaciones exentas de este Impuesto de acuerdo con el artículo 20.Uno.2.º, 3.º, 4.º, 5.º, 15.º, 20.º, 22.º, 24.º, 25.º y 28.º de la Ley del Impuesto".

449 Más específicamente, dispone el artículo 2.2 del Reglamento de facturación que: "2. Deberá expedirse factura y copia de esta en todo caso en las siguientes operaciones: a) Aquellas en las que el destinatario sea un empresario o profesional que actúe como tal, (...) así como cualesquiera otras en las que el destinatario así lo exija para el ejercicio de cualquier derecho de naturaleza tributaria".

De no resultar aplicable la exención del artículo 20.Uno.23.º, bien porque no se efectúe un uso exclusivo de vivienda por parte del arrendatario (o persona física designada en el contrato), bien porque se presten servicios hoteleros complementarios, el arrendador del inmueble quedará obligado a repercutir al inquilino el IVA devengado mediante la expedición y entrega de la correspondiente factura, que deberá ajustarse a los requisitos determinados reglamentariamente. Entre otros aspectos, y en consonancia con lo dispuesto en el artículo 88.Dos de la Ley 37/1992, en la factura expedida deberá "consignarse la cuota de IVA repercutida separadamente de la base imponible y con especificación del tipo impositivo aplicado"[450].

Tratándose de un arrendador que actúe como sujeto pasivo respecto de las prestaciones recibidas de otros empresarios o profesionales (como podrían ser, bajo ciertas condiciones, los servicios de mediación prestados por plataformas no establecidas en el TAI), debe matizarse que la regla de inversión no conllevará para aquel la obligación de expedir factura por las citadas operaciones. Esta obligación recaerá en todo caso sobre el prestador del servicio de que se trate, que deberá emitir la factura sin IVA y entregarla al arrendador del inmueble. En lo que concierne a los requerimientos formales a los que tendría que ajustarse la factura expedida en este tipo de escenarios, establece el artículo 226 de la Directiva 2006/112 que, en los supuestos de exención o cuando el destinatario de la operación sea deudor del impuesto, dicho documento deberá incluir "la referencia a las disposiciones aplicables de la presente Directiva, a las disposiciones nacionales correspondientes o a cualquier otra indicación de que la entrega de bienes o la prestación de servicios está exenta o sujeta a la autoliquidación"[451].

Finalmente, y volviendo a centrarnos en los arrendamientos de vivienda que no resulten exentos por aplicación del artículo 20.Uno.23.º de la LIVA, conviene remitirse al contenido del artículo 4 del Reglamento de facturación, donde se reconoce la posibilidad de dar cumplimiento a la obligación examinada en este

[450] Esta misma exigencia se encuentra contemplada en el artículo 6.1 del Reglamento de facturación.

[451] La transposición de esta previsión normativa al ordenamiento jurídico español se hace efectiva en el artículo 6 del Reglamento de facturación, cuyo apartado 1.m) alude expresamente a la necesidad de incluir en la factura la mención «inversión del sujeto pasivo» en aquellos casos en los que el sujeto pasivo del impuesto sea el adquirente o destinatario de la operación gravada.

epígrafe mediante la expedición de factura simplificada en una serie de situaciones tasadas[452]. Entre ellas:

1) Cuando el importe documentado en la factura no exceda de 400 euros (IVA incluido), sean cuales sean las circunstancias que justifican el sometimiento a gravamen de la operación[453].
2) Cuando el importe documentado en la factura no supere los 3.000 euros (IVA incluido) y se trate de servicios "de hostelería y restauración prestados por restaurantes, bares, cafeterías, horchaterías, chocolaterías y establecimientos similares, así como el suministro de bebidas o comidas para consumir en el acto"[454].

Como la propia DGT ha subrayado, los arrendadores de viviendas turísticas que deban repercutir IVA a sus inquilinos por obligarse frente a ellos a la prestación de servicios hoteleros complementarios únicamente podrían expedir facturas simplificadas por vía de lo indicado en el número 1) anterior, al no tratarse de servicios prestados en los establecimientos de hostelería que, de forma expresa y taxativa, se enumeran en el artículo 4.2.e) del Reglamento de facturación[455]. Esto supone que, tratándose de arrendamientos de vivienda sujetos y no exentos del impuesto cuya contraprestación supere los 400 euros, la factura expedida y entregada al destinatario tendrá que ajustarse necesariamente a lo previsto en el artículo 6 de este último reglamento.

9.4. CONTABILIDAD Y LLEVANZA DE REGISTROS

Según la postura mantenida por la DGT en la consulta V0373-07, en la medida en la que un sujeto pasivo del IVA "no tenga la obligación de expedir factura, no será necesaria la llevanza del Libro Registro de facturas expedidas". Lo mismo sucederá en relación con el Libro Registro de facturas recibidas, dado que, si la actividad realizada está exenta del impuesto, "no habrá derecho a deducir las cuotas soportadas en la adquisición de bienes y servicios para dicha actividad".

---

452 En lo que atañe al contenido de la factura simplificada, véase el artículo 7 del Reglamento de facturación.

453 Artículo 4.1.a) del Reglamento de facturación.

454 Artículo 4.2.e) del Reglamento de facturación.

455 A este respecto, puede verse la consulta V0946-17.

La puesta en marcha del sistema de gestión del IVA basado en el suministro inmediato de información[456], no obstante, trajo consigo una actualización del criterio defendido por este Centro Directivo en lo que atañe al libro registro de facturas recibidas. Este cambio de criterio se encuentra recogido en la consulta V1588-17, que, por su interés, pasamos a reproducir:

"(...) debe tenerse en cuenta que el nuevo sistema de llevanza de libros a través de la sede electrónica de la Agencia Estatal de Administración Tributaria se basa en el envío automatizado de registros de facturación, de tal forma, que sin que sea necesario el suministro o envío de la propia factura, los registros contenidos en la misma son el fundamento de la información a suministrar.

(...) el nuevo sistema de llevanza de libros registros permitirá reducir sustancialmente las cargas administrativas asociadas al suministro periódico de información que atañe al sujeto pasivo, y la información obtenida a través del suministro electrónico de los registros de facturación será puesta a disposición de aquellos empresarios o profesionales con quienes hayan efectuado operaciones aquellas personas y entidades que, bien de forma obligatoria o tras ejercer la opción, lleven los libros registro a través de la Sede electrónica, constituyendo una herramienta de asistencia al contribuyente en la elaboración de sus declaraciones-liquidaciones por el Impuesto sobre el Valor Añadido.

Por otra parte, los empresarios o profesionales a los que será de aplicación el nuevo sistema de llevanza de libros serán exonerados de la obligación de presentar las declaraciones sobre las operaciones con terceras personas realizadas durante el año natural mediante la supresión de la obligación de presentación del «modelo 347», así como de la presentación de la Declaración informativa a que se refiere el artículo 36 del Reglamento General de las actuaciones y los procedimientos de gestión e inspección tributaria (...), y de la Declaración-resumen anual del Impuesto sobre el Valor Añadido.

En consecuencia se hace necesario modificar el criterio señalado en la consulta de 26 de febrero de 2007.

456 Sistema introducido, con efectos 1 de enero de 2017, por el Real Decreto 596/2016, de 2 de diciembre, para la modernización, mejora e impulso del uso de medios electrónicos en la gestión del Impuesto sobre el Valor Añadido, por el que se modifican el Reglamento del Impuesto sobre el Valor Añadido, aprobado por el Real Decreto 1624/1992, de 29 de diciembre, el Reglamento General de las actuaciones y los procedimientos de gestión e inspección tributaria y de desarrollo de las normas comunes de los procedimientos de aplicación de los tributos, aprobado por el Real Decreto 1065/2007, de 27 de julio, y el Reglamento por el que se regulan las obligaciones de facturación, aprobado por el Real Decreto 1619/2012, de 30 de noviembre.

De esta forma, no será necesaria la llevanza del libro registro de facturas expedidas cuando el consultante no tenga la obligación de expedir factura por todas sus operaciones (...).

No obstante, sí será necesaria la llevanza del libro registro de facturas recibidas, con carácter general, por el empresario o profesional, con independencia de que la actividad realizada se encuentre totalmente exenta del Impuesto y sin derecho a la deducción de las cuotas soportadas en la adquisición de bienes y servicios para dicha actividad"[457].

A mi modo de ver, de la literalidad del razonamiento transcrito se infiere que los empresarios y profesionales que se encuentren acogidos al sistema basado en el suministro electrónico de los registros de facturación (en adelante, SII) quedarán obligados a la llevanza del libro registro de facturas recibidas aun cuando todas y cada una de las operaciones que efectúen estén exentas del IVA. No sucederá lo mismo, sin embargo, con aquellos empresarios y profesionales que queden al margen de dicho sistema, al no existir obligación legal y no haber optado de forma expresa por su aplicación.

Por lo que respecta, en particular, a la actividad de arrendamiento de viviendas, debemos tener presente, en primer lugar, lo dispuesto en el artículo 62.6 del RIVA, en virtud del cual:

"(...) los libros registro a que se refiere el apartado 1 de este artículo, deberán llevarse a través de la Sede electrónica de la Agencia Estatal de Administración Tributaria, mediante el suministro electrónico de los registros de facturación, por los empresarios o profesionales y otros sujetos pasivos del Impuesto, que tengan un periodo de liquidación que coincida con el mes natural de acuerdo con lo dispuesto en el artículo 71.3 del presente Reglamento.

Además, aquellos empresarios o profesionales y otros sujetos pasivos del Impuesto no mencionados en el párrafo anterior, podrán optar por llevar los libros registro (...) a través de la Sede electrónica de la Agencia Estatal de Administración tributaria en los términos establecidos en el artículo 68 bis de este Reglamento" (el subrayado es mío).

De lo previsto en el artículo 71.3 del citado texto normativo, por su parte, se extrae la conclusión de que, a menos que se opte expresamente por ello, es improbable que los arrendadores de viviendas destinadas a la cesión de uso con fines turísticos o vacacionales se vean afectados por la exigencia de presentar de-

457 Este criterio ha sido reiterado en otras consultas posteriores del mismo Centro Directivo. Entre ellas, y solo a título de ejemplo, la V1885-21, la V2355-19, la V1627-19 o la V0869-18.

claraciones mensuales del impuesto, y, en consecuencia, por la de proceder al suministro de sus registros de facturación a través de medios electrónicos[458]. Así pues, y salvando algún supuesto excepcional que pudiera darse en la práctica, podemos deducir que los empresarios cuya única actividad consista en la prestación de servicios de arrendamiento exentos de IVA tampoco quedarán obligados a la llevanza del libro registro de facturas recibidas.

Menor problemática plantearán, como es obvio, aquellos arrendadores de vivienda turística que, dado el incumplimiento de las condiciones emanadas del artículo 20.Uno.23.º, se vean compelidos a repercutir IVA al destinatario de los servicios prestados. Y ello porque, al no ser aplicable la exención por arrendamiento de vivienda, tales arrendadores asumirán la obligación de expedir y entregar factura por la totalidad de las operaciones efectuadas y de llevar los libros registro propios de este impuesto; en particular, el libro registro de facturas expedidas, el libro registro de facturas recibidas, y, en su caso, el libro registro de bienes de inversión[459]. Esta última conclusión será independiente de la eventual aplicación del SII por parte del sujeto pasivo.

Por lo que respecta a la obligación de llevanza de contabilidad, consagrada en el artículo 164 de la LIVA, resulta preciso tomar en consideración lo señalado en el artículo 166.Dos de la misma ley, en virtud del cual "todas las operaciones realizadas por los sujetos pasivos en el ejercicio de sus actividades empresariales o profesionales deberán contabilizarse o registrarse dentro de los plazos establecidos para la liquidación y pago del impuesto". De entrada, el hecho de que ni la

---

458 A grandes rasgos, el artículo 71.3 del RIVA establece un periodo de declaración mensual para los empresarios o profesionales cuyo volumen de operaciones sea superior a los 6.010.121,04 euros, para los que voluntariamente hayan solicitado la inscripción en el Registro de Devolución Mensual y para los empresarios acogidos al régimen especial del grupo de entidades en el IVA.

459 Acerca del contenido de estos libros registro, pueden verse los artículos 63 (*Libro registro de facturas expedidas*), 64 (*Libro registro de facturas recibidas*) y 65 (*Libro registro de bienes de inversión*) del RIVA. No efectuamos aquí ninguna referencia al libro registro de determinadas operaciones intracomunitarias, al que se alude en el artículo 66 del Reglamento del impuesto, porque no parece que el tipo de operaciones susceptibles de ser anotadas en el mismo vaya a ser especialmente frecuente entre los arrendadores de viviendas turísticas o vacacionales. A este respecto, debe subrayarse que las adquisiciones intracomunitarias de servicios, que sí podrían llegar a darse en este ámbito, no tendrán que ser objeto de anotación en el mencionado registro de acuerdo con el tenor literal de aquel precepto.

Ley ni el Reglamento del IVA contemplen excepción alguna a la obligación de llevanza de contabilidad por parte de los sujetos pasivos avalaría la conclusión de que los arrendadores de viviendas destinadas al alquiler turístico o vacacional tendrán que cumplir con dicha exigencia en todo caso, esto es, con independencia de que los servicios prestados en el marco de su actividad se encuentren efectivamente gravados o no por el impuesto.

Como advierten Castellanos Rufo *et alter* (2023) al referirse a la obligación mercantil de llevanza de contabilidad, no obstante, la "carencia de un sistema sancionador ante el incumplimiento de tal deber en el ordenamiento mercantil (con las excepciones que se derivan de las obligaciones en situaciones concursales o de la falta de depósito de las cuentas anuales), deja en manos de la norma tributaria la concreción práctica de ese deber, y esta lo circunscribe a los empresarios personas jurídicas y a los empresarios personas físicas que desarrollen actividades empresariales cuyo rendimiento se determine en la modalidad normal del régimen de estimación directa"[460]. Este planteamiento nos lleva a defender que la obligación de llevanza de contabilidad en el ámbito del IVA queda reservada, de hecho, a dos grandes categorías de sujetos pasivos:

a) Los arrendadores de vivienda turística que tengan forma de entidad con personalidad jurídica propia (por ejemplo, una sociedad mercantil).

b) Los arrendadores de vivienda turística que, siendo contribuyentes del IRPF, declaren las rentas percibidas por el arrendamiento como rendimientos de la actividad económica y, además, cuantifiquen su rendimiento neto de conformidad con la modalidad normal del método de estimación directa.

Al margen de aquella obligación quedarán, por tanto, los arrendadores personas físicas que, o bien declaren las rentas obtenidas como rendimientos del capital mobiliario o inmobiliario en el IRPF, o bien las declaren como rendimientos de la actividad económica y procedan a la determinación del rendimiento neto por aplicación del método de estimación directa simplificada, siendo estas

460 Castellanos Rufo, E. *et alter* (2023): *Memento Práctico Contable*, Madrid: Francis Lefebvre, apartado 510 (Consultado en: https://online.elderecho.com/). Nótese que la normativa mercantil obliga a la llevanza de contabilidad a todos los empresarios que desarrollen actividades de esta misma naturaleza. Así sucede en el caso particular de la actividad de arrendamiento, dado que el artículo 326 del Código de Comercio tan solo excluye el carácter mercantil de las actividades agrícolas, ganaderas y de artesanía.

las dos situaciones más frecuentes en el sector del alojamiento turístico en viviendas particulares.

En efecto, el hecho de que un arrendador no se obligue a la prestación de servicios complementarios propios de la industria hotelera y no cuente con personal empleado para la ordenación de la actividad de arrendamiento, como viene siendo habitual, justificaría la ausencia de actividad económica a ojos del IRPF, y, consecuentemente, la calificación de las rentas percibidas como rendimientos del capital inmobiliario o como rendimientos del capital mobiliario (caso de la explotación del inmueble en régimen de subarrendamiento). De contarse con personal empleado con contrato laboral y a jornada completa para el desarrollo de la actividad, u obligarse el arrendador a la prestación de servicios hoteleros adicionales, las rentas obtenidas tendrían que declararse en el IRPF como rendimientos de actividades económicas. Ahora bien, el umbral establecido en la normativa reguladora de dicho impuesto para que resulte obligatoria la modalidad normal del método de estimación directa es tan elevado (más de 600.000 euros en el año inmediato anterior) que serán pocos los supuestos en los que el arrendador se vea compelido a cuantificar su rendimiento neto por esta vía[461]. Tampoco consideramos probable que el citado individuo opte por renunciar a la modalidad de estimación directa simplificada en los términos previstos en el artículo 30.1 de la Ley del IRPF, habida cuenta de las ventajas inherentes a la aplicación práctica de la misma[462].

---

461 En concreto, el artículo 30.1, párrafo segundo, de la Ley del IRPF establece que: "La modalidad simplificada se aplicará para determinadas actividades económicas cuyo importe neto de cifra de negocios, para el conjunto de actividades desarrolladas por el contribuyente, no supere los 600.000 euros en el año inmediato anterior, salvo que renuncie a su aplicación, en los términos que reglamentariamente se establezcan". A este mismo respecto, puede verse lo dispuesto en el artículo 28 de su reglamento de desarrollo.

462 La renuncia a la modalidad simplificada del método de estimación directa se encuentra regulada en el artículo 29 del Reglamento del IRPF. Entre las ventajas asociadas a la aplicación de dicha modalidad se encuentra, precisamente, la sustitución de la obligación de llevar contabilidad ajustada a las disposiciones del Código de Comercio por la llevanza de los libros registros a los que se refiere el artículo 68.3 del mismo texto normativo (libro registro de ventas e ingresos; libro registro de compras y gastos; y libro registro de bienes de inversión).

9.5. INFORMACIÓN RELATIVA A OPERACIONES ECONÓMICAS CON TERCERAS PERSONAS (MODELO 347)

El artículo 32 del RGGIT excluye a determinados sujetos de la obligación de presentar la declaración anual de operaciones con terceras personas. Entre ellos, y a los efectos que aquí nos interesan, quedan exoneradas de la mencionada obligación las personas o entidades que se encuentren en alguna de las siguientes situaciones:

1) No haber realizado operaciones con respecto a otra persona o entidad que, en su conjunto, hayan superado la cifra de 3.005,06 euros durante el año natural correspondiente[463].
2) Haber efectuado exclusivamente operaciones no sometidas al deber de declaración[464].
3) Estar obligados o haber optado de forma expresa por la llevanza de los registros de facturación de forma electrónica, conforme a lo establecido en el artículo 62.6 del RIVA[465].

A continuación, el artículo 33.2.d) de la misma norma cataloga como operaciones excluidas del deber de declaración "los arrendamientos de bienes exentos del Impuesto sobre el Valor Añadido realizados por personas físicas o entidades sin personalidad jurídica al margen de cualquier otra actividad empresarial o profesional."

Tal y como se desprende de la literalidad de las previsiones transcritas, quedan dispensadas de la exigencia de presentar la declaración anual de operaciones con terceras personas las personas físicas y entidades sin personalidad jurídica propia que se dediquen en exclusiva a la prestación de servicios de alojamiento turístico exentos de IVA. En aquellos supuestos en los que la actividad desarrollada consista total o parcialmente en la prestación de servicios de arrendamiento sujetos y no exentos, y también en todo caso cuando el prestador de los servicios de alojamiento sea una persona jurídica (con independencia de que repercuta o no el IVA en sus operaciones), subsistirá la obligación general de información prevista en el artículo 164.5.º de la Ley del impuesto.

---

463 Artículo 32.c) del RGGIT.

464 Artículo 32.d) del RGGIT.

465 Artículo 32.e) del RGGIT, que se remite a los obligados tributarios "a que se refiere el artículo 62.6 del Reglamento del Impuesto sobre el Valor Añadido".

La obligación aludida en el párrafo precedente se concreta en la presentación del modelo 347, en el que deberá recogerse información sobre todas las operaciones que se han llevado a cabo a lo largo del año natural (tanto exentas como no exentas), a excepción de "aquellas operaciones respecto de las que exista una obligación periódica de suministro de información a la Administración tributaria estatal y (...) como consecuencia de ello hayan sido incluidas en declaraciones específicas (...) cuyo contenido sea coincidente"[466]. Este podría ser el caso de los servicios de intermediación (o de cualquier otra naturaleza) recibidos de terceros no establecidos en el TAI, pero sí en la Comunidad, respecto de los que el arrendador haya actuado como sujeto pasivo del IVA, al tratarse de operaciones que necesariamente deberán figurar en la llamada «Declaración recapitulativa de operaciones intracomunitarias» (modelo 347)[467].

9.6. DECLARACIONES PERIÓDICAS DEL IMPUESTO Y DECLARACIÓN RESUMEN ANUAL (MODELOS 303 Y 390)

El artículo 71 del RIVA exime de la obligación de presentar declaraciones-liquidaciones periódicas, y también de la obligación de presentar la declaración-resumen anual a la que se refiere su apartado 7, a los sujetos pasivos que realicen exclusivamente las operaciones exentas comprendidas en los artículos 20 y 26 de la Ley 37/1992. En cualquier otro supuesto, las obligaciones indicadas subsistirán, incluso cuando no existan cuotas devengadas ni se practique deducción de las cuotas soportadas o satisfechas[468].

Los arrendadores de viviendas turísticas que únicamente presten servicios de alojamiento sujetos y no exentos, por su parte, al igual que aquellos que simultáneamente efectúen prestaciones exentas y no exentas, deberán consignar en sus declaraciones las cuotas de IVA devengadas por los servicios de arrendamiento prestados a terceros, así como las devengadas en las prestaciones de servicio de cualquier naturaleza respecto de las que hayan actuado como sujetos pasivos. El importe de dichas cuotas se minorará en el de aquellas que se hayan soportado

466 Artículo 33.2.i) del RGGIT. Acerca de la cumplimentación de esta declaración informativa, puede verse el artículo 34 del RGGIT.

467 Todas las particularidades de esta declaración recapitulativa se encuentran reguladas en los artículos 78 a 81 del RIVA.

468 Así se reconoce de forma expresa en el artículo 71.1, párrafo segundo, del RIVA.

en la adquisición de bienes y servicios destinados a la actividad de alquiler y cumplan todos los requisitos necesarios para ser objeto de deducción[469].

La obligación de presentar declaraciones periódicas del impuesto determinará, a su vez, la obligación de presentar la declaración-resumen anual. A estos efectos, no obstante, debe tomarse en consideración lo previsto en el artículo 1.3 de la Orden EHA/3111/2009, de 5 de noviembre, por la que se aprueba el modelo 390, en el que, sobre la base de la habilitación conferida en los apartados 1 y 7 del artículo 71 del RIVA, se exime de la declaración-resumen anual, entre otros, a los sujetos pasivos que, estando obligados a liquidar el IVA con periodicidad trimestral, desarrollen exclusivamente la "actividad de arrendamiento de bienes inmuebles urbanos"[470]. Esta previsión normativa dejaría fuera del ámbito objetivo de la exigencia analizada a aquellos arrendadores que se limiten a realizar cesiones de uso de vivienda turística sin prestación de servicios complementarios propios de la industria hotelera, dado que, según el criterio administrativo, los servicios de esta naturaleza son más propios de una actividad de hostelería que de una actividad de «arrendamiento de bienes inmuebles» en el sentido estricto del término. Ello supondría, por ejemplo, que el propietario de una vivienda turística cedida a otra persona o entidad para que la explote en régimen de subarrendamiento estaría obligado a presentar declaraciones periódicas del IVA, pero quedaría exonerado de la presentación de la declaración-resumen anual.

Por otro lado, los arrendadores de viviendas turísticas que presten servicios complementarios propios de la industria hotelera y, simultáneamente, reciban servicios de otros empresarios o profesionales no establecidos en el TAI, pero sí en el territorio de la Comunidad, respecto de los que asuman la condición de sujeto pasivo, deberán presentar la declaración recapitulativa de operaciones intracomunitarias regulada en los artículos 78 a 81 del RIVA[471]. Así, el artícu-

---

469 Acerca de la deducción del IVA soportado por los arrendadores de viviendas destinadas al alquiler turístico, puede verse el epígrafe 6 de este mismo capítulo.

470 Artículo 1.3, letra a), de la Orden EHA/3111/2009, de 5 de noviembre, por la que se aprueba el modelo 390 de declaración-resumen anual del Impuesto sobre el Valor Añadido y se modifica el anexo I de la Orden EHA/1274/2007, de 26 de abril, por la que se aprueban los modelos 036 de Declaración censal de alta, modificación y baja en el Censo de empresarios, profesionales y retenedores y 037 Declaración censal simplificada de alta, modificación y baja en el Censo de empresarios, profesionales y retenedores.

471 En particular, el artículo 79.1.4.º del RIVA extiende la obligación de presentar la citada declaración recapitulativa a los empresarios y profesionales que realicen adquisiciones

lo 79.1.4.º del mencionado texto normativo extiende la obligación de presentar una declaración recapitulativa de esta naturaleza a los empresarios y profesionales que efectúen adquisiciones intracomunitarias de servicios, atribuyéndose dicha consideración, tal y como señalábamos anteriormente, a las prestaciones que cumplan tres requisitos: 1) estar sujetas y no exentas del IVA español; 2) ser prestadas por un empresario o profesional establecido en la Comunidad pero fuera del TAI; y 3) que el sujeto pasivo de la operación sea el propio destinatario.

9.7. NOMBRAMIENTO DE REPRESENTANTE

En lo que concierne a la obligación de designar representante, conviene recordar que la explotación de un inmueble situado en el TAI español no puede reputarse constitutiva en sí misma de un establecimiento permanente en dicho territorio. De aquí se infiere la posibilidad de que los servicios de arrendamiento cuya tributación se dirime sean prestados por una persona o entidad no establecida en el ámbito de aplicación del impuesto. En principio, y en línea con lo previsto en el artículo 82 del RIVA, esta circunstancia determinaría la obligación de proceder al nombramiento de representante con anterioridad a la realización de las operaciones sujetas y de poner este hecho en conocimiento de la Administración tributaria.

Sin perjuicio de lo apuntado en el párrafo anterior, una consideración simultánea de la interpretación defendida por la doctrina administrativa y jurisprudencial en torno al concepto de «establecimiento permanente», por un lado, y de la forma en la que el artículo 164 de la LIVA configura la obligación de designar representante, por otro, nos lleva a confirmar que, en la práctica, la exigencia de la obligación examinada en este epígrafe quedará condicionada a la concurrencia simultánea de dos condiciones. En particular, será necesario que el arrendador:

a) No disponga en el TAI español de un lugar fijo de negocios, no pudiendo atribuirse esta naturaleza al inmueble ofertado en arrendamiento en la

intracomunitarias de servicios, tal y como este concepto ha sido definido en el apartado 9.1 de este mismo epígrafe.

medida en la que no se cuente con personal empleado en España para la gestión de la actividad[472].

b) No se encuentre establecido en el territorio de la Comunidad; en Canarias, Ceuta o Melilla; o en un Estado con el que existan instrumentos de asistencia mutua análogos a los instituidos en la Comunidad[473].

No dándose ninguna de las circunstancias señaladas, existirá obligación de nombrar representante aun cuando todas las prestaciones de arrendamiento efectuadas cumplan los requisitos necesarios para quedar exentas del impuesto. Y ello porque la excepción contemplada en el artículo 82.2 del RIVA, estrictamente vinculada a la realización de las operaciones exentas de los artículos 23 y 24 de la Ley 37/1992, no alcanza a los sujetos pasivos no establecidos que lleven a cabo exclusivamente las operaciones exentas a las que se refiere el artículo 20 de dicha ley[474].

El representante designado podrá ser una persona física o jurídica con domicilio en el TAI español y se encargará de representar al sujeto pasivo en relación con el cumplimiento de todas las obligaciones materiales y formales propias de este impuesto[475].

472 Acerca de esta cuestión, véase el análisis realizado en el epígrafe 5.1 de este mismo capítulo.

473 Artículo 164.Uno.7.º de la LIVA. Acerca de este mismo requisito, puede verse lo establecido en el artículo 82.1, párrafo segundo, del Reglamento del impuesto.

474 En efecto, dispone el artículo 82.2 del RIVA que "los sujetos pasivos no establecidos en el territorio de aplicación del impuesto que realicen exclusivamente las operaciones exentas contempladas en los artículos 23 y 24 de la Ley del Impuesto no tendrán que cumplir las obligaciones formales a que se refiere el artículo 164 de la misma ley".

475 Artículo 82.1 del RIVA.

Capítulo 4

LA TRIBUTACIÓN DE LOS SERVICIOS DE ALOJAMIENTO TURÍSTICO EN EL ÁMBITO DE OTROS IMPUESTOS

1. IMPUESTO SOBRE SOCIEDADES

1.1. SUJECIÓN AL IMPUESTO

Tal y como se desprende de una interpretación conjunta de los artículos 7 y 8 de la LIS, las rentas derivadas de la explotación comercial de viviendas turísticas situadas en España quedarán sujetas al IS cuando concurran dos circunstancias simultáneamente[476]:

1) Que quien asume la condición de arrendador sea una persona jurídica o alguna de las entidades sin personalidad jurídica propia expresamente relacionadas por el legislador fiscal[477].
2) Que la referida entidad tenga su residencia en territorio español, entendiéndose cumplido dicho requisito cuando se haya constituido conforme a las leyes españolas, o bien, tenga su domicilio social o su sede de dirección efectiva en España[478].

---

476 A estas circunstancias se añadiría la presunción establecida en el último párrafo del artículo 8.1 de la LIS, en la que no profundizamos por razones de extensión.

477 Una tipología de entidades sin personalidad jurídica a las que se atribuye la condición de contribuyentes del IS y que podrían adquirir cierta relevancia en el sector del alquiler de viviendas turísticas son los fondos de inversión, a los que se refiere el artículo 7.1.c) de la LIS.

478 Nótese que, conforme a lo dispuesto en el artículo 8.1 de la LIS, se entiende por «sede de dirección efectiva» el lugar desde el que se dirige y controla el conjunto de las actividades.

De cumplirse estas dos condiciones, la entidad de que se trate quedará sometida al IS por la totalidad de la renta obtenida durante el periodo impositivo, con independencia de su fuente u origen, del lugar donde se hubiere producido y cualquiera que fuese la residencia del pagador[479]. Tratándose de una entidad no residente, por su parte, las rentas derivadas de la explotación de viviendas turísticas situadas en territorio español quedarían sujetas al Impuesto sobre la Renta de no Residentes (IRNR)[480].

Desde mi punto de vista, una de las primeras cuestiones que convendría analizar, una vez confirmada la sujeción al IS de las rentas percibidas por la entidad arrendadora, es la potencial consideración de esta última como entidad patrimonial a efectos del citado impuesto. A tal fin, resulta indispensable hacer alusión al concepto de «actividad económica» definido en el artículo 5 de la Ley 27/2014 y a las particularidades que, en este contexto, plantea la actividad de arrendamiento de inmuebles. Y ello porque, si bien la delimitación conceptual ofrecida en este precepto coincide con la establecida en el artículo 27 de la Ley del IRPF, ya examinada, es doctrina reiterada de la DGT que "la interpretación del concepto de actividad económica en el ámbito del Impuesto sobre Sociedades debe realizarse a la luz del funcionamiento empresarial societario, y puede diferir de la interpretación que se realice del mismo en el Impuesto sobre la Renta de las Personas Físicas, por cuanto el mismo concepto puede tener finalidades diferentes y específicas en cada figura impositiva"[481].

En concreto, el artículo 5.1 de la Ley del IS define el concepto de «actividad económica» como "la ordenación por cuenta propia de los medios de producción y de recursos humanos o de uno de ambos con la finalidad de intervenir en la producción o distribución de bienes o servicios"[482]. En el caso particular del arrendamiento de bienes inmuebles, no obstante, "se entenderá que existe actividad económica, únicamente cuando para su ordenación se utilice, al menos, una persona empleada con contrato laboral y jornada completa"[483].

---

479 Artículos 4.1 y 7.2 de la LIS.

480 A dicho impuesto haremos referencia en el epígrafe siguiente de este mismo capítulo.

481 En este sentido, y sólo a título de ejemplo, pueden verse las consultas V3199-17, V1607-17, V3860-16 y V3859-16.

482 Artículo 5.1, párrafo primero, de la LIS.

483 Artículo 5.1, párrafo segundo, de la LIS.

A mi modo de ver, y al menos a priori, la utilización del adverbio «únicamente» por parte del legislador estatal estaría poniendo de manifiesto que el hecho de disponer de una persona empleada con contrato laboral y a jornada completa para la ordenación del arrendamiento constituye un requisito mínimo indispensable (esto es, una condición *sine qua non*) para que pueda atribuirse naturaleza económica a dicha actividad, de tal forma que su incumplimiento justificaría la consideración de la entidad arrendadora como patrimonial a efectos del IS a menos que desarrollase otro tipo de actividades simultáneamente.

El criterio apuntado parece confirmarse cuando se atiende a la postura defendida por la DGT en muchas de sus consultas, en las que la existencia o no de actividad económica se hace depender exclusivamente de aquella circunstancia (al menos, esto es lo que se infiere del razonamiento esgrimido por dicho Centro Directivo a la hora dar respuesta a la cuestión planteada por el contribuyente). Así, por ejemplo, en la consulta V1299-22 se descarta automáticamente la naturaleza económica de la actividad por el mero hecho de no contarse con una persona empleada; en la V1921-21 se afirma que, con carácter general, cuando la actividad desempeñada es la de arrendamiento de inmuebles, la calificación como actividad económica exige que el contribuyente "cumpla con los requisitos establecidos en el artículo 5 de la LIS, es decir, que cuente, al menos, con una persona empleada con contrato laboral y a jornada completa"; en la V0056-20 se concluye la existencia de actividad económica por contarse con una persona empleada en los términos indicados, aun cuando la misma se ocupa de gestionar arrendamientos de distinta naturaleza[484]; y en la V3199-17, relativa a dos entidades que se dedican al arrendamiento, se sugiere que solo podrá entenderse "realizada una actividad económica en el supuesto de contar con una persona empleada con contrato laboral y jornada completa".

Sin perjuicio de lo comentado en los párrafos anteriores, es importante observar que, si bien la ausencia de persona empleada conllevaría la inexistencia de actividad económica de acuerdo con la interpretación administrativa, el hecho de contar con aquella no excluiría *per se* la posible catalogación de la arrendadora como entidad patrimonial, con el consiguiente perjuicio que ello supondría para

484 En particular, la entidad consultante desarrollaba actividades de alquiler de viviendas, alquiler de locales, y alquiler ocasional de determinadas viviendas por horas o días para la grabación o rodaje de anuncios publicitarios, catálogos de moda, etc.

la misma en términos de aplicación de ciertos beneficios fiscales propios del IS[485]. Esto es así en la medida en la que, aun dándose la circunstancia señalada, sería necesario que los inmuebles ofertados en arrendamiento, conjuntamente valorados con otra clase de activos que se utilicen de manera efectiva en el ejercicio de la actividad, representasen más del 50% del activo total del contribuyente, tal y como se infiere de lo dispuesto en el artículo 5.2 de la Ley 27/2014[486].

Por otra parte, y en lo que atañe a la posibilidad de considerar cumplida la exigencia de persona empleada cuando la ordenación de la actividad de arrendamiento sea encomendada a un tercero, la propia DGT ha admitido la referida equiparación en numerosas ocasiones, aunque haciéndola depender de un elemento determinante: que "la gestión de la actividad de arrendamiento de inmuebles requiera, dada la dimensión de la actividad a desarrollar (...) y el volumen e importancia de sus ingresos, de la disposición de una organización empresarial propia o a través de terceros"[487]. Ello nos llevaría a rechazar la naturaleza económica de la actividad cuando no se acredite la necesidad de contar, para la ordenación del patrimonio inmobiliario existente, con una persona contratada que sea suplida por un tercero que actúa como gestor. Junto a esta, la doctrina administrativa ha realizado otras dos observaciones de interés: 1) que, al objeto de confirmar si la gestión del patrimonio inmobiliario de una entidad requiere o no de persona contratada que sea suplida por un gestor, lo verdaderamente relevante "no es el personal que el gestor tenga en nómina sino qué parte de ese personal

---

485 Recordemos, solo a título de ejemplo, que las entidades que no desarrollan actividades económicas no pueden acogerse a los incentivos fiscales para las entidades de reducida dimensión previstos en los artículos 102 a 105 de la Ley del IS ni a los tipos impositivos reducidos del 23% y del 15% a los que se refiere el artículo 29.1 de la misma ley.

486 En efecto, este artículo dispone que "se entenderá por entidad patrimonial y que, por tanto, no realiza una actividad económica, aquella en la que más de la mitad de su activo esté constituido por valores o no esté afecto (...) a una actividad económica", estableciéndose a continuación una serie de especialidades que deben ser tenidas en cuenta a la hora de realizar el cálculo correspondiente.

487 Consulta V3199-17. En un sentido similar, y entre otros ejemplos, pueden verse las consultas V1604-17, V1794-17, V3860-16, V3859-16, V4400-16, V3394-15 y V3381-15. En todas ellas se confirma el cumplimiento de "los requisitos señalados en el artículo 5.1 de la LIS a los efectos de determinar que la entidad desarrolla una actividad económica, aun cuando los medios materiales y humanos necesarios para intervenir en el mercado no son propios sino subcontratados a una entidad ajena al grupo mercantil".

se destina y qué tiempo emplean a la gestión de la actividad" en cuestión[488], y 2) que no obsta para entender cumplido el requisito analizado el hecho de que la gestión de los arrendamientos se encomiende a una entidad vinculada que llevará a cabo dicha gestión con sus propios medios personales y materiales[489].

Fácilmente se observa que la postura mantenida por la doctrina administrativa acerca de esta cuestión choca frontalmente con la adoptada en el ámbito del IRPF, donde el requisito de la persona empleada se ha venido exigiendo tradicionalmente con relación a "la persona que obtiene los rendimientos derivados del arrendamiento" (propietario, arrendatario o usufructuario, según el caso)[490]. Esta diferencia de criterio se fundamentaría en la idea de que, si bien la delimitación conceptual del término «actividad económica» que ofrece la Ley 27/2014 coincide con la ofrecida por la Ley 35/2006, no dejamos de referirnos a dos conceptos regulados en normativas diferentes, que deben ser interpretados de manera autónoma en conexión con la finalidad y la esencia de cada uno de los impuestos en pugna[491]. Y, particularmente en el supuesto del IS, se reconoce la

---

488 Véanse las consultas V0133-16, V2095-16, V3393-15 y V3383-15.

489 Consultas V1089-16 y V3915-15. Interesante resulta también, a pesar de su especificidad, el razonamiento esgrimido por la DGT en su consulta V0627-10, relativa a una sociedad perteneciente a un grupo de sociedades familiar que desarrolla la actividad de arrendamiento. En ella, el mencionado Centro Directivo señala: "considerando que el cumplimiento de la norma fiscal no puede derivar en una situación de ineficiencia empresarial, podría deducirse que la actividad efectuada por las sociedades dedicadas al arrendamiento de inmuebles se efectúa contando con la necesaria organización o medios que establece el artículo 27.2 de la Ley 35/2006, siempre que los mismos sean necesarios y suficientes para la realización de tal actividad considerando cada sociedad participada de forma individual, aunque estos se encuentren, básicamente, en sede de otra sociedad, siempre que esta última y aquéllas pertenezcan al mismo grupo de sociedades (...). En definitiva, la concentración de la gestión de la actividad de arrendamiento en una sola sociedad permite reducir los medios materiales, así como los personales ante la sinergia que de ello se deriva, dado que es posible que no se requiera tantos empleados como sociedades gestionadas, siempre que a nivel individual se hubiese justificado la necesidad de esos medios personales y materiales mínimos en cada sociedad".

490 Consulta V1386-20.

491 A esta cuestión parece referirse la DGT cuando insiste en que "el preámbulo de la LIS justifica la nueva inclusión de una definición de actividad económica (...) ante la necesidad de que el Impuesto sobre Sociedades, que grava por excelencia las rentas procedentes de actividades económicas, contenga una definición adaptada a la propia naturaleza de las personas jurídicas. Por tanto, la interpretación del concepto de actividad econó-

existencia de situaciones empresariales "en las que una entidad posee un patrimonio inmobiliario relevante, para cuya gestión se requeriría al menos una persona contratada, realizando la entidad, por tanto, una actividad económica en los términos establecidos en el artículo 5 de la LIS y, sin embargo, ese requisito se ve suplido por la subcontratación de esa gestión a otras sociedades especializadas"[492].

En otro orden de cosas, conviene hacer alusión en este punto a la posibilidad de que la actividad de alquiler turístico sea desarrollada por una sociedad civil o por una comunidad de bienes, en cuyo caso la sujeción al IS de las rentas obtenidas pasaría por confirmar si esta clase de entidades tiene, o no, la consideración de contribuyente a efectos de dicho impuesto. A este respecto, debe recordarse que, conforme a lo previsto en el artículo 7.1.a) de la Ley 27/2014, son contribuyentes, siempre que residan en territorio español, "las personas jurídicas, excluidas las sociedades civiles que no tengan objeto mercantil". Esta previsión normativa, que supuso un cambio trascendental en el régimen tributario de las sociedades civiles a partir del 1 de enero de 2016, ha de completarse necesariamente con lo dispuesto en el artículo 6 de la misma ley, en el que se especifica que las sociedades civiles que no tengan la condición de contribuyentes del IS, herencias yacentes, comunidades de bienes y demás entidades a que se refiere el artículo 35.4 de la LGT tributarán con arreglo al régimen de atribución de rentas regulado en la Sección 2ª. del Título X de la Ley del IRPF[493].

Una interpretación literal de los preceptos señalados nos llevaría a excluir la sujeción al IS de las rentas procedentes de la cesión de uso de viviendas turísticas en aquellas situaciones en las que dicha actividad sea realizada directamente por una comunidad de bienes integrada por personas físicas. Sin embargo, no sucedería lo mismo de llevarse a cabo por una sociedad civil con personalidad

---

mica en el ámbito del Impuesto sobre Sociedades debe realizarse a la luz del funcionamiento empresarial societario (...)". En este sentido, pueden verse las consultas V1604-17, V1794-17, V3199-17, V0013-17, V0012-17, V3859-16, V3860-16, V4400-16, V3381-15, V3394-15 y V3744-15.

492 *Ibidem*. En muchos de los supuestos abordados, de hecho, el recurso a la figura de la subcontratación es concebido como una alternativa más eficiente que la contratación de una persona empleada en la propia entidad.

493 Nótese que, si bien la entrada en vigor de la Ley 27/2014 se produjo el 1 de enero de 2015, la Disposición transitoria trigésima segunda del citado texto normativo retrasó los efectos asociados a la consideración de las sociedades civiles como contribuyentes del IS a los periodos impositivos iniciados a partir del 1 de enero de 2016.

jurídica propia, se cuente o no con una persona empleada con contrato laboral y a jornada completa para su ordenación, habida cuenta del carácter mercantil que reviste la actividad de arrendamiento de inmuebles[494].

Esta conclusión ha sido confirmada por la DGT en reiteradas ocasiones, al reconocerse que el único contribuyente que se incorpora al ámbito del IS con la entrada en vigor de la Ley 27/2014 son las sociedades civiles con personalidad jurídica y objeto mercantil. Ello supone que, a partir del 1 de enero de 2016, las comunidades de bienes seguirán tributando como entidades en régimen de atribución de rentas[495], al igual que las sociedades civiles sin personalidad jurídica y/o sin objeto mercantil[496]. En lo que atañe a las primeras, no obstante, la consulta V1921-21 subraya la necesidad de tomar en consideración la relación existente entre la actividad de arrendamiento que, en su caso, desarrollen los comuneros y la desarrollada por la comunidad de bienes, en el sentido de que, si ambas son coincidentes y los medios materiales y personales de aquellos "se aplican a la gestión de la actividad de la comunidad como prolongación de la actividad propia de arrendamiento", los requisitos de medios de organización mínimos de la comunidad podrían entenderse cumplidos[497].

494 En este sentido, advierte la DGT en consultas como la V0015-16 y la V2221-16 que la actividad de arrendamiento de inmuebles "no se encuentra excluida del ámbito mercantil. Es decir, el carácter mercantil viene determinado por el hecho de que la actividad esté sometida al Código de Comercio, con independencia de que se cumpla o no la definición de actividad económica prevista en la LIS".

495 Entre otras, pueden verse las consultas V4138-16, V0132-16 y V2376-15.

496 A este respecto, puede verse la consulta V4167-15, relativa a una sociedad civil con personalidad jurídica cuya actividad (servicios profesionales de ejercicio terapéutico de psicopedagogía y logopedia) se encuentra excluida del ámbito mercantil.

497 A juicio de López-Santacruz Montes, J. A. (2023): "esta interpretación también debería aplicarse incluso en el caso de que los otros comuneros desarrollasen actividades distintas al arrendamiento de inmuebles, de igual manera que la externalización en la gestión de esa actividad de arrendamiento con los medios materiales y personales de la entidad contratada permite considerar que hay tal actividad económica y, por tanto, no se considera patrimonial a la entidad" [*Memento Práctico Impuesto sobre Sociedades 2023*, Madrid: Francis Lefebvre, apartado 405 (Consultado en: https://online.elderecho.com/)].

1.2. CUANTIFICACIÓN DE LA DEUDA TRIBUTARIA

A) Base imponible

Desde una perspectiva estrictamente cuantitativa, lo primero que debe matizarse, es que, entre los preceptos contenidos en la Ley del IS para corregir el resultado contable y determinar la base imponible, no figura ninguna norma destinada a modificar el tratamiento de los ingresos derivados del arrendamiento de vivienda (ya sea como vivienda habitual o como vivienda turística), de tal suerte que, a efectos fiscales, no procede practicar ningún ajuste al resultado contable del ejercicio[498]. Precisamente por la ausencia de especialidades, y de forma similar a lo sucedido con respecto a los rendimientos de la actividad económica en el IRPF, concluimos que los ingresos derivados de la actividad de alquiler turístico (con o sin prestación de servicios hoteleros complementarios) podrán minorarse en el importe de todos aquellos gastos que hayan sido necesarios para su obtención, debiendo acreditarse la debida correlación entre unos y otros. Entre dichos gastos, y solo por citar algunos ejemplos de interés, se encontrarían:

- Las cantidades derivadas de la amortización, tanto de las propias viviendas como del mobiliario arrendado conjuntamente, cuya cuantía habrá de calcularse con arreglo a los criterios establecidos en la Ley 27/2014.
- Las cantidades abonadas en concepto de servicios exteriores. Este sería el caso de los gastos de conservación y reparación de las viviendas arrendadas (que, en el seno de este impuesto, serían deducibles sin límite cuantitativo); las cuotas de arrendamiento satisfechas, tratándose de un supuesto de subarrendamiento, al propietario de los referidos inmuebles; la retribución por la prestación de servicios profesionales, como la intermediación o el asesoramiento; primas de seguros; gastos financieros; gastos de publicidad; o los gastos por suministros.
- Los tributos que recaigan sobre la vivienda cedida o sobre los rendimientos percibidos, excepto el propio IS[499]. Así pues, y entre otros, serían deducibles de los ingresos las cuotas correspondientes al Impuesto sobre

---

[498] En este mismo sentido, véase la consulta V0625-22.

[499] Respecto a la consideración del IS como gasto no deducible, véase el artículo 15.b) de la Ley 27/2014. Huelga señalar que este último precepto no recoge ninguna limitación en materia de gastos deducibles que resulte de aplicación exclusiva al sector del alojamiento en viviendas turísticas o que tenga especial incidencia en el mismo.

Bienes Inmuebles, al IAE o la tasa de recogida de residuos sólidos urbanos.

En lo que concierne al caso particular de los servicios de intermediación, conviene hacer referencia, por su interés, a la consulta V2173-23, relativa a una entidad española que opera un negocio de alquiler turístico y comercializa sus servicios a través de dos plataformas de intermediación: la plataforma A (con sede en Irlanda) y la plataforma B (con sede en los Países Bajos). La particularidad radica en que la plataforma A no permite a las empresas darse de alta con un perfil propio y, por defecto, genera todas las facturas comerciales a nombre de la persona física que se registra en lugar de aquella. Pues bien, en el marco de su razonamiento, la DGT sostiene que:

> "(...) la consultante podrá acreditar la realidad de los gastos que se correspondan con los servicios prestados por la Plataforma A, aun cuando no estén respaldados por factura, por cualquier medio de prueba generalmente admitido en derecho, teniendo en cuenta que únicamente tendrán la consideración de gastos fiscalmente deducibles a efectos del Impuesto sobre Sociedades, aquellos gastos contables que correspondan a operaciones reales, estén correlacionados con la obtención de ingresos, estén debidamente contabilizados, hayan sido imputados temporalmente con arreglo a devengo y estén debidamente justificados con arreglo a lo dispuesto en el artículo 106 de la LGT y siempre que no se trate de gastos no deducibles de acuerdo con lo dispuesto en el artículo 15 de la LIS, siendo los órganos de comprobación quienes deberán valorar la suficiencia de los medios de prueba aportados".

Por otro lado, resulta preciso traer a colación el criterio mantenido por este Centro Directivo en su consulta V1928-18, en la que se cuestiona la posibilidad de deducir los gastos relacionados con los inmuebles cuyo devengo se haya producido durante el período de tiempo en el que los mismos se encuentran en expectativa de alquiler. La DGT responde afirmativamente a esta cuestión, al entender que:

> "aunque dentro del ejercicio existan períodos de tiempo en los que los inmuebles estén (...) en expectativa de arrendamiento, o períodos de tiempo en los que los inmuebles no estén efectivamente arrendados, (...) como pueden ser los de gastos de comunidad, Impuesto sobre Bienes Inmuebles, o posibles reparaciones, tendrán la consideración de gastos fiscalmente deducibles en el período impositivo de que se trate, a efectos del Impuesto sobre Sociedades, siempre que cumplan las condiciones legalmente establecidas, en los términos de inscripción contable, imputación con arreglo a devengo, y justificación documental, en los términos anteriormente señalados.
>
> En lo que se refiere al gasto contable por amortización (...), el mismo sería fiscalmente deducible igualmente, aunque dentro del período impositivo

> existan períodos de tiempo en los que los inmuebles estén en expectativa de arrendamiento, o no estén efectivamente arrendados (…)".

Idéntico razonamiento se esgrime en la consulta V4258-16 en relación con los gastos "de suministros (agua, luz y gas); reparaciones; mantenimientos de jardines, piscinas y zonas interiores; limpieza; gastos de agentes inmobiliarios encargados de publicitar y gestionar los alquileres; intereses de préstamos; Impuesto sobre Bienes Inmuebles; tasas de basura, etc.", vinculados a unos inmuebles que, durante ciertos periodos, permanecerán "vacíos, a la espera de un nuevo arrendamiento".

Para Bahía Almansa y Cruz Padial (2018), si la normativa del IRPF se remite a la normativa del IS respecto de aquellos supuestos en los que se generen rendimientos de la actividad económica para el arrendador persona física, esta misma remisión debería avalar la deducción de todos los gastos incurridos por el citado individuo con independencia del tiempo durante el cual la vivienda permanezca arrendada, "cosa que en la actualidad no ocurre, por lo que consideramos que en este punto existe discriminación entre ambas normas tributarias"[500]. Dicha tesis chocaría con la defendida en el Capítulo 2 de este trabajo, en el que, al analizar la tributación en el IRPF de las rentas obtenidas, señalábamos que el hecho de que la vivienda turística no se encuentre arrendada de forma efectiva durante una parte del año no determinaría la necesidad de prorratear los gastos soportados por el contribuyente, siempre que el inmueble se encuentre en situación de expectativa de arrendamiento y, por ende, subsista la afectación a la actividad[501]. Y ello, en línea con lo apuntado por Desdentado Daroca, Díaz Vales y Lucas Durán (2018), porque en todo caso nos estaríamos refiriendo a "bienes afectos a la actividad económica que (...) han de estar ofertados en el mercado"[502].

Finalmente, y también con vistas a cuantificar la base imponible del IS correspondiente a la entidad arrendadora, considero factible extrapolar a este contexto la decisión adoptada por la DGT en torno al reconocimiento de las viviendas vacacionales explotadas por un empresario persona física como elementos aptos para materializar la Reserva para Inversiones en Canarias. Esta posibilidad se desprende del tenor literal de la normativa reguladora de la mencionada figura (artículo 27 de la Ley 19/1994, de 6 de julio, de modificación del Régimen Eco-

500 Bahía Almansa, B. y Cruz Padial, I. (2018), Ob. Cit., p. 77.

501 A este respecto, véase el epígrafe 1.3 del Capítulo 2.

502 Desdentado Daroca, E., Díaz Vales, F. y Lucas Durán, M. (2018), Ob. Cit., p. 84.

nómico y Fiscal de Canarias) y quedaría condicionada al cumplimiento de los requisitos exigidos al efecto[503].

B) Cuota íntegra y cuota diferencial

La cuota íntegra del IS, que resultará de multiplicar la base imponible por alguno de los tipos impositivos previstos en el artículo 29 de la Ley 27/2014, podrá minorarse en el importe de las deducciones y bonificaciones que fueran de aplicación al contribuyente. De tales beneficios fiscales, el único que podría adquirir cierta relevancia en el sector del alojamiento turístico, al menos a mi juicio, es el relativo a la bonificación por rentas obtenidas en Ceuta y Melilla.

En particular, el artículo 33.1 de la Ley del impuesto regula una bonificación del 50% de la cuota íntegra correspondiente a las rentas que cumplan un doble requisito:

a) Que hayan sido obtenidas en Ceuta o Melilla.

b) Que su perceptor sea una entidad que opera efectiva y materialmente en dichos territorios.

El primer requisito se entenderá cumplido en todo caso cuando las rentas en cuestión procedan del arrendamiento de bienes inmuebles situados en Ceuta y Melilla, tal y como se indica expresamente en el artículo 33.2, párrafo segundo, de la LIS. Por su parte, se considera que operan efectiva y materialmente en dichos territorios las entidades españolas domiciliadas fiscalmente en Ceuta y Melilla o en cualquier otro punto de la geografía española si operan en ellos mediante establecimiento permanente o sucursal, así como las entidades no residentes en España que operen en los mismos mediante establecimiento permanente[504]. Como afirman Bengochea Sala *et alter* (2024), lo cierto es que la Ley del impuesto "no establece las condiciones generales para entender cuándo una entidad residente en territorio español opera en el mismo a través de establecimientos permanentes", pero sí "regula las circunstancias que permiten determi-

503 Acerca de la aplicabilidad de este beneficio fiscal al caso particular de las viviendas turísticas, pueden verse las consultas V1731-18 y V2972-17.

504 A efectos de delimitar el ámbito subjetivo de la bonificación, habrá que estar al concepto de domicilio fiscal ofrecido en el artículo 8.2 de la LIS. Las especialidades relativas a la aplicación de dicho beneficio fiscal, por su parte, pueden consultarse en el artículo 33, apartados 3 y 6, de la misma ley.

nar su existencia en el extranjero, cuyos criterios pueden extenderse a cualquier territorio, incluso al español, para determinar la presencia o no de tales establecimientos"[505]. Esta tesis nos remitiría al concepto de «establecimiento permanente» ofrecido en el artículo 22.3 de la Ley 27/2014, que coincide en todos sus extremos con el contenido en el artículo 13.1.a) de la Ley del IRNR. Por ello, y a fin de evitar duplicidades, nos remitimos al análisis que de este último término se realizará en el epígrafe siguiente. Como veremos, la DGT ha mantenido que una entidad dedicada al arrendamiento de inmuebles opera mediante establecimiento permanente en territorio español si concurren las condiciones necesarias para atribuir naturaleza económica a dicha actividad (esto es, la existencia de una actividad económica consistente en el arrendamiento implicaría la existencia de establecimiento permanente en España).

Finalmente, y por lo que se refiere a los pagos a cuenta susceptibles de ser deducidos de la cuota líquida del IS, debe tomarse en consideración que el artículo 60 del Reglamento del impuesto reconoce la obligación de practicar retención o ingreso a cuenta sobre las rentas "procedentes del arrendamiento o subarrendamiento de inmuebles urbanos, aun cuando constituyan ingresos derivados de explotaciones económicas". Dicha obligación subsistirá en la medida en la que el pagador de la renta sea una entidad residente en territorio español, una persona física residente actuando en el ejercicio de su actividad económica o un sujeto pasivo del IRNR que opere en España mediante establecimiento permanente[506], y no concurra ninguno de los supuestos de excepción previstos en el artículo 61.i) del Real Decreto 634/2015, de 10 de julio, por el que se aprueba el Reglamento del Impuesto sobre Sociedades (en adelante, RIS)[507].

La situación descrita se produciría, por ejemplo, en el caso de un contribuyente del IS que cede a otras entidades unas viviendas turísticas de su propiedad para que sean aquellas las que procedan a su explotación comercial, siempre que

505 Bengochea Sala, J. M. *et alter* (2024), Ob. Cit., apartado 3416.

506 Artículo 128.1 de la LIS.

507 El artículo 60.1.e) del RIS establece la obligación de practicar retención sobre "las rentas procedentes del arrendamiento o subarrendamiento de inmuebles urbanos, aun cuando constituyan ingresos derivados de explotaciones económicas". A continuación, el artículo 61.i) regula una serie de excepciones. Así, por ejemplo, no existirá obligación de retener o ingresar a cuenta respecto de los rendimientos procedentes del arrendamiento de inmuebles urbanos cuando "la renta satisfecha por el arrendatario a un mismo arrendador no supere los 900 euros anuales" (apartado 2º).

lo cedido sea "un conjunto de medios materiales que acompañan a los inmuebles pero no los medios humanos u otros elementos necesarios para la explotación del inmueble con una estructura organizativa completa"[508]. Y ello, tal y como ha manifestado la DGT, porque, de darse esta última circunstancia, la cesión realizada no tendría naturaleza de arrendamiento de inmuebles urbanos, sino de arrendamiento de negocio, una tipología de renta a la que no se refiere de forma expresa el artículo 60 del Reglamento del impuesto (*Rentas sujetas a retención o ingreso a cuenta)*.

Tratándose de una renta efectivamente sometida a retención, el porcentaje aplicable será, con carácter general, del 19%. No obstante, dicho porcentaje quedará reducido a la mitad (9,5%) cuando se trate de rentas procedentes del arrendamiento o subarrendamiento de bienes inmuebles situados en Ceuta, Melilla o sus dependencias que hayan sido obtenidas por alguna de las entidades a las que hacíamos alusión al analizar la bonificación del artículo 33 de la LIS[509].

1.3. RÉGIMEN ESPECIAL DE LAS ENTIDADES DEDICADAS AL ARRENDAMIENTO DE VIVIENDA

Los artículos 48 y 49 de la Ley del IS se ocupan de regular el llamado régimen especial de las entidades dedicadas al arrendamiento de vivienda, cuyo ámbito objetivo queda limitado, por expresa disposición del legislador, a "las sociedades que tengan como actividad económica principal el arrendamiento de viviendas situadas en territorio español que hayan construido, promovido o adquirido".

Muy en la línea de lo comentado acerca de la reducción por arrendamiento de vivienda y otros beneficios fiscales previstos en la Ley del IRPF, surge la duda de si un contribuyente del IS dedicado al alquiler de viviendas turísticas podría disfrutar de las ventajas inherentes al mencionado régimen especial, materializadas en la aplicación de una bonificación del 40% sobre la parte de la cuota

---

[508] Consulta V1995-14. En una línea similar se pronuncia la DGT, asimismo, en su consulta V3084-20, en la que se aclara que si es la entidad arrendataria "la que cuenta con la estructura organizativa propia y adecuada para el desarrollo de la actividad contratando por su cuenta el personal necesario de cocina y limpieza, alquilando, exclusivamente los inmuebles donde desarrollarla, a particulares o entidades propietarios de los mismos", la operación debe ser calificada como arrendamiento de inmueble, y no como arrendamiento de negocio.

[509] Artículo 128.6, letra a), de la Ley del IS.

íntegra del impuesto que corresponda a las rentas derivadas de la actividad de arrendamiento.

La duda apuntada se resuelve sin mayores dificultades cuando se atiende a la literalidad del artículo 48.1 de la LIS, que, de forma clara y directa, vincula la posibilidad de optar por el régimen especial a la calificación de los arrendamientos concertados como «arrendamientos de vivienda» en el sentido definido en el artículo 2.1 de la LAU. Esta remisión normativa a la legislación estatal en materia de arrendamientos urbanos, y, más específicamente, a lo dispuesto en su artículo 2, excluiría automáticamente la posibilidad de que las entidades dedicadas al arrendamiento de viviendas para uso turístico o vacacional pudieran acogerse al régimen examinado, al no tratarse de arrendamientos destinados a satisfacer la necesidad permanente de vivienda del arrendatario.

Huelga señalar que la conclusión a la que se llega en el párrafo precedente resultaría extensible tanto a los supuestos en los que se acreditase la existencia de una normativa sectorial sobre viviendas de uso turístico (lo que conllevaría la inaplicación de la Ley 29/1994), como a aquellos otros en los que, no existiendo normativa sectorial, los arrendamientos en cuestión quedaran sometidos a la regulación ofrecida por la LAU respecto de los «arrendamientos para uso distinto del de vivienda» (entre ellos, los denominados «arrendamientos de temporada»), a los que no se refiere la citada norma en su artículo 2.1, sino en su artículo 3.

Desde mi punto de vista, el hecho de que los alquileres de vivienda turística se encuentren excluidos del ámbito objetivo del régimen de las entidades dedicadas al arrendamiento de vivienda queda plenamente justificado cuando se atiende a la finalidad perseguida mediante su regulación, cuyo origen se remonta al año 2003. Concretamente, fue la Ley 36/2003, de 11 de noviembre, de medidas de reforma económica, la que articuló un régimen especial en el IS para las entidades cuyo objeto social consistiera en el alquiler de viviendas, con el firme propósito de "estimular el mercado inmobiliario de viviendas en alquiler y dar respuesta a la <u>necesidad social de contar con un parque de viviendas en alquiler</u>, hoy muy limitado" (el subrayado es mío)[510]. Partiendo de esta premisa, y como afirmaba el TEAC en relación con la reducción del IRPF por arrendamiento de vivienda, puede afirmarse que el régimen analizado "perdería parte de su sentido

[510] Exposición de Motivos de la Ley 36/2003, apartado II.

si se admitiese su aplicación cuando se trata de un arrendamiento de temporada o vacacional"[511].

2. IMPUESTO SOBRE LA RENTA DE NO RESIDENTES

2.1. SUJECIÓN AL IMPUESTO

En consonancia con lo expuesto en los epígrafes dedicados al IRPF y al IS, las rentas derivadas de la explotación de viviendas de uso turístico quedarán sujetas al IRNR cuando quien asume la condición de arrendador (ya se trate de una persona física o de una persona jurídica) tenga su residencia fiscal fuera del territorio español. A este respecto, el artículo 5 del Real Decreto Legislativo 5/2004, de 5 de marzo, por el que se aprueba el texto refundido de la Ley del Impuesto sobre la Renta de no Residentes (en adelante, Ley del IRNR), atribuye la cualidad de contribuyentes por este impuesto, entre otros sujetos, a las entidades en atribución de rentas constituidas en el extranjero que tengan presencia en España[512], así como a las "personas físicas y entidades no residentes en territorio español (...) que obtengan rentas en él, salvo que sean contribuyentes por el Impuesto sobre la Renta de las Personas Físicas". Esta última observación ha de entenderse vinculada a lo previsto en el artículo 46 de la misma norma, en el que se contempla la posibilidad de que las personas físicas residentes en un Estado miembro de la UE puedan optar, bajo ciertas condiciones, por la tributación de las rentas obtenidas en España en calidad de contribuyentes del IRPF[513].

No está de más recordar que, conforme a lo indicado en el artículo 4 de la Ley del IRNR, lo en ella establecido "se entenderá sin perjuicio de lo dispuesto en los tratados y convenios internacionales que hayan pasado a formar parte del ordenamiento interno". Esta es, sin duda, una previsión normativa de gran relevancia en el contexto en el que nos encontramos, dada la extensa red de Convenios para

---

[511] TEAC, resolución de 8 de marzo de 2008, anteriormente citada, FD Cuarto.

[512] A dichas entidades se refiere el artículo 38 de la Ley del IRNR.

[513] A tenor de lo establecido en el artículo 46 de la Ley del IRNR, esta posibilidad podría ser ejercitada, por ejemplo, por una persona física residente en otro Estado de la UE que, durante el ejercicio, haya obtenido en España por rendimientos de actividades económicas al menos el 75% de la totalidad de su renta, siempre que tales rendimientos hayan tributado efectivamente durante ese periodo por el IRNR.

evitar la Doble Imposición con la que actualmente cuenta el ordenamiento jurídico español. Conscientes de la referida circunstancia, no obstante, y a la vista de la gran casuística que podría darse en la práctica, el análisis abordado en este epígrafe se realizará desde la perspectiva de la legislación española en materia de tributación de no residentes.

Pues bien, desde un punto de vista estrictamente material, ha de subrayarse que, a diferencia de lo sucedido con el IRPF y el IS (que se encuentran basados en el principio de renta mundial), el IRNR se limita a someter a imposición la renta obtenida en territorio español por los contribuyentes de dicho impuesto, teniendo esta consideración, a los efectos que aquí nos interesan:

a) Las rentas derivadas de actividades o explotaciones económicas desarrolladas con mediación de establecimiento permanente en territorio español, así como, en determinados supuestos, también las desarrolladas sin mediación de establecimiento permanente[514].

b) Rendimientos del capital mobiliario distintos de los procedentes de la participación en fondos propios, cesión a terceros de capitales propios y pago de cánones o regalías, cuando sean satisfechos en el ejercicio de una actividad económica[515].

c) Los rendimientos derivados, directa o indirectamente, de bienes inmuebles situados en territorio español o de derechos relativos a estos[516].

d) Las rentas imputadas a los contribuyentes personas físicas que sean titulares de bienes inmuebles ubicados en territorio español, en la medida en la que no se encuentren afectos a una actividad económica[517].

A priori, esta regulación nos llevaría a considerar sujetas al IRNR todas las rentas percibidas por los arrendadores de viviendas turísticas radicadas en terri-

---

514 Artículo 13.1 de la Ley del IRNR, letras a) y b).

515 Artículo 13.1.f), apartado 4º, de la Ley del IRNR.

516 Artículo 13.1.g) de la Ley del IRNR. Como señalan Bengochea Sala, J. M. *et alter* (2024), "la ley no precisa qué entiende por rendimientos inmobiliarios indirectos, aunque (...) parece que debe tratarse de rentas obtenidas existiendo por medio una sociedad instrumental o una entidad interpuesta: por ejemplo, las derivadas de derechos societarios de multipropiedad o de las participaciones en REIT (Real State Investment Trust)" [*Memento Práctico Fiscal*, Madrid: Francis Lefebvre, apartado 7696 (Consultado en: https://online.elderecho.com)].

517 Artículo 13.1.h) de la Ley del IRNR.

torio español con motivo de la cesión de uso de las mismas, ya sea en condición de propietarios, usufructuarios o arrendatarios de los citados inmuebles; ya se trate de personas físicas, personas jurídicas o entidades en régimen de atribución de rentas; y sin perjuicio de que la actividad de arrendamiento tenga o no naturaleza de actividad económica desde la óptica del impuesto estudiado. Asimismo, y solo para el caso de contribuyentes personas físicas que no ejerzan el arrendamiento como actividad económica, quedarían sometidas a tributación las rentas presuntas derivadas de la titularidad de las viviendas vacacionales que permanezcan vacías y en expectativa de arrendamiento durante, al menos, una parte del año natural.

2.2. CUANTIFICACIÓN DE LA BASE IMPONIBLE

En aras a identificar los criterios que deben observarse para la cuantificación de la deuda tributaria del contribuyente, considero necesario dar respuesta a dos cuestiones previas esenciales: en primer lugar, si la cesión de uso de viviendas turísticas situadas en territorio español constituye o no actividad económica a ojos del IRNR, y en segunda instancia, de resultar acreditada la existencia de actividad económica, si aquellas viviendas tienen (o podrían tener) el carácter de establecimientos permanentes a efectos de dicho impuesto. La relevancia de tales cuestiones reside en el hecho de que, si bien las rentas derivadas de la explotación comercial de las viviendas turísticas o vacacionales quedarán sujetas al IRNR en todo caso, las reglas aplicables para el cálculo de la base imponible podrían ser diferentes. Así, de acuerdo con lo previsto en los artículos 18 y 24 de la ley reguladora del citado impuesto, la base imponible correspondiente a las rentas obtenidas en territorio español mediante establecimiento permanente se determinará sobre la base de las reglas y criterios contenidos en la Ley del IS; de lo contrario, se aplicará la Ley del IRPF.

En lo que atañe a la primera de las cuestiones planteadas, el artículo 13.3 de la Ley del IRNR aclara que, para la calificación de los distintos conceptos de renta en función de su procedencia, se estará a lo dispuesto en dicho artículo y, en su defecto, a los criterios establecidos en la normativa del IRPF[518]. Esta remisión

518 Nótese que el artículo 13.3 de la Ley del IRNR, al igual que otros muchos preceptos, se remiten expresamente al Real Decreto Legislativo 3/2004, de 5 de marzo, ya derogado. En línea con el criterio defendido por la DGT al respecto de determinadas cuestiones relacionadas con este impuesto, no obstante, dicha remisión ha de entenderse realizada

adquiere un papel esencial en el ámbito que nos ocupa, habida cuenta de que el artículo 13 del Real Decreto Legislativo 5/2004 no ofrece ninguna definición específica del concepto de «actividad económica». Así las cosas, habrá que atender al contenido del artículo 27.2 de la Ley 35/2006 (ya examinado en un epígrafe anterior) y a la interpretación realizada por la doctrina administrativa y jurisprudencial en relación con el mismo. Ello nos llevaría a admitir la consideración del arrendamiento como actividad económica cuando para su ordenación se cuente, al menos, con una empresa empleada con contrato laboral y a jornada completa.

Partiendo de esta misma interpretación, y solo a título de ejemplo, se ha descartado la existencia de actividad económica en el supuesto de una entidad en régimen de atribución de rentas no residente en territorio español que no cuenta con ningún empleado en España para la ordenación del arrendamiento[519], y en el de unas entidades de idéntica naturaleza que "no disponen de medios materiales o personales de ningún tipo en España, más allá de los inmuebles objeto de su inversión"[520]. A la conclusión contraria se ha llegado, por su parte, respecto de dos personas físicas no residentes que adquieren una vivienda unifamiliar en Mallorca con la intención de destinarla al arrendamiento como vivienda vacacional y prevén que, al tiempo de ceder el uso del inmueble, se presten servicios complementarios propios de la industria hotelera (como limpieza y cambio de ropa blanca tanto a la entrada y salida de cada huésped como durante su estancia, lavandería, custodia de maletas, etc.)[521].

actualmente a los contenidos de la Ley 35/2006. En este sentido se pronuncia el mencionado Centro Directivo, entre otras, en sus consultas V0756-21, V3379-20 y V0923-18, acerca de los criterios que deben aplicarse para la cuantificación de las rentas inmobiliarias imputadas en el caso de no residentes.

519 A este respecto, pueden verse las consultas V2998-21, V2997-21 y V5230-16. En la primera de ellas se recuerda que la estructura organizativa mínima requerida en el artículo 27.2 de la Ley del IRPF debe concurrir "en la persona que obtiene los rendimientos derivados del arrendamiento y no en un tercero al que se encomiende, legal o contractualmente, la gestión del arrendamiento de los inmuebles". Sobre la base de este razonamiento, no se entendería cumplido el requisito cuando los medios organizativos necesarios para que pueda considerarse realizada una actividad económica en territorio español pertenecen a entidades externas o a sociedades subcontratadas por el contribuyente.

520 Consulta V2037-18.

521 Consulta V1241-17.

Por lo que se refiere al concepto de «establecimiento permanente» propio del IRNR, matiza el artículo 13.1.a) de su ley reguladora que:

> "se entenderá que una persona física o entidad opera mediante establecimiento permanente en territorio español cuando por cualquier título disponga en éste, de forma continuada o habitual, de instalaciones o lugares de trabajo de cualquier índole, en los que realice toda o parte de su actividad, o actúe en él por medio de un agente autorizado para contratar, en nombre y por cuenta del contribuyente, que ejerza con habitualidad dichos poderes.
>
> En particular, se entenderá que constituyen establecimiento permanente las sedes de dirección, las sucursales, las oficinas, las fábricas, los talleres, los almacenes, tiendas u otros establecimientos, las minas, los pozos de petróleo o de gas, las canteras, las explotaciones agrícolas, forestales o pecuarias o cualquier otro lugar de exploración o de extracción de recursos naturales, y las obras de construcción, instalación o montaje cuya duración exceda de seis meses".

Sin perjuicio de lo señalado en este último precepto, debe recordarse que, a fin de determinar si el perceptor de las rentas opera o no por medio de establecimiento permanente en territorio español, lo primero que habrá que confirmar (o en, su caso, descartar) es la existencia de un convenio para evitar la doble imposición con el Estado donde radica la residencia de dicho sujeto. De existir convenio, se estará a la definición ofrecida por el mismo, generalmente adaptada a la recogida en el artículo 5 del Modelo de Convenio de la OCDE, y, por ende, coincidente con la que se acaba de transcribir[522]. En caso contrario, habrá de atenderse a la definición contenida en la legislación interna española.

Efectuada la observación anterior, y si bien la DGT ha subrayado en alguna ocasión que el mero hecho de poseer bienes inmuebles en España no implica necesariamente que se actúe a través de establecimiento permanente, resulta muy ilustrativa la postura adoptada por este Centro Directivo en la consulta V0367-18, en la que se discute si el arrendamiento de inmuebles

---

[522] De acuerdo con el artículo 5.1 del Modelo de Convenio, "el término «establecimiento permanente» significa un lugar fijo de negocios mediante el cual una empresa realiza toda o parte de su actividad". Dentro de este concepto se incluyen, en particular: "a) las sedes de dirección; b) las sucursales; c) las oficinas; d) las fábricas; e) los talleres; y f) las minas, los pozos de petróleo o de gas, las canteras o cualquier otro lugar de extracción de recursos naturales" (apartado 2), así como las obras o proyectos de construcción o instalación cuya duración exceda de doce meses (apartado 3).

para uso vacacional por parte de sus propietarios no residentes en territorio español genera rentas obtenidas mediante establecimiento permanente. Tal y como argumenta el mencionado Centro Directivo, "la calificación como renta obtenida mediante establecimiento permanente se daría cuando, conforme a lo previsto en el artículo 27 de la Ley 35/2006 (...), quepa calificar los rendimientos como derivados del ejercicio de una actividad económica", debiendo entenderse también, de acuerdo con el criterio defendido en consultas anteriores, que se desarrolla una actividad económica cuando el alquiler de la vivienda vaya acompañado de la prestación de servicios hoteleros complementarios. A dicha conclusión se llega sobre la base de la consulta V1241-17, en la que, después de atribuirse al arrendamiento de una vivienda vacacional naturaleza de actividad económica, se reconoce "que la vivienda es el lugar en España donde los consultantes llevan a cabo la referida actividad (...). Por tanto, (...) podría concluirse que la vivienda constituye un establecimiento permanente y España puede gravar las rentas obtenidas por los consultantes derivados del ejercicio de su actividad económica en la misma".

Una posición análoga a la apuntada se mantiene, por su parte, en la consulta V0076-18, donde de modo taxativo se afirma que el concepto de establecimiento permanente "va intrínsecamente unido a la realización de una actividad económica. (...) A estos efectos, se considera que el arrendamiento de inmuebles se realiza como actividad económica cuando se cumple el requisito establecido en el artículo 27.2 de la Ley 35/2006, (...) que exige tener para ello, al menos, una persona empleada con contrato laboral a jornada completa. Si (...) el arrendamiento del local de negocios sito en España no se desarrolla como una actividad económica, la consultante no actuaría con un establecimiento permanente en España"[523].

Partiendo del razonamiento esgrimido en las consultas referenciadas, parece confirmarse que, en todos aquellos casos en los que quede acreditado que el arrendamiento se lleva a cabo como actividad económica (bien porque se cuente con una persona empleada, bien porque la cesión de la vivienda vaya acompañada de la prestación de servicios hoteleros complementarios), podrá entenderse que existe establecimiento permanente en territorio español, con las consecuen-

523 En el mismo sentido, puede verse la consulta V0787-18.

cias de ello derivadas al objeto de cuantificar la base imponible del IRNR[524]. Esta misma tesis ha sido asumida por autores como Gorospe Oviedo (2018), según el cual los "rendimientos obtenidos por los no residentes en territorio español en concepto de arrendamiento de bienes inmuebles están sujetos a tributación en España (...) como contribuyente con establecimiento permanente por la renta anual si el arrendamiento constituye una actividad económica"[525]. También por Calvo Vérgez (2019), para quien "habrá que diferenciar si la explotación se realiza en el ámbito de una actividad económica de apartamentos turísticos o como un arrendamiento sin prestación de servicios de ninguna clase para los clientes. (...) si se está realizando una actividad económica se puede entender que existe Establecimiento Permanente"[526].

En consonancia con todo lo expuesto, y sin dejar de recordar el papel protagonista que los convenios de doble imposición están llamados a adquirir en este ámbito, considero oportuno trazar una línea divisoria entre dos supuestos de hecho diferenciados, según cuál sea la naturaleza de las rentas procedentes de la vivienda o viviendas turísticas que se ceden en arrendamiento. A saber:

a) Cuando las rentas percibidas se encuentren vinculadas al desarrollo del arrendamiento como actividad económica (presumiéndose obtenidas con mediación de establecimiento permanente según el criterio de la doctrina administrativa), la base imponible del IRNR se determinará conforme a lo dispuesto en el artículo 18 de su ley reguladora, que contiene una remisión en bloque a la Ley 27/2014, del IS. Habida cuenta de que el citado precepto establece una serie de excepciones y particularidades que no presentan especial incidencia en el sector del alojamiento turístico, nos remitimos a las observaciones efectuadas en el epígrafe dedicado al estudio de este último impuesto.

b) En cualquier otro caso, la base imponible del IRNR habrá de cuantificarse a la luz de lo previsto en el artículo 24 del Real Decreto Legislativo

524 Ello será así, tal y como sostienen Desdentado Daroca, E., Díaz Vales, F. y Lucas Durán, M. (2018), "con independencia que se realice tal actividad directamente, como persona física o jurídica, o bien a través de una sociedad civil o comunidad de bienes sin personalidad jurídica, en cuyo caso habría que realizar la correspondiente atribución de rentas".

525 Gorospe Oviedo, J. I. (2018), Ob. Cit., p. 156.

526 Calvo Vérgez, J. (2019), Ob. Cit., pp. 126-127.

5/2004, que también lleva a cabo una remisión, y también con ciertos matices, a la normativa del IRPF.

Centrándonos en el segundo de los supuestos indicados, y teniendo en cuenta las diferentes situaciones que podrían darse en la práctica, el procedimiento para la determinación de la base imponible del IRNR se ajustará a los criterios recogidos en las Tablas 4.1 y 4.2.

Tabla 4.1. Criterios para determinar la base imponible del IRNR. Rentas obtenidas sin mediación de establecimiento permanente por contribuyentes residentes fuera de la UE

Condición del arrendador	Tipología de renta	Base imponible
Persona física	Rendimientos derivados del arrendamiento de bienes inmuebles situados en territorio español o derechos relativos a los mismos[527]	Ingresos íntegros, sin posibilidad de deducir gastos ni aplicar reducciones[528]
	Imputaciones de renta	2% (1,1%) x valor catastral x número de días durante los cuales el inmueble ha permanecido vacío
Entidad	Rendimientos derivados del arrendamiento de bienes inmuebles situados en territorio español o derechos relativos a los mismos	Ingresos íntegros, sin posibilidad de deducir gastos ni aplicar reducciones

Fuente: Elaboración propia a partir del contenido del artículo 24, apartados 1 y 5, de la Ley del IRNR.

527 A efectos de cuantificar los rendimientos en cuestión, es indiferente que su perceptor sea propietario, usufructuario o arrendatario de la vivienda turística.

528 La imposibilidad de deducir gastos en este tipo de supuestos ha sido confirmada por la DGT en consultas como la V0756-21, la V2990-18 o la V2221-15.

Tabla 4.2. Criterios para determinar la base imponible del IRNR. Rentas obtenidas sin mediación de establecimiento permanente por contribuyentes residentes en otro Estado miembro de la UE o en un Estado miembro del Espacio Económico Europeo con el que exista un efectivo intercambio de información tributaria

Condición del arrendador	Tipología de renta	Base imponible
Persona física	Rendimientos derivados del arrendamiento de bienes inmuebles situados en territorio español o derechos relativos a los mismos[529]	Ingresos íntegros - Gastos previstos en la Ley del IRPF, siempre que se acredite la relación directa con los rendimientos obtenidos y la existencia de "un vínculo económico directo e indisociable con la actividad realizada en España"
	Imputaciones de renta	2% (1,1%) x valor catastral x número de días durante los cuales el inmueble ha permanecido vacío
Entidad	Rendimientos derivados del arrendamiento de bienes inmuebles situados en territorio español o derechos relativos a los mismos	Ingresos íntegros - Gastos deducibles de acuerdo con la Ley del IS, siempre que se acredite la relación directa con los rendimientos obtenidos y la existencia de "un vínculo económico directo e indisociable con la actividad realizada en España"

Fuente: Elaboración propia a partir del contenido del artículo 24.6 de la Ley del IRNR.

Tratándose de contribuyentes personas físicas, la remisión efectuada por el artículo 24 de la Ley del IRNR a la Ley del IRPF nos lleva a concluir que, en todo caso, la cuantificación de los "ingresos íntegros" se realizará computando la totalidad de los importes satisfechos por el arrendatario al propietario o arrendador de la vivienda, excluido el IVA y el Impuesto General Indirecto Canario[530]. En la consulta 0224-99, asimismo, la DGT aclara que "los gastos de comunidad y otros gastos que corresponden al propietario de los bienes inmuebles no se hallan

529 A efectos de cuantificar los rendimientos en cuestión, es indiferente que su perceptor sea propietario, usufructuario o arrendatario de la vivienda turística.

530 Véase, a este respecto, lo dispuesto en el artículo 22.2 de la Ley del IRPF, en virtud del cual "se computará como rendimiento íntegro el importe que por todos los conceptos deba satisfacer el adquirente, cesionario, arrendatario o subarrendatario, incluido, en su caso, el correspondiente a todos aquellos bienes cedidos con el inmueble y excluido el Impuesto sobre el Valor Añadido o, en su caso, el Impuesto General Indirecto Canario".

entre las excepciones al principio general. Por tanto, si tales gastos se repercuten en el arrendatario, serán considerados como parte integrante de la base imponible del Impuesto".

En lo que atañe a los contribuyentes con residencia habitual en otro Estado miembro de la UE o del Espacio Económico Europeo, por su parte, se podrán aplicar las mismas reglas de prorrateo que las comentadas respecto del IRPF "para los gastos de carácter anual, atendiendo a los días de arrendamiento correspondientes a cada devengo de renta y deducirse de los rendimientos con los que tengan un vínculo económico directo e indisociable para la determinación de la base imponible"[531]. Igualmente, deberá observarse la limitación establecida en el artículo 23.1.a) de la Ley 35/2006 en relación con la deducción de gastos de intereses y gastos de conservación y reparación, que "tampoco podrá exceder, para cada bien o derecho con el que tengan un vínculo directo e indisociable, de la cuantía de los rendimientos íntegros obtenidos"[532].

El tipo de gravamen aplicable sobre la base imponible así calculada será del 24%, salvo que se trate de contribuyentes residentes en otro Estado miembro de la UE o del Espacio Económico Europeo con el que exista un intercambio efectivo de información, en cuyo caso el citado porcentaje se reducirá al 19%[533]. Del importe resultante tan solo serán deducibles las retenciones e ingresos a cuenta que hubiesen sido practicados sobre las rentas sometidas a gravamen[534].

---

531 Consulta V0109-16.

532 *Ibidem*. En relación con esta tipología de gasto, se aclara también en la consulta V1234-12 que, "al señalar el artículo 13 de manera expresa que los intereses de capitales ajenos serán deducibles siempre que sean para la adquisición del bien o su mejora, los gastos de un préstamo hipotecario, cuando éste no se destine directamente a la adquisición de un bien o su mejora no serán deducibles en el IRPF y por tanto tampoco se podrán deducir para determinar la base imponible en el IRNR".

533 Artículo 25.1.a) de la Ley del IRNR.

534 Artículo 26 de la Ley del IRNR. La cuantía correspondiente tendrá que ser declarada e ingresada por el contribuyente mediante la presentación del modelo 210, de acuerdo con las particularidades establecidas en la Orden EHA/3316/2010, de 17 de diciembre, por la que se aprueban los modelos de autoliquidación 210, 211 y 213 del Impuesto sobre la Renta de no Residentes, que deben utilizarse para declarar las rentas obtenidas sin mediación de establecimiento permanente, la retención practicada en la adquisición de bienes inmuebles a no residentes sin establecimiento permanente y el gravamen especial sobre bienes inmuebles de entidades no residentes, y se establecen las condiciones gene-

El devengo del impuesto tendrá lugar en la fecha en la que sean exigibles los correspondientes rendimientos o, de ser anterior, en la fecha de su cobro[535], y, en lo que concierne a las rentas imputadas, el 31 de diciembre de cada año[536]. Tratándose de contribuyentes (personas físicas o jurídicas) para los que el arrendamiento de las viviendas sitas en España sí tenga la consideración de actividad económica, el "periodo impositivo coincidirá con el ejercicio económico declarado por el establecimiento permanente", produciéndose el devengo el último día de dicho periodo[537].

2.3. OTRAS CONSIDERACIONES DE INTERÉS

Por lo que se refiere al sometimiento a retención de las rentas percibidas, conviene remitirse, a pesar de las diferencias existentes, a lo señalado en el ámbito del IRPF, donde ya apuntábamos que, dada la naturaleza de los alquileres de vivienda turística o vacacional, lo más frecuente en la práctica será que el usuario del inmueble sea una persona física actuando como consumidor final. Ello justificaría la ausencia de retención por no ser el destinatario de la operación un sujeto obligado a retener. Sí concurriría la obligación de practicar retención o ingreso a cuenta, por su parte, cuando las rentas en cuestión fueran satisfechas por un sujeto (entidad o persona física) residente en territorio español que realizase actividades económicas, lo que podría producirse cuando el propietario no residente de la vivienda la cediese en arrendamiento a un agente dedicado a la intermediación por cuenta propia en relación con esta clase de servicios[538].

En lo que atañe al segundo de los supuestos mencionados, no obstante, la DGT ha matizado la necesidad de dilucidar si los pagos efectuados a los propietarios de los inmuebles son pagos que originan la obligación de retener "o, por el contrario, estamos ante una mera intermediación en el pago", entendiéndose "por simple mediación de pago el abono de una cantidad por cuenta y orden

rales y el procedimiento para su presentación y otras normas referentes a la tributación de no residentes.

535 Artículo 27.1.a) de la Ley del IRNR.

536 Artículo 27.1.c) de la Ley del IRNR.

537 Artículo 20 de la Ley del IRNR.

538 En este sentido, y solo a título de ejemplo, puede verse la consulta V2416-12.

de un tercero"[539]. A este respecto, se ha reconocido que una entidad dedicada a gestionar el alquiler turístico de inmuebles propiedad de terceros no residentes a través de plataformas de internet "realiza una simple mediación de pago (...) cuando los usuarios finales de los inmuebles, es decir, las personas que se alojan en los mismos, identifiquen precisa y claramente al propietario del inmueble (...), cuantifique el rendimiento y lo ponga a disposición de la consultante para su pago a este último", en el bien entendido de que, dándose estas circunstancias, "la obligación de retener sería responsabilidad del mandante en el supuesto de que éste fuera un sujeto obligado a practicar retención o ingreso a cuenta. En otro caso se entendería que no existe una mera mediación de pago y el obligado a practicar la correspondiente retención será el intermediario"[540].

Estrechamente relacionado con este tema se encuentra, asimismo, lo previsto en el artículo 9.1 de la Ley del IRNR, en el que se atribuye la condición de responsable solidario del ingreso de la deuda tributaria "al pagador de los rendimientos devengados sin mediación de establecimiento permanente". Esta responsabilidad no existirá, matiza seguidamente el párrafo segundo del mismo artículo, cuando resulte aplicable la obligación de retener e ingresar a cuenta, sin perjuicio de las responsabilidades que deriven de la condición de retenedor. Como sostienen Desdentado Daroca, E., Díaz Vales, F. y Lucas Durán, M. (2018), dicho reconocimiento implica que "los inquilinos que hayan satisfecho pagos por el alquiler de viviendas turísticas a no residentes sin establecimiento permanente podrían ser requeridos por la AEAT al pago del IRNR que no hayan satisfecho sus arrendadores", lo que adquirirá especial relevancia "cuando se alquilen viviendas a través de plataformas que (...) no tienen residencia en España"[541] (dado que, en estas situaciones, no existirá obligación de retención en los términos establecidos en el artículo 31 de la Ley del IRNR[542]). A juicio de los citados autores, no obstante:

539 Consulta V0367-18.

540 *Ibidem.*

541 Desdentado Daroca, E., Díaz Vales, F. y Lucas Durán, M. (2018), Ob. Cit., p. 96.

542 Efectivamente, el artículo 31 de la Ley del IRNR atribuye la condición de retenedor a los siguientes sujetos: "a) Las entidades, incluidas las entidades en régimen de atribución, residentes en territorio español. b) Las personas físicas residentes en territorio español que realicen actividades económicas, respecto de las rentas que satisfagan o abonen en el ejercicio de aquéllas. c) Los contribuyentes de este impuesto mediante establecimiento permanente o sin establecimiento permanente, (...) únicamente respecto de los rendi-

"Tal supuesto de responsabilidad parece estar, sin embargo, desactualizado: en cuanto que las plataformas como Airbnb habrán de comunicar a la Administración española los datos fiscales de los perceptores de las rentas por alquiler de inmuebles, aun cuando se trate de no residentes, tal supuesto de responsabilidad solidaria podría constituir una exigencia contraria a los principios de capacidad económica y principio de proporcionalidad, al menos cuando no existan evidencias —como ocurrirá en la mayoría de los casos— de connivencia para la defraudación tributaria entre arrendador y arrendatario"[543].

En otro orden de cosas, conviene traer a colación lo dispuesto en el artículo 6.1 del Modelo de Convenio de la OCDE, en el que se reconoce la posibilidad de que las rentas vinculadas a bienes inmuebles (como serían las procedentes del arrendamiento o, incluso, las rentas presuntas que se derivan de la observancia del artículo 85 de la Ley del IRPF) sean gravadas en el Estado en el que tales bienes se encuentran situados, aun cuando la residencia de la persona física radique en el otro Estado contratante[544]. Esta circunstancia podría dar lugar a un problema de doble imposición, por cuanto la misma renta sería sometida a tributación dos veces: una vez en el Estado donde reside el perceptor de las rentas, sobre la base del principio de renta mundial, y otra vez en España, donde están ubicados los inmuebles de los que proceden tales rendimientos.

Con carácter general, los convenios suscritos por España atribuyen potestad para gravar las rentas derivadas de la utilización directa, del arrendamiento o de cualquier otra forma de explotación de los bienes inmuebles al Estado donde estos radican, quedando, así, justificada la competencia del legislador español para someter a tributación las rentas emanadas de los bienes inmuebles situados en nuestro país. Al mismo tiempo, y en línea con los parámetros fijados por la OCDE en su Modelo de Convenio, los citados acuerdos tienden a delegar en el Estado de residencia del contribuyente la adopción de mecanismos para corregir

mientos a que se refiere el artículo 30. d) Los contribuyentes a que se refiere el artículo 5.c). e) Las entidades aseguradoras domiciliadas en otro Estado miembro del Espacio Económico Europeo que operen en España en régimen de libre prestación de servicios, en relación con las operaciones que se realicen en España" (el subrayado es mío).

543 Desdentado Daroca, E., Díaz Vales, F. y Lucas Durán, M. (2018), Ob. Cit., p. 96.

544 Artículo 6.3 del Modelo de Convenio de la OCDE. En particular, esta previsión resulta aplicable "a las rentas derivadas de la utilización directa, el arrendamiento o aparcería, así como de cualquier otra forma de explotación de los bienes inmuebles".

la doble imposición que pueda producirse[545]. Dichos mecanismos suelen consistir en la aplicación de un método de exención sobre los rendimientos controvertidos, de tal suerte que aquellos sean gravados exclusivamente en el Estado de la fuente, o bien, en la aplicación de un método de imputación o crédito fiscal, en virtud del cual el Estado de la residencia atribuye al contribuyente la posibilidad de deducir en el impuesto sobre la renta que debe satisfacer en su territorio el importe del impuesto pagado en el otro Estado.

Por último, y si bien entiendo que su relevancia en el sector del alojamiento turístico en viviendas será ciertamente limitada, considero conveniente hacer alusión en este punto al gravamen especial sobre bienes inmuebles de entidades no residentes a que se refieren los artículos 40 y siguientes de la Ley del IRNR. Más específicamente, dispone el precepto indicado que "las entidades residentes en un país o territorio que tenga la consideración de paraíso fiscal, que sean propietarias o posean en España, por cualquier título, bienes inmuebles o derechos reales de goce o disfrute sobre éstos, estarán sujetas al impuesto mediante un gravamen especial".

De la literalidad de la previsión transcrita se infiere que la aplicación práctica del gravamen especial quedará condicionada a la concurrencia simultánea de tres requisitos: a) que el perceptor de las rentas sea una entidad (quedarían excluidas las personas físicas), b) con residencia en un territorio calificado como paraíso fiscal, c) que sea propietaria o titular de derechos reales de goce y disfrute sobre bienes inmuebles radicados en territorio español. Las principales características de dicho gravamen especial podrían esquematizarse como sigue:

1) La cuota a satisfacer será la que se obtenga al multiplicar por un porcentaje del 3% el valor catastral de los bienes inmuebles en cuestión (o parte proporcional de los mismos cuando se trate de inmuebles de titularidad compartida)[546]. Esta cuota será deducible a efectos de determinar la base imponible del IRNR que corresponda a tales rendimientos.
2) No resultará exigible a las entidades "que desarrollen en España, de modo continuado o habitual, explotaciones económicas diferenciables de la

545 A este respecto, pueden verse los artículos 23A y 23B del Modelo de Convenio de la OCDE.

546 Artículos 41 y 43 de la Ley del IRNR.

simple tenencia o arrendamiento del inmueble", ni a las sociedades que coticen en mercados secundarios de valores[547].

3) El devengo se producirá el 31 de diciembre de cada año, debiendo declararse e ingresarse en el mes de enero siguiente[548].

3. IMPUESTO SOBRE EL PATRIMONIO

3.1. SUJECIÓN AL IMPUESTO

El artículo 5.Uno de la Ley 19/1991, de 6 de junio, del Impuesto sobre el Patrimonio (en adelante, Ley del IP), atribuye la condición de sujeto pasivo a las personas físicas, ya sean residentes o no residentes en territorio español de conformidad con los criterios establecidos en la Ley del IRPF[549]. Las personas físicas residentes tributarán en este impuesto, por obligación personal, por la totalidad de su patrimonio neto, "con independencia del lugar donde se encuentren situados los bienes o puedan ejercitarse los derechos"[550]. Las personas físicas residentes en otro Estado tributarán por obligación real por los bienes y derechos de los que sean titulares que estén ubicados o sean susceptibles de ser ejercitados en territorio español[551]. A tales efectos, se consideran radicados en territorio español los valores representativos de la participación en fondos propios de cualquier tipo de entidad no cotizada "cuyo activo esté constituido en al menos el 50 por ciento, de forma directa o indirecta, por bienes inmuebles situados en territorio español"[552].

Tomando en consideración que el patrimonio neto de la persona física está formado por el "conjunto de bienes y derechos de contenido económico de que

547 Artículo 42 de la Ley del IRNR. Lo dispuesto en este precepto ha de completarse necesariamente con lo previsto en el artículo 20.2 del Reglamento del impuesto, donde se fijan los criterios para considerar "que existe una explotación económica diferenciable de la simple tenencia o arrendamiento del inmueble".

548 Artículo 45 de la Ley del IRNR.

549 La remisión a los criterios establecidos en la normativa del IRPF se encuentra contenida en el artículo 5.Dos de la Ley del IP.

550 Artículo 5.Uno, letra a), de la Ley del IP.

551 Artículo 5.Uno, letra b), de la Ley del IP.

552 *Ibidem*.

sea titular"[553], concluimos la sujeción al IP de todas las personas físicas que sean titulares de una o varias viviendas turísticas ubicadas en España (o de derechos reales sobre las mismas), sea cual fuere la utilización efectiva que se haga de tales inmuebles. Así pues, y en caso de cesión de uso a terceros mediante precio, sería indiferente que las viviendas permanezcan desocupadas durante una parte del año (bien por encontrarse a disposición de su titular, bien por estar en situación de expectativa de arrendamiento), así como la naturaleza económica o no económica de la actividad ejercida por el arrendador.

3.2. SUPUESTOS DE EXENCIÓN

Una vez delimitado el hecho imponible del IP, que se materializa en la titularidad de un patrimonio neto a la fecha de devengo del impuesto, el artículo 4 de la Ley 19/1991 enumera una serie de bienes y derechos exentos. Entre ellos, y a los efectos que aquí nos interesan, se encuentran los siguientes:

a) Aquellos que sean necesarios para el desarrollo de la actividad empresarial o profesional de la persona física, "siempre que ésta se ejerza de forma habitual, personal y directa por el sujeto pasivo y constituya su principal fuente de renta"[554].

b) La plena y nuda propiedad, así como el derecho de usufructo vitalicio, sobre las participaciones en toda clase entidades que no tengan por actividad principal la gestión de un patrimonio inmobiliario[555].

c) La vivienda habitual del contribuyente hasta un importe máximo de 300.000 euros[556].

Tanto al objeto de confirmar la existencia o no de actividad (empresarial, profesional o económica) como de delimitar el significado del término «vivienda habitual», habrá que estar a los criterios contenidos en la Ley del IRPF. Así se indica expresamente en los apartados Dos y Nueve del citado artículo 4[557] y

---

553 Artículo 1, párrafo segundo, de la Ley del IP.

554 Artículo 4.Ocho.Uno de la Ley del IP.

555 Artículo 4.Ocho.Dos de la Ley del IP.

556 Artículo 4.Nueve de la Ley del IP.

557 Más específicamente, matiza el legislador en el artículo 4.Ocho.Dos, letra a), que "para determinar si existe actividad económica o si un elemento patrimonial se encuentra afec-

en el artículo 1 del Real Decreto 1704/1999, de 5 de noviembre, por el que se determinan los requisitos y condiciones de las actividades empresariales y profesionales y de las participaciones en entidades para la aplicación de las exenciones correspondientes en el Impuesto sobre el Patrimonio (en adelante, Reglamento del IP)[558].

Si bien es cierto que el impuesto que se aborda en este epígrafe presenta un ámbito de aplicación relativamente reducido, pues queda limitado a los titulares de grandes patrimonios[559], conviene analizar en qué medida las viviendas turísticas explotadas en arrendamiento (bien a lo largo de todo el año natural, bien durante una parte del mismo) podrían quedar afectadas por su existencia. Asimismo, y en línea con lo apuntado en los epígrafes relativos al IRPF, es importante esclarecer el efecto que tendría en este contexto, sobre el carácter de "vivienda habitual", el hecho de que el propietario del inmueble cediese temporalmente mediante precio una o varias de sus habitaciones o estancias.

A) Vivienda habitual

Comenzando por la segunda de las cuestiones planteadas, considero oportuno reiterar aquí el criterio mantenido por la DGT acerca de aquellos supuestos en los que un contribuyente del IRPF que venía disfrutando, o se plantea disfru-

---

to a ella, se estará a lo dispuesto en el Impuesto sobre la Renta de las Personas Físicas". En lo que atañe al concepto de «vivienda habitual», el apartado Nueve subraya la necesidad de atender a la definición ofrecida "en el artículo 68.1.3.º de la Ley 35/2006, de 28 de noviembre", remisión esta que, a fecha de hoy, habría de entenderse realizada a lo dispuesto en la Disposición adicional vigésima tercera de la misma Ley.

558 Conforme a lo indicado en dicho precepto: "1. Se considerarán como actividades empresariales y profesionales cuyos bienes y derechos afectos dan lugar a la exención (...) aquéllas que tengan la naturaleza de actividades económicas con arreglo a las normas del Impuesto sobre la Renta de las Personas Físicas. 2. A efectos de lo dispuesto en el apartado anterior, se entenderá que el arrendamiento o compraventa de inmuebles se realiza como actividad económica cuando concurran las circunstancias que, a tal efecto, establece el artículo 25.2 de la Ley 40/1998, de 9 de diciembre, del Impuesto sobre la Renta de las Personas Físicas y otras normas tributarias".

559 A este respecto, debe destacarse la existencia de un mínimo exento que asciende a 700.000 euros cuando la Comunidad Autónoma de residencia del contribuyente no hubiese procedido a su regulación, y que también resultará aplicable a los sujetos pasivos que se encuentren sometidos al impuesto por obligación real. Dicho mínimo exento se encuentra regulado en el artículo 28 de la Ley del IP.

tar, de algún beneficio fiscal ligado al carácter de vivienda habitual opta por ceder en arrendamiento alguna de sus habitaciones o estancias. En consultas como la V2869-20 o V1314-17, recordemos, manifestaba este Centro Directivo que el hecho de alquilar una habitación o estancia de la vivienda habitual no conlleva la pérdida de esta última condición sobre aquella parte del inmueble que siga constituyendo la residencia permanente de su propietario, pero sí respecto de aquella otra que sea cedida en arrendamiento.

Trasladando este criterio al caso que ahora nos ocupa, la conclusión a la que llegaríamos es que la cesión de uso a terceros de una estancia de la vivienda habitual del contribuyente llevará asociada necesariamente una "pérdida parcial" de dicho carácter, que podría ser cuantificada en atención a la relación existente entre los metros cuadrados de vivienda que son objeto de cesión mediante precio sobre la superficie total de la misma. Esta circunstancia tendría que ser considerada a la hora de aplicar el supuesto de exención contemplado en el artículo 4.Nueve de la Ley 19/1991, lo que implica que por "vivienda habitual del contribuyente" habría de entenderse la parte del referido inmueble que se destina a residencia permanente de su propietario. Lo que no queda claro, de admitirse esta interpretación, es el modo en el que tendría que ser aplicado el límite de 300.000 euros al que se alude en el mencionado precepto. Así, suponiendo que la parte del inmueble que conserva la condición de vivienda habitual fuera, por ejemplo, de un 70%, se plantea la duda de si el importe máximo de la exención sería de 300.000 euros o de 210.000 euros (70% de 300.000). A mi juicio, y a falta de especificación normativa, lo más razonable sería no prorratear el importe exento. En este sentido, debe tenerse en cuenta que la postura de la Administración implica dejar de atribuir carácter de vivienda habitual a aquella parte de la edificación que se cede a terceros, quedando restringido dicho concepto a la parte no cedida. Así pues, si solo esta última parte (la no cedida) es vivienda habitual, y solo ella se beneficia de la exención, parece lógico defender que el límite indicado deba actuar en su totalidad sobre la misma.

B) Bienes y derechos afectos a una actividad económica

En lo que concierne al supuesto de exención relativo a los bienes y derechos que se hallen afectos al desarrollo de una actividad empresarial o profesional, indica expresamente el artículo 1.2 del Reglamento del IP que:

> "1. Se considerarán como actividades empresariales y profesionales (...) aquéllas que tengan la naturaleza de actividades económicas con arreglo a las normas del Impuesto sobre la Renta de las Personas Físicas.

> 2. A efectos de lo dispuesto en el apartado anterior, se entenderá que el arrendamiento (...) se realiza como actividad económica cuando concurran las circunstancias que, a tal efecto, establece el artículo 25.2 de la Ley 40/1998, de 9 de diciembre, del Impuesto sobre la Renta de las Personas Físicas y otras normas tributarias".

Tal y como se desprende de la literalidad del precepto transcrito, la remisión efectuada a los criterios contemplados en la Ley del IRPF para la delimitación del concepto de «actividad económica», incluido el caso particular del arrendamiento de inmuebles, no solo debe considerarse comprensiva de lo previsto, a fecha de hoy, en el artículo 27 de la Ley 35/2006, sino también de la interpretación realizada por parte de la doctrina en relación con este mismo artículo. Sobre la base de esta premisa, concluiríamos que el arrendamiento de inmuebles tendrá naturaleza de actividad económica a efectos del IP cuando se cuente con una persona empleada con contrato laboral y a jornada completa para su ordenación (tal y como señala el artículo 27.2 de la Ley del IRPF), o bien, cuando, aun no contándose con ninguna persona empleada, la cesión de uso de los inmuebles en cuestión vaya acompañada de la prestación de servicios complementarios propios de la industria hotelera (lo que, a la luz de la tesis mantenida por la DGT, implicaría la ordenación por cuenta propia de medios de producción y/o de recursos humanos con la finalidad de intervenir en la producción y distribución de servicios).

La conclusión apuntada no parece coincidir con la defendida por este Centro Directivo en consultas como la V2297-18, antes citada, en la que se aborda el supuesto de una persona física propietaria de un chalet en Mallorca que va a proceder a su arrendamiento a terceros a través de una empresa dedicada a servicios turísticos, acompañándose dichas cesiones de uso de la prestación de servicios complementarios, tales como cambio de toallas cada tres días si la estancia es superior o limpieza y cambio de todos los textiles cada siete días si la estancia es superior. Cuestionada la posibilidad de aplicar la exención por IP a la que se refiere el artículo 4.Ocho.Uno de la Ley 19/1991, y después de haberse reconocido la calificación del arrendamiento como actividad económica desde la óptica del IRPF cuando "la consultante alquila la vivienda directamente a los inquilinos y presta los servicios indicados", se argumenta:

> "Dado que el artículo 1.2 del Real Decreto 1704/1999, de 5 de noviembre, se remite para la calificación como económica de la actividad de arrendamiento de inmuebles, a efectos de la exención en el impuesto patrimonial, a lo previsto en la normativa del IRPF, sólo procedería tal consideración si se cumpliesen los requisitos del artículo 27, apartados 1 o 2, de la Ley 25/2006, circunstancia que no se produce (...) ni en el supuesto de la

> contratación de una empresa de servicios ni en la gestión directa del arrendamiento".

Como vemos, la DGT está admitiendo la posibilidad de que el arrendamiento de inmuebles sea catalogado como actividad económica en el ámbito del IP por la vía del artículo 27.1 (si, de acuerdo con su doctrina anterior, se prestasen servicios complementarios propios de la industria hotelera) o por la vía del artículo 27.2 (si no se prestasen aquellos servicios). Sin embargo, acaba alcanzándose una conclusión contraria a la mantenida respecto del IRPF. En particular, se resuelve, por un lado, que "si la consultante alquila la vivienda directamente a los inquilinos y presta los servicios indicados (...), <u>aunque sea a través de la empresa de servicios</u>, las rentas derivadas del arrendamiento se calificarían de rendimientos de actividades económicas, por aplicación del artículo 27.1 de la LIRPF", y, por otro, ya en lo que atañe al IP, que solo procedería la exención "si se cumpliesen los requisitos del artículo 27, apartados 1 o 2, (...), <u>circunstancia que no se produce (...) ni en el supuesto de la contratación de una empresa de servicios ni en la gestión directa del arrendamiento</u>" (el subrayado es mío).

A mi modo de ver, el elemento que podría estar justificando esta última observación es que, conforme a lo dispuesto en el artículo 27.1 de la Ley del IRPF, se considerará actividad económica la ordenación "por cuenta propia" de factores de producción y/o de recursos humanos. En un escenario como el descrito, la persona física que ocupa la posición de arrendadora no cuenta con personal empleado para la ordenación de la actividad de arrendamiento, por lo que se descarta el cumplimiento de la condición establecida en el artículo 27.2. Al mismo tiempo, se da la circunstancia de que los elementos patrimoniales y/o recursos humanos utilizados para la prestación de los correspondientes servicios complementarios (cuya existencia justificaría, de hecho, la aplicación del artículo 27.1) no son ordenados por aquella, sino por un tercero subcontratado al efecto. Ahora bien, si esta es la razón que avala la conclusión defendida en relación con el IP, entiendo que otro tanto debería concluirse con respecto al IRPF, de tal suerte que la calificación del arrendamiento como actividad económica o no económica fuese la misma en los dos casos. Desde este punto de vista, me parece que la postura respaldada por la DGT en el marco de la consulta analizada conduce a una situación carente de toda justificación.

Menor problemática se ha planteado, por su parte, en el seno de otras muchas consultas referentes al supuesto de los arrendamientos de inmueble sin prestación de servicios complementarios. Este es, por ejemplo, el caso de la consulta V0965-18, donde se advierte que, "a efectos de la exención en el Impuesto sobre el Patrimonio, la calificación como económica de la actividad de arrendamiento de inmuebles exige contar con una persona contratada para la llevanza de la actividad con contrato laboral y a jornada completa"[560]. También es el caso de las consultas V0240-07, en la que vuelve a insistirse en la necesidad de que la persona contratada a jornada completa concurra "en el momento del devengo del impuesto patrimonial, es decir, a 31 de diciembre"[561], y V0751-16, donde se resuelve que, "tanto en el caso de inexistencia de dicha persona contratada como si lo fuera a tiempo parcial, la actividad arrendaticia no tendría carácter de actividad económica y no podría acceder a la exención en el Impuesto sobre el Patrimonio".

En otro orden de cosas, conviene subrayar que la exención del artículo 4.Ocho.Uno de la Ley del IP no se hace depender únicamente del desarrollo de una actividad empresarial o profesional por parte del contribuyente a la que deben encontrarse afectos los bienes y derechos en cuestión[562], sino que tendrá que acreditarse, además, que la mencionada actividad económica: a) es ejercida por el contribuyente de forma habitual, personal y directa "conforme a la normativa del Impuesto sobre la Renta de las Personas Físicas"[563], y b) constituye su principal fuente de renta, entendiéndose que así sucede cuando al menos el 50% de la base imponible de su IRPF provenga de rendimientos netos derivados del conjunto de sus actividades[564].

---

560 En este mismo sentido se pronuncia la DGT en la consulta V0064-19.

561 En la misma línea, véase la consulta V0272-09.

562 Nótese que, conforme a lo establecido en el artículo 2.1 del Reglamento del IP, se consideran afectos a la actividad económica todos los bienes y derechos que se utilicen para los fines de aquella, "ya sean de titularidad exclusiva del sujeto pasivo, ya comunes al mismo y a su cónyuge". El artículo 4.Ocho.Uno, párrafo segundo, de la Ley del impuesto, por su parte, extiende la exención estudiada a "los bienes y derechos comunes a ambos miembros del matrimonio, cuando se utilicen en el desarrollo de la actividad empresarial o profesional de cualquiera de los cónyuges, siempre que se cumplan los requisitos del párrafo anterior".

563 Artículo 3.1, párrafo primero, del Reglamento del IP.

564 Artículo 3.1, párrafo segundo, del Reglamento del IP. Este último requisito se entendería cumplido, por ejemplo, en el caso de un contribuyente que desarrolla una actividad profesional de Registrador de la Propiedad simultáneamente con una actividad económica de arrendamiento de inmuebles, dándose la circunstancia de que al menos el 50% de su base imponible del IRPF proviene de rendimientos netos de dichas actividades (V0085-23).

En lo que atañe al requisito del ejercicio habitual, personal y directo, la DGT se ha limitado a señalar que se considerará cumplido si efectivamente el contribuyente desarrolla la actividad de forma habitual y directa por sí mismo, "adoptando personalmente las decisiones gerenciales necesarias para el desenvolvimiento de dicha actividad"[565]. Por su parte, se ha descartado su concurrencia cuando no es el propietario del inmueble, sino una empresa de servicios contratada por aquel, la que suscribe los contratos de arrendamiento con el inquilino y presta los servicios complementarios correspondientes[566].

Al margen de lo apuntado, una revisión exhaustiva del criterio defendido por la DGT en diferentes consultas permite extraer otras conclusiones de interés acerca de este supuesto de exención; a saber:

1) En el ámbito de la Seguridad Social, la realización de la actividad de forma habitual, personal y directa "determinará la necesidad del alta como autónomo", pues el contribuyente "no se limita a la mera administración de los bienes"[567].

2) Tratándose de bienes inmuebles que pertenecen en proindiviso a varias personas, será necesario que los requisitos indicados se cumplan respecto de cada uno de los cotitulares[568]; esto es, tendría que acreditarse que cada uno de ellos ejerce la actividad de forma habitual, personal y directa, y que los rendimientos derivados de la misma constituyen su principal fuente de renta.

3) Tal y como ha manifestado el TS, la existencia de una pensión de jubilación es ajena a la normativa tributaria, por lo que, si concurren las condiciones legales para el acceso a la exención del artículo 4.Ocho, su percep-

---

565 Véanse las consultas V0085-23, V1914-22, V0712-22, V3069-19, V3079-19 y V1081-19.

566 Consulta V2297-18.

567 Consulta V0241-19.

568 A este respecto, puede verse la consulta V0309-17, relativa a un matrimonio en régimen de gananciales que es propietario "de un conjunto de inmuebles actualmente arrendados, así como de un porcentaje de participación en dos proindivisos de inmuebles que también se encuentran arrendados, y cuya titularidad corresponde, además, a los hermanos y cónyuges de los consultantes. Además, uno de los cónyuges es titular, con carácter privativo, del 50 por ciento de la propiedad de otro inmueble". También las consultas V0399-10 y V0357-08, en las que se plantea el caso de una sociedad civil dedicada al arrendamiento de bienes; la consulta V0241-19; y la V1099-18.

ción no obstaculiza el disfrute del beneficio fiscal[569]; es decir, la aplicación de la exención no se ve afectada por la circunstancia de que el contribuyente "desempeñase de forma habitual, personal y directa la actividad de arrendamiento en situación de jubilación activa"[570]. Sin embargo, la percepción de una pensión de jubilación impide "la llevanza personal y directa del negocio", siendo este uno de los requisitos exigidos en la Ley del IP[571]. Tampoco constituye obstáculo para el disfrute del citado beneficio el hecho de que el contribuyente "desempeñe de forma habitual, personal y directa la actividad de arrendamiento y obtenga rendimientos por trabajar en otro establecimiento"[572].

4) En principio, la afectación a la actividad económica de unos inmuebles no se ve alterada por el hecho de que aquellos no se encuentren arrendados, aunque sí puestos a disposición de arrendar. Con todo, se trata de una cuestión de "naturaleza fáctica" que tendrá que ser valorada por el órgano competente[573].

C) *Participaciones en entidades no patrimoniales*

También se ha pronunciado la DGT en algunas de sus consultas sobre el supuesto de exención regulado en el artículo 4.Ocho.Dos de la Ley 19/1991, cuya aplicabilidad convendría cuestionarse en aquellos escenarios en los que el contribuyente persona física fuera propietario o usufructuario vitalicio sobre participaciones en una entidad cuya actividad principal consistiera en la gestión de viviendas destinadas al alquiler turístico o vacacional. A este respecto, el artículo

---

569 Consultas V0712-22 y V1081-19. Esta misma interpretación ha sido defendida por el TS en sentencias de 12 de marzo de 2009, Nº de Recurso: 4083/2005, Sala de lo Contencioso, Sección 2, FD Quinto; y 10 de junio de 2009, Nº de Recurso: 3343/2006, Sala de lo Contencioso, Sección: 2, FD Cuarto.

570 Consulta V1081-19.

571 En la consulta V0064-19, efectivamente, la DGT concluye la imposibilidad de aplicar la exención por IP si el hecho de percibir la pensión de jubilación impide la llevanza personal y directa del negocio, de acuerdo con la información proporcionada al contribuyente por la Tesorería General de la Seguridad Social.

572 Consulta V0712-22.

573 *Ibidem*.

referenciado, que debe interpretarse a la luz de lo dispuesto en el artículo 3 del Reglamento del IP, establece una serie de requisitos que pasamos a examinar[574].

El primer requisito es que la entidad en la que se participa no tenga por actividad principal la gestión de un patrimonio mobiliario o inmobiliario[575]. Esta circunstancia se entenderá producida cuando, durante más de 90 días del ejercicio social, más del 50% de su activo esté constituido por valores o no esté afecto a actividades económicas[576], debiendo atenderse, a estos efectos, al concepto de «actividad económica» establecido "en el Impuesto sobre la Renta de las Personas Físicas"[577]. Centrando nuestra atención en el caso particular del arrendamiento, y en consonancia con el criterio anteriormente expuesto, parece que lo razonable sería entender cumplido el requisito cuando se cuente para la ordenación de aquella actividad con una persona empleada con contrato laboral y a jornada completa, o bien, cuando la cesión de uso de las viviendas turísticas se acompañe de la prestación de servicios complementarios propios de la industria hotelera.

En sus consultas, no obstante, la DGT se ha limitado a analizar la concurrencia de la condición indicada en relación con los arrendamientos puros de bienes inmuebles (esto es, arrendamientos no acompañados de la prestación de servicios complementarios), habiéndose resuelto en todas ellas que la consideración como actividad económica queda supeditada a la existencia de una persona empleada a jornada completa para la gestión de tales arrendamientos. En este sentido, y solo a título de ejemplo, puede traerse a colación la consulta V0100-22, en la que se aborda el supuesto de una persona física que es titular de unas participaciones en una sociedad cuya única actividad consiste en el arrendamiento de bienes inmuebles, si bien se plantea empezar a desarrollar actividades de subarrendamiento y

574 Un análisis en profundidad de esta materia puede encontrarse en Gil Maciá, L. (2019): *La exención de las participaciones en entidades en el Impuesto sobre el Patrimonio*, Navarra: Editorial Aranzadi.

575 El artículo 4.Ocho.Dos de la Ley 19/1991 se limita a señalar que la entidad en la que se participa puede ser "societaria o no societaria". Como la DGT ha matizado en alguna de sus consultas, no obstante, quedarían fuera de este supuesto de exención las entidades sin personalidad jurídica, tales como las comunidades de bienes (V0241-19).

576 Nótese que el propio artículo 4.Ocho.Dos enumera una serie de elementos que no serán tomados en consideración a la hora de cuantificar el porcentaje indicado. Por razones de extensión, y dado que ninguno de estos elementos parece tener especial incidencia en el sector del alojamiento turístico, remitimos al lector a lo dispuesto en dicho precepto.

577 Artículo 4.Ocho.Dos, letra a), de la Ley del IP.

de gestión de inmuebles de terceros[578]. La duda a la que se trata de dar respuesta es la relativa al cumplimiento del requisito exigido en la letra a) del artículo 4.Ocho.Dos de la Ley del IP. Si bien la cuestión abordada no llega a resolverse de manera definitiva por tratarse de cuestiones fácticas que deberá valorar el órgano gestor, la DGT se remite, respecto de la actividad de arrendamiento, al artículo 27.2 de la Ley del IRPF (descartándose su calificación como actividad económica por no contarse con un empleado exclusivamente dedicado a la gestión de los arrendamientos), y respecto de las actividades de subarrendamiento y gestión de inmuebles de terceros, a lo dispuesto en el artículo 27.1 de la misma ley[579].

La segunda condición necesaria es que la participación del sujeto pasivo en el capital de la entidad sea, al menos, del 5% computado de forma individual, o del 20% computado conjuntamente con su cónyuge, ascendientes, descendientes o colaterales de segundo grado, por consanguinidad, afinidad o adopción.

En tercer y último lugar, se exige que el sujeto pasivo: a) Ejerza efectivamente funciones de dirección en la entidad, b) perciba una remuneración por el ejercicio de las mismas, y c) la cuantía de la remuneración percibida represente más del 50% de la totalidad de sus rendimientos empresariales, profesionales y de trabajo personal, sin incluir aquellos que procedan del desarrollo de actividades que justifiquen la aplicación de la exención prevista en el artículo 4.Ocho.Uno de la Ley 19/1991. Tratándose de participaciones conjuntas con alguna de las personas relacionadas en el párrafo precedente, por su parte, las funciones de dirección y las correspondientes remuneraciones "deberán de cumplirse al menos en una de las personas del grupo de parentesco, sin perjuicio de que todas ellas tengan derecho a la exención". Así, por ejemplo, en un grupo de parentesco formado por una madre y sus tres hijos, bastaría con que uno de los hijos lleve a cabo estas funciones directivas y reciba por ello una remuneración que represente más de la mitad de la totalidad de sus rendimientos empresariales, profesionales y de trabajo personal, tal y como se ha reconocido en la consulta V0830-19.

578 Al respecto de esta misma cuestión, puede verse también la consulta V1234-22.

579 En lo que concierne a la actividad de subarrendamiento, la DGT se remite realmente al contenido de su consulta V2469-21, en la que se resolvía que "las rentas derivadas del subarrendamiento de las viviendas, (...) tendrán (...) la consideración de rendimientos del capital mobiliario, salvo que supongan la ordenación por cuenta propia de medios de producción y de recursos humanos con la finalidad de intervenir en la producción o distribución de bienes o servicios, elementos definitorios de una actividad económica".

Finalmente, y en lo que concierne a esta última tipología de supuestos, recuerda la DGT en sus consultas V1235-22 y V1234-22 que "no se exige que el sujeto que ejerza las funciones de dirección tenga que ser titular de las participaciones, pudiendo pertenecer estas al grupo familiar. Una vez que un miembro del grupo familiar cumpla este requisito, todos los miembros del grupo tendrán derecho a la exención"[580]. Asimismo, este Centro Directivo ha matizado que, a efectos de acceder a la exención en el IP, las funciones propias de dirección en la entidad y de gestión de la actividad de arrendamiento no pueden recaer en una misma persona, "ya que el artículo 27.2 LIRPF exige que exista un contrato laboral y que sea a jornada completa, no pudiéndose compatibilizar con el ejercicio de otras funciones en esta u otra entidad"[581].

3.3. DETERMINACIÓN DE LA BASE IMPONIBLE

Esclarecidas las condiciones de aplicación de las exenciones a las que se refiere el artículo 4.Ocho de la Ley 19/1991, concluimos que aquellas personas físicas que sean titulares de derechos sobre una o varias viviendas turísticas situadas en territorio español y, conforme a la regulación vigente, estén obligadas a tributar por el IP, tendrán que proceder a la inclusión de tales inmuebles en la declaración que presenten a efectos de dicho impuesto en los siguientes casos:

a) Cuando se trate de viviendas turísticas no generadoras de ingresos; por ejemplo, por encontrarse en situación de expectativa de arrendamiento.

b) Cuando se trate de viviendas turísticas explotadas en arrendamiento y las rentas derivadas de dicha explotación tengan para su perceptor la con-

580 Tal y como se indica expresamente en las consultas referenciadas, este criterio ha sido defendido en otras consultas previas del mismo Centro Directivo (V2317-17, V0036-18 y V0094-19). También por el TS en sentencias de 14 de julio de 2016, Nº de Recurso: 2330/2015, Nº de Resolución: 1776/2016, Sala de lo Contencioso, Sección 2; y de 26 de mayo de 2016, Nº de Recurso: 4027/2014, Nº de Resolución: 1198/2016, Sala de lo Contencioso, Sección 2.

581 Consulta V1898-23. Debe observarse, tal y como apuntan Bengochea Sala, J. M. *et alter* (2024) sobre la base de la doctrina administrativa, que una cosa es el derecho a la exención de las participaciones y otra distinta es el importe o la cuantía de la exención aplicable, "que solo debe ser del 100% de su valor cuando los activos afectos signifiquen el 100% del patrimonio neto de la entidad y ello con independencia de que exista o no una estructura holding" (Ob. Cit., apartado 2982).

sideración de rendimientos del capital, mobiliario o inmobiliario, en el IRPF.

c) Cuando se trate de viviendas turísticas explotadas en arrendamiento y generadoras de rendimientos de actividades económicas, pero se incumpla alguno de los requisitos mencionados en el artículo 4.Ocho.Uno de la Ley del IP; por ejemplo, que la actividad no sea ejercida de forma directa por el sujeto pasivo o no constituya su principal fuente de renta.

Igualmente, deberán declararse las participaciones en entidades dedicadas al arrendamiento de viviendas de uso turístico o vacacional cuando resulte incumplida alguna de las condiciones analizadas en el epígrafe anterior. Así sucedería, por ejemplo, si no se contase con una persona empleada a jornada completa para la ordenación del arrendamiento ni se prestasen servicios hoteleros complementarios, o bien, cuando la remuneración percibida por el ejercicio de funciones de dirección en la entidad no fuese superior al 50% de la totalidad de los rendimientos empresariales, profesionales y del trabajo personal.

En lo que concierne a la valoración de los bienes indicados, habrá que estar a lo previsto en los artículos 10 y siguientes de la Ley del IP, debiendo distinguir, a este respecto, el supuesto de las viviendas turísticas que se consideren afectas a una actividad empresarial o profesional de aquellas que no lo estén, así como las participaciones en entidades dedicadas a la actividad de arrendamiento. Los criterios a observar en cada uno de estos escenarios aparecen resumidos en la Tabla 4.3.

Tabla 4.3. Valoración de los bienes y derechos del contribuyente a efectos del Impuesto sobre el Patrimonio

Bien sobre el que recae el derecho	Regla de valoración
Viviendas turísticas (afectas o no afectas a actividades económicas)	Mayor de tres importes: 1) valor catastral del inmueble; 2) valor determinado o comprobado por la Administración a efectos de otros tributos; 3) precio, contraprestación o valor de adquisición satisfecho por el sujeto pasivo[582]

582 Como señalan Bengochea Sala, J. M. *et alter* (2024), "el precio hace referencia a las operaciones de compraventa, la contraprestación a las operaciones de permuta y el valor de adquisición a los supuestos de sucesiones o donaciones" (Ob. Cit., apartado 3032). La

Bien sobre el que recae el derecho	Regla de valoración
Participaciones en entidades dedicadas al arrendamiento de viviendas turísticas	Valor teórico resultante del último balance aprobado, siempre que el mismo haya sido auditado e informado favorablemente. En otro caso, la valoración se realizará sobre el mayor de tres importes: 1) valor nominal; 2) valor teórico resultante del último balance aprobado; 3) valor resultante de capitalizar al 20% el promedio de los beneficios de los tres ejercicios sociales cerrados con anterioridad a la fecha de devengo del IP[583].

Fuente: Elaboración propia a partir del contenido de los artículos 10, 11 y 16 de la Ley del IP.

En cualquiera de las dos situaciones reflejadas en la tabla, la valoración resultante de la aplicación de estas reglas se reducirá en las cargas y gravámenes que disminuyan el valor de los bienes en cuestión.

4. IMPUESTO SOBRE ACTIVIDADES ECONÓMICAS

4.1. SUJECIÓN AL IMPUESTO

De acuerdo con el artículo 78 del Real Decreto Legislativo 2/2004, de 5 de marzo, por el que se aprueba el Texto Refundido de la Ley Reguladora de las Haciendas Locales (en adelante, TRLHL), el IAE "es un tributo directo de carácter real, cuyo hecho imponible está constituido por el mero ejercicio, en territorio nacional, de actividades empresariales, profesionales o artísticas, se ejerzan o no en local determinado y se hallen o no especificadas en las tarifas del impuesto".

La previsión transcrita se completa con lo establecido en el artículo 79 del mismo texto normativo, donde se ofrece un concepto propio de actividad económica que debe ser interpretado de forma autónoma con respecto al analizado en

regla de valoración indicada se encuentra recogida en el artículo 10.Uno de la Ley del IP, relativo a los bienes inmuebles de naturaleza rústica o urbana, y en el párrafo segundo del artículo 11, relativo a los bienes inmuebles afectos a actividades empresariales o profesionales que no formen parte del activo circulante de la entidad y siempre que el objeto social de esta última no consista exclusivamente en la construcción o promoción inmobiliaria.

583 Artículo 16.Uno de la Ley del IP.

el marco de otros impuestos y que, como seguidamente se verá, presenta un carácter mucho más amplio. En particular, se entiende que "una actividad se ejerce con carácter empresarial, profesional o artístico, cuando suponga la ordenación por cuenta propia de medios de producción y de recursos humanos o de uno de ambos, con la finalidad de intervenir en la producción o distribución de bienes y servicios"[584].

En línea con el razonamiento esgrimido por la DGT en algunas de sus consultas, la consideración simultánea de los dos preceptos señalados nos lleva a confirmar que la sujeción al IAE de una actividad quedará supeditada a la concurrencia simultánea de cuatro condiciones[585]; a saber:

1) Que se trate de una actividad desarrollada en territorio nacional.
2) Que suponga la ordenación por cuenta propia de medios de producción y/o de recursos humanos con un fin determinado.
3) Que dicho fin sea la intervención en la producción o distribución de bienes y servicios.
4) Que la referida ordenación se haga por cuenta propia.

Fácilmente se comprueba que el hecho imponible del IAE se realiza por el mero ejercicio en territorio español de una actividad económica de cualquier naturaleza, siendo indiferente, entre otros aspectos, que la misma se lleve a cabo o no con habitualidad, que exista finalidad lucrativa, o que dicha actividad se encuentre especificada en las tarifas propias de este impuesto[586].

---

584 Esta definición se replica en la Regla 3.ª, apartado 1, del Real Decreto Legislativo 1175/1990, de 28 de septiembre, por el que se aprueban las tarifas y la instrucción del Impuesto sobre Actividades Económicas. Más específicamente, la actividad consistente en la cesión de uso de viviendas turísticas, con o sin prestación de servicios complementarios, tendría la consideración de actividad empresarial, en línea con lo dispuesto en el apartado 2 del citado precepto. Esta calificación no se vería afectada por el hecho de que la actividad en cuestión fuera desarrollada por una persona física o por una persona jurídica.

585 En concreto, nos referimos a las consultas V1481-22, V2737-19 y V2540-08.

586 Como advierte la DGT en las consultas relacionadas en la nota a pie anterior, bastaría "un solo acto de realización de una actividad económica para que se produzca el supuesto de hecho gravado". Asimismo, se especifica que "el hecho imponible del impuesto se realiza con independencia de que exista o no lucro en el ejercicio de la actividad, e, incluso, con independencia de que exista o no ánimo de lucro".

Esta última observación queda reforzada, asimismo, cuando se atiende al contenido de la Regla 2.ª del Real Decreto Legislativo 1175/1990, de 28 de septiembre, por el que se aprueban las tarifas y la instrucción del Impuesto sobre Actividades Económicas (en adelante, Instrucción del IAE), en la que se indica que el simple ejercicio de cualquier actividad económica contemplada en las tarifas (entre las que se encuentran la actividad de alquiler de viviendas y la consistente en la prestación de servicios de hospedaje), "así como el mero ejercicio de cualquier otra actividad empresarial, profesional o artística no especificada en aquéllas, dará lugar a la obligación de presentar la correspondiente declaración de alta y de contribuir por este impuesto, salvo que en la presente Instrucción se diga otra cosa".

En lo que atañe al supuesto particular de la explotación de viviendas turísticas o vacacionales, el estudio de la legislación vigente deja poco lugar para las dudas. Como la DGT ha reiterado en numerosas ocasiones, los arrendamientos de bienes inmuebles situados en territorio español, y, entre ellos, los arrendamientos de viviendas de uso turístico o vacacional, constituyen "hecho imponible del Impuesto sobre Actividades Económicas y por lo tanto están sujetos a dicho impuesto", por cuanto "que, en su ejercicio, se ordena por cuenta del arrendador (...) o del arrendatario (en caso de subarriendo) medios de producción y/o recursos humanos con la finalidad de intervenir en la distribución de un servicio"[587]. Ello será así con independencia de la condición del arrendador, que bien podría ser el propietario de la vivienda o un tercero actuando en calidad de arrendatario[588], y de las condiciones bajo las cuales se proceda al desarrollo de la actividad en cuestión. Desde este perspectiva, sería irrelevante que los alquileres fueran gestionados de forma directa por el propietario, usufructuario o arrendatario del inmueble o por un tercero en su nombre; que se contase o no con personal empleado para la ordenación de la actividad; que la cesión viniese referida a una vivienda completa o a alguna de sus habitaciones o estancias; o que las cesiones de uso efectuadas se acompañasen, o no, de la prestación de servicios complementarios propios de la industria hotelera. Incluso, en las consultas V2737-19 y V3886-15

587 Consulta V0931-11. En un sentido similar, pueden verse las consultas V0106-22, V1481-22, V1984-21, V2737-19 y V1114-11.

588 Acerca de los supuestos de subarrendamiento, puede verse la consulta V2316-20, en la que se reconoce la obligación de alta de una persona física que tiene intención de arrendar tres viviendas con la finalidad de subarrendarlas a terceros como viviendas vacacionales o turísticas en estancias de corta duración.

se llega a reconocer que la actividad consistente en la adaptación, rehabilitación o decoración de una vivienda para arrendarla como vivienda vacacional constituye hecho imponible del IAE[589].

4.2. SUPUESTOS DE EXENCIÓN

El artículo 82.1.c) del TRLHL dispone que estarán exentos del IAE:

1) Las personas físicas, sean o no residentes en territorio español.
2) Los sujetos pasivos del IS, las sociedades civiles y las entidades del artículo 35.4 de la LGT cuyo importe neto de la cifra de negocios sea inferior a 1.000.000 euros.
3) Los contribuyentes por el IRNR que operen en España mediante establecimiento permanente cuando el importe neto de su cifra de negocios sea inferior a 1.000.000 de euros[590].

Como puede advertirse, esta regulación en materia de exenciones conduce a una notable reducción de la exigibilidad del impuesto analizado en relación con los servicios de arrendamiento de viviendas turísticas gestionados a través de plataformas colaborativas como Airbnb. Principalmente, porque, tal y como se ha comentado ya en varias ocasiones a lo largo de este trabajo, lo más habitual en la práctica es que tales servicios sean prestados directamente por los propietarios personas físicas de los inmuebles arrendados. No obstante, y aun siendo factible la posibilidad de que el arrendador o, en su caso, subarrendador de la vivienda sea una persona jurídica o una comunidad de bienes[591], por ejemplo, el límite cuan-

---

589 Por lo que respecta a la clasificación de esta actividad, la DGT se remite a la Regla 8.ª de la Instrucción para la aplicación de las Tarifas, en la que se establece la necesidad de atender a su naturaleza y cursar alta en el epígrafe dedicado a las actividades con las que se presente una mayor semejanza o similitud.

590 En lo que atañe al importe neto de la cifra de negocios que debe tomarse como referencia, así como los criterios a seguir para su cuantificación, tanto en el caso de entidades residentes como no residentes en territorio español que operen en él mediante establecimiento permanente, puede verse lo dispuesto en el artículo 82.1.c) del TRLHL.

591 Esta posibilidad ha quedado patente en diversas consultas de la DGT. Por ejemplo, en la V1408-17, acerca de una sociedad que tiene la intención de comprar cuatro viviendas unifamiliares y destinarlas al arrendamiento para uso turístico, o en la V0715-17, relativa a una sociedad mercantil dedicada al mercado inmobiliario que arrienda inmuebles

titativo fijado por el legislador estatal para delimitar los supuestos de exención es tan elevado que sus posibilidades de aplicación en el sector de las viviendas turísticas o vacacionales se reducen de forma notoria.

Con todo, y ante la posibilidad de que algunos sujetos pasivos puedan llegar a superar la cifra de negocios indicada, abordaremos a continuación las particularidades relativas al epígrafe de las tarifas en el que debería cursarse alta por el arrendamiento de esta clase de bienes inmuebles.

4.3. TARIFA DEL IAE

Desde el punto de vista de la tarifa aplicable, cuyo papel en la determinación de la cuota tributaria del IAE deviene esencial[592], la DGT ha subrayado más de una vez la necesidad de atender a la verdadera naturaleza de las actividades cuya clasificación se dirime, "con independencia de la consideración o denominación que tengan éstas para sus titulares"[593] y "de los requisitos y autorizaciones previas que establezca la autoridad administrativa competente en materia de turismo para su ejercicio"[594]. Partiendo de esta premisa, y en lo que concierne al caso particular del arrendamiento, este Centro Directivo ha realizado tradicionalmente una diferenciación entre dos categorías de supuestos a la que ya hacíamos alusión al examinar la aplicabilidad del método de estimación objetiva propio del IRPF a la actividad de alquiler de viviendas turísticas. En particular, se ha distinguido:

a) Si el contribuyente ejerce exclusivamente la actividad de alquiler de viviendas, en el bien entendido de que se limita a poner a disposición del arrendatario las instalaciones en condiciones adecuadas de uso sin prestar

---

destinados al alojamiento turístico a sus propietarios para, a su vez, arrendarlos en nombre propio a personas físicas.

592 Conforme a lo señalado en el artículo 84 del TRLHL, "la cuota tributaria será la resultante de aplicar las tarifas del impuesto, (...) y los coeficientes y las bonificaciones previstos por la ley y, en su caso, acordados por cada ayuntamiento y regulados en las ordenanzas fiscales respectivas".

593 Así se pronuncia la DGT en consultas como la V2655-18, V2541-18, V0731-17, V2102-14, V0030-14 y V2151-10. En la consulta V1213-05, igualmente, este Centro Directivo concluye que será "la naturaleza material de la actividad desarrollada la que determine la clasificación en una u otra rúbrica de las Tarifas del Impuesto, dependiendo del servicio que efectivamente se preste desde el inmueble objeto de explotación".

594 Consulta V1114-11.

otro tipo de servicios complementarios, dicha actividad deberá clasificarse en el epígrafe 861.1 de la sección primera de las tarifas del IAE («Alquiler de viviendas»).

b) Si se extiende la atención a los clientes más allá de la mera puesta a disposición de un inmueble o parte del mismo, la actividad deberá causar alta en el grupo o epígrafe correspondiente de la agrupación 68 de las tarifas («Servicios de hospedaje»)[595]. A tales efectos, se atenderá a la categoría otorgada por las autoridades administrativas competentes al establecimiento o local en el que se prestan dichos servicios, y, de no haberse otorgado ninguna, se cursará alta en el grupo 685 de la sección primera («Alojamientos turísticos extrahoteleros»)[596].

El razonamiento esgrimido nos llevaría a concluir que, si una persona o entidad explota un alojamiento turístico y se limita a prestar los servicios propios del arrendamiento (tales como apertura, entrega de llaves, asistencia por incidencias y acondicionamiento de la vivienda entre un inquilino y el siguiente), el epígrafe apropiado sería el 861.1, tal y como se ha reconocido en consultas como la V0898-17 y V2588-16[597]. Por el contrario, de quedar acreditado que la actividad ejercida reúne las características propias de los servicios de hospedaje, por prestarse a los inquilinos servicios propios de la industria hotelera (como la limpieza semanal y lavandería, cambio de sábanas y toallas, suministro de alimentos y bebidas, etc.), se debería causar alta dentro de la agrupación 68, conforme a lo resuelto en consultas como la V2887-16, V3154-13 o V2151-10.

---

595 En numerosas consultas, la DGT ha matizado que "la actividad de hospedaje se caracteriza, a diferencia de la actividad de alquiler de viviendas, porque normalmente comprende la prestación de una serie de servicios tales como recepción y atención permanente al cliente, limpieza de inmuebles y cambio de ropa, custodia de maletas, puesta a disposición del cliente de vajilla, enseres y aparatos de cocina, etc.".

596 Así, por ejemplo, en la consulta V1383-23 se aclara que "si los órganos competentes de la respectiva Comunidad Autónoma asignan a los establecimientos de hospedaje la calificación o categoría de hoteles-apartamentos, la sociedad consultante deberá darse de alta en el grupo 684 de la sección primera de las Tarifas, «Servicio de hospedaje en hoteles-apartamentos»".

597 En dichas consultas se analiza el caso de unos inmuebles (una vivienda con fines turísticos al amparo de la normativa de la Comunidad Autónoma de Cantabria y cuatro apartamentos destinados al alquiler turístico vacacional, respectivamente) que se ceden a terceros sin prestación de servicios complementarios y sin disponer de personal contratado.

Esta interpretación no parece adaptarse plenamente, sin embargo, al criterio defendido por la DGT en otras consultas recientes relacionadas con el supuesto particular de las viviendas de uso turístico o vacacional. Dicho criterio se concreta en la obligación de cursar alta en la agrupación correspondiente a los servicios de hospedaje, aun habiendo manifestado el contribuyente su intención de arrendar los inmuebles sin prestar servicios hoteleros adicionales, sobre la base de que el objeto de la cesión efectuada es una vivienda vacacional o turística. A este respecto, se matizaba en la consulta V3886-15 que:

> "(...) la actividad consistente en el alquiler de viviendas vacacionales, en atención a la forma y circunstancias en que se realiza ésta mediante el cumplimiento de ciertos requisitos, tales como autorización previa, inscripción en un registro, etc., debe clasificarse en el grupo 685 de la sección primera de las Tarifas, «Alojamientos Turísticos Extrahoteleros», ya que dicha actividad se entiende que no se limita a la mera puesta a disposición de los clientes de un inmueble o parte del mismo durante determinados periodos de tiempo, sino que reúne las características propias de los servicios de hospedaje" (el subrayado es mío).

Una solución análoga vuelve a proponerse después en consultas como la V0106-22, V1984-21, V2316-20, V2737-19 o V1651-18, en las que expresamente se indica que el arrendamiento o subarrendamiento de la vivienda vacacional se llevará a cabo sin prestar servicios adicionales o complementarios propios de la industria hotelera, y, sin embargo, "teniendo en cuenta la información aportada", la DGT dictamina que el sujeto pasivo "deberá darse de alta por dicha actividad en el grupo 685 de la sección primera de las Tarifas"[598].

A priori, la convivencia de criterios que se advierte en esta fase (con consultas como la V0898-17 o la V2588-16, en la que siguen distinguiéndose dos posibles escenarios en función de los servicios efectivamente prestados por el arrendador, y consultas como la V3886-15, donde se expresa la obligación de alta en la agrupación 68, aun no existiendo servicios complementarios) podría generar dudas sobre el ámbito de aplicación de este último criterio. Así, y aunque debe admitirse que la interpretación apuntada resulta coherente con la delimitación conceptual que tradicionalmente se ha hecho de los servicios de hospedaje (que "nor-

---

598 En la consulta V0106-22 llega a afirmarse: "teniendo en cuenta la información aportada por el consultante, que destina una vivienda al alquiler con fines turísticos sin prestar servicios adicionales de hospedaje, deberá darse de alta por dicha actividad en el citado grupo 685 de la sección primera de las Tarifas que clasifica los «Alojamientos turísticos extrahoteleros»".

malmente", aunque no necesariamente, comprenden la prestación de servicios complementarios), no queda del todo claro si se trata de una solución extensible a todos los casos en los que el bien cedido en arrendamiento tenga el carácter de vivienda turística o vacacional, o, por el contrario, se apoya en una presunción ("se entiende que..."), construida sobre la base de lo que podría considerarse práctica habitual en el sector del alojamiento turístico, que admitiría prueba en contrario. Las dudas se disipan, a mi juicio, cuando se atiende a lo dispuesto en las consultas V1383-23 y V2318-22, en las que se aclara que:

> "Las prestaciones de servicios de hospedaje se encuentran plenamente reguladas por la normativa sectorial de cada Comunidad Autónoma, cuya competencia se halla transferida a tales entidades. Es la normativa de la Comunidad Autónoma la que regula los distintos tipos de establecimientos de hospedaje. La Comunidad Autónoma competente es la que otorga la clasificación y categoría de los distintos establecimientos de hospedaje.
>
> Las Tarifas del IAE no otorgan la categoría administrativa del establecimiento de hospedaje, sino que la clasificación en las distintas rúbricas de la Agrupación 68 se realiza de acuerdo con la calificación otorgada por las autoridades competentes en materia de servicios de hospedaje, que como se ha indicado anteriormente serán los órganos competentes de la respectiva Comunidad Autónoma".

Este razonamiento se ve acompañado de una ampliación del elenco ejemplificativo de establecimientos que tendrían encaje en el epígrafe 685 de las tarifas del impuesto («Alojamientos turísticos extrahoteleros»), que pasa de venir constituido por las "fincas rústicas, casas rurales y hospederías en el medio rural, así como albergues juveniles y similares"[599], a incluir "los servicios de hospedaje prestados en pisos, apartamentos, fincas rústicas, casas rurales y hospederías en el medio rural, así como albergues juveniles y similares"[600] (el subrayado es mío).

Consecuencia directa de lo anterior, entiendo, es la generalización efectuada en las consultas V1129-22 y V0068-23, en las que, de forma mucho más contundente, se afirma:

> "El alquiler de pisos turísticos es una modalidad de alojamiento de reciente implantación que consiste, básicamente, en ofrecer un servicio de alo-

599 En este sentido, pueden verse consultas como la V0106-22.

600 Consultas V1383-23, V1129-22 y V2318-22. En las dos últimas, se reconoce de forma expresa que "la relación de inmuebles en donde se pueden prestar los citados servicios de hospedaje no es en modo alguno exhaustiva, pudiendo abarcar otros distintos tales como pisos y apartamentos".

jamiento temporal por estancias cortas, generalmente a turistas, durante un periodo inferior al año, y que, normalmente, conlleva la prestación de algún servicio como cambio de ajuar doméstico, limpieza del inmueble a la entrada y salida, etc.

Este tipo de arrendamiento de viviendas destinadas a fines turísticos o vacacionales se clasifica en el citado grupo 685 «Alojamientos turísticos extrahoteleros» de la sección primera de las Tarifas, con independencia de que se presten o no servicios adicionales de hospedaje" (el subrayado es mío)[601].

Sobre la base de lo expuesto en las consultas referenciadas, confirmamos que el elemento determinante a la hora de cursar alta en la agrupación 68 de las tarifas del IAE no es (al menos no exclusivamente) la naturaleza de los servicios que el arrendador del inmueble presta al inquilino (como inicialmente se pensaba), sino que también deberá tenerse en cuenta la tipología o calificación administrativa del inmueble cuya utilización se cede. Tratándose de establecimientos que hayan sido catalogados por la normativa sectorial correspondiente como "establecimientos de hospedaje", habrá que causar alta en la citada agrupación, aun cuando el arrendador de la vivienda se limite a poner el inmueble a disposición del usuario sin prestar ningún tipo de servicio complementario o adicional. Tratándose de otro tipo de inmuebles, la clasificación de la actividad a efectos del IAE se hará depender de las prestaciones efectivamente realizadas por el arrendador en favor del inquilino. Esta última circunstancia se produciría, por ejemplo, en el supuesto de que lo arrendado fuera una habitación o estancia de la vivienda habitual del sujeto pasivo, una vivienda destinada al alquiler de larga temporada o cualquier otro tipo de establecimiento que no se ajustase a los criterios establecidos en la normativa sectorial aplicable en el territorio de la Comunidad Autónoma donde se encuentre situado el inmueble, de tal suerte que el arrendador no quedase sometido a la obligación de inscripción en un registro en materia de turismo o a la presentación de una declaración de inicio o ejercicio de la actividad turística.

Como refuerzo de esta última apreciación, conviene hacer referencia también a la consulta V1129-22, en la que, con mayor o menor acierto, se da respuesta a la petición de aclaración formulada por el consultante (ciertamente procedente, en mi opinión). En ella, y tras volver a delimitarse el contenido de la actividad de hospedaje de la misma forma en que se había hecho hasta el momento, se reconoce que "el simple alquiler de inmuebles (casas, pisos o apartamentos), sin que

601 Consulta V0068-23.

el titular de la actividad de alquiler preste, al menos, algún servicio al inquilino (...), considerados propios de la actividad de hospedaje, constituye una actividad propia del epígrafe 861.1 de la sección primera de las Tarifas (...)". Al mismo tiempo, la DGT matiza que el criterio expuesto en las consultas sobre las que se pide aclaración (V0898-17 y V0106-22, antes citadas) continúa vigente en la actualidad, sugiriéndose con ello que no nos encontramos ante un cambio de parecer por parte de este Centro Directivo, y destacándose la necesidad de tener "en cuenta que las contestaciones a las consultas tributarias se ajustan, en la medida de lo posible, a las circunstancias que, en cada caso, el sujeto pasivo expone (...), es decir, sobre la base de la información que se aporta en el correspondiente escrito, aunque esta no figure de forma exhaustiva en el texto de la contestación".

Desde mi punto de vista, y si bien debe admitirse que la postura defendida por la doctrina administrativa en relación con la actividad de alquiler de viviendas turísticas se encuentra fundamentada en la normativa del IAE, la gran dispersión legislativa existente en este contexto podría dar lugar a que dos situaciones de hecho plenamente equiparables desde una perspectiva fáctica (arrendamiento de vivienda sin servicios complementarios propios de la industria hotelera) fueran clasificadas de forma diferente a la hora de cursar alta en las tarifas del impuesto, tan solo por el hecho de que el establecimiento arrendado hubiera sido calificado en un caso como establecimiento de hospedaje por la Comunidad Autónoma y en el otro caso no. A ello se añade que la mencionada postura (que, en definitiva, hace depender la determinación de la tarifa de una cuestión ajena al ámbito tributario, como es la existencia de una legislación autonómica en materia de turismo y la adecuación a la misma del inmueble que es objeto de arrendamiento) choca con lo mantenido por la propia DGT en una consulta referente al supuesto particular de las casas rurales, en la que se afirmaba que el cumplimiento de ciertos requisitos contenidos en la normativa autonómica no debe conllevar "por sí mismo la calificación y naturaleza de la actividad o servicio prestado, ni su clasificación en una rúbrica concreta de las Tarifas del impuesto"[602].

602 Consulta V0824-09. Con todo, debe observarse la distinción efectuada en la consulta V1213-05 entre la actividad de alquiler de alojamiento rural (que parece no ir acompañada, al menos no en todos los casos, de la prestación de servicios hoteleros complementarios) y la actividad de alojamiento turístico extrahotelero, donde se ubican las casas turísticas o vacacionales, y respecto de la que se entiende que la puesta a disposición del inmueble va acompañada de la prestación a los clientes de algún otro servicio.

Por otro lado, y aun de aceptarse la doctrina señalada, no me parece que la información publicada en la página web de la Agencia Tributaria (AEAT) acerca de "las diferentes posibilidades dentro de la actividad de alquiler de apartamentos turísticos", ayude verdaderamente a los contribuyentes a "realizar una correcta clasificación en las Tarifas del IAE"[603]. En concreto, el texto publicado distingue tres situaciones, cuyas notas características y tratamiento se resumen en la Tabla 4.4.

Tabla 4.4. Clasificación en el IAE de la actividad de alquiler de apartamentos turísticos

Epígrafe	Características de la actividad	Consultas
685	Cesión a cambio de precio de "apartamentos por periodos de tiempo determinado prestando servicios de hospedaje". Se matiza, eso sí, que "el grupo 685 de la sección primera de las Tarifas del IAE clasifica la actividad de explotación de apartamentos turísticos extrahoteleros (...)".	V0215-18 V0731-17
861.1	Arrendamiento "a una entidad mercantil o persona física que lo explota como establecimiento extrahotelero, contratando ésta, su ocupación con touroperadores y/o el personal necesario y asumiendo todos los riegos de la explotación".	V2540-08 1160-02
861.1	Arrendamiento "por periodos cortos de tiempo de casas o parte de las mismas, sin prestar ningún servicio propio de la actividad de hospedaje y limitándose a poner a disposición del arrendatario las instalaciones".	V0898-17 V0931-11 482-02

Fuente: Elaboración propia a partir de la información disponible en la página web de la AEAT.

A mi modo de ver, esta nota informativa podría inducir a error a aquellos contribuyentes que, siendo propietarios de una vivienda de uso turístico o vacacional acogida a normativa sectorial autonómica, se limitasen a ceder a terceros su uso mediante precio por periodos cortos de tiempo y sin prestar servicios complementarios propios de la industria hotelera.

Finalmente, y dada su potencial relevancia en el contexto analizado, considero oportuno hacer referencia a algunas otras aclaraciones que la propia DGT

603 https://sede.agenciatributaria.gob.es/Sede/vivienda-otros-inmuebles/tributacion-arrendador-viviendas-otros-inmuebles/tributacion-alquiler-apartamentos-turisticos/impuesto-sobre-actividades-economicas.html (último acceso: 31/01/2024).

ha efectuado al respecto de la cuestión abordada en este epígrafe. Entre ellas, las siguientes:

- En aquellos casos en los que la actividad desarrollada por el sujeto pasivo se limite a la cesión de uso mediante precio de una vivienda no calificada como establecimiento de hospedaje, no existe la posibilidad de "darse de alta en el grupo 685 en previsión de la realización de servicios propios de la actividad de hospedaje"[604].
- El "pago de la cuota correspondiente al epígrafe 861.1 de la sección primera de las Tarifas (...) no faculta para ejercer la actividad de prestación de servicios de limpieza, cambio de ajuar, etc. de la vivienda alquilada, actividad que estaría encuadrada en el grupo 685 de la sección primera"[605].
- En línea con lo previsto en la letra F) de la Regla 4.ª, apartado 2, de la Instrucción del IAE, los sujetos pasivos que cursen alta en el grupo 685 (entendemos que por el tipo de alojamiento que se oferta) "podrán prestar, sin pago de cuota adicional alguna, servicios complementarios, tales como servicios de limpieza, cambio de sábanas, internet, televisión, etc."[606].

4.4. CUANTIFICACIÓN DEL IMPUESTO Y OBLIGACIONES FORMALES

En lo que atañe a las obligaciones de índole formal que puedan resultar de aplicación a los sujetos pasivos del IAE, lo primero que conviene destacar es que el artículo 5.1 del Real Decreto Legislativo 243/1995, de 17 de febrero, por el que se dictan normas para la gestión del Impuesto sobre Actividades Económicas extiende la obligación de "presentar declaración de alta en su matrícula" (modelo 840) a todos los sujetos pasivos que no estén exentos del impuesto, así como a aquellos otros que se viniesen acogiendo a alguna de las exenciones establecidas y dejasen de cumplir las condiciones necesarias para ello[607].

---

604 Consulta V2102-14.

605 Consultas V2616-20, V0898-17 y V2588-16.

606 En este sentido se pronuncia la DGT en consultas como la V2316-20, V0440-18, V1651-18 o V3231-18.

607 Nótese que "el hecho de figurar inscrito en la matrícula o la mera clasificación en las Tarifas (...) no supone una habilitación para el ejercicio de las actividades respectivas, si para ello se exige en las disposiciones vigentes el cumplimiento de otros requisitos"

De lo anterior se infiere que, en aquellos supuestos, más habituales en la práctica, en los que el arrendador de la vivienda turística sea una persona física o una entidad cuya cifra de negocios sea inferior a 1.000.000 de euros, quedará sin efecto la obligación de presentar declaración censal de alta en la matrícula del IAE, circunstancia que, a su vez, determinará la ausencia de liquidación por parte de la Administración tributaria[608]. Y lo mismo sucederá, por expresa disposición del artículo 5.1, en relación con los sujetos pasivos que, no estando exentos del impuesto, "desarrollen actividades cuya cuota resultante sea cero, bien porque ello resulte de la aplicación de las tarifas, bien por haber sido así declarado por la Administración del Estado". Tanto en uno como en otro caso, y salvo que concurra alguna excepción, la declaración de alta en la matrícula será sustituida por la declaración de alta en el Censo de Empresarios, Profesionales y Retenedores[609], que se hará efectiva mediante la presentación de un modelo 036 en el que deberán identificarse las actividades económicas ejercidas, así como los establecimientos y locales en los que dichas actividades se llevan a cabo[610].

(V3886-15). Esta es una observación de gran interés en el ámbito en el que nos encontramos, caracterizado, como comentábamos en el Capítulo 1, por la convivencia de una pluralidad de normas sectoriales en las que se regulan las condiciones para el ejercicio de la actividad de alquiler turístico en viviendas particulares.

608 El artículo 90.2 del TRLHL configura el IAE como un impuesto liquidable por la Administración, de tal suerte que será esta quien practique "la liquidación correspondiente, la cual se notificará al sujeto pasivo, quien deberá efectuar el ingreso que proceda".

609 El artículo 14.2 del RGGIT dispone, al respecto de los sujetos pasivos que se encuentren exentos del IAE, que "la presentación de las declaraciones censales reguladas en esta subsección sustituye a la presentación de las declaraciones específicas del Impuesto sobre Actividades Económicas". Sin perjuicio de ello, ha de tenerse en cuenta que, en virtud del artículo 3.2 de este mismo reglamento, quedan excluidos del Censo de Empresarios, Profesionales y Retenedores "quienes efectúen exclusivamente arrendamientos de inmuebles exentos del Impuesto sobre el Valor Añadido, conforme al artículo 20.Uno.23.º de la Ley 37/1992". Recordemos, en línea con lo comentado en el Capítulo 3 de esta obra, que los arrendamientos de vivienda para uso turístico o vacacional quedarán amparados por la citada exención en la medida en la que no vayan acompañados de la prestación de servicios complementarios propios de la industria hotelera.

610 Artículo 4.1 de la Orden EHA/1274/2007, de 26 de abril, por la que se aprueban los modelos 036 de Declaración censal de alta, modificación y baja en el Censo de empresarios, profesionales y retenedores y 037 Declaración censal simplificada de alta, modificación y baja en el Censo de empresarios, profesionales y retenedores.

Como fácilmente se advertirá, la cuestión concerniente al alta de la actividad de arrendamiento de viviendas turísticas en el epígrafe 861.1 de las tarifas («Alquiler de viviendas») o en el 685 («Alojamientos turísticos extrahoteleros») no tendrá, de entrada, consecuencias relevantes, pues la exención referente a las personas físicas, así como el elevado importe al que se vincula la exención en el supuesto de las personas jurídicas y entidades del artículo 35.4 de la LGT, reduce notoriamente la aplicabilidad del IAE en el sector del alojamiento turístico en viviendas, y, con ella, el elenco de sujetos obligados a presentar declaración de alta en la matrícula. Sin embargo, no se tratará de una cuestión baladí para los sujetos pasivos que, por su cifra de negocios, se encuentren sujetos y no exentos del impuesto.

Tal y como establece la Instrucción del IAE, en efecto, los sujetos pasivos que hayan cursado alta en la agrupación 86 de las tarifas («Alquiler de bienes inmuebles») tributarán por cuota cero cuando las cuotas correspondientes a dicha actividad sean inferiores a 601,01 euros, lo que automáticamente excluirá la obligación de satisfacer "cantidad alguna por este impuesto" o de "formular declaración alguna"[611]. Esta especialidad, no extensible a los sujetos pasivos que hayan solicitado el alta en la agrupación 68 («Servicios de hospedaje»), nos lleva a distinguir dos posibles situaciones respecto de aquellas entidades dedicadas al arrendamiento, sin servicios complementarios propios de la industria hotelera, de viviendas que no hayan sido catalogadas como establecimientos turísticos por la normativa sectorial; a saber:

1) Que la cuota derivada de aplicar la normativa del IAE sea igual o superior a 601,01 euros, en cuyo caso el sujeto pasivo estará obligado a presentar declaración de alta en la matrícula y a ingresar el importe que resulte de la liquidación practicada por la Administración tributaria.

2) Que la cuota sea inferior a dicho importe, en cuyo caso el tratamiento oportuno será equivalente al previsto por el legislador estatal para los sujetos pasivos que estén exentos del impuesto. Huelga señalar, tal y como ha matizado la DGT en varias de sus consultas, que esta última circunstancia se dará cuando el valor catastral de todos los inmuebles de la misma naturaleza (viviendas) puestos en alquiler sea inferior a 601.010 euros, ya que la cuota correspondiente a este epígrafe, que tiene carácter nacional,

611 Regla 15.ª de la Instrucción del IAE.

es del 0,10% del valor catastral asignado a las viviendas a efectos del Impuesto sobre Bienes Inmuebles.

Por su parte, los sujetos pasivos que hayan solicitado el alta en la agrupación 68 de las tarifas, ya sea por el tipo de establecimiento en el que prestan sus servicios o por la tipología de servicios que ofrecen a sus clientes, quedarán obligados a presentar declaración de alta en la matrícula y a tributar por el IAE con independencia de las circunstancias concurrentes. No obstante, a la hora de cuantificar el importe de la deuda tributaria, sí podría serles de aplicación otra especialidad, mucho más modesta que la indicada para la actividad de alquiler de viviendas, que se concreta en una minoración de la cuota del 30% cuando el alojamiento turístico de que se trate haya permanecido abierto durante menos de ocho meses al año[612].

5. EL IMPUESTO SOBRE TRANSMISIONES PATRIMONIALES Y ACTOS JURÍDICOS DOCUMENTADOS

5.1. SUJECIÓN AL IMPUESTO

El Impuesto sobre Transmisiones Patrimoniales y Actos Jurídicos Documentados (en adelante, ITPAJD) es un tributo de naturaleza indirecta que somete a gravamen tres grandes categorías de operaciones: las transmisiones patrimoniales onerosas (en adelante, TPO); las operaciones societarias; y los actos jurídicos documentados.

Centrando nuestra atención en la primera de las categorías mencionadas, aclara el artículo 7.1 del Real Decreto Legislativo 1/1993, de 24 de septiembre, por el que se aprueba el Texto Refundido de la Ley del Impuesto sobre Transmisiones Patrimoniales y Actos Jurídicos Documentados (en adelante, Ley del ITPAJD), que tienen la consideración de transmisiones patrimoniales sujetas:

---

612 Más específicamente, la Instrucción del IAE establece que en "aquellos alojamientos turísticos extrahoteleros que permanezcan abiertos menos de ocho meses al año, su cuota será el 70 por ciento de la señalada en este grupo". La misma especialidad se contempla en relación con los servicios de hospedaje en hoteles y moteles (Grupo 681), hostales y pensiones (Grupo 682), hoteles-apartamentos (Grupo 684) y campamentos turísticos en los que se prestan los servicios mínimos de salubridad, como agua potable, lavabos, fregaderos, etc. (Grupo 687).

A. Las transmisiones onerosas por actos «inter vivos» de toda clase de bienes y derechos que integren el patrimonio de las personas físicas o jurídicas.

B. La constitución de derechos reales, préstamos, fianzas, arrendamientos, pensiones y concesiones administrativas, salvo que estas últimas tengan por objeto la cesión del derecho a utilizar infraestructuras ferroviarias o inmuebles o instalaciones en puertos y aeropuertos.

Por lo que respecta a los arrendamientos de vivienda turística o vacacional (con o sin prestación de servicios hoteleros complementarios), la regulación transcrita nos lleva a confirmar que, además de estar sujetos al IVA, la constitución de tales arrendamientos quedará sujeta al ITPAJD en su modalidad TPO. Esta situación no plantearía mayor problemática si no fuera porque, tanto la Ley del IVA como la Ley del ITPAJD, establecen lo que podría denominarse «principio de incompatibilidad-complementariedad» entre ambos impuestos.

En efecto, el artículo 4.4 de la LIVA matiza que:

> "Las operaciones sujetas a este impuesto no estarán sujetas al concepto «transmisiones patrimoniales onerosas» del Impuesto sobre Transmisiones Patrimoniales y Actos Jurídicos Documentados.
>
> Se exceptúan de lo dispuesto en el párrafo anterior las entregas y arrendamientos de bienes inmuebles, así como la constitución o transmisión de derechos reales de goce o disfrute que recaigan sobre los mismos, cuando estén exentos del impuesto, salvo en los casos en que el sujeto pasivo renuncie a la exención en las circunstancias y con las condiciones recogidas en el artículo 20.Dos"[613].

En un sentido análogo al señalado, el artículo 7.5 de la Ley del ITPAJD declara:

> "No estarán sujetas al concepto «transmisiones patrimoniales onerosas» (...) las operaciones enumeradas anteriormente cuando, con independencia de la condición del adquirente, los transmitentes sean empresarios o profesionales en el ejercicio de su actividad económica y, en cualquier caso, cuando constituyan entregas de bienes o prestaciones de servicios sujetas al Impuesto sobre el Valor Añadido. No obstante, quedarán sujetos a dicho concepto impositivo las entregas o arrendamientos de bienes inmuebles, así como la constitución y transmisión de derechos reales de uso y disfrute que recaigan

613 Nótese que, conforme a lo previsto en el artículo 20.2 de la LIVA, la renuncia a la exención inmobiliaria únicamente resulta extensible a las entregas de bienes inmuebles que cumplan los requisitos contemplados en el artículo 20.Uno.23.º.

> sobre los mismos, cuando gocen de exención en el Impuesto sobre el Valor Añadido. (...)"

De lo anterior se deduce que, en principio, y con carácter general, las operaciones realizadas por empresarios o profesionales en el ejercicio de su actividad económica no estarán sujetas a TPO, sino al propio IVA. Esta regla cuenta, no obstante, con una excepción, al reconocerse expresamente como sujetas a TPO ciertas operaciones que también se encuentran sujetas al IVA, pero que no llegan a ser gravadas efectivamente por aquel. Entre ellas, y a los efectos que aquí nos interesan, se encuentran los arrendamientos de bienes inmuebles que cumplan los requisitos emanados de la Ley 37/1992 para la aplicación de la exención por arrendamiento de vivienda; a saber: que el inmueble cedido vaya a ser utilizado con fines exclusivos de vivienda por parte del arrendatario (o, en su caso, por parte de la persona o personas físicas designadas en el contrato de arrendamiento como usuarias del inmueble), y que no se presten al mismo tiempo, ya sea por el propio arrendador o por un tercero en su nombre, servicios complementarios propios de la industria hotelera[614].

Es importante subrayar que el artículo 45.I, letra B), de la Ley del ITPAJD declara exentos del impuesto "los arrendamientos de vivienda para uso estable y permanente a los que se refiere el artículo 2 de la Ley 29/1994, de 24 de noviembre, de Arrendamientos Urbanos"[615]. Esta remisión expresa al artículo 2 de la LAU, que ya se ha visto anteriormente en relación con otros aspectos ligados a la tributación de la actividad de alquiler turístico, dejaría fuera del ámbito objetivo de la mencionada exención el supuesto particular de los arrendamientos de vivienda para uso vacacional. Y ello porque tales arrendamientos, o bien quedan al margen de la regulación ofrecida por la Ley 29/1994, o bien quedan sometidos a la misma en calidad de «arrendamientos para uso distinto del de vivienda»

---

614 Acerca de esta cuestión, puede verse el análisis realizado en el epígrafe 3 del Capítulo 3.

615 Apartado 26 del listado de exenciones contenido en el artículo 45.I.B). Este supuesto de exención fue introducido en la Ley del ITPAJD con efectos 18 de diciembre de 2018. Con efectos 24 de enero de 2019 desapareció del redactado de la norma para posteriormente volver a aplicarse a partir del 5 de marzo del mismo año. Tales modificaciones fueron operadas por el Real Decreto-ley 21/2018, de 14 de diciembre; la Resolución de 22 de enero de 2019 que publica el Acuerdo del Congreso de los Diputados por el que se deroga el Real Decreto-ley 21/2018, de 14 de diciembre; y el Real Decreto-ley 7/2019, de 1 de marzo.

(figura esta que no se encuentra contemplada en el artículo 2, sino en el artículo 3 del referido texto normativo).

La conclusión a la que llegamos, a la vista del razonamiento expuesto, es que los arrendamientos de vivienda turística o vacacional que se encuentren exentos de IVA tendrán que tributar de forma efectiva, sin posibilidad de exención, por la modalidad TPO del ITPAJD. Así lo ha admitido la propia DGT en consultas como la V1902-21, en la que se aborda el caso de una persona física que destina una vivienda a la actividad de alquiler turístico sin prestar servicios complementarios propios de la industria hotelera y respecto del que se acaba concluyendo que, "al resultar la operación sujeta y exenta de IVA, quedará sujeta a la modalidad de transmisiones patrimoniales onerosas del Impuesto sobre Transmisiones Patrimoniales y Actos Jurídicos Documentados en virtud del artículo 7.5 del TRLITPAJD".

5.2. SUJETO PASIVO

En línea con lo dispuesto en el artículo 8.f) del Real Decreto Legislativo 1/1993, la condición de sujeto pasivo del ITPAJD en la constitución de arrendamientos recaerá siempre sobre el arrendatario del inmueble. A continuación, sin embargo, matiza el artículo 9.1.b) que el arrendador será responsable subsidiario del pago del tributo "si hubiera percibido el primer plazo de renta sin exigir al arrendatario igual justificación". Aunque es evidente que este supuesto de responsabilidad subsidiaria se encuentra pensado para los alquileres de larga duración, nada obsta para reconocer que resultará igualmente aplicable a los arrendadores de vivienda turística, a los que, en consecuencia, podría reclamarse el pago del impuesto debido y no ingresado por el arrendatario cuando hubieren percibido el importe de la renta acordada sin requerir al mismo la justificación correspondiente.

Antón Antón y Bilbao Estrada (2016) han mostrado su preocupación ante la circunstancia de que el arrendatario sea "un ciudadano extranjero o nacional que sólo permanezca unos días en la (...) Comunidad Autónoma y desconozca el citado gravamen, generándose otro supuesto de difícil activación del proceso de derivación de la responsabilidad"[616]. Para Desdentado Daroca, Díaz Vales y Lucas Durán (2018), es precisamente el hecho de que el arrendatario del alquiler

616 Bilbao Estrada, I. y Antón Antón, Á. (2016), Ob. cit., p. 34.

turístico sea con frecuencia extranjero (y, por ende, más difícilmente perseguible por la Administración española) lo que atribuye "una importancia en absoluto despreciable" al mencionado supuesto de responsabilidad subsidiaria[617]. Los autores recuerdan, no obstante, la existencia de "convenios internacionales que permiten, en materia tributaria, el intercambio de información y la asistencia en la recaudación, siendo así que tales instrumentos deberían ser utilizados por la Administración antes de derivar responsabilidades tributarias a terceros sujetos, habida cuenta del régimen necesariamente subsidiario de la institución referida"[618].

Como alternativa dirigida a facilitar el cumplimiento de las correspondientes obligaciones, tanto unos como otros se muestran partidarios de exigir el papel activo de las plataformas intermediarias en la recaudación del tributo. En este sentido, Antón Antón y Bilbao Estrada (2019) defienden la extensión de "la solución propuesta en materia de tasas turísticas a este Impuesto estatal de gestión autonómica", de tal suerte que las plataformas digitales asuman la condición de sustitutos del contribuyente o, en su caso, se llegue a acuerdos voluntarios para que estas últimas actúen como agentes colaboradores en la recaudación del ITPAJD[619]. En una línea muy similar, Desdentado Daroca, Díaz Vales y Lucas Durán (2018) han manifestado "que, al menos cuando tales plataformas intermedien en el pago, resultaría deseable que la normativa del tributo fijara un supuesto de sustitución tributaria (...), de manera que fuera la referida plataforma quien resultara obligada a incrementar el valor del alquiler turístico cobrado al consumidor final en la cuota tributaria del ITPAJD para cada estancia particular (...) y, subsiguientemente, ingresarla en la respectiva hacienda autonómica"[620].

5.3. CUANTIFICACIÓN DEL IMPUESTO

Conforme a lo previsto en el artículo 10.5.e) de la Ley del ITPAJD, la base imponible del impuesto en los casos de arrendamiento vendrá conformada por "la cantidad total que haya de satisfacerse por todo el periodo de duración del

617 Desdentado Daroca, E., Díaz Vales, F. y Lucas Durán, M. (2018), Ob. Cit., p. 76.

618 *Ibidem.*

619 Bilbao Estrada, I. y Antón Antón, Á. (2016), Ob. cit., p. 34.

620 Desdentado Daroca, E., Díaz Vales, F. y Lucas Durán, M. (2018), Ob. Cit., p. 76.

contrato"[621]. Sobre ella, y al objeto de determinar el importe de la cuota tributaria, se aplicará la tarifa fijada por la Comunidad Autónoma donde se encuentre situado el inmueble, o, en defecto de esta, la escala contenida en el artículo 12.1 de la misma ley, que adopta la siguiente estructura:

Tabla 4.5. Tarifa estatal para la cuantificación de la cuota tributaria en el caso de arrendamientos de bienes inmuebles sujetos y no exentos de TPO

	Euros
Hasta 30,05 euros	0,09
De 30,06 a 60,10	0,18
De 60,11 a 120,20	0,39
De 120,21 a 240,40	0,78
De 240,41 a 480,81	1,68
De 480,82 a 961,62	3,37
De 961,63 a 1.923,24	7,21
De 1.923,25 a 3.846,48	14,42
De 3846,49 a 7.692,95	30,77
De 7.692,96 en adelante, 0,024040 euros por cada 6,01 o fracción.	

Fuente: Artículo 12.1 del Real Decreto Legislativo 1/1996.

En lo que atañe al procedimiento de cálculo de la cuota del impuesto, y partiendo de la información contenida en la tabla, considero oportuno realizar las siguientes observaciones:

1) Si bien el artículo 12.1 de la Ley del ITPAJD especifica que la cuota tributaria de los arrendamientos se obtendrá aplicando "sobre la base liquidable" la tarifa que corresponda, lo cierto es que ni aquella ley ni su reglamento de desarrollo han regulado reducciones de la base imponible en el ámbito de este impuesto. Tampoco lo han hecho las CC.AA. de régimen común, a las que el artículo 49 de la Ley 22/2009 tan solo atribuye com-

621 A continuación, el citado precepto introduce una especialidad para los arrendamientos cuyo periodo de duración sea desconocido y otra para los contratos de arrendamiento de fincas urbanas sujetas a prórroga forzosa.

petencias en materia de tipos de gravamen, deducciones y bonificaciones de la cuota. En consonancia con lo señalado por Melón Muñoz *et alter* (2023), por tanto, es posible afirmar que la base imponible del ITPAJD en su modalidad TPO coincide necesariamente con la base liquidable[622].

2) A fecha de hoy, prácticamente todas las CC.AA. de régimen común hacen uso de la tarifa diseñada por el legislador estatal para la determinación de la cuota derivada de los arrendamientos de bienes inmuebles. A título de excepción, no obstante, podrían mencionarse los casos de Andalucía y Cataluña, donde se han aprobado unos tipos del 0,3% y del 0,5%, respectivamente[623]. Una situación similar se da, asimismo, en la Comunidad Foral de Navarra, cuyo legislador ha optado por el establecimiento de un tipo único del 0,4% en relación con esta clase de operaciones[624].

3) A diferencia de lo sucedido en el IRPF, la aplicación de la escala recogida en el artículo 12 de la Ley del ITPAJD “no debe hacerse por tramos de base imponible, sino teniendo en cuenta en qué tramo se encuentra la base imponible total y quedando determinada la deuda tributaria por el importe correspondiente a tal tramo”[625].

La información aportada permite confirmar que, para una base liquidable de 450 euros, por ejemplo, la cuota de TPO en la práctica totalidad de las CC.AA.

---

622 Melón Muñoz, A. *et alter* (2023), *Memento Práctico Transmisiones (ITP y AJD)*, Madrid: Francis Lefebvre, apartado 8240 (Consultado en: https://online.elderecho.com/).

623 Véase el artículo 42 de la Ley 5/2021, de 20 de octubre, de Tributos Cedidos de la Comunidad Autónoma de Andalucía, y el artículo 641-6 del Decreto Legislativo 1/2024, de 12 de marzo, por el que se aprueba el libro sexto del Código tributario de Cataluña, que integra el texto refundido de los preceptos legales vigentes en Cataluña en materia de tributos cedidos.

624 Artículo 9 del Decreto Foral Legislativo 129/1999, de 26 de abril, por el que se aprueba el Texto Refundido de las Disposiciones del Impuesto sobre Transmisiones Patrimoniales y Actos Jurídicos Documentados. En el caso de País Vasco, la cuantificación de la cuota tributaria parte de la aplicación de una escala de tres tramos (artículo 14 de la Norma Foral 1/2011, de 24 de marzo, del Impuesto sobre Transmisiones Patrimoniales y Actos Jurídicos Documentados).

625 Melón Muñoz, A. *et alter* (2023), Ob. Cit., apartado 10555. Como seguidamente advierten los autores: “Esta forma de cálculo produce lo que se denomina error de salto, ya que el aumento en un céntimo de euro en la base imponible (por ejemplo, de 480,81 euros a 480,82 euros) puede suponer que se duplique la deuda tributaria (así, de 1,68 euros a 3,37 euros)”.

de régimen común sería tan solo de 1,68 euros. Si duplicáramos la base, elevándola hasta 900 euros, también se duplicaría la cuota (3,37 euros), pero seguiríamos hablando de una cuantía muy reducida, sobre todo si se tienen en cuenta los costes asociados al cumplimiento de las obligaciones atribuidas al sujeto pasivo del impuesto y a la propia gestión del tributo por parte de las autoridades competentes. El panorama no mejora, como es de esperar, cuando se atiende a los tipos específicos aprobados por las CC.AA. de Andalucía y Cataluña, que, siguiendo con el ejemplo anteriormente propuesto, conducirían a unas cuotas de entre 1,35 (450 euros x 0,3%) y 4,5 euros (900 euros x 0,5%).

La situación se agrava todavía más, si cabe, cuando se considera la posibilidad de disfrutar de una bonificación del 50% en aquellos supuestos en los que el inmueble arrendado se encuentre situado en los territorios de Ceuta o Melilla. Así se desprende de lo dispuesto en el artículo 57 bis, apartado 3, de la Ley del ITPAJD, en virtud del cual "las cuotas derivadas de la aplicación de la modalidad de transmisiones patrimoniales onerosas tendrán derecho a la aplicación de una bonificación del 50 por 100 en los siguientes casos: a) Transmisiones y arrendamiento de inmuebles situados en Ceuta o Melilla y constitución o cesión de derechos reales, incluso de garantía sobre los mismos". Al no establecerse más requisitos para el acceso a la bonificación que el relativo a la ubicación del inmueble arrendado, parece claro que la medida examinada será extensible a toda clase de arrendamientos, incluidos los arrendamientos de viviendas destinadas al alquiler turístico o vacacional[626].

---

626 Huelga señalar que algunas CC.AA. han regulado otras bonificaciones específicas de la cuota tributaria derivada de los arrendamientos de bienes inmuebles que, dados los requisitos exigidos y la finalidad perseguida por el legislador autonómico, parecen quedar fuera del alcance de los arrendamientos de vivienda turística o vacacional. Es el caso de la bonificación del 100% aplicable en la Comunidad Autónoma de Aragón en relación con los "arrendamientos de inmuebles destinados exclusivamente a vivienda del sujeto pasivo, siempre que la renta anual satisfecha no sea superior a 9.000 euros" (Artículo 121-7 del Decreto Legislativo 1/2005, de 26 de septiembre, del Gobierno de Aragón, por el que se aprueba el texto refundido de las disposiciones dictadas por la Comunidad Autónoma de Aragón en materia de tributos cedidos); o la bonificación cántabra del 99% para los arrendamientos que constituyan la vivienda habitual del arrendatario cuando este pertenezca a ciertos colectivos vulnerables y la renta anual satisfecha no exceda de 8.000 euros (Artículo 15 del Decreto Legislativo 62/2008, de 19 de junio, por el que se aprueba el texto refundido de la Ley de Medidas Fiscales en materia de Tributos cedidos por el Estado).

En línea con lo apuntado por Desdentado Daroca, Díaz Vales y Lucas Durán (2018), es innegable que los resultados obtenidos se encuentran bastante alejados de lo que sería deseable si se atiende a la tributación correspondiente a los servicios de alojamiento prestados en otro tipo de establecimientos turísticos más tradicionales. A este respecto, y tras debatir sobre la posibilidad de que las CC.AA. introduzcan tipos de ITPAJD específicos para las viviendas de uso vacacional, los autores se plantean la conveniencia de fijar un tipo de gravamen diferenciado en el ámbito de este impuesto superior al actual y más próximo al regulado en la LIVA para los servicios de hostelería y restauración, lo que "permitiría, además de una mayor recaudación para las CCAA, fijar un trato tributario similar entre los establecimientos hoteleros y las viviendas de uso turístico en cuanto no haya modificación de la normativa tributaria del IVA o de la doctrina de la DGT"[627].

5.4. OBLIGACIONES FORMALES

En lo que concierne a las obligaciones formales, de la lectura de los artículos 102.1 y 107 del Real Decreto 828/1995, de 29 de mayo, por el que se aprueba el Reglamento del Impuesto sobre Transmisiones Patrimoniales y Actos Jurídicos Documentados, se desprende que los sujetos pasivos del ITPAJD quedan obligados a practicar autoliquidación y a realizar el ingreso de la deuda tributaria en el plazo de treinta días hábiles a contar desde el momento en el que se cause el acto o contrato. Una vez efectuado el ingreso, deberán presentar en la oficina gestora que corresponda al territorio en el que radique el inmueble "el original y copia simple del documento en que conste o se relacione el acto o contrato que origine el tributo, con un ejemplar de cada autoliquidación practicada"[628].

Aunque debe reconocerse que no nos encontramos ante obligaciones formales especialmente gravosas, coincido con Desdentado Daroca, Díaz Vales y Lucas Durán (2018) en que la modalidad del ITPAJD que grava los arrendamientos exentos de IVA genera, en la práctica, "elevados costes de gestión para los arren-

---

627 Desdentado Daroca, E., Díaz Vales, F. y Lucas Durán, M. (2018), Ob. Cit., p. 79. Acerca de la posibilidad de que las CC.AA. fijen tipos diferenciados de ITPAJD para los arrendamientos de vivienda turística, puede verse el razonamiento desarrollado por estos autores en la página 78 del mismo trabajo.

628 Artículo 107.2 del Reglamento del ITPAJD. Lo dispuesto en este precepto se complementa con lo establecido en el artículo 98 (*Presentación de documentos*) del mismo texto normativo y en su artículo 103 (*Reglas de competencia territorial*).

datarios de viviendas de uso turístico, quienes deberán liquidar reiteradamente el impuesto estudiado por los breves periodos de tiempo en que los inmuebles son alquilados"[629]. Por esta razón, y a la vista de las escasas cuantías que generalmente resultarán de la aplicación de su normativa reguladora, no es de extrañar que algún sector de la doctrina científica haya defendido el establecimiento de una franquicia en función de la renta a satisfacer por el arrendatario o del número de días de duración del alquiler. Este ha sido, por ejemplo, el caso de Bahía Almansa y Cruz Padial (2018), para quienes "todos los arrendamientos de viviendas turísticas que se realicen de forma habitual deberían estar sujetos y no exentos de IVA, y los que se realicen de forma ocasional, salvo que superaran el umbral de renta que se estableciera, deberían quedar exentos de IVA y de ITP"[630].

---

629 Desdentado Daroca, E., Díaz Vales, F. y Lucas Durán, M. (2018), Ob. Cit., p. 77.

630 Bahía Almansa, B. y Cruz Padial, I. (2018), Ob. Cit., p. 70.

Capítulo 5

OBLIGACIONES DE INFORMACIÓN DE LAS PLATAFORMAS INTERMEDIARIAS EN EL ARRENDAMIENTO DE VIVIENDAS TURÍSTICAS

1. ANTECEDENTES NORMATIVOS

1.1. LA INTRODUCCIÓN DEL ARTÍCULO 54 TER EN EL ÁMBITO DEL RGGIT

Tal y como señalábamos en el Capítulo 1 de esta obra, los datos estadísticos de los que se dispone en relación con el sector del alojamiento turístico en viviendas ponen de manifiesto la existencia de un creciente fenómeno de explotación del mercado inmobiliario caracterizado por tres notas básicas: 1) el aumento explosivo del número de viviendas disponibles para el arrendamiento vacacional (muchas veces procedentes del mercado del alquiler de larga duración); 2) el carácter protagonista de los particulares, generalmente propietarios de las viviendas ofertadas, que, de no realizar ninguna actividad económica con anterioridad, han pasado a convertirse en auténticos oferentes de servicios de alojamiento; y 3) el recurso habitual a las plataformas de internet como medio para la comercialización de dichos servicios.

El fenómeno de la vivienda de uso turístico ha planteado numerosas cuestiones controvertidas desde sus orígenes. Una de las más importantes, a mi juicio, ha sido la relativa a la potencial falta de cumplimiento por los agentes implicados de las obligaciones fiscales derivadas de la normativa en vigor. Se trata, sin duda, de una circunstancia alarmante que, además de generar distorsiones en el funcionamiento del sector, podría dar lugar a pérdidas importantes de recaudación impositiva, tanto para la hacienda estatal como para las haciendas autonómicas. La preocupación por este problema, que trasciende las fronteras nacionales y se agrava ante la expansión del fenómeno y las evidentes dificultades de control por parte de las autoridades tributarias, justificaba, ya en el año 2017, la regulación de una obligación de información periódica a cargo de las plataformas dedicadas a la intermediación en esta clase de actividades.

El origen de dicha obligación informativa se encuentra, concretamente, en el Real Decreto 1070/2017, de 29 de diciembre, que, entre otras modificaciones, y con "fines de prevención del fraude fiscal"[631], introdujo un nuevo artículo 54 ter en el RGGIT bajo el título *Obligación de informar sobre la cesión de uso de viviendas con fines turísticos*. Se trataba, por tanto, de una obligación de información específicamente referida a la actividad de alquiler de viviendas vacacionales cuyos elementos principales pasamos a detallar[632].

A) Delimitación subjetiva

Conforme a lo previsto en el artículo 54 ter, apartados 1 y 3, del RGGIT (versión 2018[633]), quedaban obligados a la presentación periódica de una declaración informativa los sujetos dedicados a la prestación de servicios de intermediación entre cedentes y cesionarios de viviendas turísticas situadas en territorio español, siendo indiferente, a estos efectos, el carácter oneroso o gratuito del servicio prestado. Acto seguido, se definía el concepto de «intermediario» como todas las personas o entidades, "constituidas como plataformas colaborativas", que intermediasen en la cesión de uso de viviendas con fines turísticos y tuvieran "la condición de prestador de servicios de la sociedad de la información en los términos a que se refiere la Ley 34/2002, de 11 de julio, de servicios de la sociedad de la información y de comercio electrónico, con independencia de que presten o no el servicio subyacente objeto de intermediación o de que se impon-

---

631 Real Decreto 1070/2017, de 29 de diciembre, por el que se modifican el Reglamento General de las actuaciones y los procedimientos de gestión e inspección tributaria y de desarrollo de las normas comunes de los procedimientos de aplicación de los tributos, aprobado por el Real Decreto 1065/2007, de 27 de julio, y el Real Decreto 1676/2009, de 13 de noviembre, por el que se regula el Consejo para la Defensa del Contribuyente.

632 Un estudio minucioso de esta misma obligación ha sido realizado por Calvo Vérgez, J. (2019a): "La obligación de información específica prevista en el ámbito tributario para las llamadas «plataformas colaborativas» que intermedien en la cesión del uso de viviendas con fines turísticos", *Revista de Contabilidad y Tributación*, núm. 434, pp. 5-40.

633 Nos referiremos a la "versión 2018" del artículo 54 ter del RGGIT para diferenciarla de la redacción vigente a partir del 1 de febrero de 2024, que analizaremos con mayor nivel de detalle en un epígrafe posterior.

gan condiciones a los cedentes o cesionarios tales como precio, seguros, plazos u otras condiciones contractuales”[634].

De entrada, la literalidad de la previsión transcrita nos llevaría a concluir que la obligación de información analizada no se hacía depender ni de la condición del intermediario (que podía ser una persona física o una persona jurídica), ni de la naturaleza de la prestación efectuada por el mismo, en el bien entendido de que quedaban compelidos a presentar la declaración informativa tanto los intermediarios por cuenta ajena (que verdaderamente prestan un servicio de mediación) como los intermediarios por cuenta propia (que prestan un servicio de alojamiento al usuario del inmueble)[635]. De aquí la irrelevancia que el legislador español parecía atribuir al hecho de que la plataforma en cuestión se limitase a poner en contacto a dos partes interesadas o, por el contrario, interviniese en la fijación del precio u otras condiciones esenciales del contrato, llegando incluso a reconocerse la posibilidad de que aquella prestase el servicio subyacente objeto de intermediación (es decir, el propio servicio de arrendamiento).

Dicho lo anterior, y al objeto de perfilar adecuadamente el ámbito subjetivo de aplicación del artículo 54 ter del RGGIT (versión 2018), considero necesario hacer alusión, por un lado, al contenido de la Ley 34/2002, al que expresamente se remitía dicho precepto para delimitar el significado del término «intermediario», y, por otro, al criterio mantenido por la DGT acerca de esta cuestión.

Pues bien, el anexo de la Ley 34/2002, de 11 de julio, califica como «prestadores de servicios» a los efectos de dicha ley a todas las personas físicas y jurídicas que proporcionen servicios de la sociedad de la información[636], entendiéndose por tal “todo servicio prestado normalmente a título oneroso, a distancia, por

---

634 Artículo 54 ter.3, párrafo segundo, del RGGIT (versión 2018). La expresión «cesión de uso de viviendas con fines turísticos» se definirá en la letra B) siguiente, relativa a la delimitación objetiva de la obligación examinada.

635 En este mismo sentido se pronuncia Lucas Durán, M. (2017), quien critica el alcance excesivamente amplio del precepto estudiado. A su juicio, no tiene gran sentido que la norma se dirija, no sólo a los intermediarios, sino también a los prestadores de servicios cuando lo hagan a través de plataformas propias, pues “la norma parece dirigida a excluir de la economía sumergida un sinfín de operaciones cuando se prestan por particulares, y no a la industria hotelera formalmente constituida; además, en tal caso no existiría labor de intermediación sino de prestación de servicios utilizando medios informáticos (Ob. Cit., p. 163).

636 Anexo de la Ley 34/2002, letra c).

vía electrónica y a petición individual del destinatario"[637]. A continuación, y a título meramente ejemplificativo, se ofrece una lista abierta de supuestos susceptibles de ser tipificados como «servicios de la sociedad de la información» en la medida en la que representen una actividad económica para el prestador; entre ellos, la "contratación de bienes o servicios por vía electrónica" o el "suministro de información por vía telemática"[638].

Idéntico calificativo se atribuye, ya de modo particular, a los servicios de intermediación que consistan en facilitar "la prestación o utilización de otros servicios de la sociedad de la información o el acceso a la información"[639]. A este respecto, se aclara:

> "Son servicios de intermediación la provisión de servicios de acceso a Internet, la transmisión de datos por redes de telecomunicaciones, la realización de copia temporal de las páginas de Internet solicitadas por los usuarios, el alojamiento en los propios servidores de datos, aplicaciones o servicios suministrados por otros y la provisión de instrumentos de búsqueda, acceso y recopilación de datos o de enlaces a otros sitios de Internet"[640].

Las dudas que podrían subsistir tras la lectura de estos preceptos, que parecen estar inspirados en un concepto de «intermediario» más restrictivo que el anteriormente planteado, se resuelven fácilmente cuando se atiende a la postura mantenida por la DGT en consultas como la V2634-21, la V1067-19 y la V3083-18. El elemento común a todas ellas es que, tras defenderse la pertinencia de definir el concepto de «intermediario» "en su sentido jurídico" sobre la base de lo indicado en el artículo 12.2 de la LGT, se acababa concluyendo que "estará sujeto a esta obligación de información el intermediario que perciba una retribución o comisión por la consecución de un resultado, en este caso, la contratación efectiva entre cedente y cesionario de la cesión temporal de uso de todo o parte de una vivienda con fines turísticos"[641].

---

637 Anexo de la Ley 34/2002, letra a).

638 *Ibidem.*

639 Anexo de la Ley 34/2002, letra b), párrafo primero.

640 Anexo de la Ley 34/2002, letra b), párrafo segundo.

641 A tenor de lo dispuesto en el artículo 12.2 de la LGT, los términos empleados en la normativa tributaria que no se encuentren definidos en la misma (como de hecho sucede con el concepto de «intermediario») "se entenderán conforme a su sentido jurídico, técnico o usual, según proceda". De aquí que la DGT se remita a la regulación del con-

Aclarado el significado del término, y al objeto de esclarecer si un determinado sujeto debía cumplir o no con la obligación informativa, las tres consultas referenciadas subrayaban la necesidad de atender al contenido y a las cláusulas de los contratos formalizados entre las partes. Más específicamente, y para el supuesto de que el propietario de la vivienda turística se valiese de una persona o entidad (llámese gestor) para la explotación del inmueble ofertado, la DGT diferenciaba una serie de escenarios posibles en atención a dos factores: que el gestor actuara (o no) por medio de una plataforma colaborativa, y que fuera titular (o no) de un derecho de uso o subarrendamiento de la vivienda turística. En opinión de este Centro Directivo, el gestor contratado por el propietario quedaría fuera del ámbito subjetivo del artículo 54 ter del RGGIT (versión 2018) en los siguientes casos:

a) Cuando fuera titular de un derecho de uso o subarrendamiento sobre la vivienda turística, dado que, en estas circunstancias, el gestor no actuaría como intermediario, sino como cedente mismo del inmueble, y, por ende, como prestador del servicio de arrendamiento[642].

b) Cuando actuara por medio de una plataforma colaborativa que permitiera la puesta en contacto entre el cedente y el cesionario de la vivienda, pues entonces sería la propia plataforma (y no el gestor) la obligada a presentar la correspondiente declaración informativa ante la Administración tributaria. Del contenido de la consulta V3083-18 se infería, no obstante, la importancia de analizar las condiciones de funcionamiento de la plataforma en cuestión, de manera que también quedarían excluidas de la obligación examinada aquellas plataformas colaborativas que se limitaran a realizar "una labor de mero alojamiento digital de anuncios de viviendas para usos turísticos" (sin llegar a intermediar entre cedente y cesionario), así como aquellas que hubieran asumido algún derecho de uso y disfrute sobre la vivienda cedida.

---

trato de intermediación inmobiliaria, contenida en el artículo 1255 del Código Civil, y, por derivación, a la jurisprudencia del TS en relación con aquella.

642 Esta posibilidad se encontraba prevista de forma expresa en el artículo 54 ter.4, letra a), del RGGIT, en virtud del cual "se considerarán como titulares del derecho objeto de cesión quienes lo sean del derecho de la propiedad, contratos de multipropiedad, propiedad a tiempo parcial o fórmulas similares, arrendamiento o subarrendamiento o cualquier otro derecho de uso o disfrute sobre las viviendas cedidas con fines turísticos, que sean cedentes, en última instancia, de uso de la vivienda citada".

Por lo que respecta a aquellos supuestos en los que el agente interviniente en la gestión de los alquileres no fuera titular de un derecho de subarrendamiento y formalizara directamente la cesión de uso de la vivienda con el cesionario, la consulta V2634-21 admitía la posibilidad de que dicho gestor fuera considerado, a la luz de las particularidades del caso, como un intermediario sujeto a la obligación de información. En este sentido, se apuntaba:

> "Si (…) el gestor no tuviera la consideración de cedente por no disponer del derecho de uso y subarriendo y formalizara directamente con el cesionario, sin la intervención de una plataforma online, la cesión del uso de la vivienda, habría que analizar su catalogación como «intermediario» a los efectos de la obligación de información del artículo 54 ter del RGAT.
>
> (…) el consultante enumera en la consulta un amplio catálogo de actividades que desarrolla, de las cuales parece deducirse que no presta el servicio de intermediación entre cedente y cesionario de la vivienda entendiéndolo en el sentido definido en los párrafos anteriores.
>
> No obstante lo anterior, entre el catálogo de actividades desarrolladas aparece la de «Efectuar las reservas». También aparece «Atender los pagos relativos a las viviendas y el envío de los recibos correspondientes, gestionando los seguros de cancelación y las dudas que puedan plantear los inquilinos». Pues bien, si dichas actividades implicaran la puesta en relación al cedente y cesionario y la obtención de una retribución por la celebración del correspondiente contrato, dicho gestor tendría la consideración de intermediario de la cesión, en los términos que expone el artículo 54 ter.3 del RGAT, pues presta un servicio de intermediación en el sentido señalado entre cedente y cesionario, debiendo presentar en este caso la declaración informativa".

Desde mi punto de vista, la interpretación defendida por la DGT en esta última consulta es susceptible de generar ciertas dudas cuando se confronta con la literalidad del artículo 54 ter.3 (versión 2018), que, recordemos, vinculaba el deber de presentar la obligación informativa al hecho de que la plataforma (persona física o jurídica), además de actuar como intermediaria, tuviera "la consideración de prestador de servicios de la sociedad de la información en los términos a que se refiere la Ley 34/2002". Y, a la vista de las definiciones ofrecidas en aquella norma (donde claramente se habla de servicios "prestados a distancia" y "a través de medios electrónicos"), no parece claro que un gestor inmobiliario con un modelo de negocio como el descrito en la consulta V2634-21 pueda llegar a ser considerado como un prestador de servicios de esta naturaleza[643].

---

643 Si bien por razones de extensión no reproducimos íntegramente el apartado *Descripción de hechos* de la consulta V2634-21, considero oportuno resaltar el primero de los aspectos mencionados en el mismo, según el cual la "entidad consultante agrupa a diversas

B) Delimitación objetiva

Tal y como matizaba el apartado 2 del artículo 54 ter (versión 2018), la expresión «cesión de uso de viviendas con fines turísticos» debía entenderse referida, "a los exclusivos efectos de la declaración informativa", a las cesiones temporales de uso "de la totalidad o parte de una vivienda amueblada y equipada en condiciones de uso inmediato, cualquiera que sea el canal a través del cual se comercialice y realizada con finalidad gratuita u onerosa". A continuación, se excluían expresamente de este concepto (y, consecuentemente, del ámbito objetivo de la obligación informativa) cuatro grandes categorías de supuestos:

> "a) Los arrendamientos de vivienda tal y como aparecen definidos en la Ley 29/1994, de 24 de noviembre, de Arrendamientos Urbanos, así como el subarriendo parcial de vivienda a que se refiere el artículo 8 de la misma norma legal.
>
> b) Los alojamientos turísticos que se rigen por su normativa específica.
>
> A estos efectos no tendrán la consideración de excluidos las cesiones temporales de uso de vivienda a que se refiere el artículo 5.e) de la Ley 29/1994, de 24 de noviembre, de Arrendamientos Urbanos, con independencia del cumplimiento o no del régimen específico derivado de su normativa sectorial al que estuviera sometido.
>
> c) El derecho de aprovechamiento por turno de bienes inmuebles.
>
> d) Los usos y contratos del artículo 5 de la Ley 29/1994, de 24 de noviembre, de Arrendamientos Urbanos, salvo aquellas cesiones a las que se refiere la letra e) de este artículo"[644].

A la vista de las excepciones señaladas, y para una mejor comprensión del contenido del precepto examinado, considero indispensable traer a colación dos cuestiones que ya han sido comentadas en capítulos anteriores de esta obra. La primera es que, pese a la falta de una remisión explícita al artículo 2 de la LAU, el «arrendamiento de vivienda» al que se aludía en la letra a) del artículo 54 ter.2 del RGGIT es una figura diferente a la del «arrendamiento para uso distinto

---

asociaciones, las cuales representan a su vez a Gestores de alquiler de viviendas de uso turístico. Dichos Gestores tienen establecido un modelo de negocio, mediante un establecimiento u oficina física y provistos de personal propio" (el subrayado es mío). Al menos a mi modo de ver, ningún otro elemento de la citada descripción sugiere que los gestores cuyo modelo de negocio se analiza presten servicios a distancia o por vía electrónica.

644 Como ejemplos de "alojamientos turísticos regulados por su normativa específica" (letra b), en la parte expositiva del Real Decreto 1070/2017 se mencionaban los "establecimientos hoteleros, alojamientos en el medio rural, albergues y campamentos de turismo, entre otros".

del de vivienda», que se encuentra regulada en el artículo 3 de la Ley 29/1994. La segunda es que, de acuerdo con la literalidad del artículo 5.e) de esta última norma y del apartado II de la Exposición de Motivos de la Ley 4/2013[645], los arrendamientos de vivienda turística o vacacional quedarán sometidos a la normativa sectorial que haya aprobado la Comunidad Autónoma donde se encuentra ubicado el inmueble o, en defecto de esta, al régimen de los arrendamientos de temporada (que no son más que una tipología específica de «arrendamientos para uso distinto del de vivienda»)[646].

De lo anterior se infiere que la obligación de información introducida en 2017 únicamente resultaba de aplicación al caso de los arrendamientos de inmuebles no destinados a satisfacer una necesidad permanente de vivienda del arrendatario[647], siendo indiferente que se tratase de un arrendamiento sujeto a normativa sectorial autonómica (lo que en la práctica no sólo depende de la existencia de dicha normativa, sino también del acomodo del alojamiento en cuestión a las características y a los requisitos contemplados en la misma) o a la propia Ley de Arrendamientos Urbanos como arrendamiento de temporada.

Por otro lado, y en línea con lo apuntado por Lucas Durán (2017), debe observarse que el precepto analizado en este epígrafe limitaba las obligaciones de información a las cesiones de la totalidad de viviendas, lo que "dice poco de una

645 Ley 4/2013, de 4 de junio, de medidas de flexibilización y fomento del mercado del alquiler de viviendas.

646 Recordemos que, conforme a lo establecido en el artículo 5.e) de la LAU, quedan excluidos de su ámbito objetivo la "cesión temporal de uso de la totalidad de una vivienda amueblada y equipada en condiciones de uso inmediato, comercializada o promocionada en canales de oferta turística o por cualquier otro modo de comercialización o promoción, y realizada con finalidad lucrativa, cuando esté sometida a un régimen específico, derivado de su normativa sectorial turística".

647 Tal y como se indicaba en el Capítulo 1 de esta obra, el artículo 2.1 de la LAU cataloga como "arrendamiento de vivienda aquel arrendamiento que recae sobre una edificación habitable cuyo destino primordial sea satisfacer la necesidad permanente de vivienda del arrendatario" (el subrayado es mío). Por su parte, dispone el artículo 3: "1. Se considera arrendamiento para uso distinto del de vivienda aquel (...) que, recayendo sobre una edificación, tenga como destino primordial uno distinto del establecido en el artículo anterior. 2. En especial, tendrán esta consideración los arrendamientos de fincas urbanas celebrados por temporada, sea ésta de verano o cualquier otra, y los celebrados para ejercerse en la finca una actividad industrial, comercial, artesanal, profesional, recreativa, asistencial, cultural o docente (...)".

norma que debería tener una vocación de generalidad"[648]. Desde luego, subrayaba este autor, "no se entiende la diferencia de tratamiento desde una perspectiva básica del principio de igualdad", pues "algunos arrendatarios de habitaciones podrían obtener rentas similares a quienes alquilan la totalidad de la vivienda"[649].

C) Contenido de la declaración informativa

De acuerdo con lo dispuesto en el artículo 54 ter.4 del RGGIT (versión 2018) y la Orden HFP/544/2018, de 24 de mayo, por la que se aprueba el modelo 179 y se establecen las condiciones y el procedimiento para su presentación, la declaración a cumplimentar por la plataforma intermediaria debía recoger información sobre los siguientes aspectos de la cesión efectuada:

- Identificación del titular de la vivienda cedida y, en su caso, del titular del derecho en virtud del cual se realizaba la cesión, así como de la persona o entidades cesionarias[650]. Ello supone que, en un escenario de explotación de la vivienda en régimen de subarrendamiento, por ejemplo, era necesario incluir en la declaración informativa los datos identificativos tanto del propietario del inmueble como de la persona o entidad que asumía la posición de cedente (subarrendador)[651].

[648] Lucas Durán, M. (2017), Ob. Cit., p. 163.

[649] *Ibidem.*

[650] En consonancia con lo previsto en el artículo 54 ter.4, letra a), párrafo segundo, del RGGIT (versión 2018), "la identificación se realizará mediante nombre y apellidos o razón social o denominación completa, y número de identificación fiscal o en los términos de la Orden Ministerial por la que se apruebe el modelo de declaración correspondiente". Idéntica previsión se recogía posteriormente en la letra c) en relación con "las personas o entidades cesionarias". Asimismo, en esta última letra se establecía la obligación de los cedentes de uso de la vivienda turística de conservar una copia del documento identificativo de los cesionarios. Tal y como aclaró la DGT en su consulta V3083-18, este deber no era exigible "a los intermediarios incluidos en el ámbito subjetivo de la declaración informativa, sino a los cedentes de la vivienda con fines turísticos"

[651] Este aspecto de la declaración informativa fue confirmado por la DGT en su consulta V3083-18, antes citada. En ella se matizaba que, si el titular del derecho en virtud del cual se cede la vivienda con fines turísticos no era el propietario del inmueble sino el titular de un derecho de subarrendamiento (llámese gestor), la declaración informativa debía "contener los datos identificativos tanto del propietario de la vivienda como del Gestor, como cedente del uso de la vivienda con fines turísticos".

- Identificación del inmueble cedido, con especificación de la dirección completa y del número de referencia catastral.
- Número de días de disfrute de la vivienda.
- Importe percibido por el cedente o, en su caso, indicación del carácter gratuito de la cesión.
- Fecha de inicio de la cesión[652].

Junto a los datos anteriores, la parte expositiva de la Orden HFP/544/2018 contemplaba la posibilidad de incluir información sobre ciertos aspectos adicionales "al objeto de transparentar la operación relativa a la cesión del inmueble, lo que evita potenciales requerimientos de información por parte de la Administración tributaria" dirigidos a su conocimiento[653]. En particular:

- Número de contrato en virtud del cual la persona o entidad declarante intermedia en la cesión de uso de la vivienda.
- Fecha de intermediación en la operación.
- Identificación del medio de pago (transferencia, tarjeta de crédito o débito u otro).

D) Aspectos formales

Sobre la base de la habilitación contenida en el artículo 54 ter.5 del RGGIT (versión 2018), el modelo a utilizar para el cumplimiento de la obligación informativa fue definitivamente aprobado a través de la Orden HFP/544/2018, a la que hacíamos referencia en la letra C) anterior. Las particularidades inherentes a dicho modelo, derivadas de lo establecido en los artículos 4 y 5 de la citada Orden ministerial, pueden resumirse del siguiente modo:

- Modelo: 179 (*Declaración informativa trimestral de la cesión de uso de viviendas con fines turísticos*).
- Periodicidad de la declaración: trimestral.

---

652 Sobre la valoración que deben merecer algunos de los elementos incluidos en el listado (referencia catastral, NIF del arrendador, identificación del cesionario, etc.), véase el trabajo de Lucas Durán, M. (2017), Ob. Cit., pp. 164 y siguientes.

653 Parte expositiva de la Orden HFP/544/2018.

- Plazo de presentación: entre el primer y el último día del mes natural posterior a la finalización del trimestre correspondiente[654].
- Forma de presentación: remisión de la información mediante el envío de mensajes informáticos, de acuerdo con las condiciones y el procedimiento previsto en los artículos 16 y 17 de la Orden HAP/2194/2013, de 22 de noviembre, por la que se regulan los procedimientos y las condiciones generales para la presentación de determinadas autoliquidaciones, declaraciones informativas, declaraciones censales, comunicaciones y solicitudes de devolución, de naturaleza tributaria.

1.2. LA SENTENCIA AIRBNB IRELAND Y LA DEROGACIÓN TEMPORAL DEL ARTÍCULO 54 TER DEL RGGIT

La sentencia del TJUE de 19 de diciembre de 2019, asunto C-390/18, *AIRBNB Ireland,* dio respuesta a dos cuestiones prejudiciales: una primera dirigida a esclarecer la verdadera naturaleza de los servicios prestados por la plataforma como servicios de arrendamiento o como servicios de la sociedad de la información (ya analizada en el Capítulo 1[655]), y una segunda relativa a la oponibilidad frente a la misma de unas normas restrictivas de la libre prestación de servicios que se encontraban vigentes en el ordenamiento jurídico francés (la denominada *Ley Hoguet*).

En lo que atañe a esta segunda cuestión, el Tribunal de Justicia recordaba en su sentencia que los Estados miembros pueden adoptar medidas restrictivas del principio de libre circulación respecto de un determinado servicio de la sociedad de la información cuando se cumplan dos requisitos simultáneamente[656]:

---

654 Para el año 2018, no obstante, y en aras a facilitar la adaptación al nuevo sistema, la Disposición transitoria única de la Orden ministerial preveía la presentación de la declaración informativa entre el 1 y el 31 de enero de 2019 en relación con todas las operaciones realizadas a lo largo del ejercicio 2018.

655 A este respecto, puede verse el epígrafe 3 del referido capítulo.

656 Sentencia *AIRBNB Ireland*, apartado 83.

1) Que la medida de que se trate sea necesaria para garantizar el orden público, la protección de la salud pública, la seguridad pública o la protección de los consumidores, y proporcionada a tales objetivos[657].

2) Que el Estado miembro interesado haya notificado, tanto a la Comisión como al Estado miembro en cuyo territorio se encuentra establecido el prestador de los servicios, su intención de adoptarla[658].

Esta notificación de comunicación previa, se matizaba, "no constituye una mera exigencia de información" comparable a la que ha sido objeto de controversia en otras sentencias anteriores[659], "sino una exigencia procesal de carácter sustantivo que justifica la imposibilidad de oponer a los particulares medidas no notificadas"[660].

Sobre la base de lo expuesto, el Tribunal europeo concluía que:

> "el incumplimiento por un Estado miembro de su obligación de notificación de una medida que restrinja la libre circulación de un servicio de la sociedad de la información prestado por un operador establecido en el territorio de otro Estado miembro (...) conlleva la imposibilidad de invocar dicha medida contra los particulares.
>
> A este respecto, procede indicar además que, al igual que ocurre en el caso de los reglamentos técnicos que no hayan sido notificados por el Estado miembro conforme al artículo 5, apartado 1, de la Directiva 2015/1535, la inoponibilidad de una medida no notificada que limite la libre prestación de los servicios de la sociedad de la información se puede invocar no solo con ocasión de un proceso penal (...), sino también en un litigio entre particulares (...)"[661].

Si bien la decisión adoptada en el marco de este asunto se encontraba basada en el contenido de la legislación francesa, que acabó resultando incompatible con el Derecho comunitario, lo cierto es que también generó consecuencias im-

---

657 Artículo 3.4.a) de la Directiva 2000/31, al que se alude en el apartado 84 de la sentencia *AIRBNB Ireland.*

658 Artículo 3.4.b) de la Directiva 2000/31, al que se alude en los apartados 85 y 89 de la sentencia *AIRBNB Ireland.*

659 Sentencia *AIRBNB Ireland*, apartado 94. En particular, se refiere el TJUE a la sentencia de 13 de julio de 1989, 380/87, *Enichem Base y otros,* apartados 19 a 24.

660 A este mismo respecto, y por analogía, se remite el TJUE a su sentencia de 30 de abril de 1996, C-194/94, *CIA Security International*, apartados 49 y 50

661 Sentencia *AIRBNB Ireland*, apartados 96 y 97.

portantes para el Estado español, donde apenas dos años antes de su publicación se había introducido por vía reglamentaria una obligación informativa a cargo de las plataformas intermediarias en el arrendamiento de viviendas turísticas sin previa comunicación a la Comisión Europea. Esta circunstancia fue determinante para que, en sentencia de 23 de julio de 2020, en la que se daba respuesta a un recurso contencioso-administrativo contra el precepto por el que se había creado el artículo 54 ter del RGGIT[662], el TS resolviera lo siguiente:

> "De la sentencia del TJUE se desprende que una norma como el artículo 54 ter REGAT debía haber sido notificada bajo la Directiva 1535/2015 y que su falta de notificación conlleva su invalidez. La misma permite resolver el presente recurso sin necesidad de plantear cuestiones prejudiciales adicionales.
>
> En el escrito de 8 de mayo de 2019 la recurrente sostenía que el proyecto de artículo 54 ter REGAT (introducido por el artículo 1. Once del Real Decreto 1070/2017, de 29 de diciembre) debía haberse comunicado a la Comisión europea (...). Y adelantaba que los efectos de la falta de notificación (...) implicaría la no oponibilidad de la norma. Y, como corolario, en el marco concreto de nuestro ordenamiento jurídico interno, la nulidad de pleno Derecho de la norma impugnada (...).
>
> Los términos de la sentencia del TJUE (...), en cuanto aquí interesa, son claros, estamos ante una disposición general que establece una serie de obligaciones a las entidades colaborativas prestadoras de servicio de la información, que aun siendo legítimas desde el punto de vista del ordenamiento jurídico interno, suponen un reglamento técnico de desarrollo de la Ley de trasposición de la directiva de información, y en consecuencia debería haber notificado el Estado español a la Comisión Europea la intención de aprobar la norma reglamentaria que ahora se impugna, lo que no ha hecho, por lo que se producen los efectos que se derivan de dicho incumplimiento formal, y en consecuencia, procede dar lugar al recurso contencioso-administrativo y anular y dejar sin efecto el reglamento impugnado por ser contrario a Derecho"[663].

[662] Más específicamente, este recurso afectaba al apartado 11 del artículo primero del Real Decreto 1070/2017 y fue presentado por la Asociación Española de la Economía Digital (Adigital). Aunque nosotros solo nos referiremos al tercero de ellos, los motivos de impugnación recogidos en el escrito de recurso eran tres: 1) Infracción de la Directiva 2000/31/CE, de 8 de junio, al delimitar el ámbito subjetivo de la obligación informativa; 2) Infracción del principio de reserva de ley y de la Ley 20/2013, de 9 de diciembre, al definirse su ámbito material; y 3) Vulneración de la Ley 50/1997, de 27 de noviembre, y de la Directiva 2015/1535, en la tramitación del Real Decreto.

[663] TS, sentencia de 23 de julio de 2020, Nº Recurso: 80/2018, Nº Resolución: 1106/2020, Sala de lo Contencioso, Sección 2, FD Decimoctavo.

Este defecto de forma en la tramitación del Real Decreto 1070/2017 dio lugar, así, a una derogación del artículo 54 ter con efectos 23 de septiembre de 2020. Se trató, sin embargo, de una derogación provisional, pues, menos de un año después de aquella declaración de nulidad (el 26 de junio de 2021), entraba en vigor un nuevo artículo 54 ter exactamente con la misma redacción y finalidad que su predecesor. Lo hacía, en esta ocasión, de la mano del Real Decreto 366/2021, de 25 de mayo[664], en cuya parte expositiva se confirmaba la restauración del artículo 54 ter del RGGIT "en los mismos términos del anterior artículo 54 ter, que fue aprobado por el Real Decreto 1070/2017". Se aludía, asimismo, a la sentencia del TS 1106/2020, que había "anulado y dejado sin efecto el anterior artículo 54 ter del Reglamento por no haberse notificado como «reglamento técnico» a la Comisión Europea", y se reiteraba el objetivo "de prevención del fraude fiscal" de la medida adoptada.

El nuevo artículo 54 ter, sobre el que no se precisa realizar ninguna aclaración adicional en la medida en la que conservó su redacción originaria y no se vio afectado por ninguna modificación posterior, se mantuvo vigente hasta el 31 de enero de 2024.

2. ESTADO ACTUAL DE LA CUESTIÓN

2.1. LA DIRECTIVA DAC 7 Y LAS NORMAS TIPO DE LA OCDE

Tal y como puede leerse en el Considerando 6 de la Directiva (UE) 2021/514 del Consejo, de 22 de marzo de 2021, por la que se modifica la Directiva 2011/16/UE relativa a la cooperación en el ámbito de la fiscalidad (comúnmente conocida como DAC 7):

> "La digitalización de la economía ha avanzado rápidamente en años recientes. Esto ha dado lugar a un número cada vez mayor de situaciones complejas relacionadas con el fraude fiscal, la evasión fiscal y la elusión fiscal. La dimensión transfronteriza de los servicios que se ofrecen a través del uso de plataformas ha creado un entorno complejo, en el que puede resultar difícil aplicar las normas fiscales y garantizar el cumplimiento de las obligaciones tributarias. El cumplimiento de las obligaciones tributarias es insuficiente y el valor de las rentas que no se comunican es significativo. Las administraciones

[664] Real Decreto 366/2021, de 25 de mayo, por el que se desarrolla el procedimiento de presentación e ingreso de las autoliquidaciones del Impuesto sobre las Transacciones Financieras y se modifican otras normas tributarias.

> tributarias de los Estados miembros no disponen de información suficiente para evaluar y supervisar correctamente la renta bruta percibida en su país de actividades comerciales realizadas por medio de plataformas digitales. Esto resulta especialmente problemático cuando las rentas o las bases imponibles se perciben a través de plataformas digitales establecidas en otra jurisdicción".

La situación advertida por el legislador comunitario, sin duda caracterizada por las dificultades de control a las que se enfrentan las autoridades nacionales en el nuevo contexto económico, ha derivado en unas obligaciones crecientes de información a cargo de las plataformas digitales que generan costes significativos para las mismas, máxime cuando se tiene en cuenta la falta de uniformidad de las exigencias aplicables en cada territorio, y, consecuentemente, la necesidad de lidiar con tantas normativas y procedimientos diferentes como Estados en los que se opera. De aquí se desprende la pertinencia de "introducir un requisito normalizado de comunicación de información que se aplique en todo el mercado interior"[665] y que, además de hacer frente al problema de fraude y elusión fiscal que ha traído consigo la digitalización de la economía, permita a las administraciones tributarias recaudar los impuestos de una forma mejor y más eficiente.

La introducción de este "requisito normalizado de comunicación de información", que constituye el eje central de la Directiva DAC 7, parte de la premisa de que las plataformas digitales se hallan en mejor disposición que las autoridades de los Estados miembros para recopilar y verificar la información relativa a los distintos operadores que se sirven de ellas[666]. Desde esta perspectiva, parece claro que el establecimiento de un sistema de recogida e intercambio automático de información entre jurisdicciones redundará positivamente en el debido cumplimiento de las obligaciones fiscales por parte de los contribuyentes, pues, gracias a la información proporcionada, aquellas se encontrarán mejor posicionadas para "calcular correctamente el impuesto sobre la renta y el impuesto sobre el valor añadido (IVA) adeudados"[667].

Sobre la base de estas consideraciones, la Directiva comunitaria configura una obligación de comunicación de información basada en dos principios clave: generalidad y simplicidad. La generalidad conlleva que, al margen de pequeñas

---

665 Considerando 7 de la Directiva 2021/514.

666 Considerando 9 de la Directiva 2021/514.

667 Considerando 8 de la Directiva 2021/514.

excepciones expresamente reconocidas, la obligación instaurada abarca todas las actividades comerciales consistentes en el arrendamiento de bienes inmuebles y medios de transporte, prestación de servicios personales y venta de bienes, sea cual fuere su ámbito geográfico (actividades transfronterizas y no transfronterizas) y la condición del sujeto que las lleva a cabo (particulares o entidades)[668]. Además, la obligación de comunicación se extiende a todos los operadores de plataforma, tengan o no su residencia fiscal en el ámbito de la UE. El segundo principio se traduce en la instauración de un régimen de ventanilla única gracias al cual los obligados a la comunicación de información puedan cumplir con esta exigencia en un único Estado miembro, en el que previamente habrán tenido que registrarse como tales[669].

Poco tiempo después de la aprobación de la Directiva 2021/514, el Estado español suscribía, en el seno de la OCDE, el "Acuerdo Multilateral entre Autoridades Competentes sobre intercambio automático de información obtenidos a través de plataformas digitales" (en adelante, Acuerdo Multilateral OCDE[670]), que se concluye para permitir el intercambio entre las jurisdicciones socias de la información recabada en virtud de las *Model Rules for Reporting by Platform Operators with respect to Sellers in the Sharing and Gig Economy* (en adelante, Normas tipo[671]). Estas Normas tipo, que posteriormente desembocaron en las *Model Reporting Rules for Digital Platforms*[672], fueron diseñadas por la OCDE para facilitar el intercambio de información sobre determinadas transacciones realizadas en el marco de plataformas digitales, y, de este modo, reforzar el cumplimiento de las obligaciones fiscales internacionales ahondando en las relaciones de asistencia mutua en materia tributaria.

---

668 Considerandos 10, 11 y 18 de la Directiva 2021/514.

669 Considerandos 13 y 14 de la Directiva 2021/514.

670 Este acuerdo fue publicado en el Boletín Oficial del Estado número 224, de 19 de septiembre de 2023.

671 OCDE (2020): *Model Rules for Reporting by Platform Operators with respect to Sellers in the Sharing and Gig Economy*, OECD Publishing, Paris.

672 OCDE (2021): *Model Reporting Rules for Digital Platforms. International Exchange Framework and Optional Module for Sale of Goods*, OECD Publishing, Paris. Tal y como se especifica en la introducción del citado documento, desde la publicación de las llamadas Normas tipo la OCDE ha desarrollado un marco jurídico internacional (el Acuerdo Multilateral OCDE) para apoyar el intercambio automático anual de información entre las jurisdicciones asociadas (Parte I del documento). La Parte II, por su lado, recoge un módulo opcional que permite aplicar las Normas tipo con un ámbito ampliado.

Tanto la Directiva DAC 7 como las Normas tipo de la OCDE fueron asumidas por el legislador español e incorporadas de forma efectiva al ordenamiento interno con efectos 1 de enero de 2023[673]. Desde el punto de vista de su contenido, es importante señalar que, pese a las notables similitudes existentes, las llamadas Normas tipo presentaban inicialmente un ámbito de aplicación más estrecho que el de la Directiva comunitaria; en particular, porque se trataba de reglas exclusivamente referidas a las actividades consistentes en la prestación de servicios de alojamiento, transporte y otros servicios personales[674]. Como reflejo de la evolución posterior y el interés mostrado por extender dichas reglas a las actividades de venta de bienes y arrendamiento de medios de transporte, no obstante, las *Model Reporting Rules for Digital Platforms* (publicadas en 2021) incluyeron un módulo opcional que permitiría a las jurisdicciones interesadas aplicar las Normas tipo con una cobertura ampliada.

Por lo que se refiere al caso específico del arrendamiento de bienes inmuebles, las iniciativas adoptadas en el contexto de la UE, por un lado, y en el de la OCDE, por otro, ponen de manifiesto algo que ya anticipábamos en el Capítulo 1 de este trabajo, y que entonces esgrimíamos como fundamento del mismo: la posibilidad de considerar que el citado sector de actividad (y, dentro de él, el sector del alquiler de viviendas turísticas y vacacionales, que es uno de los que más se han expandido con motivo de la digitalización de la economía y la irrupción de las plataformas colaborativas) sigue constituyendo en la actualidad un foco de fraude y economía sumergida. Por ello no es de extrañar que, tanto la Directiva DAC 7 como las Normas tipo de la OCDE, presten un especial interés a las transacciones de esta naturaleza y traten de potenciar su control fiscal. En este sentido, resulta destacable la mención efectuada en el Considerando 18 de

673 Conforme a lo dispuesto en el artículo 2.1 de la Directiva 2021/514: "Los Estados miembros adoptarán y publicarán, a más tardar el 31 de diciembre de 2022, las disposiciones legales, reglamentarias y administrativas necesarias para dar cumplimiento a lo dispuesto en la presente Directiva" (párrafo primero) y "Aplicarán dichas disposiciones a partir del 1 de enero de 2023" (párrafo segundo).

674 En el Considerando 16 de la Directiva 2021/514 se alude a un ámbito de aplicación diferenciado "en lo que respecta a los vendedores sujetos a comunicación de información y las plataformas digitales que deben comunicar dicha información". En lo que concierne a las actividades cubiertas, el contenido de las Normas tipo es claro: "the current scope of the Model Rules includes the rental of immovable property and personal services, including the provision of transportation and delivery services" [OCDE (2020), Ob. Cit., p. 8].

aquella Directiva, donde se reconoce que al objeto "de prevenir el fraude fiscal, la evasión fiscal y la elusión fiscal, conviene que la comunicación de información sobre una actividad comercial incluya el arrendamiento de bienes inmuebles (...)". Igualmente, las Normas tipo de la OCDE aluden al arrendamiento de bienes inmuebles como un sector que plantea ciertos riesgos de cumplimiento fiscal por su envergadura, los ingresos que genera y el perfil de los vendedores[675].

Sin perjuicio de lo señalado, y a efectos de simplificación, tanto la OCDE como el legislador comunitario optan por introducir una excepción a la regla general en materia de comunicación de información relativa a la actividad de arrendamiento inmobiliario; a saber: la concerniente a los arrendadores que realicen más de 2.000 cesiones de uso respecto de un mismo inmueble a lo largo del año natural. Esta excepción, que en el ámbito de la UE se encuentra prevista en la Sección I del anexo V de la Directiva 2011/16/UE[676], responde al propósito de reducir los costes de cumplimiento innecesarios para los vendedores que se dediquen a esta clase de actividades, "como cadenas hoteleras u operadores turísticos", lo que justifica el establecimiento de "un número de alquileres por bien inmueble comercializado por encima del cual no se aplique la obligación de comunicación de información"[677].

2.2. EL ARTÍCULO 54 TER DEL RGGIT TRAS LA REFORMA OPERADA POR EL REAL DECRETO 117/2024

A) *Consideraciones previas*

La Ley 13/2023, de 24 de mayo, por la que se traspone al ordenamiento jurídico español la Directiva DAC 7, supuso cambios de gran relevancia en lo que atañe a las obligaciones de información a cargo de las plataformas intermediarias en la actividad de alquiler turístico. Hasta el momento, las citadas plataformas se encontraban obligadas a suministrar a la Administración tributaria la información referida en el artículo 54 ter y su normativa de desarrollo con periodicidad trimestral y por medios exclusivamente telemáticos (modelo 179). Con efectos

---

675 OCDE (2020), Ob. Cit., p. 8.

676 En concreto, véase lo dispuesto en la letra B), punto 4, de la Sección I del anexo tras la modificación operada en el mismo por la Directiva DAC 7. En lo que atañe a las Normas tipo de la OCDE, puede verse la letra B), punto 4.a), de su Sección I.

677 Considerando 19 de la Directiva 2021/514.

1 de enero de 2023, no obstante, dicha obligación fue sustituida por la prevista en la Disposición adicional vigésima quinta de la LGT (en adelante, DA 25ª)[678], por medio de la cual se trataba de hacer frente a las dos circunstancias apuntadas en el epígrafe anterior: la necesidad de transponer al ordenamiento interno el contenido de la Directiva DAC 7 y la suscripción por parte del Estado español del Acuerdo Multilateral OCDE[679].

Tal y como se advertía en la Exposición de Motivos de la Ley 13/2023, la DA 25.ª de la LGT se limitaba a establecer una serie de directrices básicas acerca de la nueva obligación de información a cargo de las plataformas digitales, el régimen sancionador aplicable, y los deberes de conservación y comunicación de la información recopilada, quedando pendiente el futuro desarrollo reglamentario de su contenido[680]. Este desarrollo reglamentario se produjo, meses después, mediante la aprobación del Real Decreto 117/2024, de 30 de enero[681], en virtud del cual se modificó el redactado del artículo 54 ter del RGGIT, que pasó a titularse *Obligación de información de determinadas actividades por los operadores de plataformas.*

Una vez analizados los antecedentes de la regulación actual, y para una mejor comprensión de la temática abordada en este epígrafe, conviene resaltar que la

678 La DA 25ª de la LGT entró en vigor el 26 de mayo de 2023. No obstante, la propia Ley 13/2023 previó la aplicación del precepto a partir del 1 de enero de ese mismo año. En efecto, y a tenor de lo indicado en la Disposición final octava, letra b), de este último texto normativo: "La presente Ley entrará en vigor el día siguiente al de su publicación en el «Boletín Oficial del Estado». No obstante: (...) b) El apartado diez, el apartado once, en lo que se refiere al nuevo apartado 5 de la disposición adicional vigésima tercera de la Ley 58/2003, de 17 de diciembre, General Tributaria, y el apartado trece del artículo único se aplicarán a partir de 1 de enero de 2023" (el subrayado es mío).

679 Así se reconoce expresamente en el apartado III de la Exposición de Motivos de la Ley 13/2023.

680 Exposición de Motivos de la Ley 13/2023, apartado III.

681 Real Decreto 117/2024, de 30 de enero, por el que se desarrollan las normas y los procedimientos de diligencia debida en el ámbito del intercambio automático obligatorio de información comunicada por los operadores de plataformas, y se modifican el Reglamento General de las actuaciones y los procedimientos de gestión e inspección tributaria y de desarrollo de las normas comunes de los procedimientos de aplicación de los tributos, aprobado por el Real Decreto 1065/2007, de 27 de julio, en transposición de la Directiva (UE) 2021/514 del Consejo de 22 de marzo de 2021 por la que se modifica la Directiva 2011/16/UE relativa a la cooperación administrativa en el ámbito de la fiscalidad, y otras normas tributarias.

DA 25ª de la LGT impone tres grandes obligaciones a los llamados operadores de plataformas:

1) Registro ante las autoridades competentes de un Estado miembro.
2) Aplicación de una serie de normas y procedimientos (los denominados “procedimientos de diligencia debida”) que se encuentran dirigidos a la “obtención, verificación y determinación” de cierta información y datos identificativos de los vendedores que operan a través de plataformas digitales[682]. En particular, dichos procedimientos comprenden la determinación de los «vendedores excluidos»[683]; la recopilación de información relativa a los «vendedores sujetos a comunicación de información»; la verificación de que la información suministrada por estos últimos es correcta; la identificación del Estado de residencia del vendedor; y, para el caso de que la actividad desarrollada consista en el arrendamiento inmobiliario, recopilación de información sobre los bienes inmuebles alquilados[684].
3) Comunicación de información concerniente a la propia plataforma y a los vendedores que operan en ella a la Administración tributaria del Estado de registro.

En esencia, el objetivo del sistema instaurado consiste en involucrar a las plataformas digitales que participan en la realización de cierto tipo de actividades (entre ellas, la actividad de arrendamiento de bienes inmuebles) en la obtención y verificación de información de interés sobre las personas físicas y jurídicas que se valen de las mismas para comercializar bienes y servicios. Esa información será posteriormente compartida por el operador de plataforma con las autoridades tributarias del Estado de registro, que, a su vez, la intercambiará con el Estado miembro de la UE donde el vendedor tenga su residencia o radique el inmueble arrendado. Igualmente, se prevé la posibilidad de que la información recabada por estos medios sea intercambiada con países ajenos a la UE con los que se haya suscrito un acuerdo de intercambio automático de información de naturaleza

---

682 A este respecto, véase el artículo 3.1 del Real Decreto 117/2024.

683 El término «vendedores excluidos», así como otros conceptos clave sobre los que se articula la obligación informativa instaurada por la Ley 13/2023, serán definidos en los apartados siguientes de este epígrafe.

684 A estos procedimientos se refiere la Sección II del anexo V de la Directiva 2011/16/UE tras la modificación operada por la Directiva DAC 7.

similar al implantado en el marco comunitario (caso de las jurisdicciones firmantes del Acuerdo Multilateral OCDE[685]).

Partiendo del esquema anterior, el Real Decreto 117/2024 desarrolla las normas y procedimientos de diligencia debida a que se refiere la DA 25ª de la LGT a efectos de que los operadores de plataformas digitales puedan cumplir con su contenido, al tiempo que define las nuevas obligaciones de registro e información a cargo de tales plataformas. Esta regulación, que será objeto de estudio pormenorizado en las siguientes líneas, se completa con la Orden HAC/72/2024, de 1 de febrero, por la que se aprueban los modelos 040 y 238 y se establecen las condiciones y el procedimiento para su presentación.

Con carácter previo al estudio propuesto, considero necesario hacer alusión a una triple circunstancia, que, sin duda, condicionará el análisis de la obligación de información instaurada al amparo de la Directiva DAC 7. La primera es que aquella norma fue modificada por la Directiva (UE) 2023/2226, de 17 de octubre de 2023[686], comúnmente denominada DAC 8, antes de que llegara a ser implementada de manera efectiva en el ordenamiento jurídico español. Esta circunstancia fue considerada por el legislador nacional a la hora de proceder al desarrollo reglamentario de la DA 25ª de la LGT, en el bien entendido de que el Real Decreto 117/2024 no solo completa la transposición al ordenamiento interno de la Directiva DAC 7, sino que "implementa también los preceptos de la DAC 8 que afectan y dan nueva redacción a determinadas disposiciones de la DAC 7"[687].

En segundo lugar, es importante resaltar que la nueva obligación regulada en el artículo 54 ter del RGGIT no se circunscribe a la actividad consistente en la cesión de uso de viviendas turísticas, como sucedía anteriormente, sino que abarca un espectro mucho más amplio de plataformas y actividades económicas. En concreto: el arrendamiento de bienes inmuebles en general, el arrendamiento de medios de transporte, la prestación de servicios personales y la venta de bienes.

---

685 El apartado 1 de la DA 25.ª de la LGT no solo hace referencia al Acuerdo Multilateral OCDE, sino a "otros acuerdos internacionales suscritos con el mismo objetivo" (esto es, el intercambio automático de información sobre la renta obtenida a través de plataformas digitales).

686 Directiva (UE) 2023/2226 del Consejo, de 17 de octubre de 2023, por la que se modifica la Directiva 2011/16/UE relativa a la cooperación administrativa en el ámbito de la fiscalidad.

687 Parte expositiva del Real Decreto 117/2024.

En última instancia, resulta inevitable referirse a la elevada dosis de complejidad que presenta el nuevo redactado del artículo 54 ter, y que, al menos desde mi punto de vista, deriva de la confluencia de tres factores:

1) El hecho de que la nueva obligación informativa se construya sobre la base de una serie de conceptos y expresiones (tales como «operadores de plataforma», «actividades pertinentes cualificadas» o «vendedor sujeto a comunicación de información») que son definidos por remisión a otras normas; más específicamente, el anexo V de la Directiva 2011/16/UE, el Acuerdo Multilateral OCDE y el anexo del Real Decreto 117/2024, "salvo que la normativa establezca otra cosa"[688].

2) La transposición en ocasiones literal y sin mayor desarrollo del contenido de la Directiva DAC 7, que, en algunos puntos del artículo 54 ter, da lugar a una redacción un tanto confusa y en apariencia incongruente con lo dispuesto en otras normas tributarias de nuestro sistema jurídico. Esto último se aprecia claramente, a mi juicio, en el apartado 3 del precepto, donde parece plantearse la posibilidad de que una entidad no tenga su residencia fiscal en España pese a haberse constituido con arreglo a las leyes españolas o tener su sede de dirección efectiva en terri-

---

688 Así se desprende de lo dispuesto en el artículo 54 ter.1, párrafo segundo, del RGGIT, cuya redacción ya es compleja de por sí. En concreto, se indica: "Los términos utilizados en este reglamento, así como en su normativa de desarrollo, relativos a esta obligación de información tendrán, conforme a lo dispuesto en el anexo V de la Directiva 2011/16/UE, del Consejo, de 15 de febrero de 2011, relativa a la cooperación administrativa en el ámbito de la fiscalidad y por la que se deroga la Directiva 77/799/CEE, y el Acuerdo Multilateral entre Autoridades competentes sobre intercambio automático de información relativa a ingresos obtenidos a través de plataformas digitales en el ámbito de la OCDE, el significado contenido en el anexo del Real Decreto 117/2024, de 30 de enero, por el que se desarrollan las normas y procedimientos de diligencia debida en el ámbito del intercambio automático obligatorio de información comunicada por los operadores de plataformas, y se modifican el Reglamento General de las actuaciones y los procedimientos de gestión e inspección tributaria y de desarrollo de las normas comunes de los procedimientos de aplicación de los tributos, aprobado por el Real Decreto 1065/2007, de 27 de julio, en transposición de la Directiva (UE) 2021/514 del Consejo de 22 de marzo de 2021 por la que se modifica la Directiva 2011/16/UE relativa a la cooperación administrativa en el ámbito de la fiscalidad, y otras normas tributarias, salvo que la normativa establezca otra cosa".

torio español[689] (dos de las tres circunstancias sobre las que se define el concepto de residencia fiscal a efectos del IS[690]). *A priori*, la situación se resuelve cuando se observa que, si bien los operadores de plataforma son definidos como "entidades" en el anexo del Real Decreto 117/2024, la noción de «entidad» que debe regir en el ámbito de la obligación examinada no solo incluye a las entidades con personalidad jurídica propia, sino también a otro tipo de instrumentos jurídicos, como las sociedades de personas o los fideicomisos, a los que no necesariamente se aplicará la Ley del Impuesto sobre Sociedades[691].

3) La pretensión de acomodar la normativa interna española, de forma simultánea y sin distinciones dentro de un mismo precepto, a la Directiva DAC 7 y a las Normas tipo de la OCDE, lo que justifica la necesidad de contemplar ciertas especialidades e introducir excepciones a las reglas inicialmente establecidas que acaban dificultando la adecuada comprensión de su redactado actual[692].

---

689 Aunque esta cuestión se abordará en el siguiente epígrafe, debe observarse que el artículo 54 ter.3 del RGGIT, donde se delimita el ámbito subjetivo de la nueva obligación informativa, alude al operador de plataforma que "sea residente fiscal en España o, no siendo residente fiscal en España ni en ningún otro Estado miembro, cumpla alguno de los siguientes criterios de conexión: 1.º Que se hubiera constituido con arreglo a la legislación española. 2.º Que tenga su sede de dirección, incluida su dirección efectiva, en España. 3.º Que tenga un establecimiento permanente en España y no sea un «operador de plataforma cualificado externo a la Unión»".

690 Por lo que se refiere a este concepto, véase el artículo 8 de la Ley 27/2014.

691 Acerca de la figura del fideicomiso, puede verse el trabajo de Urquizu Cavallé, Á. (2010): *El Fideicomiso en Latinoamérica: integración jurídico-financiera*, Argentina: Marcial Pons, pp. 223-252.

692 En este sentido, y solo a título de ejemplo, puede verse lo dispuesto en el artículo 54 ter.3 del RGGIT, que, justo después de enunciar los criterios a los que hacíamos referencia en la nota a pie número 689, matiza: "Este último criterio [el relativo al establecimiento permanente en España] no será aplicable cuando la determinación del «operador de plataforma obligado a comunicar información» se efectúe conforme a las Normas tipo de comunicación de información por operadores de plataformas respecto de los vendedores en el ámbito de la economía colaborativa y la economía de trabajo esporádico y por encargo".

B) *Redactado actual del artículo 54 ter del RGGIT*

Por su complejidad, y dada la interrelación existente entre los conceptos sobre los que se articulan los diferentes apartados del precepto, el estudio propuesto se dividirá en cuatro grandes bloques: delimitación objetiva de la obligación de comunicación de información (sobre qué se debe informar), delimitación subjetiva (quién debe hacerlo), información a comunicar y aspectos formales.

a) Delimitación objetiva

Tal y como se desprende de la literalidad del artículo 54 ter.1 del RGGIT, la información a suministrar por los «operadores de plataforma» que se encuentren obligados a presentar la correspondiente declaración será la relativa a las «actividades pertinentes» realizadas por los «vendedores sujetos a comunicación de información» durante el «periodo de referencia». Todos estos conceptos, así como otros que resultan necesarios para la adecuada comprensión del precepto analizado, se encuentran definidos en el anexo del Real Decreto 117/2024, que, a su vez, reproduce los términos empleados en el anexo V de la Directiva 2011/16/UE tras la modificación operada por la DAC 7[693].

En concreto, y a los efectos que ahora nos interesan, los términos «plataforma», «operador de plataforma», «actividad pertinente», «periodo de referencia» y «vendedor sujeto a comunicación de información» se definen de la siguiente manera:

Plataforma[694]. Software de cualquier naturaleza (incluidos sitios web y aplicaciones móviles) que sea accesible y permita a los vendedores ponerse en contacto con otros usuarios para llevar a cabo una «actividad pertinente» en favor de estos últimos. El término «plataforma» incluye, asimismo, cualquier modalidad de recaudación y pago de una contraprestación con respecto a la «actividad pertinente». Quedan excluidos los softwares que únicamente permitan efectuar pagos relacionados con la actividad, ofrecer o promocionar los bienes o servicios de que se trate, o redirigir usuarios a una plataforma.

---

[693] Por tratarse de definiciones idénticas, en las siguientes líneas nos centraremos en el contenido del anexo incorporado al Real Decreto 117/2024. Para mayor simplificación, no obstante, nos referiremos a él simplemente como "anexo".

[694] Sección I del anexo, letra A), punto 1.

Operador de plataforma[695]. Toda entidad (entendida como persona jurídica o instrumento análogo) que celebra contratos con vendedores para poner una determinada plataforma (o parte de ella) a disposición de estos últimos.

Actividad pertinente[696]. Tienen esta consideración, siempre que se ejerzan mediante contraprestación y de forma independiente[697], las actividades consistentes en:

a) El arrendamiento o cesión temporal de bienes inmuebles, incluyendo los de uso residencial, uso comercial o plazas de aparcamiento.

b) Los servicios personales.

c) La venta de bienes.

d) El arrendamiento de cualquier medio de transporte.

Periodo de referencia[698]. Año natural respecto del cual se realiza la comunicación de información.

Vendedor sujeto a comunicación de información[699]. Con carácter general, se reconoce esta condición a todo usuario registrado en la plataforma (ya se trate de una persona física o de una entidad) que cumpla dos condiciones simultáneamente:

1) Que, durante el periodo de referencia, realice la actividad pertinente o reciba el pago o abono de una contraprestación en relación con la misma.

2) Que tenga su residencia en un Estado miembro de la UE o en una jurisdicción con la que España tenga en vigor un instrumento jurídico de intercambio automático de información equivalente a la especificada en

695 Sección I del anexo, letra A), punto 2.

696 Sección I del anexo, letra A), punto 7.

697 Tal y como se especifica en el anexo, no entran dentro del término «actividad pertinente» las actividades que lleve a cabo un individuo en calidad de empleado del operador de plataforma o de una entidad vinculada con aquel. El concepto de «entidad vinculada» que debe reputarse válido a estos efectos se encuentra definido en la Sección I del anexo, letra C), punto 1.

698 Sección I del anexo, letra C), punto 6.

699 Sección I del anexo, letra B), puntos 1, 2 y 3.

el artículo 54 ter del RGGIT (en adelante, jurisdicción socia[700]), o bien, la actividad pertinente consista en el arrendamiento o cesión temporal de uso de bienes inmuebles situados en dichos territorios.

A título de excepción, se excluye de este calificativo, y, consecuentemente, de la obligación de suministrar información, a las siguientes entidades («vendedores excluidos»)[701]:

a) Las entidades estatales[702].

b) Las entidades cotizadas.

c) Las entidades a las que el operador de plataforma haya facilitado durante el periodo de referencia más de 2.000 actividades pertinentes a través de arrendamientos o cesiones temporales de uso respecto de un mismo inmueble.

d) Las entidades dedicadas a la venta de bienes a las que el operador de plataforma haya facilitado, también durante el periodo de referencia, menos de 30 actividades pertinentes, siempre que el importe total de la contraprestación recibida por las mismas no supere los 2.000 euros en su conjunto.

Otros conceptos relevantes que también se encuentran definidos en el anexo del Real Decreto 117/2024, y sobre los que obviamos cualquier mención expresa por entender que su significado no difiere en gran medida del usual, son los de «contraprestación», «entidad» o «entidad estatal».

En lo que atañe a los «vendedores sujetos a comunicación de información» (arrendadores, en nuestro caso), debe notarse que los aspectos relativos a la concreción de su lugar de residencia resultan cruciales, pues, en la práctica, este será el elemento del que se sirva la Administración tributaria a la hora de determinar las jurisdicciones a las que debe transmitir la información proporcionada por el operador de plataforma[703]. Al objeto de resolver esta cuestión, se atenderá a lo previsto en el artículo 8 del Real Decreto 117/2024, en el que se establecen

---

700 Acerca del término «Jurisdicción socia», puede verse la sección I del anexo, letra C), punto 10.

701 Sección I del anexo I, letra B, punto 4.

702 La definición de este concepto puede encontrarse en la Sección I del anexo, letra C), punto 2.

703 A este respecto, puede verse la parte expositiva del Real Decreto 117/2024, apartado II.

diferentes criterios en función de que la identificación del lugar de residencia se realice en el ámbito de la Directiva DAC 7 o del Acuerdo Multilateral OCDE. En particular:

- Cuando se actúe en el marco de la Directiva DAC 7, el vendedor será considerado residente en el Estado miembro de su «dirección principal» (que coincidirá con la de su residencia principal o con la de su domicilio social, según se trate de una persona física o de una persona jurídica, respectivamente[704]); en el Estado miembro de expedición del número de identificación fiscal (en adelante, NIF) cuando sea distinto del anterior; o, en su caso, en el Estado miembro donde estuviera localizado el establecimiento permanente cuyos datos identificativos hayan sido suministrados al operador de plataforma[705].
- Cuando se actúe en el marco del Acuerdo Multilateral OCDE, se considerará que el vendedor es residente en una jurisdicción socia del acuerdo cuando tenga en ella su dirección principal[706].

Sin perjuicio de los criterios señalados, el artículo 8.2 del Real Decreto 117/2024 reconoce la posibilidad de que el operador de plataforma entienda que un vendedor es residente en cada uno de los Estados miembros o jurisdicciones socias que hayan confirmado un servicio de identificación electrónica puesto a disposición por una autoridad competente, que podría ser un Estado miembro, una jurisdicción socia, la UE o la OCDE. A tales efectos, tiene la consideración de «servicio de identificación» todo proceso electrónico que alguna de estas autoridades "pone gratuitamente a disposición de un «operador de plataforma obligado a comunicar información» con el fin de verificar la identidad y la residencia fiscal de un «vendedor»"[707].

[704] Acerca del término «Dirección principal», véase la Sección I del anexo, letra C), punto 5.

[705] Artículo 8.1 del Real Decreto 117/2024.

[706] Artículo 8.1, último párrafo, del Real Decreto 117/2024.

[707] Sección I del anexo, letra C), punto 11.

b) Delimitación subjetiva

b.1) Regla general

Están sometidos a las normas y procedimientos de diligencia debida que se desarrollan en el artículo 54 ter del RGGIT las entidades que tuvieran la condición de «operadores de plataforma obligados a comunicar información» (en adelante, operadores obligados), tal y como dicha expresión se encuentra definida en su apartado 3. De la compleja redacción de esta previsión normativa se infiere que, con carácter general, y sin perjuicio de las excepciones que seguidamente se comentarán, los operadores obligados pueden encuadrarse en dos grandes categorías:

A. Operadores de plataforma que tengan algún criterio de conexión con el territorio español, a los que se refiere el artículo 54 ter.3 del RGGIT en su letra a).

B. Operadores de plataforma de territorios terceros que se registren en España, a los que se refiere la letra b) del mismo artículo.

Más específicamente, y de acuerdo con el tenor literal de las letras indicadas, se incluirán dentro de la primera categoría los operadores de plataforma que tengan su residencia fiscal en España, así como aquellos otros que, no siendo residentes fiscales en nuestro país, cumplan alguno de los siguientes criterios:

a) Haberse constituido con arreglo a la legislación española.

b) Tener en territorio español "su sede de dirección (incluida su dirección efectiva)"[708].

c) Tener un establecimiento permanente en territorio español[709].

Dentro del segundo grupo, por su parte, se incluirán los operadores de plataforma respecto de los que se acredite la concurrencia simultánea de tres circunstancias:

---

708 Artículo 54 ter.3, letra a), apartado 2.º, del RGGIT.

709 Tal y como se especifica en el artículo 54 ter.3, letra a), del RGGIT, este último criterio no será aplicable cuando se trate de un «operador de plataforma cualificado externo a la Unión» (a los que nos referiremos en el siguiente apartado de este epígrafe). Tampoco en aquellos supuestos en los que la determinación de la expresión analizada se realice conforme a las Normas tipo de la OCDE.

a) Que no se cumpla ninguno de los criterios de conexión anteriormente relacionados.

b) Que se hayan registrado en España, de conformidad con el procedimiento establecido a tal fin, como operadores de plataforma.

c) Que faciliten la realización de una actividad pertinente por parte de vendedores residentes en España o en otro Estado miembro de la UE, o la realización de arrendamientos de bienes inmuebles que se encuentren situados en España o en otro Estado miembro de la UE.

De lo anterior se desprende que la información recabada tendrá que ser comunicada por el operador de plataforma a las autoridades tributarias españolas cuando se confirme el cumplimiento de alguno de los elementos de conexión fijados en la regulación vigente[710] o, en defecto de aquellos, cuando haya elegido España como Estado miembro de registro[711]. A estos efectos, y como se indica claramente en la parte expositiva del Real Decreto 117/2024, debe tenerse en cuenta que, en última instancia, el registro del operador obligado es el elemento determinante de la competencia de la Administración tributaria española "en relación con los operadores en los que no concurre criterio alguno de arraigo en la Unión Europea"[712].

Tratándose de un operador de plataforma del primer grupo que cumpla simultáneamente los criterios de conexión en España y en algún otro Estado miembro de la UE o jurisdicción socia, podrá optar por presentar la correspondiente declaración informativa ante la Administración tributaria española previo registro en España y notificación a las autoridades competentes del otro Estado miembro o jurisdicción[713]. Asimismo, para los casos en los que la determinación del operador de plataforma se lleve a cabo con arreglo a las Normas tipo de la OCDE, la obligación informativa se cumplirá ante la Administración tributaria española cuando concurran dos condiciones: a) que el operador facilite la realización de una actividad pertinente por parte de vendedores que tengan su residencia en España o el arrendamiento de bienes inmuebles situados en territorio

710 Nótese que los criterios de conexión enumerados en el artículo 54 ter.3 del RGGIT emanan directamente de lo dispuesto en la Directiva DAC 7. Por tanto, se trata de criterios comunes a todos los Estados miembros de la UE.

711 Al respecto de esta cuestión, véase la Sección II del anexo (*Aplicación efectiva*).

712 Parte expositiva del Real Decreto 117/2024, apartado III.

713 Artículo 54 ter.3, letra a), del RGGIT.

español y b) no haya presentado la pertinente declaración informativa ante las autoridades de otra jurisdicción socia[714].

Por lo que concierne a la obligación de registro, es importante matizar que el Real Decreto 117/2024 no se limitó a dar un nuevo contenido al artículo 54 ter del RGGIT. A modo de complemento con respecto a dicha modificación, introdujo también dos nuevos registros en el ordenamiento jurídico tributario; a saber:

- El «Registro de operadores de plataforma extranjeros no cualificados» (artículo 9 bis del RGGIT), que estará conformado por los operadores de plataforma de territorios terceros que hayan optado por España como Estado de registro.
- El «Registro de operadores de plataforma obligados a comunicar información» (artículo 9 ter del RGGIT), en el que se incluirán los operadores de plataforma con residencia fiscal en España o que cumplan alguno de los criterios de conexión establecidos en el artículo 54 ter.3 del mismo reglamento.

b.2) Exclusiones

A título de excepción frente a lo que podría calificarse como regla general en este ámbito, el apartado 2 del artículo 54 ter del RGGIT exonera de la obligación de suministro de información a los operadores de plataforma que cumplan dos requisitos simultáneamente:

1) Que se trate de «operadores de plataforma cualificados externos a la Unión». Este calificativo, que se define en el anexo del Real Decreto 117/2024[715], exige que se trate de entidades cuya residencia fiscal se encuentre en un «territorio cualificado no perteneciente a la Unión» (básicamente, territorios con los que se ha suscrito un acuerdo de intercambio automático de información equivalente a la especificada en el artículo 54 ter del RGGIT[716]), o bien, se haya constituido conforme a la legisla-

---

714 Artículo 54 ter.3, último párrafo, del RGGIT.

715 Sección I del anexo, letra A), punto 4.

716 El Real Decreto 117/2024 define la expresión «Territorio cualificado no perteneciente a la Unión» como "un territorio no perteneciente a la Unión que ha suscrito un «acuerdo de cualificación vigente entre autoridades competentes» con las autoridades

ción de uno de esos territorios o tenga en él su lugar de administración (incluyendo la administración efectiva).

2) Que participe exclusivamente en la realización de actividades pertinentes (por ejemplo, el arrendamiento de bienes inmuebles) que sean objeto de intercambio efectivo de información, al quedar cubiertas por el acuerdo suscrito a tal fin entre el Estado español y el territorio tercero de que se trate («actividades pertinentes cualificadas»)[717].

A mi juicio, es en puntos como este último donde mejor puede apreciarse el elevado grado de complejidad inherente a la regulación analizada en este epígrafe. Así, dispone el artículo 54 ter.2 del RGGIT que "No estarán sujetos a la obligación de información los «operadores de plataforma cualificados externos a la Unión», cuyas «actividades pertinentes» son, en su totalidad, «actividades pertinentes cualificadas» que son objeto de un intercambio automático de información". El anexo del Real Decreto 117/2024 (que, recordemos, reproduce las definiciones incorporadas a la Directiva 2011/16/UE por la Directiva DAC 7) define el término «actividades pertinentes cualificadas» como "toda «actividad pertinente» que sea objeto de un intercambio automático de información en virtud de un «acuerdo de cualificación vigente entre autoridades competentes»", lo que, a su vez, exige remitirse a la delimitación conceptual de esta última expresión.

En otro orden de cosas, y en un sentido similar al apuntado acerca de los «operadores de plataforma cualificados externos a la Unión», quedan exonerados de la obligación informativa los denominados «operadores de plataforma

---

competentes de todos los Estados miembros que figuran como territorios sujetos a la comunicación de información en una lista publicada por el territorio no perteneciente a la Unión" [Sección I del anexo, letra A), punto 5]. Por su parte, el «acuerdo de cualificación vigente entre autoridades competentes» se define como "un acuerdo entre las autoridades competentes de un Estado miembro y de un territorio no perteneciente a la Unión que exija el intercambio automático de información equivalente a la especificada en la sección III, apartado B, del presente anexo, equivalencia que deberá confirmarse mediante un acto de ejecución de conformidad con el artículo 8 bis quater, apartado 7" [Sección I del Anexo, letra A), punto 6].

717 En caso de que realice simultáneamente operaciones pertinentes cualificadas (incluidas en el acuerdo de intercambio de información) y no cualificadas (no incluidas en dicho acuerdo), el operador de plataforma deberá informar únicamente sobre estas últimas. Así se deduce del contenido del segundo párrafo de la letra b) del artículo 54 ter.3 del RGGIT.

excluidos»: aquellos que hayan "demostrado por adelantado y con una periodicidad anual, a satisfacción de la Administración tributaria española, (...) que el conjunto del modelo empresarial de la plataforma es tal que esta no tiene «vendedores sujetos a comunicación de información»"[718].

b.3) Otras cuestiones relativas a la delimitación subjetiva de la obligación de comunicación de información

Al margen de lo señalado en los párrafos anteriores, es importante subrayar que las obligaciones emanadas de la aplicación de las normas y procedimientos de diligencia debida no solo incumben a los operadores de plataforma, sino también a los vendedores que hacen uso de ellas para la comercialización de bienes y servicios. Así se indica claramente en el artículo 2, párrafo segundo, del Real Decreto 117/2024, en virtud del cual "las personas o entidades que tengan la consideración de «vendedores» deberán cumplir las obligaciones derivadas de la aplicación por el operador de las normas y procedimientos de diligencia debida".

Del redactado de aquella norma se colige, asimismo, que los operadores de plataforma obligados a la comunicación de información tendrán la facultad de aplicar los procedimientos de diligencia debida únicamente con respecto a los llamados «vendedores activos», que, en el contexto que nos ocupa, serían aquellos arrendadores que, a lo largo del año natural, hayan realizado cesiones de uso de bienes inmuebles a través de la plataforma o hayan recibido el pago o abono de una contraprestación relacionada con la actividad de alquiler[719]. Igualmente, se prevé la posibilidad de que los operadores de plataforma se sirvan de un tercero para el cumplimiento de las normas establecidas a estos efectos, lo que en ningún

---

718 Sección I del anexo, letra A), punto 3. Por lo que se refiere a este tipo de situaciones, subraya el artículo 54 ter.2, párrafo segundo, del RGGIT, que los citados operadores de plataforma "deberán presentar anualmente una declaración negativa comunicando a la Administración tributaria española su condición de «operador de plataforma excluido». La Orden ministerial por la que se apruebe el modelo de declaración correspondiente establecerá el plazo para su presentación durante el año natural siguiente a aquel en el que el operador tenga la condición de «operador de plataforma excluido»".

719 Artículo 3.1, párrafo segundo, del Real Decreto 117/2024, en conexión con el anexo del mismo texto normativo.

caso excluiría su responsabilidad por la falta de observancia de las obligaciones correspondientes[720].

c) Información a comunicar

Tal y como se deriva de lo dispuesto en el artículo 54 ter.4 del RGGIT, la información a comunicar a la Administración tributaria española por los operadores de plataforma sujetos a la normativa interna puede ser clasificada en tres grandes bloques:

A. Información sobre el operador de la plataforma.

B. Información sobre los vendedores que lleven a cabo actividades pertinentes en el marco de la misma (en nuestro caso, los arrendadores de viviendas turísticas).

C. Información sobre los bienes inmuebles que sean objeto de arrendamiento o cesión a través de la plataforma.

Partiendo de esta clasificación, los diferentes aspectos a detallar en la declaración informativa serían los siguientes:

A) Información relativa al operador de plataforma.

1) Denominación social.

2) NIF y, en su caso, número de identificación individual asignado por la Administración española[721].

3) Identificación de la plataforma.

4) Estado miembro o jurisdicción socia de cumplimiento de la obligación de información (solo cuando el operador cumpla los criterios de conexión previstos en el artículo 54 ter.3 del RGGIT en más de un Estado miembro o jurisdicción socia).

---

720 Artículo 3.2 del Real Decreto 117/2024.

721 En los términos indicados en la Sección II del anexo, "4. La Administración tributaria española asignará un número de identificación individual al «operador de plataforma obligado a comunicar información» y lo notificará por vía electrónica a las autoridades competentes de todos los Estados miembros".

B) Información relativa a los vendedores sujetos.

1) Si se trata de una persona física[722]: nombre y apellidos; fecha de nacimiento; dirección principal; NIF o equivalente funcional, con indicación del Estado miembro de la UE o jurisdicción de emisión[723]; número de identificación a efectos del IVA o del Impuesto análogo expedido por un Estado miembro o jurisdicción, cuando se conozca y sea distinto del NIF.

2) Si se trata de una persona jurídica[724]: razón social; dirección principal; NIF o equivalente funcional, con indicación del Estado miembro de la UE o jurisdicción de emisión; número de identificación a efectos del IVA o impuesto análogo expedido por un Estado miembro o jurisdicción, si se conociera y fuera distinto del NIF; número de registro de la empresa, en su caso; identificación de los establecimientos permanentes desde los que se ejercen actividades pertinentes en el ámbito de la UE, con indicación de los Estados miembros en los que estén ubicados.

3) El «identificador de cuenta financiera», esto es, la referencia o número de identificación de la cuenta bancaria en la que se ingresa la contraprestación acordada[725], siempre que se encuentre a disposición del operador de plataforma y la autoridad competente del Estado miembro o jurisdicción socia en la que el vendedor tenga su residencia no haya comunicado que no pretende utilizar el identificador de cuenta financiera para estos fines.

4) Si fuera distinto del vendedor, nombre del titular de la cuenta financiera en la que se ingresa la contraprestación, así como cualquier otra

---

722 Artículo 5.1.a) del Real Decreto 117/2024, al que implícitamente se remite el artículo 54 ter.4 del RGGIT.

723 De no conocerse este dato, se matiza en el artículo 5.1.a) del Real Decreto 117/2024, se indicará el lugar de nacimiento del vendedor.

724 Artículo 5.1.b) del Real Decreto 117/2024.

725 Acerca de la definición del término «identificador de cuenta financiera», puede verse la Sección I del anexo, letra C), punto 8, en virtud del cual tiene esta consideración "la referencia o el número de identificación único a disposición del «operador de plataforma» de la cuenta bancaria o de otros servicios de pago similares a la que se paga o abona la «contraprestación»".

información de identificación financiera referente a dicho sujeto en la medida en la que esté a disposición del operador de plataforma.

5) Estados miembros o jurisdicciones socias en las que el vendedor sujeto es residente de conformidad con el artículo 8 del Real Decreto 117/2024[726].

6) Contraprestación total pagada o abonada durante cada trimestre del año natural y número de actividades pertinentes por las que se ha satisfecho la citada contraprestación. Cuando las actividades realizadas por el vendedor consistan en el arrendamiento de bienes inmuebles, la información indicada deberá comunicarse con respecto de cada «bien inmueble comercializado», teniendo esta consideración todas las unidades inmuebles ubicadas en una misma dirección postal que pertenezcan a un mismo propietario y que sean puestas en alquiler a través de la plataforma por un mismo vendedor[727].

7) Importes retenidos o cobrados por el operador de plataforma durante cada trimestre del año, incluyendo "comisiones, fianzas, tarifas, tributos y otras cantidades análogas"[728].

C) Información relativa a los bienes inmuebles arrendados.

1) Dirección de cada bien inmueble comercializado y, de conocerse, número de referencia catastral o equivalente en la legislación nacional de la jurisdicción donde se encuentra situado.

2) Número de días del año durante los cuales se ha arrendado o cedido el uso de cada bien inmueble comercializado y, solo cuando se disponga de dicha información, tipo de bien inmueble.

A título de excepción, el artículo 54 ter del RGGIT matiza que únicamente deberá proporcionarse la información relativa al operador de plataforma obligado (y no a los vendedores sujetos ni a los bienes inmuebles cedidos en arrendamiento) cuando se dé alguna de las siguientes circunstancias:

726 En lo que atañe al contenido de este precepto, véase el apartado a) de este mismo epígrafe, sobre delimitación objetiva del artículo 54 ter del RGGIT.

727 El concepto de «bien inmueble comercializado» se encuentra definido en la Sección I del anexo, letra C), punto 7.

728 Artículo 54 ter.4, letra b), apartado 6.º, del RGGIT.

a) Que el Estado miembro o jurisdicción socia donde debe presentarse la declaración informativa no sea España, en cuyo caso el operador de plataforma deberá adicionar, a los datos inicialmente señalados, su nombre, NIF y dirección en la jurisdicción donde se cumpla con la obligación informativa[729].

b) Que el operador de plataforma demuestre, con arreglo a la legislación nacional, que la misma información ha sido comunicada por otro operador de plataforma obligado, en cuyo caso el contenido de la información a suministrar se limitará a los datos concernientes a los dos operadores de plataforma[730].

También a modo de excepción frente a la regla general, se exime de la obligación de comunicar los datos identificativos del vendedor sujeto (distintos de su nombre y apellidos o razón social) a los operadores de plataforma que hagan uso de un «servicio de identificación» puesto a disposición por otra autoridad competente con el fin de determinar la identidad y residencia del vendedor[731].

Finalmente, debe destacarse que el operador de plataforma no sólo queda obligado a recopilar la información enumerada en los apartados anteriores y suministrarla a la Administración tributaria española a través de los cauces habilitados al efecto. Además de ello, y en línea con lo previsto en el artículo 6 del Real Decreto 117/2024, tendrá la obligación de confirmar la veracidad de los datos recabados[732]. Para la consecución de este objetivo, podrá utilizar "toda la información de que disponga en sus archivos, así como cualquier interfaz electrónica puesta a disposición de forma gratuita por un Estado miembro o por la Unión Europea, así como por una «Jurisdicción socia» o la OCDE, en su caso, con el

729 Artículo 54 ter.4, letra a), apartado 4.º, del RGGIT.

730 Artículo 54 ter.5 del RGGIT.

731 Artículo 54 ter.4, letra b), apartado 1.º del RGGIT. En este supuesto, se indica a continuación, el operador de plataforma "comunicará que se usa un «servicio de identificación» y el nombre, el «identificador del servicio de identificación» y el Estado miembro de asignación de dicho identificador". Una previsión análoga se encuentra recogida en el artículo 5.2 del Real Decreto 117/2024 en relación con las jurisdicciones socias del Acuerdo Multilateral OCDE.

732 En particular, dispone el artículo 6.1 del Real Decreto 117/2024, deberá ratificar la corrección y/o veracidad de la información obtenida de conformidad con el artículo 4 del mismo; el artículo 5.1, letras a) y b), números 1.º a 5.º; y el artículo 5.4.

fin de comprobar la validez del número de identificación fiscal, así como del número de identificación a efectos del Impuesto sobre el Valor Añadido o Impuesto análogo expedido por una jurisdicción"[733]. Cuando tenga motivos para creer que alguno de los datos proporcionados por el vendedor es incorrecto, deberá solicitar a aquel la rectificación oportuna y su debida acreditación; por ejemplo, mediante la presentación de un "documento de identificación expedido por un Estado miembro o Jurisdicción socia", o de un "certificado de residencia fiscal que haya sido emitido durante los seis meses naturales anteriores a la petición efectuada"[734].

d) Aspectos formales

Centrando nuestra atención en el ordenamiento jurídico español, la formalización del alta en el «Registro de operadores de plataforma extranjeros no cualificados» o en el «Registro de operadores de plataforma obligados a comunicar información», según proceda, se llevará a cabo mediante la presentación de un modelo 040 (*Declaración censal de alta, modificación y baja en el registro de operadores de plataforma extranjeros no cualificados y en el registro de otros operadores de plataforma obligados a comunicar información*). Dicho modelo tendrá que presentarse en el momento en el que se inicie la actividad como operador de plataforma, tal y como se especifica en el artículo 3.1 de la Orden ministerial HAC/72/2024.

El mismo formulario se utilizará para comunicar a las autoridades tributarias:

- Cualquier modificación de los datos consignados en la declaración inicial o en la última modificación presentada.
- El cese en la actividad de operador de plataforma o el incumplimiento de las condiciones emanadas del artículo 54 ter.3, letras a) y b), del RGGIT[735].

---

733 Artículo 6.1 del Real Decreto 117/2024.

734 Artículo 6.3 del Real Decreto 117/2024.

735 Se trataría de aquellos supuestos en los que el operador de plataforma deje de cumplir alguna de las condiciones mencionadas en el epígrafe b.1) anterior para tener la consideración de operador sujeto. Dicha circunstancia podría producirse, por ejemplo, en el caso de un operador residente en un territorio tercero que pasase a convertirse en un «operador de plataforma cualificado externo a la Unión».

En cualquiera de los dos supuestos, el plazo para efectuar la declaración será de un mes a contar desde el momento en el que se hayan producido los hechos determinantes de su presentación[736].

Los operadores registrados en España quedarán obligados a completar los procedimientos de diligencia regulados en la normativa interna antes del 31 de diciembre de cada año natural[737], con la excepción relativa al primer año de puesta en marcha del procedimiento, que se detalla en el artículo 7.2 del Real Decreto 117/2024. A tenor de lo dispuesto en este último precepto, "en el caso de los vendedores que estén registrados en la plataforma el 1 de enero de 2023 o en la fecha en que una «entidad» se convierte en «operador de plataforma obligado a comunicar información», los procedimientos de diligencia debida deberán realizarse a más tardar el 31 de diciembre del segundo «período de referencia» del «operador de plataforma obligado a comunicar información»" (es decir, el 31 de diciembre de 2024).

Sin perjuicio de lo indicado en el párrafo precedente, se reconoce la posibilidad de que, al objeto de dar cumplimiento a las normas y procedimientos de diligencia debida, los operadores de plataforma puedan basarse en los procedimientos realizados en años previos, siempre que se cumplan dos requisitos[738]:

a) Que la información referente al vendedor sobre el que deba comunicarse información haya sido obtenida y verificada en los últimos 36 meses.

b) Que el operador de plataforma no tenga motivos para creer que dicha información ha pasado a ser poco fiable o incorrecta.

La información recabada a través de los procedimientos establecidos será comunicada a la Administración tributaria mediante la presentación de un modelo 238 (*Declaración informativa para la comunicación de información por parte de operadores de plataformas*). Esta declaración informativa, que tiene periodicidad anual, deberá ser presentada durante el mes de enero del año natural siguiente a aquel en el que los vendedores sujetos a la comunicación de información hayan sido identificados como tal[739]. Excepcionalmente, y dado el retraso en la aprobación del modelo, la Disposición final segunda de la Orden ministerial

736 Artículo 3, apartados 2 y 3, del Real Decreto 117/2024.

737 Artículo 7.1 del Real Decreto 117/2024.

738 Artículo 7.3 del Real Decreto 117/2024.

739 Artículo 54 ter.6 del RGGIT.

HAC/72/2024 matiza que la declaración informativa correspondiente al año 2023 deberá presentarse "en el plazo de dos meses siguientes a la entrada en vigor de la presente orden", esto es, entre el 6 de febrero y el 6 de abril de 2024[740].

[740] Tal y como señala la Disposición final segunda de la Orden HAC/72/2024, que fue publicada en el Boletín Oficial del Estado el 5 de febrero de 2024, "la presente orden entrará en vigor el día siguiente al de su publicación en el «Boletín Oficial del Estado» y será de aplicación por primera vez al modelo 238, «Declaración informativa para la comunicación de información por parte de operadores de plataformas», correspondiente al ejercicio 2023, que se deberá presentar en el plazo de dos meses siguientes a la entrada en vigor de la presente orden".

Capítulo 6

LA TASA TURÍSTICA EN ESPAÑA

1. CONSIDERACIONES GENERALES

Como bien es sabido, la industria turística ha experimentado un crecimiento continuado y una profunda diversificación en las últimas décadas, hasta el punto de convertirse en una de las principales fuentes de ingresos para numerosas economías avanzadas (entre ellas, la española). Esta expansión del turismo ha venido provocada por la confluencia de una serie de factores, tales como el aumento de la renta disponible, el avance tecnológico, la mejora de las redes de comunicación y transporte, la globalización, o el diseño de políticas públicas dirigidas a su promoción.

De entrada, la contribución del sector turístico al desarrollo de un país resulta innegable. La llegada de turistas a un destino promueve el gasto en alojamiento, alimentación, actividades recreativas, etc., lo que estimula la actividad económica y la creación de empleo, al tiempo que se generan nuevos incentivos a la mejora de las infraestructuras existentes y a la protección del patrimonio histórico, cultural y natural del destino en cuestión. Sin embargo, a estos beneficios se añaden también una serie de desafíos importantes; entre ellos, los relacionados con la sostenibilidad ambiental y la financiación de las instalaciones y de los servicios necesarios para hacer frente a las demandas crecientes del sector.

Una de las herramientas utilizadas para hacer frente a los problemas derivados del auge del turismo de masas ha sido la conocida como «fiscalidad turística», que, de acuerdo con la definición ofrecida por la Organización Mundial del Turismo (1998), se materializa en la creación de tributos específicamente aplicables a la industria del turismo o, alternativamente, a otras finalidades distintas conectadas con aquella[741]. A dichos tributos, y por tratarse de una de las denomi-

---

[741] World Tourism Organization (1998): *Tourism taxation: striking a fair deal.* World Tourism Organization, p. 16.

naciones más extendidas en la práctica, nos referiremos de ahora en adelante con el nombre de «tasas turísticas»[742].

Tal y como señalaba la OCDE en su informe *Tourism Trends and Policies 2014*, la razón que justifica la existencia de impuestos específicos sobre el turismo varía de un país a otro y en función del tipo de gravamen establecido (impuesto sobre pernoctaciones, tasas aeroportuarias, etc.). No obstante, es posible identificar una serie de objetivos comunes, entre los que podrían destacarse los siguientes:

1) Financiar la protección del medio ambiente y el desarrollo de infraestructuras para una mejor gestión del impacto del turismo en áreas sensibles.
2) Recuperación de costes asociados al tratamiento de pasajeros en puertos de entrada, incluidas las aduanas, inmigración, seguridad, cuarentena y expedición de visados.
3) Garantizar la seguridad y la protección de aquellos que viajan hacia o desde un determinado destino, o en el interior del mismo.
4) Incentivar el gasto de los visitantes y la creación de empleo.
5) Financiar actividades de marketing y promoción, tanto a nivel doméstico como internacional.
6) Incentivar la inversión en infraestructura turística[743].

En alguna ocasión, también la Comisión Europea ha reconocido la existencia de impuestos destinados a mejorar el sector turístico en su conjunto y de impuestos orientados a fines más concretos, como la protección y la restauración del medio ambiente, la protección del patrimonio cultural o la consecución de fines sociales[744]. Los primeros tienden a materializarse en la realización de actividades de promoción, proyectos y planes de desarrollo turístico; implantación de medidas y

---

742 En lo que atañe al ordenamiento jurídico español, el calificativo genérico de «tasa turística» no debe inducir a confusión con respecto a la naturaleza de las medidas fiscales adoptadas en este ámbito, que generalmente presentan las características propias de un impuesto como categoría tributaria específica definida en el artículo 2 de la LGT.

743 OCDE (2014): *OECD Tourism Trends and Policies 2014*. OECD Publishing, Paris, pp. 73-74.

744 https://single-market-economy.ec.europa.eu/sectors/tourism/eu-funding-and-businesses/business-portal/financing-your-business/tourism-related-taxes-across-eu_en (último acceso: 31/01/2024).

planes de mejora de infraestructuras y servicios turísticos; o acciones encaminadas a la mejora y puesta en marcha de servicios públicos que afectan al destino de que se trate (limpieza, gestión de residuos, etc.)[745]. La segunda categoría, y entre otros aspectos de interés, daría cabida a los llamados «impuestos verdes», que surgen del deseo de conservar los recursos naturales y compensar los posibles efectos negativos derivados del turismo. Tales impuestos ayudan a crear fondos para que los destinos turísticos puedan invertir en mejoras dirigidas a la protección o recuperación del medio; fomentar la concienciación de los turistas sobre el uso que hacen de los recursos; y promover una imagen positiva del destino y de las empresas en él establecidas, demostrando su preocupación por la cuestión medioambiental[746].

En las siguientes líneas, y con carácter previo al análisis de las dos medidas de fiscalidad turística más relevantes de nuestro ordenamiento jurídico (el impuesto catalán sobre estancias en establecimientos turísticos y el impuesto sobre estancias turísticas en las Islas Baleares), haremos un breve repaso del proceso de expansión internacional de esta clase de tributos, prestando especial atención a los impuestos sobre pernoctaciones o estancias en establecimientos hoteleros o similares. Acto seguido, y centrándonos ya en las particularidades del caso español, nos referiremos al origen y al fundamento de las medidas reseñadas en orden a esclarecer su posible catalogación como impuestos de naturaleza extrafiscal orientados a la protección del medio ambiente.

1.1. EXPANSIÓN INTERNACIONAL DE LA TASA TURÍSTICA

A fecha de hoy, las denominadas «tasas turísticas» se configuran como una herramienta fiscal en indudable proceso de expansión, habiendo sido instauradas en numerosos destinos turísticos (más de 100 si consideramos únicamente a los Estados miembros de la UE). En efecto, y solo a título de ejemplo, estos tributos se encuentran presentes en países como Indonesia, Marruecos, Japón, Malasia, Nueva Zelanda, Cuba, Guatemala, Estados Unidos y la mayoría de las Islas del Caribe (como las Islas Bahamas, Jamaica o Trinidad y Tobago). En lo que atañe a Europa, se conocen tasas turísticas en localidades de Portugal, Francia, Alemania, Italia, Países Bajos, Grecia, República Checa, Austria, Bélgica, España, Bulgaria, Croacia, Hungría, Malta, Polonia, Reino Unido, Eslovaquia, Rumanía, Suiza, Ucrania,

745 *Ibidem.*

746 *Ibidem.*

Eslovenia y, más recientemente, Islandia[747]. Otros países, como Dinamarca, han estudiado su implantación y plantean introducirla en los próximos años[748].

Si bien los objetivos perseguidos y el destino dado a la recaudación obtenida suelen responder a unos parámetros comunes, una revisión de los modelos vigentes en el contexto internacional permite detectar diferencias importantes en la regulación de las figuras analizadas. En este sentido, y entre otros aspectos relevantes, se aprecian diferencias en cuanto a:

- El objeto de gravamen (qué es lo que verdaderamente se somete a imposición).
- Los supuestos de exención y el modo de determinar la cuota tributaria.
- El momento de recaudación del tributo.
- Los aspectos relacionados con la gestión (entre ellos, quién tiene que ingresar el impuesto y cuándo debe hacerlo).
- El organismo competente para su reglamentación y/o exacción (competencias que, muy habitualmente, se encuentran descentralizadas y transferidas a las regiones, provincias o municipios).

Por lo que respecta al objeto de gravamen, García López, Marchena Gómez y Morilla Maestre (2018) efectúan una clasificación de las tasas turísticas en tres grandes grupos: «tasas por pernoctación», «tasas aéreas» y «tasas de entrada/salida»[749]. De forma muy similar, Ortuño Padilla *et alter* (2022) distinguen entre «tasas turísticas por pernoctación», «tasa turística aérea» y «tasa turística para los visitantes que no pernocten»[750].

---

747 A finales de 2023, el gobierno islandés aprobó un nuevo impuesto sobre alojamientos en establecimientos turísticos aplicable a partir del 1 de enero de 2024. Acerca del mismo, puede verse el siguiente enlace web: https://www.icelandprotravel.com/accommodation-tax-iceland.html (último acceso: 31/01/2024).

748 A este respecto, y solo a título de ejemplo, puede verse la siguiente noticia: https://www.reuters.com/business/aerospace-defense/denmark-introduces-green-passenger-tax-air-travel-2023-12-15/ (último acceso: 31/01/2024).

749 García López, A. M., Marchena Gómez, M. J., y Morilla Maestre, Á. (2018): "Sobre la oportunidad de las tasas turísticas: el caso de Sevilla", *Cuadernos de Turismo*, núm. 42, pp. 163.

750 Ortuño Padilla, A. *et alter* (2022): *La tasa turística: un análisis sobre la idoneidad en la Comunitat Valenciana,* Universidad de Alicante: Instituto Universitario de Investigaciones Turísticas, pp. 9-10.

Las «tasas por pernoctación», que se erigen como el modelo más extendido en Europa, gravan el alojamiento del turista en establecimientos hoteleros. Pueden consistir en el pago de una cantidad fija en función del número de noches de estancia o en un porcentaje de la factura del alojamiento. La cantidad a satisfacer, que será más o menos elevada en función del destino, suele hacerse depender de factores como el tipo de establecimiento (hotel, vivienda turística, camping, etc.), la categoría (número de estrellas, por ejemplo) o la temporada en la que se lleva a cabo la estancia. Las normativas difieren también en la cuestión relativa a la fecha de pago del tributo, que podría exigirse al viajero en tres momentos diferenciados: en el momento de formalizar la reserva, en el momento de la llegada al establecimiento de hospedaje (*check-in*) o en el momento de la salida (*check-out*).

Las «tasas aéreas», como su propio nombre sugiere, gravan la entrada o la salida de un determinado país cuando se utiliza el avión como medio de transporte. Desde este punto de vista, podrían considerarse una modalidad específica de «tasas de entrada/salida», que son aquellas que se aplican a todas las personas que entran y/o salen de un país a través de sus fronteras internacionales. Este tipo de gravámenes suele ser más frecuente en destinos americanos y más elevados cuanto más demandado es el destino. Al igual que las «tasas por pernoctación», pueden exigirse al viajero en diferentes momentos del tiempo: en el momento de la compra del billete, a su llegada al aeropuerto, o al abandonar el país. Como apuntan Ortuño Padilla e*t alter* (2022), lo más habitual es que los ingresos recaudados por esta vía vayan destinados a cubrir "los costes de seguridad, además del uso de las instalaciones aeroportuarias, personal y el transporte aéreo"[751].

Finalmente, la llamada «tasa turística para visitantes que no pernocten» se aplica a los viajeros que realizan actividades turísticas en un destino sin llegar a alojarse, ni, por tanto, a pernoctar en él. Es una especie de tributo susceptible de ser implementada en aquellos destinos turísticos que reciben un alto volumen de visitantes diurnos, ya se trate de ciudades (caso de las ciudades escala para cruceristas[752]), áreas naturales, o emplazamientos de interés (como pistas de esquí). Al igual que las modalidades anteriores, pueden ser recaudados de diferentes maneras y con diferentes motivos; por ejemplo, en forma de tarifa o cargo adicional

751 Ortuño Padilla, A. *et alter,* Ob. Cit., p. 9.

752 En Lisboa, por ejemplo, y desde el 1 de enero de 2024, se aplica una tasa turística de 2 euros/día para cada pasajero de crucero. Acerca de esta cuestión, véase: https://www.portodelisboa.pt/en/-/tourist-tax-collection-in-lisbon-for-cruise-passengers-starting-in-2024 (último acceso: 31/01/2024).

para acceder a ciertos lugares o atracciones turísticas, comprar boletos de transporte turístico, o hacer uso de determinados servicios públicos (como baños o plazas de estacionamiento).

Una clasificación más amplia de los tributos que recaen sobre el turismo es la que propone Pastor Arranz (2015) a partir de los informes de la Organización Mundial del Turismo y el trabajo de Gooroochurn y Sinclair (2005). En particular, la autora distingue entre: a) «Tributos sobre entradas y salidas», b) «Imposición sobre el transporte aéreo», c) «Imposición sobre el transporte terrestre», d) «Imposición sobre el transporte marítimo», e) «Tributos sobre las agencias de viajes», f) «Tributos sobre el alojamiento», g) «Tributación sobre restaurantes», h) «Tributación sobre atractivos turísticos y culturales», i) «Tributos sobre el juego», j) «Tributos sobre la formación de personal», y k) «Tributos relacionados con el medio ambiente»[753]. Se trata, como vemos, de una categorización de medidas fiscales que, a diferencia de las previamente examinadas, abarcaría figuras específicamente vinculadas al sector turístico (como los tributos sobre el alojamiento o sobre los atractivos turísticos y culturales) y figuras que solo afectan a dicho sector en la medida en la que se aplican con carácter general (como los tributos sobre el juego o los relacionados con el medio ambiente).

Sea cual fuere la clasificación escogida, es importante subrayar que los modelos identificados no tienen por qué operar necesariamente de modo independiente[754]. Así, podría suceder que, en una jurisdicción, se exigiera de forma cumulativa respecto de un mismo viajero el pago de una tasa de entrada y de una tasa de pernoctación hotelera, o de una tasa de entrada y de una tasa sin pernoctación. Este es el caso, por citar solo algún ejemplo de interés, de los Estados Unidos, donde se cobra al turista por solicitar y obtener una autorización de viaje

---

753 Pastor Arranz, L. (2015): "La fiscalidad del turismo desde una perspectiva internacional", *Revista Castellano-Manchega de Ciencias Sociales,* núm. 20, p. 152.

754 Por lo que respecta a los dos impuestos sobre estancias turísticas aplicables en el ordenamiento jurídico español, que examinaremos en epígrafes siguientes, el propio legislador autonómico reconoce su compatibilidad con otras exacciones; específicamente, con las tasas que pudieran establecerse por la prestación de servicios públicos o la realización de actividades administrativas que se refieran de manera particular a los sujetos pasivos, les afecten o les beneficien. Así lo dispone en el artículo 25 de la Ley 5/2017, de 28 de marzo, en la que se regula el impuesto sobre estancias turísticas aplicable en la Comunidad Autónoma de Cataluña, y el artículo 3 de la Ley 2/2016, de 30 de marzo, relativa a su homólogo balear.

previa a su entrada en el país (el denominado ESTA, por sus siglas en inglés[755]) y una tasa de pernoctación que varía en función del estado o ciudad que se visite. También en Filipinas se cobra una tasa por acceso a ciertos destinos turísticos (la llamada *Eco Tourism Development Fee*) y una tasa por utilización de los aeropuertos internacionales y domésticos (*Airport Terminal Fee*).

En lo que concierne al aspecto cuantitativo, resulta difícil recabar datos actualizados sobre la tipología de tributos y tarifas aplicables en el ámbito internacional, así como sobre los importes mínimos y máximos generalmente satisfechos por los viajeros. Y ello porque, siendo muy numerosos los destinos turísticos que han optado por la implantación de algún impuesto sobre el turismo, a fecha de hoy no existen bases de datos centralizadas a nivel mundial que ofrezcan información completa, integrada y actualizada para la realización de este tipo de estudios; una circunstancia que no debe extrañarnos, por otro lado, si tenemos en cuenta la falta de armonización existente en este contexto, la diversidad de figuras, y los frecuentes cambios normativos (sobre todo en materia de tipos impositivos) que suelen producirse en la práctica[756].

La Tabla 6.1 recoge datos publicados por la Comisión Europea (2017) sobre tasas por pernoctación en el interior de la UE (siendo esta, como apuntábamos anteriormente, la tipología de tasa turística más extendida en el entorno comunitario y la más relevante desde la perspectiva de los ingresos que genera). Se trata de datos recogidos en el informe titulado *The Impact of Taxes on the Competiti-*

---

755 *Electronic System Travel Authorization*. Algo similar sucede en Europa con el denominado ETIAS, por sus siglas en inglés (*European Travel Information and Authorisation System*). La entrada en funcionamiento de este sistema (por muchos denominada «tasa turística europea») está prevista para 2025. El importe a abonar por el viajero, que asciende a 7 euros, se adicionará al de las tasas turísticas actualmente aplicadas en los diferentes Estados miembros de la UE. A este respecto, puede verse el Reglamento (UE) 2018/1240 del Parlamento Europeo y del Consejo, de 12 de septiembre de 2018, por el que se establece un Sistema Europeo de Información y Autorización de Viajes (SEIAV) y por el que se modifican los Reglamentos (UE) nº 1077/2011, (UE) nº 515/2014, (UE) 2016/399, (UE) 2016/1624 y (UE) 2017/2226. Asimismo, puede consultarse el siguiente enlace web: https://travel-europe.europa.eu/etias_en (último acceso: 31/01/2024).

756 Esta circunstancia no determina la imposibilidad de obtener datos actualizados a partir de la legislación vigente y la información publicada en portales de internet oficiales de los diferentes estados. No obstante, se trata de una tarea que supera con creces los objetivos de este trabajo.

veness of European Tourism, y que, a la luz de las modificaciones experimentadas en los últimos años, se ofrecen a título meramente ejemplificativo[757].

Tabla 6.1. Tasas por pernoctación en la UE. Año 2017[758]

Estado miembro	Base imponible	Tarifa[759]
Austria	Por persona y noche	0,15-2,18 €
Bélgica	Normalmente, por persona y noche	0,53-7,5 €, aproximadamente
Bulgaria	Por persona y noche	0,10-1,53 €[760]
Croacia	Por persona y noche	0,27-0,94 €
República Checa	Por persona y noche	Hasta 1 €
Francia	Por persona y noche	0,22-4,40 € (incluyendo el impuesto adicional del 10% del consejo departamental)[761]
Alemania	Por persona y noche, o en función del precio de la habitación	0,25-5 €, o 5% sobre el precio de la habitación

757 Comisión Europea (2017): *The Impact of Taxes on the Competitiveness of European Tourism. Final Report,* Luxembourg: Publications Office of the European Union, pp. 36-37. Tal y como se indica en el propio documento, el informe fue redactado por PricewaterhouseCoopers (PwC) en el marco de un contrato firmado con la Comisión Europea para la realización de análisis económicos en el área de fiscalidad.

758 Para datos más recientes, puede consultarse el informe de la OCDE (2022): *OECD Tourism Trends and Policies 2022,* OECD Publishing, Paris.

759 Respecto de todos los Estados miembros incluidos en el listado, excepto Malta, se alerta de la existencia de diferencias entre ciudades, municipios o regiones, según el caso. Asimismo, se aclara que las tarifas reflejadas en la tabla son las correspondientes a los adultos y que la mayor parte de la variación observada es atribuible al tipo de alojamiento (hoteles, hostales, campings, etc.).

760 En el informe se matiza que algunas localidades ubicadas en zonas del litoral aplican un impuesto de 8 € por persona y estancia.

761 Se especifica que los municipios pueden decidir entre aplicar el impuesto en función del número de noches o establecer una tarifa fija a pagar por los proveedores de alojamiento en función de su capacidad. Esta alternativa nos recuerda a los métodos de estimación directa y estimación objetiva propios de la legislación española.

Estado miembro	Base imponible	Tarifa
Hungría	Por persona y noche	4% sobre el precio de la habitación, con un máximo de 1,51 € por persona y noche
Italia	Por persona y noche	Hasta 7 €
Lituania	Por habitación y noche	0,30-0,60 €
Malta	Por persona y noche	0,5 €, con un máximo de 5 €
Países Bajos	Por persona y noche	0,55-5,75 €, o hasta un 6% del precio de la habitación[762]
Polonia	Por persona y noche	0,37-0,55 €
Portugal	Por persona y noche	1 €, con un máximo de 7 €
Rumanía	Precio de la habitación	1%
Eslovaquia	Por persona y noche	0,50-1,65 €
Eslovenia	Por persona y noche	0,60-1,25 €
España	Por persona y noche	0,45-2,25 €

Fuente: Elaboración propia a partir del informe de la Comisión Europea (2017)[763].

Asimismo, el estudio referenciado ofrece información sobre la aplicabilidad de tasas aéreas (o tasas de salida) en la UE 28, que, a la fecha de elaboración del informe, se encontraban presentes en Austria, Croacia, República Checa, Francia, Alemania, Italia y Reino Unido. Actualmente, otros países europeos, como Noruega, Suecia, Países Bajos y Portugal, han optado por la implantación de un tributo de estas características[764], si bien sigue constituyendo una figura menos

---

762 Este es, sin duda, uno de los supuestos más destacables del listado. Frente a la tarifa vigente en la fecha de realización del informe, la ciudad de Ámsterdam aprobó recientemente una subida del impuesto sobre pernoctaciones al 12,5%, aplicable a partir de 2024. Para más información, puede consultarse el siguiente enlace web: https://www.amsterdam.nl/en/municipal-taxes/tourist-tax-(toeristenbelasting)/ (último acceso: 31/01/2024).

763 Como fuentes para la elaboración de la tabla, el informe de la Comisión Europea (2017) alude a la Asociación Europea del Turismo (ETOA, por sus siglas en inglés), Ernst & Young (2013), y otras fuentes nacionales y páginas web gubernamentales (Ob. Cit., pp. 39-40).

764 Acerca de esta cuestión, puede verse el trabajo de Bernardo, V., Fageda, X. y Teixidó, J. (2024), "Flight tickets taxes in Europe: Environmental and economic impact", *Transportation Research Part A: Policy and Practice*, vol. 179, p. 3 [Consultado en: https://www.sciencedirect.com/journal/transportation-research-part-a-policy-and-practice/].

extendida que la de los impuestos por pernoctación o alojamiento en establecimientos hoteleros o similares.

El Gráfico 6.1, publicado por Agenttravel (2020)[765], recoge datos más recientes sobre la expansión y cuantía de los impuestos por pernoctación en Europa. En concreto, y tomando en consideración el importe de las tarifas vigentes en el año 2020, se realiza una clasificación de países en tres grupos diferenciados, cada uno de ellos identificado con un código de color: azul (hasta 2 euros), burdeos (de 2 a 4 euros) y rojo (más de 4 euros). En consonancia con lo señalado en el informe de la Comisión Europea (2017), se comprueba que las tasas por pernoctación se han expandido a lo largo y ancho del continente europeo, aunque son los estados de Europa occidental y suroriental los que presentan unas tarifas más elevadas.

Gráfico 6.1. Tasas por pernoctación en Europa. Clasificación de países según cuantía. Año 2020[766]

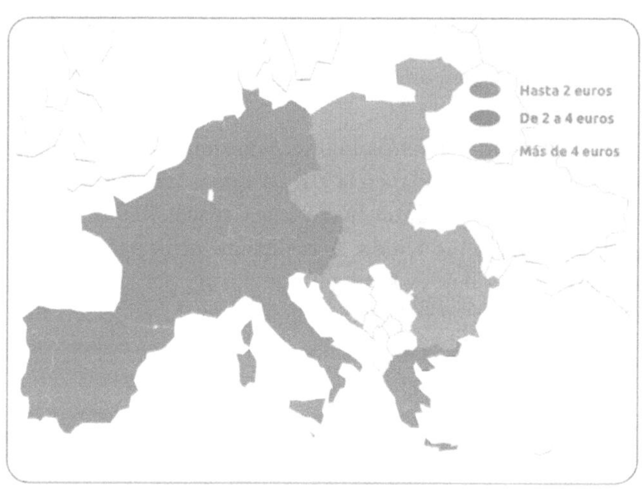

Fuente: Agenttravel (2020), a partir de datos de la Asociación Europea del Turismo[767].

765 Tal y como se especifica en su propia página web, Agenttravel es una revista orientada al ámbito profesional del sector del turismo.

766 Los importes indicados en el gráfico (hasta 2 euros, de 2 a 4 euros, más de 4 euros) se aplican por viajero y noche de estancia.

767 https://www.agenttravel.es/noticia-039568_La-tasa-turistica:-una-herramienta-popular-en-Europa-que-no-desaparece-con-la...html (último acceso: 31/01/2024).

Por lo que se refiere al destino de la recaudación obtenida, el informe de la Comisión Europea (2017) se refería de forma particular a los casos de Croacia, Francia, Lituania, Malta y Polonia, donde los ingresos recaudados por esta vía se "reinvierten" exclusivamente en el sector turístico[768]. En este sentido, y más específicamente, se hablaba de ingresos destinados a financiar las actividades de las oficinas de turismo municipales (Croacia), los gastos relacionados con la promoción del turismo (Francia y Lituania), o el mantenimiento y la mejora de las infraestructuras y de las zonas turísticas (Lituania y Malta). Igualmente, y por su singularidad, se destacaba el ejemplo de Alemania, donde el pago del tributo correspondiente posibilita el acceso del viajero a ciertas instalaciones, tales como parques termales y otras atracciones locales[769].

Huelga subrayar que las disparidades observadas en materia de tasas turísticas en el contexto de la UE vienen justificadas por el hecho de que la implantación y regulación de esta clase de medidas sigue siendo competencia de los legisladores nacionales, a lo que se suma la gran diversidad existente entre jurisdicciones en cuanto a prioridades políticas, condiciones económicas, estructura administrativa y afluencia de turistas. De aquí que no todos los Estados miembros hayan manifestado el mismo interés por el establecimiento de tributos vinculados al sector turístico, y, aquellos que lo han hecho, se hayan decantado por un modelo u otro, y, generalmente, también por una configuración descentralizada que da lugar a importantes variaciones entre regiones, ciudades y municipios. Coincido, pues, con Ortuño Padilla *et alter* (2020) en que se trata de figuras consolidadas que, más que a grandes áreas regionales, se asocian a regiones y ciudades "con atractivos únicos que exigen mantenimientos específicos y frecuentemente colapsadas por exceso de visitantes"[770].

---

768 Comisión Europea (2017), Ob. Cit., p. 37.

769 Comisión Europea (2017), Ob. Cit., p. 38. Acerca de este supuesto, y por su interés, puede consultarse la sentencia del TJUE de 13 de julio de 2023, asunto C-344/22, *Gemeinde,* donde se analizan determinadas cuestiones ligadas a la llamada «tasa termal» alemana.

770 Ortuño Padilla, A. *et alter* (2020), Ob. Cit., p. 8.

1.2. FUNDAMENTO Y NATURALEZA DE LA TASA TURÍSTICA

A) Capacidad económica y finalidad extrafiscal de los tributos

En consonancia con la tesis de Bahía Almansa y Cruz Padial (2018), "los motivos aducidos para establecer un gravamen sobre las actividades turísticas son, por un lado, la gran masificación que se produce en las zonas receptoras de turismo, que provoca impactos negativos y disfunciones urbanísticas, medioambientales, especialmente acústicas y un mayor uso de ciertos servicios, como los de agua y basura, entre otros; por otro, la capacidad económica manifestada por las personas físicas, que se pone de manifiesto con la estancia en establecimientos turísticos"[771].

Al menos a mi modo de ver, la diferenciación de motivos planteada por estos autores podría llevarnos a cuestionar la verdadera naturaleza jurídica de los impuestos sobre el turismo, y, dentro de ellos, muy especialmente, de los impuestos sobre las estancias turísticas, que bien podrían ser considerados como tributos con una finalidad netamente recaudatoria o como tributos de carácter extrafiscal orientados a la consecución de un fin específico.

Centrando nuestra atención en el ordenamiento jurídico español, lo primero que conviene destacar es que el artículo 31.1 de la Constitución Española de 1978 vincula el deber de contribuir al sostenimiento de los gastos públicos al criterio de la capacidad económica, al tiempo que consagra el derecho de los ciudadanos a un sistema tributario inspirado en los principios de justicia, generalidad, igualdad, progresividad y no confiscatoriedad[772].

Pese a la inexistencia de un consenso doctrinal en torno al significado y a los límites del principio de capacidad económica, el Tribunal Constitucional (TC) ha reconocido en más de una ocasión que el referido principio constituye un "criterio inspirador del sistema tributario", en virtud del cual debe regirse la or-

---

[771] Bahía Almansa, B. y Cruz Padial, I. (2018), Ob. Cit., p. 80. En un sentido similar se pronuncia Ruiz Garijo, M. (2017), quien distingue también dos motivaciones fundamentales en la imposición sobre las actividades turísticas: "la masificación en las zonas receptoras, lo que provoca, a su vez, la degradación del Medio Ambiente y el colapso de algunos servicios públicos (...); y la manifestación (...) de una no despreciable capacidad económica de los agentes turísticos y del propio turista" ("La economía colaborativa en el ámbito de la vivienda: cuestiones fiscales pendientes", *Lex Social: revista de los derechos sociales*, vol. 7, núm. 2, p. 72).

[772] A este mismo respecto, véase el artículo 3.1 de la LGT.

denación de aquel[773]. Si, por expreso mandato constitucional, el deber de contribuir debe modularse en atención a la capacidad económica de la persona, parece razonable que, dentro del sistema fiscal, se articulen medidas tendentes a gravar de forma específica a aquellos individuos que consumen cierto tipo de servicios turísticos, como es el caso paradigmático de los servicios de alojamiento en establecimientos hoteleros o similares. Y ello porque, independientemente de la razón que justifique dicho consumo (podría ser, por ejemplo, un mayor nivel de recursos o una cuestión de preferencias en materia de gasto), no cabe duda de que la estancia en un establecimiento de hospedaje constituye en sí misma un indicio o una manifestación de riqueza, tanto mayor cuanto mayor sea la duración de aquella. A esta circunstancia se añade que, normalmente, la cuantía del tributo a satisfacer se gradúa en atención a determinados factores directa o indirectamente relacionados con la capacidad económica manifestada por el contribuyente, como sería el tipo de establecimiento escogido o su categoría.

Por otro lado, aunque en estrecha conexión con este tema, resulta indispensable recordar que los tributos no solo se configuran como un instrumento de recaudación al servicio de los gastos públicos, sino que, tal y como se infiere de lo dispuesto en el artículo 2.1 de la LGT, pueden ser empleados también para "atender a la realización de los principios y fines contenidos en la Constitución"[774]. Por ejemplo, el principio de protección del medio ambiente al que se alude en el artículo 45.2 de la Carta Magna, según el cual "los poderes públicos velarán por la utilización racional de todos los recursos naturales, con el fin de proteger y mejorar la calidad de la vida y defender y restaurar el medio ambiente (...)"[775].

---

773 Entre otras, véanse las sentencias del TC 193/2004, de 4 de noviembre de 2004, FJ 5; 182/1997, de 28 de octubre de 1997, FJ 6; y 19/1987, de 17 de febrero 1987, FJ 3.

774 En particular, dispone el segundo párrafo de este precepto que: "Los tributos, además de ser medios para obtener los recursos necesarios para el sostenimiento de los gastos públicos, podrán servir como instrumentos de la política económica general y atender a la realización de los principios y fines contenidos en la Constitución".

775 Otro de los principios rectores que quizá podrían aducirse en este contexto es el previsto en el artículo 46 de la CE, a tenor del cual: "Los poderes públicos garantizarán la conservación y promoverán el enriquecimiento del patrimonio histórico, cultural y artístico de los pueblos de España y de los bienes que lo integran, cualquiera que sea su régimen jurídico y su titularidad. La ley penal sancionará los atentados contra este patrimonio".

Huelga señalar que esta diferenciación entre tributos de naturaleza recaudatoria, por un lado, y tributos de naturaleza extrafiscal, por otro, ha sido reconocida y abordada por el TC en muchas de sus sentencias. Entre ellas, la 53/2014, de 10 de abril, en cuyo FJ sexto se aclara que los primeros tienen "como principal objetivo la financiación de las cargas públicas", por lo que "su estructura está orientada principalmente a la capacidad económica o de pago", mientras que los segundos pretenden, "además, modificar comportamientos o al menos hacer pagar por ello". Desde este punto de vista, se atribuye carácter extrafiscal a aquellos tributos que persiguen, "bien disuadir o desincentivar actividades que se consideren nocivas (por ejemplo, para el medio ambiente), bien, en sentido positivo, estimular actuaciones protectoras de determinada finalidad"[776].

Por lo que respecta a las circunstancias que deberían ser valoradas al objeto de esclarecer la verdadera naturaleza jurídica de un tributo, el Tribunal subraya la necesidad de llevar a cabo un examen detallado de su hecho imponible, los supuestos de no sujeción o exención, los sujetos pasivos, la base imponible y el resto de los elementos relativos a su cuantificación, pues resulta indispensable que la estructura del mismo "arbitre instrumentos dirigidos a la consecución de la finalidad perseguida"[777]. Menor relevancia parece atribuirse, por su parte, a la finalidad anunciada en el preámbulo de la normativa aplicable y a la afectación del gravamen, que, tal y como se había matizado ya en otras sentencias anteriores, "no es más que uno de los varios indicios —y no precisamente el más importante— a tener en cuenta a la hora de (...) determinar si en el tributo (...) prima el carácter contributivo o una finalidad extrafiscal"[778].

B) Conceptualización y fundamento de los impuestos ambientales

De acuerdo con el análisis desarrollado en el epígrafe precedente, un tributo podrá ser calificado como ambiental cuando, en atención a lo dispuesto en el artículo 45.1 de la Constitución Española, se dirija a disuadir el incumplimiento de alguna obligación o a estimular actuaciones protectoras del medio

---

776 TC, sentencia 53/2014, de 10 de abril de 2014, FJ 6. En este mismo sentido, puede verse la sentencia 74/2016, de 14 de abril de 2016, FJ 2.

777 Sentencia 53/2014, antes citada, FJ 6.

778 *Ibidem*. A este mismo respecto, y entre otras, pueden verse las sentencias 60/2013, de 13 de marzo de 2013, FJ 6, y 179/2006, de 13 de junio de 2006, FJ 6.

ambiente[779]. La confirmación de este extremo, como apuntábamos, exige realizar un examen minucioso de la configuración jurídica de la medida en aras a confirmar la existencia de elementos dirigidos a la consecución de la finalidad pretendida, no siendo suficiente, ni necesario, que los ingresos derivados de su aplicación se destinen (siquiera parcialmente) a la protección del medio natural. En este sentido, el criterio emanado de sentencias como la 179/2006, de 13 de junio, pone de manifiesto que un tributo cuya recaudación se destina íntegramente a la protección del medio ambiente (como, de hecho, suele suceder con los impuestos sobre las estancias en establecimientos turísticos) podría no tener naturaleza extrafiscal a ojos del ordenamiento tributario. Y a la inversa: dado que la afectación del gravamen constituye un mero indicio a considerar, sería factible, aunque quizás no frecuente, establecer tributos de naturaleza extrafiscal cuya recaudación se destinara a la cobertura de gastos generales y desligados de aquello que inicialmente se desea proteger o combatir.

Sobre la base de la esta premisa, se ha rechazado el carácter extrafiscal de aquellos tributos que, anunciándose como ambientales o presentando una afectación ambiental de su recaudación, se desvinculan "de la verdadera aptitud de cada sujeto para incidir en el medio en el que se desenvuelve (es decir, la capacidad para afectar como modalidad del principio de capacidad económica previsto en el artículo 31.1 CE)"[780]. Así sucede, a juicio del TC, cuando la regulación aplicable desconecta la cuantía del gravamen de la potencial actividad contaminante o de la medida concreta en la que cada uno de los individuos llamados a soportar el tributo afecta al medio ambiente, circunstancias que conllevan un claro desconocimiento del principio de «quien contamina paga»[781].

A la luz de las observaciones anteriores, parece evidente que la noción de tributo ambiental que debe prevalecer en el ámbito jurídico tributario es la propia de la Ciencia Económica, esto es, el concepto de «impuesto pigouviano»,

---

779 Así se desprende, entre otras, de las sentencias del TC 179/2006, antes citada, FJ 7, y 289/2000, de 30 de noviembre de 2000, FJ 5.

780 Sentencias del TC 60/2013, FJ 7, y 289/2000, FJ 5, entre otras. En esta última resolución, así como en el FJ 6 de la sentencia 53/2014, antes citada, se alude al gravamen de la capacidad económica "como una forma de contribuir al sostenimiento del gasto público que genera la indebida, o incluso debida, utilización del medio ambiente (manifestación concreta del principio de 'quien contamina paga')".

781 A este respecto, y entre otras, véanse las sentencias 179/2006, FJ 8, y 289/2000, FJ 5.

inserto en la denominada «teoría de las externalidades negativas»[782]. Dicha teoría parte del hecho indiscutible de que, en un modelo de libre mercado, las cantidades producidas y el precio de un bien se determinan en función de dos factores: los costes de producción para el oferente o productor, y las preferencias o utilidad para el demandante o consumidor. De esta forma se alcanza una situación de equilibrio que maximiza el bienestar social; es decir, a partir de los costes existentes, se produce la cantidad del bien que maximiza la utilidad del conjunto de la sociedad.

El problema surge cuando el productor provoca un perjuicio o consume un bien (el medio ambiente, en este caso) por el que no tiene que pagar precio alguno (efecto externo negativo), lo que justifica la aparición de un coste que no es tenido en cuenta en sus decisiones de producción. Esto hará que se produzca una cantidad excesiva del bien de que se trate, superior a la que se consideraría óptima si se tuvieran presentes todos los costes asociados al proceso productivo.

Una forma de resolver el problema (o "internalizar" el efecto negativo) es mediante la fijación de un impuesto sobre el productor que recoja el coste del perjuicio ocasionado (impuesto ambiental). De este modo se consigue que el productor tome en consideración todos los costes de producción y se vuelva a una situación de equilibrio óptimo: maximización de la utilidad social. No obstante, para que el impuesto sea efectivo, su importe por unidad producida debe ser igual al coste medioambiental que ocasiona producir dicha unidad.

De la significación económica del concepto de «impuesto ambiental» se derivan inmediatamente dos consecuencias importantes:

a) La finalidad del impuesto no es recaudar, sino influir en el comportamiento de los agentes económicos para que, en sus decisiones de producción y consumo, tengan en cuenta los costes ambientales.

b) El objetivo del impuesto no es estrictamente evitar la contaminación, sino lograr un nivel de contaminación óptimo.

---

782 Como acertadamente señala Pedro Bueno, A. (2022): "La aportación de Pigou sobre los efectos externos puede encontrarse en cualquier manual de introducción a la economía. Los efectos externos son uno de los Fallos de Mercado que justifican, desde una perspectiva teórica, la intervención del Estado en la economía" ["Informe tasa turística", *Documents de la Càtedra de Nova Transición Verda (Universitat de València),* núm. 1, p. 3].

Por lo que se refiere a las ventajas e inconvenientes de este tipo de medidas, y a los efectos que aquí nos interesan, se ha observado que los impuestos ambientales permiten llevar a la práctica el principio de «quien contamina paga», al tiempo que generan unos ingresos públicos adicionales que pueden destinarse a fines diversos; entre ellos, la reducción de los impuestos que provocan distorsión económica («Teoría del doble dividendo»[783]). En sentido contrario, debe remarcarse que la adecuada configuración del tributo, especialmente en lo que respecta a su cuantificación, exige medir y valorar el coste ambiental que se origina con la producción de cada bien, lo que no solo resulta complicado desde un punto de vista técnico, sino que, además, obliga a considerar la incidencia espacial y temporal de la propia contaminación.

C) Posible caracterización de la tasa turística como tributo de naturaleza extrafiscal

En lo que atañe a la concreta naturaleza de la tasa turística, debe reconocerse que, al menos en el caso español, los legisladores autonómicos que han optado por la regulación de un tributo de estas características (particularmente en forma de impuesto sobre las estancias en establecimientos hoteleros o similares) han tendido a aducir la cuestión medioambiental como fundamento último de la regulación adoptada, al tiempo que han manifestado el compromiso de destinar los ingresos derivados de su aplicación a la puesta en marcha de medidas y proyectos orientados a la conservación, protección y reparación del medio ambiente. Esto ha llevado erróneamente a calificar tales figuras, no en pocas ocasiones, como impuestos ambientales.

Como advierte el TC, no obstante, la caracterización de un impuesto como ambiental exige que la finalidad perseguida encuentre "adecuado reflejo en la articulación de los elementos esenciales de la prestación tributaria"[784], lo que no puede entenderse cumplido cuando la configuración jurídica del tributo permanece ajena al potencial impacto contaminante del objeto sobre el que recae.

---

783 Acerca de esta teoría, y solo a título de ejemplo, puede verse el trabajo de Rodríguez Méndez, M. (2005): "El doble dividendo de la imposición ambiental: una puesta al día", *Papeles de trabajo del Instituto de Estudios Fiscales. Serie economía*, núm. 23, pp. 1-51.

784 Bueno Gallardo, E. y Urbano Sánchez, L. (2017): "Algunas reflexiones en relación con los impuestos catalán y balear sobre estancias turísticas", *International Journal of Scientific Management and Tourism,* vol. 3, núm. 3, p. 77.

Pues bien, a mi modo de ver, y en línea con lo defendido por un sector mayoritario de la doctrina, es evidente que la tipología de tributo a la que nos referimos en este capítulo, cuya base imponible suele determinarse en atención al número de días de estancia (caso español) o como un porcentaje del precio del alojamiento, dista mucho de respetar los parámetros necesarios para ser considerado de naturaleza extrafiscal. A este respecto, se observa que el método establecido para la cuantificación del gravamen no solo no está relacionado con la aptitud de los viajeros que efectúan las estancias gravadas para incidir en el medio ambiente, sino que parece desconocer por completo el impacto ambiental derivado de la actuación de aquellos. De aquí la posibilidad de concluir, sin necesidad de mayor disquisición, "que ni se estimula la realización de conductas respetuosas con el medio ambiente ni se desincentivan aquellas otras que sean nocivas para el mismo"[785]. Esta circunstancia excluye automáticamente la pretendida naturaleza ambiental (y, por ende, el carácter extrafiscal) de los impuestos sobre las estancias turísticas, con independencia de que la recaudación obtenida se destine íntegramente a la protección del medio ambiente y de que la aplicación práctica del tributo pueda acabar generando consecuencias positivas en términos ambientales.

Un criterio análogo al señalado ha sido respaldado por autores como Puchol Tur (2023), que, al analizar el supuesto particular de los impuestos turísticos vigentes en las CC.AA. de Cataluña y Baleares, niega que los citados tributos graven "las actividades contaminantes del turismo" y que, a través de estos, se consigan internalizar los costes negativos asociados, dado que no hacen "conscientes a los agentes contaminadores del coste de la contaminación y tampoco se cumple con el principio de «quien contamina paga»"[786]. A ello se añade que la intención del legislador al regular tales medidas "no es disminuir la cantidad de turismo que recibe cierto lugar", sino aprovecharla "para incrementar la recaudación"[787]. Así pues, aunque se trate de impuestos "afectados a promocionar un turismo sostenible no son ambientales"[788].

---

785 Sentencia del TC 179/2006, antes citada, FJ 9.

786 Puchol Tur, T. (2023): "Reflexiones sobre la tasa turística en el ámbito local. Análisis de las distintas implantaciones de la tasa turística", *Documentos de Trabajo del Instituto de Estudios Fiscales,* núm. 3 (Ejemplar dedicado a: II Jornadas sobre la Reforma Ambiental de las Haciendas Locales: La reforma en el marco jurídico europeo, estatal y autonómico), pp. 71-72.

787 Puchol Tur, T. (2023), Ob. Cit., p. 72.

788 *Ibidem.*

En un sentido similar, Borja Sanchís (2017) ha reconocido que el impuesto catalán sobre las estancias turísticas tiene una finalidad recaudatoria, en la medida en la que no "hay concreción alguna del principio «quien contamina paga»", ni se compensa "a quienes realmente sufren las externalidades que el turismo de masas genera"[789]. Y otro tanto sucede con el impuesto balear, pese a los "guiños" que realiza a la extrafiscalidad con sus bonificaciones por temporada baja y estancias turísticas prolongadas[790]. La autora se apoya en la jurisprudencia constitucional para defender que "el impuesto sobre estancias turísticas sería extrafiscal cuando, en sentido negativo, disuadiera el turismo de masas, que genera una degradación medioambiental intensiva, o bien, en sentido positivo, estimulara el turismo sostenible. También, cuando determinara la intensidad con la que los establecimientos turísticos inciden sobre el medio ambiente a efectos de su gravamen"[791]. Asimismo, y como ejemplo de lo que podrían reputarse elementos típicos de un impuesto ambiental, alude a la aplicación de bonificaciones "en función de la mayor o menor degradación del entorno ambiental en el que inciden los establecimientos turísticos" y de beneficios "para los establecimientos turísticos, según su expresa certificación de excelencia medioambiental y el mayor o menor respeto del entorno en el cual se ubican"[792].

---

789 Borja Sanchís, A. (2017): "Los impuestos sobre las estancias turísticas en España", *Quincena Fiscal,* núm. 18, p. 20 [Consultado en base de datos Westlaw].

790 *Ibidem*. En opinión de Bueno Gallardo, E. y Urbano Sánchez, L. (2017), estas bonificaciones (que serán objeto de estudio en un epígrafe posterior) no solo no coadyuvan "a reducir los riesgos para el medio ambiente asociados al turismo", sino que generan el efecto contrario, puesto que se "produce un «efecto llamada» a visitar y, en consecuencia, a contaminar, las Islas Baleares en los periodos de menor afluencia turística y a permanecer en ellas durante un periodo más dilatado de tiempo. En consecuencia —y paradójicamente—, contaminando seguramente más, se viene obligado a pagar menos" (Ob. Cit., 78).

791 Borja Sanchís, A. (2017), Ob. Cit., p. 21.

792 *Ibidem*. Entre otros muchos autores que han mantenido una postura similar, puede verse el trabajo de Herrera Molina, P. M. y Tandazo Rodríguez, A. V. (2023): "Impuestos ambientales de carácter local sobre grandes establecimientos comerciales o sobre otras actividades económicas", *Documentos de Trabajo del Instituto de Estudios Fiscales* (Ejemplar dedicado a: II Jornadas sobre la Reforma Ambiental de las Haciendas Locales: La reforma en el marco jurídico europeo, estatal y autonómico), núm. 3, p. 269.

1.3. LA TASA TURÍSTICA EN EL ORDENAMIENTO JURÍDICO ESPAÑOL

A) Antecedentes normativos

Una revisión de la literatura científica nos lleva a concluir que los antecedentes más remotos de los impuestos sobre estancias turísticas actualmente existentes en España vienen constituidos por tres figuras principales: la «póliza de turismo» (1946), la «tasa por acampamento turístico» (1959) y el «arbitrio sobre estancias» (1964).

La primera de las medidas indicadas fue introducida en nuestro ordenamiento jurídico por la Ley de 17 de julio de 1946, por la que se crea la Póliza de Turismo. El objetivo perseguido mediante su creación consistió, principalmente, en "nutrir de fondos a las hambrientas arcas de la Dirección General de Turismo"[793], configurándose, así, como un gravamen con fines recaudatorios. Sus elementos característicos pueden resumirse como sigue:

- Se trataba de un timbre que gravaba los alojamientos en hoteles y pensiones[794].
- Su cuantía se hacía depender de la categoría del alojamiento. Más específicamente, la normativa reguladora del tributo distinguía tres grandes grupos de establecimientos a efectos de determinar la tarifa aplicable: a) hoteles de lujo y hoteles de primera A; b) pensiones de lujo, hoteles de primera B y hoteles de segunda; y c) hoteles de tercera y pensiones de primera. Las pensiones de segunda y tercera categoría, por su parte, quedaban excluidas de gravamen[795].
- La recaudación obtenida se encontraba destinada al fomento del turismo. Así se desprendía, por un lado, de lo dispuesto en el artículo sexto de la ley referenciada (en virtud del cual "la Dirección General del Turismo dispondrá de los fondos de dicha cuenta para el desarrollo de parte de las actividades que le son propias"), y, por otro, de la literalidad de su parte expositiva (donde se indicaba que "es criterio generalmente aceptado que el fomento del turismo debe nutrirse, en parte, de fondos propios obte-

---

793 Correyero Ruiz, B. (2005): "La administración turística española entre 1936 y 1951. El turismo al servicio de la propaganda política", *Estudios Turísticos*, núm. 163-164, p. 73.

794 Artículo primero de la Ley de 17 de julio de 1946.

795 *Ibidem*.

nidos por impuestos especiales del Estado, establecidos sobre servicios y actividades directamente beneficiados por aquél").

Con motivo de una posterior reforma legislativa, la póliza de turismo desapareció como concepto autónomo para pasar a integrarse en el Impuesto General sobre el Tráfico de Empresas, quedando definitivamente extinguida al desaparecer este último impuesto[796].

La «tasa por acampamento turístico», un poco más alejada de los impuestos sobre estancias turísticas proyectados en el ámbito español, se encontraba regulada en el Decreto 1431/1959, de 18 de agosto, por el que se convalida la tasa denominada "Derechos de autorización de acampamento turístico". La medida gravaba "la expedición de autorizaciones de acampamento turístico" y sometía a tributación a todos los campistas mayores de dieciséis años, tanto nacionales como extranjeros, que no estuviesen en posesión de la licencia internacional de camping[797].

Por último, el «arbitrio sobre estancias» "fue instituido como uno de los medios especiales de los que podían nutrirse las Haciendas locales de Madrid y Barcelona"[798]. En particular, se autorizaba a los ayuntamientos de ambos municipios para exigir este arbitrio sobre las estancias en hoteles de lujo y de primera categoría, con el límite del 3% del importe de la factura[799]. A juicio de Abe-

---

796 Acerca de esta cuestión, pueden verse los trabajos de Muñoz Benito, R. (2016): "El turismo como sector estratégico en las etapas de crisis y desarrollo de la economía española", *International Journal of Scientific Management and Tourism,* vol. 2, núm. 4, p. 88; Sanz Blas, S. (2006): "Turismo de litoral: líneas de actuación para el logro de un desarrollo sostenible", *Estudios Turísticos*, núm. 168, p. 83; y Correyero Ruiz, B. (2005), Ob. cit., p. 73. Como señala esta última autora: "Durante sus primeros meses de vigencia la Póliza proporcionó importantes beneficios. De hecho, en el primer mes de su implantación (abril de 1947), se vendieron un total de 238.146 pólizas por importe de 271.044 pesetas. Sin embargo a finales de ese mismo año la recaudación había descendido un 50%, lo que originó que años después la Póliza quedara integrada en el Impuesto de Tráfico de Empresas (1964) y extinguida definitivamente al desaparecer este impuesto".

797 Artículos segundo y tercero del Decreto 1431/1959.

798 Sanz Blas, S. (2006), Ob. Cit., p. 83.

799 A este respecto, pueden verse los trabajos de Abellán-García y Polo, C. (1963): "La nueva cobertura económica del Ayuntamiento de Madrid", *Revista de Estudios de la Administración Local y Autonómica,* núm. 131, p. 683; y Aranda Navarro, J. (1960): "La Hacienda municipal en el régimen especial del Ayuntamiento de Barcelona", *Revista de Estudios de la Administración Local y Autonómica,* núm. 112, pp. 527-528.

llán-García y Polo (1963), se trataba de un recurso "de gran utilidad y justicia para aquellos Municipios pequeños que, favorecidos por el turismo nacional e internacional, se [veían] desbordados en prestación de sus servicios y obligados a establecerlos para una población estacional y sin la contrapartida de ingresos especiales para atenderlos"[800].

Centrándonos ya en figuras más recientes, y a pesar de su corta vida, resulta indispensable hacer referencia a la comúnmente conocida como «ecotasa balear», regulada por la Ley 7/2001, de 23 de abril, del Impuesto sobre las Estancias Turísticas de Alojamiento, destinado a la dotación del Fondo para la Mejora de la Actividad Turística y la Preservación del Medio Ambiente. Como elementos más destacados de este tributo, de exclusiva aplicación en el territorio de las Islas Baleares, la Exposición de Motivos de su normativa reguladora destacaba los siguientes puntos:

- El impuesto tenía por objeto la estancia, como manifestación de la capacidad económica del contribuyente, en determinados establecimientos de alojamiento turístico (hoteles, apartamentos turísticos, viviendas turísticas vacacionales, hoteles rurales, etc.).
- Las empresas explotadoras de los establecimientos sujetos eran reconocidas como sustitutos del contribuyente en la asunción de todas las obligaciones correspondientes, tanto materiales como formales.
- La base imponible se constituía "a partir de magnitudes muy representativas de la materia gravable", como el número de días de estancia.
- La configuración del impuesto se encontraba marcada por una vocación simplificadora que encontraba su reflejo en la regulación de los aspectos formales, la potenciación del régimen de estimación objetiva como método alternativo para la cuantificación de la base imponible, y el diseño de una tarifa sencilla susceptible de ser modificada cada año por la Ley de Presupuestos Generales de la Comunidad Autónoma.

Es interesante resaltar que la «ecotasa balear» fue planteada "como un mecanismo fiscal corrector" de carácter finalista, fundamentalmente destinado a "afrontar la falta de recursos necesarios para paliar el deterioro medioambiental que supone la actividad turística a gran escala", al tiempo que se abordaba "con urgencia el dimensionamiento de las infraestructuras básicas que exige un de-

---

800 Abellán-García y Polo, C. (1963), Ob. Cit., p. 683.

sarrollo sostenible"[801]. Pese a la buena voluntad del legislador autonómico, no obstante, el tributo se enfrentó desde sus orígenes a una sólida y cohesionada oposición por parte de los empresarios del sector hotelero, que, como justificación de su postura, adujeron argumentos de una triple naturaleza: "técnicos («el impuesto es discriminatorio, porque sólo lo pagan los visitantes que estén en alojamiento turístico reglado»), de mercado («trabajamos con una clientela muy sensible a pequeñas variaciones en el precio»), y políticos («no se han hecho las consultas pertinentes»)"[802].

La falta de apoyo por parte de este sector clave y estratégico ha sido considerada por muchos expertos como uno de los principales detonantes de la supresión del impuesto[803], apenas dos años después de su entrada en vigor, por la Ley 7/2003, de 22 de octubre[804], cuya Exposición de Motivos se limitó a indicar que "la financiación de las infraestructuras y de las políticas públicas relacionadas con el medio ambiente y la actividad turística puede continuar llevándose a cabo sin necesidad de gravar las estancias en establecimientos turísticos de alojamiento".

B) Los impuestos sobre estancias turísticas de Cataluña y las Islas Baleares

A la vista de la regulación ofrecida por la Ley 7/2001, y conforme a lo sugerido por Bueno Gallardo y Urbano Sánchez (2017), no cabe ninguna duda de que la «ecotasa balear» constituye el antecedente normativo más inmediato de los dos impuestos sobre estancias turísticas actualmente vigentes en el ordenamiento jurídico español, "y, a la postre, es posiblemente el responsable de la gran semejanza que guarda la regulación legal de ambas figuras impositivas"[805]. Nos re-

---

801 Exposición de Motivos de la Ley 7/2001.

802 Amer Fernández, J. (2003): "Empresariado hotelero e implementación de un impuesto turístico: el caso de la «ecotasa» en Baleares", *Cuadernos de Turismo*, núm. 12, p. 176.

803 En este sentido, pueden verse los trabajos de Adame Martínez, F. (2013): "Turismo y financiación municipal: Estudio sobre posibles nuevos Tributos Locales vinculados al turismo", *Tributos Locales*, núm. 112, p. 37; y García-Aranda Soto, E. (2004): "La imposición sobre el turismo en España: principio y fin de la «Ecotasa» balear, *Revista Aranzadi de Derecho Ambiental*, núm. 6, p. 21.

804 Ley 7/2003, de 22 de octubre, por la cual se deroga la Ley 7/2001, de 23 de abril, del impuesto sobre las estancias turísticas de alojamiento, destinado a la dotación del fondo para la mejora de la actividad turística y la preservación del medio ambiente.

805 Bueno Gallardo, E. y Urbano Sánchez, L. (2017), Ob. Cit., p. 71.

ferimos, por un lado, al impuesto catalán sobre las estancias en establecimientos turísticos, y, por otro, al impuesto sobre estancias turísticas en las Islas Baleares. Si bien dichas medidas serán analizadas con mayor nivel de detalle en los epígrafes siguientes, conviene destacar ya que nos encontramos ante dos tipologías concretas de impuestos propios de las CC.AA., aprobados por los legisladores catalán y balear en el ejercicio del poder tributario que a tales entes se reconoce en los artículos 156 y 157 de la Constitución Española[806].

En lo que atañe a la configuración de los impuestos turísticos como figuras de exacción autonómica, debe admitirse la existencia de posiciones encontradas por parte de la doctrina científica. En particular, algunos autores se han inclinado por considerar que, efectivamente, deben ser las CC.AA. "quienes establezcan un impuesto de este tipo, no solo porque las competencias sobre turismo son autonómicas (...), sino porque permitirá unificar los criterios en los distintos municipios teniendo en cuenta las peculiaridades turísticas de cada comunidad"[807]. Otros autores, por el contrario, han defendido que estas figuras deberían ser establecidas por los entes locales, de forma que pudieran ser utilizadas por los municipios para financiarse y cubrir los gastos generados por los turistas[808]. Uno de los máximos exponentes de esta segunda postura, al menos en mi opinión, ha sido la Comisión de expertos para la revisión del modelo de financiación local constituida por Acuerdo del Consejo de Ministros de 10 de febrero de 2017, que abogó por la creación de un impuesto local sobre las estancias turísticas de carácter potestativo sobre la base del siguiente razonamiento:

> "198. La justificación del establecimiento de este impuesto en el ámbito local en vez de en el autonómico se funda en que la mayoría de los costes

[806] El artículo 156.1 de la Constitución Española dispone que las CC.AA. gozan "de autonomía financiera para el desarrollo y ejecución de sus competencias con arreglo a los principios de coordinación con la Hacienda estatal y de solidaridad entre todos los españoles". Por su parte, el artículo 157.1.b) establece que los recursos de las CC.AA. estarán constituidos, entre otros elementos, por sus "propios impuestos, tasas y contribuciones especiales".

[807] Bahía Almansa, B. y Cruz Padial, I. (2018), Ob. Cit., pp. 79-80. En apoyo de esta tesis, se remiten los autores al trabajo de Bokobo Moiche, S. (1999): "La fiscalidad de las prestaciones turísticas. La posibilidad de que las Comunidades Autónomas establezcan la tasa turística", *Revista Española de Derecho Financiero,* núm. 102, pp. 256-257.

[808] En este sentido, y entre otros autores, se pronuncian Adame Martínez, F. (2013), Ob. Cit., pp. 57-58; y Puchol Tur, T. (2023), Ob. Cit., p. 80.

que provocan los turistas son soportados por las Entidades Locales (seguridad ciudadana, limpieza viaria y transporte público).

Es cierto que el turismo puede incrementar también los costes sanitarios sufragados por las comunidades autónomas. Sin embargo, se ha de tener presente que ya existen mecanismos legales para que los costes sanitarios relativos a los no residentes en la comunidad autónoma sean compensados"[809].

Huelga señalar que la propuesta efectuada por la Comisión de expertos (2017) no se materializó en una modificación de la regulación vigente, como tampoco en la formulación de un modelo específico de impuesto turístico de carácter local. En efecto, el catálogo de impuestos locales contenido en el Real Decreto Legislativo 2/2004, de 5 de marzo, por el que se aprueba el texto refundido de la Ley Reguladora de las Haciendas Locales, continúa haciendo alusión a fecha de hoy a las mismas figuras impositivas que se encontraban vigentes en el momento de publicación del informe de la Comisión de expertos; a saber: tres impuestos de carácter obligatorio (el Impuesto sobre Bienes Inmuebles, el Impuesto sobre Actividades Económicas y el Impuesto sobre Vehículos de Tracción Mecánica) y otros dos de carácter potestativo (el Impuesto sobre Construcciones, Instalaciones y Obras, y el Impuesto sobre el Incremento de Valor de los Terrenos de Naturaleza Urbana)[810].

En segunda instancia, se confirma que los dos impuestos sobre estancias turísticas existentes en España siguen configurándose como impuestos propios de las CC.AA., sin perjuicio del margen de discrecionalidad (ciertamente limitado) que, en el caso de Cataluña, se confiere al Ayuntamiento de Barcelona[811]. Un planteamiento distinto, mucho más próximo al de la Comisión de expertos, fue, sin duda, el realizado por el legislador autonómico valenciano, que, tras regular un impuesto sobre las estancias turísticas bonificado al 100%, concedió libertad a los municipios para la aprobación de un recargo del 100% sobre su cuota ín-

809 Comisión de expertos para la revisión del modelo de financiación local (2017), *Análisis de propuestas de reforma del sistema de financiación local*, 26 de julio de 2017, p. 60. Los fundamentos alegados para la creación de este tributo fueron dos: 1) el inequívoco signo de capacidad económica que supone la estancia en hoteles o establecimientos análogos y 2) la pertinencia de que los turistas contribuyan, siquiera modestamente, a la financiación de los servicios públicos de los que disfrutan (Ob. Cit., p. 59).

810 En relación con estas figuras tributarias, véanse los artículos 59 y siguientes de la Ley 2/2004.

811 Esta cuestión será objeto de estudio en el apartado 2.3 del epígrafe 2 siguiente.

tegra. Como más adelante se comentará, no obstante, su prematura derogación con motivo de un cambio de Gobierno autonómico provocó que la citada medida no llegara a aplicarse nunca de manera efectiva[812].

2. EL IMPUESTO CATALÁN SOBRE LAS ESTANCIAS EN ESTABLECIMIENTOS TURÍSTICOS

El Impuesto catalán sobre las Estancias en Establecimientos Turísticos (en adelante, IEET) fue introducido en el ordenamiento jurídico español en el año 2012[813]. Su regulación actual se encuentra recogida en los artículos 22 a 50 de la Ley 5/2017, de 28 de marzo[814], que han sido objeto de desarrollo reglamentario a través del Decreto 141/2017, de 19 de septiembre (en adelante, Reglamento del IEET)[815].

El objetivo de este impuesto, que resulta exigible en todo el territorio de la Comunidad Autónoma de Cataluña, es doble: por un lado, se pretende gravar la singular capacidad económica puesta de manifiesto por las personas físicas con motivo de su estancia en determinados establecimientos turísticos, y, por otro,

---

812 Acerca de este tributo, véase el epígrafe 4 de este mismo capítulo.

813 Ley 5/2012, de 20 de marzo, de medidas fiscales, financieras y administrativas y de creación del Impuesto sobre las Estancias en Establecimientos Turísticos. Inicialmente, la regulación de esta figura se encontraba recogida en los artículos 98 a 116 de la ley referenciada. La Disposición derogatoria 1, apartado 2.a), de la Ley 5/2017, de 28 de marzo, dejó sin efecto tales preceptos a partir del 31 de marzo de 2017.

814 Ley 5/2017, de 28 de marzo, de medidas fiscales, administrativas, financieras y del sector público y de creación y regulación de los impuestos sobre grandes establecimientos comerciales, sobre estancias en establecimientos turísticos, sobre elementos radiotóxicos, sobre bebidas azucaradas envasadas y sobre emisiones de dióxido de carbono. Tal y como se especifica en el Preámbulo de la citada norma, los artículos 22 a 50 ofrecen una nueva regulación del tributo, pese a modificar solamente algunos aspectos concretos del planteamiento original, "en beneficio del principio de seguridad jurídica". En particular, las modificaciones operadas en este ámbito consistieron en una ampliación del hecho imponible; la introducción de nuevos supuestos de exención; la actualización de las tarifas; y la regulación del asistente en la recaudación como nuevo obligado tributario. Con posterioridad a su entrada en vigor, la regulación establecida por la Ley 5/2017 ha sido objeto de pequeñas modificaciones en los años 2020, 2021 y 2023.

815 Decreto 141/2017, de 19 de septiembre, por el que se aprueba el Reglamento del impuesto sobre las estancias en establecimientos turísticos.

internalizar las externalidades que el turismo puede causar en las zonas de alta concentración turística[816]. Se trata, además, de un tributo instantáneo, autoliquidable y finalista, en la medida en la que los ingresos procedentes de su recaudación quedan afectados a la dotación de un fondo para el fomento del turismo. Dicho fondo se encuentra regulado en los artículos 48 y 49 de la Ley 5/2017, que lo presentan como "un mecanismo destinado a financiar políticas turísticas para la mejora de la competitividad de Cataluña como destino turístico y garantizar su sostenibilidad"[817].

2.1. ASPECTOS OBJETIVOS

El hecho imponible del IEET viene constituido por la estancia del contribuyente (esto es, por el disfrute del servicio de alojamiento), ya sea por días o fracciones, con o sin pernoctación, en los establecimientos y equipamientos turísticos relacionados en el artículo 26.1 de la Ley 5/2017, siempre que se encuentren situados en el territorio de la Comunidad Autónoma de Cataluña. En concreto, el legislador autonómico alude de forma expresa a:

a) Los alojamientos turísticos establecidos en cada momento por la normativa vigente en materia de turismo (caso de los hoteles, apartamentos turísticos, casas rurales, etc.).

b) Los albergues de juventud cuando presten servicios turísticos de alojamiento[818].

c) Las embarcaciones de crucero turístico.

d) Cualquier establecimiento o equipamiento en el que se presten servicios turísticos de alojamiento.

---

816 Artículo 23 de la Ley 5/2017.

817 Artículo 48.1 de la Ley 5/2017. Sobre el destino que debe darse a los recursos del fondo y los criterios a seguir para su reparto, puede verse lo dispuesto en el artículo 49 del mismo texto normativo.

818 Tal y como se especifica en el artículo 26.5 de la Ley 5/2017: "A los efectos de la aplicación de este impuesto, el concepto de servicios turísticos de alojamiento se refiere a los servicios que posibilitan el hospedaje en infraestructuras, instalaciones, equipamientos o mobiliarios destinados a este fin".

En lo que concierne al supuesto particular de las viviendas de uso turístico o vacacional, opino que la ausencia de una mención expresa en el articulado de la norma no debería llevarnos a excluir su consideración como establecimientos sujetos a los efectos del impuesto analizado. Así, y aunque es cierto que la Ley 13/2002, de 21 de junio, de turismo de Cataluña, no cataloga explícitamente a esta clase de inmuebles como «establecimientos de alojamiento turístico»[819], deben tenerse en cuenta dos aspectos de interés. El primero es que la cláusula contenida en el artículo 26.3.d) de la Ley 5/2017 da cabida a cualquier tipo de establecimiento "en el que se presten servicios turísticos de alojamiento", es decir, "servicios que posibilitan el hospedaje en infraestructuras, instalaciones, equipamientos o mobiliarios destinados a este fin"[820]. Esto es algo que indudablemente se cumple, de acuerdo con su propia denominación, en el caso de las viviendas de uso turístico, cuya existencia reconoce y admite la normativa catalana en materia de turismo[821]. El segundo, sin duda determinante, es que el artículo 34 de la Ley 5/2017, ocupado de regular el tipo de gravamen del IEET, define la tarifa aplicable a partir de una clasificación de los establecimientos sujetos en cinco grupos diferenciados; entre ellos, el de «Vivienda de uso turístico»[822].

Por lo que respecta a las embarcaciones de crucero turístico, matiza el legislador autonómico que el hecho imponible se entenderá realizado "cuando éstas estén fondeadas o amarradas en un puerto del territorio de Cataluña", entendiéndose cumplida dicha circunstancia, según el caso, "desde el momento en que se

819 En efecto, el artículo 39.1 de la Ley 13/2002 clasifica los establecimientos de alojamiento turístico en cinco modalidades: 1) establecimientos hoteleros (artículos 40 a 42); 2) apartamentos turísticos (artículos 43 a 45); 3) campings (artículos 46 a 48); 4) establecimientos de turismo rural (artículos 49 y 50); y 5) cualquier otra que se establezca por reglamento. El elemento común a todas ellas es que el servicio de alojamiento turístico se presta "de forma habitual y con carácter profesional" (artículo 38.1).

820 Artículo 26.5 de la Ley 5/2017. En un sentido similar al señalado se pronuncian Bahía Almansa, B. y Cruz Padial, I. (2018), para quienes las viviendas de uso turístico podrían entenderse incluidas dentro de la letra a) o dentro de la letra d) (Ob. Cit., p. 81). Por analogía, y "siguiendo el espíritu de la norma", entienden que quedarían sometidos al IEET, así como al impuesto balear sobre las estancias turísticas, los arrendamientos de habitación en vivienda habitual o en vivienda secundaria para fines turísticos a cambio de una contraprestación (Ob. Cit., p. 81).

821 Artículo 50 bis de la Ley 13/2022, antes citada, y artículos 221-1 y 221-2 del Decreto 75/2020, de 4 de agosto, de turismo de Cataluña.

822 Esta cuestión será analizada en el apartado 2.3 de este mismo epígrafe.

lanza el primer cabo durante el atraque hasta el momento en que el buque suelta la última amarra" o "desde el momento en que se fondea el ancla hasta el momento en que se quita el ancla del fondo"[823].

El artículo 27 de la normativa reguladora del impuesto, por su parte, ofrece un listado de cuatro exenciones que podrían ser agrupadas en dos grandes categorías: exenciones objetivas, que atienden al tipo o finalidad de la estancia que se efectúa, y exenciones subjetivas, que se reconocen en atención a las circunstancias de la persona física que disfruta del servicio de alojamiento turístico[824]. Más específicamente, se declaran exentas:

a) Las estancias subvencionadas por programas sociales de una administración pública de cualquier Estado miembro de la UE.

b) Las estancias realizadas por personas de edad igual o inferior a 16 años.

c) Las estancias que se justifiquen por causas de fuerza mayor, atribuyéndose esta consideración a "los acontecimientos que se produzcan en el territorio de Cataluña que no se hayan podido prever o que se hayan podido prever pero hayan sido inevitables, tales como las catástrofes naturales o los actos violentos"[825].

d) Las estancias que realice una persona, así como sus acompañantes, para "recibir prestaciones de asistencia sanitaria que forman parte de la cartera de servicios del sistema sanitario público de Cataluña"[826].

2.2. ASPECTOS SUBJETIVOS

A tenor de lo previsto en el artículo 29 de la Ley 5/2017, son contribuyentes del IEET las personas físicas que realicen las estancias sujetas a gravamen y, en su caso, las personas jurídicas a cuyo nombre se expida la correspondiente factura o documento justificativo de la estancia. Acto seguido, no obstante, se atribuye

[823] Artículo 26.1 de la Ley 5/2017. Acerca del concepto de «embarcación de crucero turístico», véase el apartado 4 del mismo artículo.

[824] Por lo que se refiere a la acreditación de todos los supuestos de exención contemplados en la norma, así como los requisitos adicionales que en su caso se exijan, véase lo dispuesto en el artículo 27.2 de la Ley 5/2017 y en el artículo 4 de su reglamento de desarrollo.

[825] Artículo 4.3, párrafo primero, del Reglamento del IEET.

[826] Artículo 27.2 de la Ley 5/2017.

la condición de sustituto del contribuyente al titular de la explotación del establecimiento turístico (ya se trate de una persona física, de una persona jurídica o de una de las entidades sin personalidad jurídica propia a las que se refiere el artículo 35.4 de la LGT[827]), presumiéndose, salvo prueba en contrario, que la persona titular de la licencia de turismo es la que explota el establecimiento en cuestión[828]. Esta última condición resultaría atribuible, por tanto, a los arrendadores de viviendas de uso turístico respecto de las cesiones efectuadas a lo largo del periodo de liquidación, independientemente de la forma bajo la cual se desarrolle la actividad de arrendamiento y de los compromisos asumidos frente a los usuarios del inmueble.

En lo que concierne a la figura del sustituto, considero oportuno traer a colación lo establecido en el artículo 36 de la LGT, en virtud del cual:

> "1. Es sujeto pasivo el obligado tributario que, según la ley, debe cumplir la obligación tributaria principal, así como las obligaciones formales inherentes a la misma, sea como contribuyente o como sustituto del mismo. No perderá la condición de sujeto pasivo quien deba repercutir la cuota tributaria a otros obligados, salvo que la ley de cada tributo disponga otra cosa. (...)
>
> 2. Es contribuyente el sujeto pasivo que realiza el hecho imponible.
>
> 3. Es sustituto el sujeto pasivo que, por imposición de la ley y en lugar del contribuyente, está obligado a cumplir la obligación tributaria principal, así como las obligaciones formales inherentes a la misma.
>
> El sustituto podrá exigir del contribuyente el importe de las obligaciones tributarias satisfechas, salvo que la ley señale otra cosa".

En el caso particular del IEET, debe observarse que la regulación vigente no prohíbe la repercusión del tributo al destinatario del servicio de alojamiento turístico, como tampoco reconoce de forma expresa la obligación de hacerlo, a diferencia de lo sucedido con otros impuestos propios de la Comunidad Autónoma de Cataluña[829]. De aquí se infiere que la repercusión del importe ingresado

[827] Recordemos, conforme a lo establecido en el artículo 35.4 de la LGT, que: "Tendrán la consideración de obligados tributarios, en las leyes en que así se establezca, las herencias yacentes, comunidades de bienes y demás entidades que, carentes de personalidad jurídica, constituyan una unidad económica o un patrimonio separado susceptibles de imposición".

[828] Artículo 30 de la Ley 5/2017.

[829] Así sucede, de hecho, con el impuesto sobre bebidas azucaradas, regulado en la misma Ley que el IEET. A este respecto, dispone el artículo 73.2 de la Ley 5/2017 que: "El contribuyente está obligado a repercutir el impuesto al consumidor final de la bebida".

constituye una mera posibilidad para el sustituto del contribuyente, que podrá exigir o no el pago de dicho importe a la persona física que realiza la estancia o a quien actúe como representante de aquella. Esta tesis se confirma cuando se atiende a lo dispuesto en el artículo 31.2 de la Ley 5/2017, en el que se indica que el sustituto podrá dirigirse contra la persona o entidad intermediaria que actúa como representante del contribuyente "para exigir el pago del tributo". Asimismo, el artículo 5.2 del Reglamento del impuesto señala que:

> "Cuando el sujeto pasivo sustituto ingrese la cuota tributaria correspondiente a la estancia efectuada por el contribuyente sin haber podido repercutirla, puede dirigirse a la persona o la entidad intermediaria para reclamar esta cuota" (el subrayado es mío).

La literalidad de las previsiones transcritas nos lleva a confirmar, en línea con lo apuntado por Bueno Gallardo y Urbano Sánchez (2017), que la ley del impuesto catalán sobre estancias turísticas articula de hecho "una suerte de «repercusión innominada» o «repercusión subrepticia» del sustituto (...) en el contribuyente (...) que tiene por objeto la cuota tributaria"[830].

Pasando a centrarnos en el régimen de responsabilidades propio de este impuesto, el artículo 31 de la Ley 5/2017 atribuye la condición de responsables solidarios por el ingreso de la deuda tributaria a todas las personas físicas o jurídicas que hagan de intermediarios entre el contribuyente y los establecimientos sujetos, contratando el servicio directamente en nombre de aquel[831]. De acuerdo con lo defendido por Villca Pozo (2022), debe observarse que esta responsabilidad no alcanzaría a las plataformas digitales que operan en el sector del alojamiento turístico en viviendas, "dado que su actuación difiere del presupuesto necesario para el nacimiento de la responsabilidad tributaria"[832]. Y ello porque, si bien las referidas plataformas actúan en calidad de intermediarios entre arrendadores y viajeros, no realizan la contratación de la vivienda vacacional en nombre de estos últimos, limitándose a facilitar soporte técnico y a ofrecer "una estructura de ac-

---

830 Bueno Gallardo, E. y Urbano Sánchez, L. (2017), Ob. Cit., p. 75.

831 Tal y como se ha sugerido anteriormente, el artículo 31.2 de la Ley 5/2017 presume que dichos intermediarios actúan en calidad de representantes del contribuyente.

832 Villca Pozo, M. (2022): "Mecanismos de control de los impuestos sobre estancias turísticas en el alquiler vacacional en viviendas mediante plataformas digitales", *Crónica Tributaria,* núm. 182, p. 131.

tuación en línea para que las partes (...) celebren el contrato del alquiler turístico, sin que su actuación suponga intervenir en el contrato como otro sujeto más"[833].

El catálogo de obligados tributarios del IEET se cierra con una figura novedosa y exclusiva de la legislación autonómica catalana: el «asistente en la recaudación». Tal y como se aclara en la parte expositiva de su reglamento, se trata de operadores en la gestión y liquidación del tributo cuya intervención frente a la Hacienda Pública libera a los sustitutos del contribuyente de determinadas cargas fiscales asociadas al mismo[834]. En particular, se prevé la posibilidad de que asuman la condición de asistentes en la recaudación, de forma totalmente voluntaria, previa habilitación administrativa y firma del correspondiente convenio con la Agencia Tributaria de Cataluña:

> "los intermediarios de empresas turísticas de alojamiento contemplados en la normativa turística y todos los profesionales, empresas, entidades u operadores de plataformas tecnológicas que comercializan servicios turísticos de alojamiento (...) o facilitan la relación entre el titular de la explotación y las personas físicas que efectúan las estancias, y acuerdan con estas un anticipo del precio a cuenta de la estancia y la satisfacción anticipada del impuesto al realizar la reserva"[835].

Este podría ser el caso de las plataformas intermediarias en la actividad de arrendamiento de viviendas de uso turístico, que, si bien resultarán normalmente excluidas del régimen de responsabilidad solidaria, sí podrían firmar acuer-

---

833 *Ibidem*. A juicio de la autora, el hecho de no atribuir la condición de responsables solidarios a las plataformas intermediarias debe ser valorado positivamente, pues se trata de una figura respecto de la que "resultan indispensables presupuestos formales cuya tramitación procesal, (...) en lugar de agilizar, retardaría la recaudación de la deuda tributaria" (Ob. Cit., pp. 131-132).

834 Las obligaciones del sustituto del contribuyente en relación con los ingresos efectuados por uno o más asistentes en la recaudación se encuentran recogidas en el artículo 12 del Reglamento del IEET.

835 Artículo 32.1 de la Ley 5/2017. Todas las cuestiones concernientes a esta figura se encuentran reguladas en los artículos 6 (*Habilitación para ser asistente en la recaudación*) y 7 (*Convenio entre la Agencia Tributaria de Cataluña y los asistentes en la recaudación*) del Reglamento del IEET. Tratándose de plataformas tecnológicas y empresas prestadoras de servicios de la sociedad de la información, la concesión y el mantenimiento de la habilitación correspondiente exige, asimismo, la realización de una auditoria previa y de una serie de auditorías periódicas de sus sistemas informáticos. A este último respecto, véase el artículo 32.3 de la Ley 5/2017 y el artículo 8 (*Auditorías*) del Reglamento del IEET.

dos con la Administración, y, previo consentimiento de los arrendadores de las viviendas ofertadas, ingresar en la hacienda autonómica el impuesto recaudado total o parcialmente en su nombre[836]. De aquí la posibilidad de concluir que la figura del asistente en la recaudación se configura en la práctica como "principal mecanismo de control del IEET que afecta al alquiler turístico en viviendas de propietarios particulares mediante plataformas digitales"[837].

Sin perjuicio de lo señalado en el párrafo anterior, y a pesar de sus bondades como instrumento de control, lo cierto es que la figura del asistente ha sido criticada con frecuencia por parte de la doctrina científica; muy principalmente, por su carácter voluntario[838]. En este sentido, destaca el razonamiento esgrimido por Desdentado Daroca, Díaz Vales y Lucas Durán (2018), para quienes:

> "resulta significativo que la normativa catalana haya creado una figura voluntaria de colaboración con la Administración tributaria (asistente en la recaudación del impuesto), dirigido básicamente a las plataformas del tipo Airbnb, cuando acaso hubiera sido más práctico investir legalmente a las mismas como sustitutas del contribuyente (...), toda vez que son las intermediarias en los pagos que se realizan y, consecuentemente, el programa informático de gestión de reservas puede, sin mayor problema y con máxima eficacia, incluir un apartado que gestionaría automáticamente el pago del tributo por el cesionario del inmueble. En definitiva, parece que una cuestión tan relevante para la gestión del tributo no debería relegarse a una mera

836 En efecto, el artículo 37 de la Ley 5/2017 establece que: "El asistente en la recaudación debe ingresar a la Agencia Tributaria de Cataluña, en condición de obligado tributario y en vez del titular de la explotación (...), las cantidades que haya recibido del contribuyente que ha realizado la reserva en concepto de anticipo del impuesto, siempre y cuando el asistente cuente con el consentimiento previo del titular de la explotación del establecimiento turístico". Por su parte, de la literalidad del artículo 36.1 se desprende la posibilidad de que el asistente en la recaudación ingrese el impuesto debido total o parcialmente. Esta última circunstancia ha llevado a Villca Pozo (2022) a distinguir una doble dimensión en el ámbito de esta figura: "Primero, puede recaudar la cuota parcial y anticipada del IEET e ingresarlo a la Administración, de tal manera que cuando el sustituto del contribuyente presenta la autoliquidación de la cuota total se deduce el ingreso efectuado por el asistente de recaudación. Segundo, puede recaudar la cuota total y anticipada del IEET e ingresarlo en la Administración en lugar del sustituto del contribuyente si es que cuenta con su consentimiento previo" (Ob. Cit., p. 132).

837 Villca Pozo, M. (2022), Ob. Cit., p. 134.

838 Otros aspectos controvertidos en relación con la figura del asistente en la recaudación han sido señalados por Villca Pozo, M. (2022), Ob. Cit., pp. 134 y siguientes.

posibilidad y solo si las plataformas y los cedentes de los inmuebles así lo consienten"[839].

Por último, conviene hacer alusión en este punto a la figura de los «colaboradores en la aplicación del impuesto», que, sin mayores especialidades con respecto a lo establecido en los artículos 92 y siguientes de la LGT, pueden desempeñar también un papel relevante desde el punto de vista subjetivo. Nos referimos, en esta ocasión, a los agentes del sistema tributario que, de forma voluntaria y mediante la celebración de acuerdos o convenios con la Agencia Tributaria de Cataluña, podrían colaborar con esta "para facilitar el cumplimiento de las obligaciones tributarias derivadas del impuesto (...) y prevenir y evitar el fraude relacionado"[840]. Entre otros aspectos, dicha colaboración podría concretarse en la presentación y el pago de las autoliquidaciones del IEET en nombre de los sustitutos del contribuyente que hayan manifestado su consentimiento para que el agente colaborador actúe de este modo[841].

2.3. ASPECTOS CUANTITATIVOS

La base imponible del IEET viene constituida por el número de «unidades de estancia» en un mismo establecimiento turístico durante un periodo de tiempo continuado, con un máximo de siete unidades por persona[842]. A efectos de su

839 Desdentado Daroca, E., Díaz Vales, F. y Lucas Durán, M. (2018), Ob. Cit., p. 99. En este mismo sentido se han pronunciado autores como Antón Antón, Á. y Bilbao Estrada, I. (2016), Ob. Cit., p. 32; Lucas Durán, M. (2017), Ob. Cit., p. 159; o Sanz Gómez, R. (2017), Ob. Cit., p. 82.

840 Artículo 41.1 de la Ley 5/2017. Acerca de estos convenios con la Agencia Tributaria catalana, puede verse el artículo 9 del Reglamento del IEET.

841 Artículo 41.2 de la Ley 5/2017 y artículo 9.3 del Reglamento del IEET.

842 Artículo 33.1 de la Ley 5/2017. Por lo que respecta al límite máximo de siete unidades, De Miguel Canuto, E. (2016) invita a valorar "si no se produce una vulneración del principio de igualdad en relación con el de capacidad económica (...), en cuanto capacidades económicas mayores, que permiten soportar estancias turísticas más prolongadas, alcanzan el resultado de una tributación que, en el conjunto de la estancia, es proporcionalmente más liviana" (Ob. Cit., p. 866). En contra de esta tesis se pronuncian, sin embargo, Bueno Gallardo, E. y Urbano Sánchez, L. (2017), Ob. cit., pp. 79-81. En una línea similar a la de estas últimas autoras, Desdentado Daroca, E., Díaz Vales, F. y Lucas Durán, M. (2018) argumentan que los impuestos sobre estancias turísticas aplicables en

determinación, deben tenerse en cuenta dos aspectos. El primero es que, conforme al artículo 33.1 de la Ley 5/2017, se entiende por «unidades de estancia» "los días o las fracciones que comporta la estancia continuada del contribuyente en el mismo establecimiento o equipamiento turístico"[843]. De aquí se infiere que la cuantificación del impuesto se llevará a cabo siempre de forma separada e independiente para cada periodo de estancia y/o para cada establecimiento[844]; es decir, si, dentro de un mismo periodo de liquidación, el contribuyente realizara dos estancias no consecutivas en una misma vivienda de uso turístico, por ejemplo, tendrían que calcularse dos cuotas diferenciadas, con las consecuencias que de ello podrían derivarse en relación con el límite máximo anteriormente indicado[845]. Dicha conclusión se refuerza cuando se atiende a la matización efectuada en el propio artículo 33.1, en el que se indica expresamente que, "si el alojamiento es contratado bajo el régimen de cesión o arrendamiento de temporada, el límite máximo de estancias computables (...) debe aplicarse respecto de cada temporada o período de tiempo continuo en el mismo establecimiento o equipamiento".

El segundo aspecto a considerar es que, a la hora a determinar el número de días o fracciones de la estancia, serán de aplicación las normas o los usos sobre

---

España "no parecen (...) presentar problemas de coordinación con la hacienda estatal (en cuanto que gravan un hecho imponible singular —la estancia turística— no contemplado en las leyes impositivas del Estado), ni de vulneración de los principios materiales que rigen el Derecho Tributario (art. 31.1 CE) ni tan siquiera, en fin, en relación con la normativa de la Unión Europea, de manera que pueden considerarse medidas tributarias dotadas de una cierta estabilidad" (Ob. Cit., p. 97).

843 Artículo 33.2 de la Ley 5/2017.

844 En un sentido análogo, Bueno Gallardo, E. y Urbano Sánchez, L. (2017) defienden que, para llegar al límite de las siete unidades, "no es posible ni la acumulación de estancias efectuadas en distintos establecimientos, ni la adición de aquellas que se han realizado en un mismo establecimiento pero en momentos de tiempo distintos" (Ob. Cit., pp. 70-71).

845 Imaginemos que un contribuyente se aloja en un hotel de la ciudad de Barcelona durante 9 días completos del mes de abril de 2024. Si la estancia se realizara de forma continuada, la aplicación del límite máximo previsto en el artículo 33.1 de la Ley 5/2017 daría lugar a una base imponible de 7 unidades. Si esos 9 días se encontrasen repartidos en dos estancias (por ejemplo, una estancia de 5 días completos durante la primera semana de abril y otra de 4 días completos durante la última semana del mismo mes), distinguiríamos dos bases imponibles: una de 5 unidades por la primera estancia y otra de 4 unidades por la segunda (total: 9 unidades).

horarios de entrada y salida que, en su caso, haya fijado el establecimiento o equipamiento turístico en cuestión[846].

Con carácter general, el método establecido para el cálculo de la base imponible del impuesto es el de estimación directa. No obstante, y de forma subsidiaria con respecto a aquel, se prevé la aplicación del método de estimación indirecta, que queda reservado para aquellos supuestos en los que el sustituto del contribuyente no presente las autoliquidaciones debidas, o bien, las presente de forma incompleta o inexacta y no aporte los datos reales de ocupación del establecimiento que explota[847].

Una vez cuantificada la base imponible, la cuota a ingresar será la que resulte de multiplicar el importe de aquella magnitud por el tipo de gravamen (o tarifa) que corresponda[848], el cual se hace depender básicamente de dos factores: el tipo de establecimiento en el que se efectúa la estancia y su localización (Barcelona ciudad o resto de Cataluña). Asimismo, y solo en lo que atañe a cierto tipo de establecimientos, se toma en consideración su categoría, siendo más elevadas las tarifas previstas para los hoteles de 5 estrellas, gran lujo, campings de lujo y establecimientos o equipamientos de categoría equivalente ubicados en la ciudad de Barcelona. En el caso singular de las embarcaciones de crucero, no solo se tiene en cuenta la localización, sino que también se atiende al número de horas (más o menos de doce) durante las cuales el barco permanezca fondeado o amarrado en el puerto.

La tarifa general se completa, por su parte, con una tarifa especial, aplicable a las estancias en toda clase de establecimientos o equipamientos turísticos (excepto las viviendas de uso turístico y las embarcaciones de crucero) que, "dentro de un centro recreativo turístico, se encuentren situados en las áreas que admiten actividades de juego y apuestas"[849].

La Tabla 6.2, extraída del artículo 34.1 de la Ley 5/2017, recoge las tarifas vigentes desde el 1 de abril de 2023 por tipo de establecimiento y localización.

---

846 Artículo 3 del Reglamento del IEET.

847 Artículo 33.3 de la Ley 5/2017. Al objeto de cuantificar la base imponible por esta vía, y sin ánimo de exhaustividad, el mencionado precepto enumera una serie de medios susceptibles de ser utilizados por la Administración tributaria (datos estadísticos de ocupación, datos incluidos en estudios sectoriales, registros policiales, etc.).

848 Debe observarse que, a tenor de lo dispuesto en el artículo 36.1 de la Ley 5/2017, la cuota resultante del producto indicado tendrá que minorarse en las cantidades que hayan sido ingresadas (o deban ser ingresadas) por uno o más asistentes en la recaudación.

849 Artículo 34.2 de la Ley 5/2017.

Tabla 6.2. Tarifa del IEET

Tipo de establecimiento	Tarifa general (en euros)		Tarifa especial (en euros)
	Barcelona ciudad	Resto de Cataluña	
1. Hotel de 5 estrellas, gran lujo, camping de lujo y establecimiento o equipamiento de categoría equivalente.	3,50	3,00	5,00
2. Hotel de 4 estrellas y 4 estrellas superior, y establecimiento o equipamiento de categoría equivalente.	1,70	1,20	3,50
3. Vivienda de uso turístico.	2,25	1,00	-
4. Resto de campings y resto de establecimientos y equipamientos.	1,00	0,60	2,50
5. Embarcación de crucero.			
Más de 12 horas.	2,00	2,00	
12 o menos.	3,00	3,00	

Fuente: Artículo 34.1 de la Ley 5/2017, según redacción dada al mismo con efectos 1 de abril de 2023[850].

Tratándose de establecimientos turísticos (incluidas viviendas vacacionales) ubicadas en la ciudad de Barcelona, las tarifas reflejadas en la tabla anterior podrán verse incrementadas hasta en un máximo de 4 euros como consecuencia del recargo a que se refiere el artículo 34 bis de la Ley reguladora del IEET. Dicho recargo, susceptible de aprobación por el Ayuntamiento de Barcelona a través de la correspondiente ordenanza municipal, queda sujeto a los requisitos y condiciones que se resumen a continuación[851]:

a) Aplicación exclusiva sobre las tarifas establecidas en el artículo 34.1 de la Ley 5/2017 para «Barcelona ciudad».

---

850 En aquellos supuestos, ciertamente frecuentes en la práctica, en los que el alojamiento se reserve de manera anticipada, el artículo 34.3 de la Ley 5/2017 matiza que la tarifa aplicable será la vigente al realizar la reserva, siempre que el importe de aquella, incluido el impuesto, se satisfagan en ese mismo momento.

851 Por lo que respecta al destino de los ingresos derivados de la aplicación de este recargo, puede verse el artículo 24 de la Ley 5/2017.

b) Aprobación única para todas las categorías incluidas en cada tipo de establecimiento. A mi modo de ver, y si bien la redacción del precepto resulta un tanto imprecisa en este punto, la mencionada circunstancia determinaría la imposibilidad de fijar un recargo para los hoteles de 5 estrellas, por ejemplo, pero no para los campings de lujo[852].

c) Posibilidad de aprobar diferentes importes del recargo según el código postal de ubicación de los establecimientos, siempre que se respete el límite máximo de 4 euros y el tratamiento uniforme de las categorías incluidas en cada grupo.

Según los datos publicados en la página web de la Agencia Tributaria de Cataluña, este recargo ha estado vigente en la ciudad de Barcelona desde el 1 de abril de 2017, habiéndose producido una evolución al alza de su importe, que ha pasado de los 0,75 euros en 2017 a los 3,25 euros a partir del mes de abril de 2024. La Tabla 6.3 pone de manifiesto las concretas modificaciones experimentadas a este respecto desde la fecha de entrada en vigor de la Ley 5/2017, que fue la primera norma en atribuir competencia al Ayuntamiento de Barcelona para la aprobación del recargo examinado[853].

Tabla 6.3. Recargo del IEET aprobado por el Ayuntamiento de Barcelona para todos los tipos y categorías de establecimientos y equipamientos turísticos enumerados en el artículo 26.3 de la Ley 5/2017

Periodo	Recargo aplicable
1/4/2017 a 31/3/2022	0,75
1/4/2022 a 31/3/2023	1,75
1/4/2023 a 31/3/2024	2,75
1/4/2024 en adelante	3,25

Fuente: Elaboración propia a partir de datos extraídos de la página web de la Agencia Tributaria de Cataluña.

852 En particular, el artículo 34 bis, letra b), de la Ley 5/2017 comienza señalando que: "La aprobación del recargo debe ser único para todas las categorías (...)".

853 En efecto, la Ley 5/2012 de 20 de marzo, de medidas fiscales, financieras y administrativas y de creación del Impuesto sobre las Estancias en Establecimientos Turísticos, no preveía la aplicación de recargo alguno sobre las tarifas del IEET reguladas por el legislador autonómico.

La evolución de la tarifa total a satisfacer por el contribuyente hospedado en la ciudad de Barcelona al amparo de la regulación ofrecida por la Ley 5/2017 aparece reflejada en la Tabla 6.4[854]. Con fines de simplificación, los grupos de establecimientos a los que se refiere el artículo 34.1 de dicho texto normativo han sido identificados sucesivamente mediante los códigos G1 (hotel de 5 estrellas, gran lujo, campings de lujo y equivalentes), G2 (hotel de 4 estrellas, 4 estrellas superior y establecimientos de categoría equivalente), G3 (viviendas de uso turístico), G4 (resto de establecimientos y equipamientos turísticos), G5 (embarcaciones de crucero fondeadas o amarradas durante más de 12 horas) y G6 (resto de embarcaciones de crucero).

Tabla 6.4. Evolución de la tarifa total del IEET (tarifa general + recargo) en la ciudad de Barcelona. Periodo 2017 a 2024

Periodo	G1	G2	G3	G4	G5	G6
1/4/2017 a 30/9/2021	3,00	1,85	3,00	1,40	3,00	1,40
1/10/2021 a 31/3/2022	4,25	2,45	3,00	1,75	3,75	1,75
1/4/2022 a 31/3/2023	5,25	3,45	4,00	2,75	4,75	2,75
1/4/2023 a 31/3/2024	6,25	4,45	5,00	3,75	4,75	5,75
1/4/2024 en adelante	6,75	4,95	5,50	4,25	5,25	6,25

Fuente: Elaboración propia a partir de datos extraídos de la página web de la Agencia Tributaria de Cataluña.

El análisis realizado en este epígrafe permite confirmar, al menos desde mi punto de vista, que la configuración jurídica del IEET se encuentra un tanto alejada de los objetivos enunciados en el artículo 23 de su ley reguladora, en el que, recordemos, se alude a dos finalidades básicas:

---

854 Debe observarse que la entrada en vigor del IEET se produjo el 1 de noviembre de 2012. En la fase inicial de su vigencia, no obstante, se distinguían tan solo tres categorías de establecimientos a efectos de determinar la cuota tributaria: a) Hotel de 5 estrellas, gran lujo y embarcaciones de crucero; b) Hotel de 4 estrellas y 4 superior; c) Resto de establecimientos y equipamientos. De aquí que los datos correspondientes a las tarifas anteriores a 1 de abril de 2017 (que pueden consultarse en el artículo 107 de la Ley 5/2012) no aparezcan recogidas en el gráfico.

1) Gravar la singular capacidad económica de las personas físicas que se pone de manifiesto con ocasión de su estancia en determinado tipo de establecimientos turísticos.
2) Internalizar las posibles externalidades que el turismo puede causar en las zonas de alta concentración turística.

Cierto es, y así debe reconocerse, que, conforme a lo indicado en los artículos 33 y 34 de la Ley 5/2017, la cuota tributaria del IEET será tanto mayor cuanto mayor sea la capacidad económica manifestada por el contribuyente, que, en este caso particular, se estimaría a partir del número de días de estancia, la categoría del establecimiento escogido y su ubicación. Dicha conexión entre el objetivo perseguido y la cuantía del impuesto se pierde, sin embargo, cuando se atiende a la pretensión de internalizar los costes ambientales del turismo, dada la total desvinculación existente entre el número de «unidades de estancia» (magnitud a partir de la cual se determina la base imponible) y la medida concreta en la que afecta al medio ambiente cada una de las personas físicas llamadas a soportar el tributo. Esta falta de relación entre el importe del gravamen y la potencial actividad contaminante impide hacer efectivo el principio de «quien contamina paga», y ello con independencia de que la mayor parte de los ingresos derivados de la recaudación de esta figura impositiva se destinen a la constitución de un fondo para la financiación de políticas turísticas dirigidas a mejorar la competitividad de Cataluña y a garantizar su sostenibilidad como destino turístico. Nos encontramos así, y en definitiva, ante un impuesto de finalidad estrictamente recaudatoria cuyos ingresos están vinculados a la financiación de un gasto específico[855].

2.4. ASPECTOS TEMPORALES

Al igual que su homólogo balear, el impuesto catalán sobre las estancias turísticas se configura como un impuesto instantáneo, cuyo devengo se produce:

- Con carácter general, al inicio de la estancia sometida a gravamen.

855 En este mismo sentido, véase el trabajo de Bueno Gallardo, E. y Urbano Sánchez, L. (2017), Ob. Cit., p. 75.

- Tratándose de embarcaciones de crucero, en el momento en el que el buque haga escala en algún puerto de Cataluña, salvo que se trate del punto de inicio del viaje o de su destino final[856].

En lo que concierne a la exigibilidad, el artículo 10 del Reglamento del IEET establece una periodicidad semestral para la presentación de la autoliquidación correspondiente (modelo 950), que deberá incluir las cuotas devengadas y exigibles dentro del semestre para cada establecimiento turístico[857]. Dicha autoliquidación tendrá que ser presentada, en función de las circunstancias concurrentes, por el sustituto del contribuyente o el agente colaborador que actúe en su nombre, tal y como se desprende de lo dispuesto en el artículo 36 de la Ley 5/2017 y en el artículo 13 su reglamento de desarrollo.

La Tabla 6.5 recoge información pertinente sobre los periodos de liquidación, así como los plazos para la presentación de la autoliquidación e ingreso de la deuda tributaria, que se derivan de lo previsto en los artículos 10 y 11 del Reglamento del IEET[858].

Tabla 6.5. Periodo de liquidación del IEET y plazo de presentación e ingreso de la autoliquidación periódica

Periodo de liquidación		**Plazo de presentación e ingreso (solo si resulta cantidad a ingresar)[859]**
Semestre 1	1 de abril a 30 de septiembre	1 a 20 de octubre
Semestre 2	1 de octubre a 30 de marzo	1 a 20 de abril

Fuente: Elaboración propia a partir del contenido de los artículos 10 y 11 del Reglamento del IEET.

Estos plazos resultarán igualmente de aplicación cuando, haciendo uso de la facultad reconocida en el artículo 36.2 de la Ley 5/2017, el sustituto que explote

856 Artículo 28 de la Ley 5/2017.

857 Artículo 10 del Reglamento del IEET. Acerca del modelo 950, puede verse la Orden ECO/173/2021, 31 agosto, por la que se aprueban los modelos de autoliquidación 920, 940 y 950 del impuesto sobre las estancias en establecimientos turísticos.

858 Sobre la forma y plazos de ingreso por parte del asistente en la recaudación, véase el artículo 14 del Reglamento del IEET.

859 La exoneración de la obligación de presentar autoliquidación cuando no resulte cantidad a ingresar se encuentra recogida en el artículo 11.2 del Reglamento del IEET.

simultáneamente más de un establecimiento turístico, o, en su caso, el colaborador que represente a un colectivo de sustitutos, opte por la presentación de una autoliquidación agregada[860].

2.5. OBLIGACIONES FORMALES

El estudio de la regulación vigente nos lleva a concluir que los titulares de la explotación de los establecimientos turísticos sujetos al IEET (sustitutos del contribuyente) quedarán sometidos, con carácter general, a las siguientes obligaciones:

1) Presentar la autoliquidación del impuesto y realizar el ingreso debido en las condiciones y los plazos que se determinen reglamentariamente, salvo en los supuestos en los que intervenga un agente colaborador al que se haya otorgado consentimiento para el cumplimiento de dichas obligaciones[861] o un asistente en la recaudación que efectúe el ingreso en su totalidad[862]. Asimismo, se exonera al sustituto de la presentación de la autoliquidación "cuando no resulte ninguna cantidad a ingresar", sin perjuicio de su obligación "de conservar la documentación acreditativa de las exenciones aplicadas hasta que finalice el plazo de prescripción"[863].

---

860 Acerca de la autoliquidación agregada, puede verse el artículo 13 del Reglamento del IEET.

861 Aunque este supuesto de excepción no se contempla en la norma de forma expresa, se infiere de lo dispuesto en el artículo 41.2 de la Ley 5/2017, en virtud del cual: "La colaboración puede concretarse, entre otros contenidos posibles, en la presentación y el pago de las autoliquidaciones del impuesto en nombre de los titulares de la explotación de los establecimientos y equipamientos turísticos, de la manera que determine el correspondiente acuerdo". También se desprende de lo establecido en el artículo 13.1.b) del Reglamento del IEET, en el que se indica que: "En el caso del agente colaborador, el pago agregado de las cuotas devengadas respecto del colectivo de sustitutos en nombre de los cuales actúa, se tiene que efectuar mediante la presentación de una autoliquidación agregada que debe incluir todas y cada una de las autoliquidaciones individuales a que se refiere el artículo 10.2 de este Reglamento".

862 Artículo 36.1 de la Ley 5/2017.

863 Artículo 11.2 del Reglamento del IEET.

2) En aquellos casos en los que intervenga un asistente en la recaudación, presentar un formulario digital en el que consten los datos enumerados en el artículo 12 del Reglamento del IEET[864].

3) Consignar de forma separada, en la factura que expida por los servicios prestados a sus clientes, la contraprestación por sus servicios y el importe correspondiente a la cuota del impuesto, con especificación del número de unidades de estancia y el tipo de gravamen aplicado[865].

4) Identificar, en todas sus actuaciones con la Agencia Tributaria de Cataluña, los establecimientos y/o equipamientos turísticos explotados mediante el código de identificación que le haya sido asignado a partir de la inscripción de los mismos en el Registro de Turismo de Cataluña[866].

5) Tener a disposición de la Agencia Tributaria de Cataluña "la información detallada de las estancias que se hayan producido (...) durante los cuatro años anteriores al de la actuación administrativa, y, en concreto, la identificación y la edad de las personas alojadas, así como las fechas de entrada y salida del establecimiento de cada una de estas personas"[867]. Igualmente, y en los términos anteriormente apuntados, se precisa la obligación de conservar "una copia del documento o, en su caso, de la declaración responsable" que se haya utilizado en cada caso para la justificación de las exenciones aplicables[868].

6) Tratándose de personas o entidades no residentes, designar un representante residente a efectos de sus relaciones con la administración y comunicar dicha designación a la Agencia Tributaria de Cataluña[869].

---

864 Artículo 36.1 de la Ley 5/2017.

865 Artículo 35 de la Ley 5/2017.

866 Artículo 38 de la Ley 5/2017.

867 Artículo 40.1 de la Ley 5/2017. Esta obligación es posteriormente extendida en el apartado 2 del mismo artículo a los asistentes en la recaudación del impuesto.

868 Artículo 4.5 del Reglamento del IEET.

869 Artículo 42 de la Ley 5/2017 (*Designación de representante en Cataluña*). Si bien es difícil que esta obligación pueda llegar a aplicarse con respecto a los titulares de cierto tipo de establecimientos turísticos (como hoteles o campings, por ejemplo), en capítulos anteriores de este trabajo se ha confirmado la posibilidad de conservar la condición de no residente aun siendo propietario de una vivienda de uso turístico situada en territorio español. A tales efectos, puede verse el análisis realizado en el capítulo 4 de esta obra.

3. EL IMPUESTO SOBRE ESTANCIAS TURÍSTICAS EN LAS ISLAS BALEARES

Tras un primer intento fallido en el año 2001, el impuesto balear sobre estancias turísticas (inicialmente denominado Impuesto sobre las Estancias Turísticas de Alojamiento) fue reintroducido en nuestro ordenamiento jurídico de la mano de la Ley 2/2016, de 30 de marzo, del impuesto sobre estancias turísticas en las Illes Balears y de medidas de impulso del turismo sostenible. Lo hacía con una nueva denominación, a la que de ahora en adelante nos referiremos de forma simplificada como IETIB, y con una marcada vocación medioambiental. En efecto, tal y como puede leerse en la Exposición de Motivos de la citada norma:

> "Dado el vigente sistema de financiación de las comunidades autónomas, claramente insuficiente para cubrir las necesidades actuales (...), resulta imprescindible encontrar fuentes de financiación adicionales con cargo a las cuales sea posible implantar las políticas necesarias a fin de que la actividad turística se pueda seguir desarrollando armónicamente y que ello no implique a medio y largo plazo un riesgo de deterioro irreversible del equilibrio económico y medioambiental, al que la sociedad balear no puede renunciar.
>
> Por lo tanto, (...) mediante la presente ley se establece un nuevo tributo, el impuesto sobre estancias turísticas en las Illes Balears, que tiene un carácter básicamente finalista, mediante la afectación de los ingresos que se recauden a la realización de gastos e inversiones vinculadas, en esencia, con el desarrollo y la protección medioambiental, y con el turismo sostenible (...)"[870].

La regulación actual de esta figura se encuentra recogida en el articulado de la Ley 2/2016 (en adelante, Ley del IETIB) y ha sido objeto de desarrollo reglamentario a través del Decreto 35/2016, de 23 de junio (en adelante, Reglamento del IETIB).

Por lo que se refiere a su naturaleza jurídica, el impuesto examinado en este epígrafe se configura como "un tributo directo, instantáneo y propio de la comunidad autónoma de las Illes Balears"[871]. Como acabamos de señalar, y al igual que su homólogo catalán, se trata, además, de un tributo finalista, cuya recaudación se encuentra afectada al «fondo para favorecer el turismo sostenible»[872]. Este fondo es concebido por el legislador autonómico como "instrumento de finan-

---

870 Apartado II de la Exposición de Motivos de la Ley 2/2016.

871 Artículo 2.1 de la Ley del IETIB.

872 Artículo 2.2 y 19.2 de la Ley del IETIB.

ciación" al servicio de una serie de proyectos destinados a "impulsar un turismo sostenible, responsable y de calidad en el archipiélago de las Illes Balears"[873].

Antes de entrar en el análisis de los diferentes aspectos ligados a la articulación normativa del IETIB, me parece oportuno detener la atención en el carácter pretendidamente «directo» de dicha figura[874]. *A priori*, y en línea con lo apuntado por Herrera Molina (2001) al respecto de la «ecotasa balear», podría pensarse que la calificación expresa del impuesto como tributo directo en el artículo 2.1 de la Ley 2/2016 responde a la pretensión de diferenciar su hecho imponible del hecho gravado por el IVA[875], evitándose, de este modo, la amenaza de doble imposición y consiguiente incompatibilidad con lo establecido en el artículo 6.Dos de la Ley Orgánica 8/1980, de 22 de septiembre, de Financiación de las Comunidades Autónomas (en adelante, LOFCA), en el que se prohíbe expresamente la posibilidad de que los tributos propios de las CC.AA. recaigan sobre hechos imponibles ya gravados por el Estado en el ejercicio de su potestad tributaria originaria.

Desde mi punto de vista, no obstante, y en lo que atañe a la posibilidad de trasladar el argumento apuntado al contexto en el que ahora nos encontramos, resulta indispensable tomar en consideración dos aspectos importantes. El primero es que la duplicidad de hechos imponibles entre la llamada «ecotasa balear» (antecedente inmediato del IETIB) y el IVA ya fue descartada por el Tribunal Superior de Justicia de las Islas Baleares (en adelante, TSJ balear) en su sentencia de 19 de mayo de 2006, número 486/2006. Dicha sentencia se dictó a raíz de un recurso contencioso-administrativo presentado por la Federación Empresarial Hotelera de Mallorca, en el que, a fin de justificar la superposición alegada, se argumentaba que, en ambos tributos, se gravan manifestaciones indirectas de la capacidad económica de los sujetos, el prestador del servicio de hostelería asume la totalidad de las obligaciones formales y materiales frente a la Administración tributaria, y la carga económica recae, en última instancia, sobre el consumidor final. A ello se añadía, a juicio de los recurrentes, que el impuesto balear sobre estancias turísticas era "en realidad un impuesto sobre el volumen de

---

873 Artículo 19 de la Ley del IETIB.

874 Debe observarse que la Ley reguladora del IEET no califica de forma expresa el referido tributo como directo o indirecto, a diferencia de lo que sucede con la Ley del IETIB.

875 Herrera Molina, P. (2001): "El impuesto balear sobre estancias en empresas turísticas de alojamiento (problemas constitucionales y de Derecho Comunitario)", *Revista Técnica Tributaria*, núm. 55, p. 71.

negocios, que grava directa o indirectamente la prestación de servicios de manera paralela al IVA, aunque se haya disfrazado como impuesto directo"[876].

En su sentencia, el TSJ balear rechaza los argumentos esgrimidos en el escrito de recurso para acabar descartando la pertinencia de plantear una cuestión de inconstitucionalidad de la Ley 7/2001. La prohibición de doble imposición a la que se refiere el artículo 6.2 de la LOFCA, subraya el Tribunal, atiende al presupuesto adoptado como hecho imponible (esto es, al acto o presupuesto de hecho previsto por la Ley cuya realización provoca el nacimiento de la obligación tributaria) y no a la realidad o materia imponible que le sirve de base (manifestación de riqueza efectivamente gravada)[877]. Esta circunstancia excluye necesariamente la superposición de figuras impositivas invocada por los recurrentes. Así, y al margen de otras muchas diferencias existentes entre los impuestos en pugna, queda confirmado que:

> "la capacidad económica objeto de imposición en la Ley 7/2001 (...) es la manifestada por las personas físicas (extranjeras o nacionales) que realizan estancias en establecimientos de empresas turísticas de alojamiento de las Islas Baleares. No se aprecia que se pretenda gravar la prestación de servicios que se efectúa en alojamientos turísticos, ni siquiera la puesta a disposición de sus usuarios de la habitación y otras dependencias a cambio de un precio, sino que sólo persigue la capacidad económica que genera el turista que visita las Islas. Se trata, en suma, de un índice de la presencia física en nuestro territorio de la persona configurada como contribuyente, y, a la vez, de la duración temporal de dicha presencia, y no de un impuesto sobre el volumen de negocios o la prestación de servicios o entrega de bienes"[878].

---

876 Sentencia del TSJ balear, FD Sexto.

877 El TSJ balear se apoya aquí en la distinción entre «materia imponible u objeto del tributo» y «hecho imponible», defendida por el TC en sentencias como la 37/1987, de 26 de marzo, FJ 14. Sobre la base de esta distinción, confirma la posibilidad de "que, en relación con una misma materia impositiva, el legislador pueda seleccionar distintas circunstancias que den lugar a otros tantos hechos imponibles, determinantes a su vez de figuras tributarias diferentes" (FD Sexto).

878 Sentencia del TSJ balear, FD Sexto. Un análisis detallado de la potencial equivalencia entre los impuestos sobre estancias turísticas aplicables en Cataluña y las Islas Baleares y el IVA puede encontrarse también en Bueno Gallardo, E. y Urbano Sánchez, L. (2017), Ob. Cit., p. 86. En línea con el TSJ balear, las autoras acaban resolviendo que los tributos analizados "no son coincidentes con el IVA y que, por tanto, no vulneran la prohibición prevista en el art. 6.2 LOFCA de establecer tributos autonómicos sobre hechos imponibles ya gravados por el Estado" (Ob. Cit., p. 85). Lo mismo concluyen con respecto al IAE (Ob. Cit., pp. 86-87). Por su parte, la Comisión de expertos para la reforma del

Por otro lado, debe tenerse en cuenta que, tal y como se desprende de la parte expositiva de la Ley 2/2016, el legislador balear no parece vincular el carácter directo del tributo a la concreta manifestación de capacidad económica que pretende gravarse, sino al hecho de que es el propio contribuyente (esto es, quien realiza la estancia y, por ende, pone de manifiesto la capacidad económica en cuestión) quien debe soportar el coste asociado al pago del impuesto, sin posibilidad de repercusión a un tercero. Más específicamente, y como en su día sugiriera la Exposición de Motivos de la Ley 7/2001, el apartado III de la Exposición de Motivos de la Ley 2/2016 aclara que el IETIB:

> "somete a tributación la capacidad económica del contribuyente, persona física, por razón de las estancias que realice (...) y constituye un impuesto directo, desde el punto de vista jurídico, desde el momento en que la ley no establece la repercusión obligatoria por parte del contribuyente a una tercera persona ajena a la relación jurídica tributaria con la Administración, sino que incluso la prohíbe, de modo que es el contribuyente quien, en todo caso, tiene que soportar la carga tributaria, sin perjuicio de la figura del sustituto del contribuyente, que también se prevé"[879].

Esta interpretación rompe, sin embargo, con la defendida por un sector mayoritario de la doctrina científica, que, a mi modo de ver con acertado juicio, se ha manifestado a favor de la naturaleza indirecta de los impuestos que gravan las estancias en establecimientos turísticos. Entre los autores que han mantenido esta posición podría destacarse el caso de Menéndez Moreno (2016), para quien

---

modelo de financiación local (2017) argumentaba que el impuesto propuesto (recordemos, un tributo municipal sobre las estancias turísticas) "no debe ser considerado como un «impuesto sobre el volumen de negocio», ya que, a pesar de que materialmente grave una prestación de servicios como es el alojamiento turístico: i) no es proporcional al precio del servicio puesto que la cuantía se refiere únicamente a la categoría del establecimiento sin referencia alguna a la contraprestación pagada; ii) no se percibe en cada una de las fases del proceso de producción y de distribución, en tanto que solo se grava el consumo final; y iii) no se aplica sobre el valor añadido de los bienes y de los servicios, en la medida en la que no se calcula deduciendo previamente el impuesto abonado en la transacción precedente" (Ob. Cit., p. 60).

879 En este mismo sentido, la Exposición de Motivos de la Ley 7/2001, reguladora de la «ecotasa balear», disponía que: "El uso correcto de la técnica jurídico-tributaria demanda que la configuración del contribuyente recaiga sobre quien manifieste la capacidad económica sometida a gravamen, esto es, sobre quien esté alojado en un establecimiento de los incluidos en el artículo 7 de la Ley, con lo cual queda configurado como un impuesto directo".

la regulación del IETIB "arroja la conclusión, más que evidente, de que estamos ante un impuesto indirecto que grava a los usuarios de los servicios propios de los establecimientos hoteleros y asimilados"[880]; o el de Bueno Gallardo y Urbano Sánchez (2017), quienes sostienen que estamos inequívocamente "ante un impuesto indirecto en tanto que se somete a tributación una manifestación indirecta de riqueza o capacidad económica (...). Se somete, así, a imposición un acto de consumo específico, cual es el consumo de servicios turísticos y, en particular, el que va asociado a la estancia en un establecimiento o alojamiento turístico, siendo a todas luces esta manifestación de riqueza la gravada habitualmente por los denominados impuestos indirectos"[881].

3.1. ASPECTOS OBJETIVOS

Conforme a lo dispuesto en el artículo 4.1 de la Ley 2/2016, el hecho imponible del IETIB viene constituido por la estancia, medida por días o fracciones, con o sin pernoctación, que los contribuyentes realicen en el territorio de las Islas Baleares, ofreciéndose a continuación un listado de establecimientos turísticos sujetos. En concreto, se consideran estancias turísticas sometidas a gravamen las que se efectúen en:

a) Establecimientos de alojamiento hotelero (hoteles, hoteles de ciudad, hoteles apartamentos y alojamientos de turismo interior).
b) Apartamentos turísticos.
c) Alojamientos de turismo rural (hoteles rurales y agroturismos[882]).
d) Albergues y refugios.
e) Hospederías.

---

880 Menéndez Moreno, A. (2016): "Las prestaciones patrimoniales, los tributos y sus clases: una clarificación pendiente y necesaria. Como pretexto un nuevo impuesto autonómico: el de las estancias turísticas en Baleares", *Quincena Fiscal*, núm. 10, p. 14.

881 Bueno Gallardo, E. y Urbano Sánchez, L. (2017), Ob. Cit., pp. 74-75.

882 Tal y como se especifica en el artículo 4.2 de la Ley del IETIB, las referencias a los establecimientos de «agroturismo» y «refugios» "incluyen también los regulados en la Ley 12/2014, de 16 de diciembre, agraria de las Illes Balears, como actividades agroturísticas".

f) Establecimientos de alojamiento no residenciales explotados por las empresas turístico-residenciales[883].

g) Hostales, hostales-residencia, pensiones, posadas, casas de huéspedes, campamentos de turismo o campings.

h) Viviendas turísticas en sentido amplio.

i) Resto de establecimientos a los que la normativa autonómica otorga la calificación de turísticos.

k) Embarcaciones de crucero turístico que realicen escala en un puerto de las Islas Baleares, salvo que se trate de inicios o llegadas de cruceros con salida o destino final en dicho territorio[884].

Como vemos, el listado de establecimientos turísticos contenido en la Ley del IETIB se caracteriza por un mayor nivel de desagregación que el propuesto por el legislador catalán, lo que, en mi opinión, debe valorarse positivamente, sobre todo en lo que concierne al supuesto particular de las viviendas turísticas. En efecto, la regulación vigente nos lleva a concluir, en esta ocasión con absoluta claridad, que todas las estancias en viviendas de uso turístico o vacacional situadas en el territorio de las Islas Baleares quedarán sujetas al impuesto, sin perjuicio de su posible exención y con independencia de la normativa que en última instancia les resulte aplicable. En este sentido, el legislador balear califica de forma expresa como «establecimientos turísticos» a efectos de este tributo:

- Las viviendas turísticas de vacaciones reguladas en la Ley 2/1999, de 24 de marzo, general turística de las Illes Balears[885].

---

883 Según el apartado III de la Exposición de Motivos de la Ley del IETIB, "el eje de la imposición gira alrededor de la estancia turística en las Illes Balears (...). Por esta misma razón, el impuesto no es aplicable a otras relaciones jurídicas que implican el uso residencial de un inmueble por parte de personas físicas, pero en las que la actividad empresarial de la persona o entidad que explota el inmueble no tiene carácter turístico (...), como los simples arrendamientos de temporada —sin comercialización turística—, sometidos a la legislación de arrendamientos urbanos, y los alojamientos inherentes a las residencias de militares, de estudiantes universitarios y de personas mayores, y a las instalaciones juveniles con alojamiento reguladas en la normativa autonómica en materia de juventud".

884 Sobre el concepto de «crucero turístico», puede verse la definición ofrecida en el artículo 4.2, último párrafo, de la Ley del IETIB.

885 Artículo 4.1.h) de la Ley del IETIB.

- Las viviendas objeto de comercialización de estancias turísticas a que se refiere la Ley 2/2005, de 22 de marzo, de comercialización de estancias turísticas en viviendas[886].
- Las viviendas objeto de comercialización turística susceptibles de inscripción con arreglo a lo previsto en la Ley 8/2012, de 19 de julio, del turismo de las Illes Balears[887].
- Las viviendas objeto de comercialización turística "que no cumplan los requisitos establecidos para ello en la normativa autonómica y que, por lo tanto, no sean susceptibles de inscripción de acuerdo con la legislación turística vigente"[888].

Por lo que se refiere a esta última tipología de inmuebles, aclara el artículo 2 del Reglamento del IETIB que, en todo caso, tendrán la consideración de establecimientos turísticos "las viviendas amuebladas y equipadas en condiciones de uso inmediato, comercializadas turísticamente, con finalidad lucrativa, que no cumplan con los requisitos exigidos por la normativa (...) para su comercialización turística"[889]. A este respecto, se entenderá que un establecimiento se comercializa turísticamente cuando en él se presten servicios propios de una empresa turística de alojamiento, o bien, cuando "la oferta de alojamiento se promocione mediante canales de comercialización turística por periodos de tiempo inferiores a dos meses, salvo que se acredite que las contrataciones (...) constituyen simples arrendamientos de temporada de acuerdo con la legislación aplicable"[890].

---

886 *Ibidem.*

887 *Ibidem.*

888 Artículo 4.1.j) de la Ley 2/2016. A este respecto, apunta el legislador autonómico en el apartado III de la Exposición de Motivos de la citada norma "que la legislación tributaria no puede ignorar la realidad, a saber, el hecho de que las estancias en las viviendas que materialmente son objeto de comercialización turística sin cumplir todos los requisitos que para ello impone la legislación turística verifican la capacidad económica del contribuyente objeto de gravamen por este impuesto y, por lo tanto, constituyen auténticos supuestos de sujeción al tributo".

889 Artículo 2.1 del Reglamento del IETIB.

890 Artículo 2.2 del Reglamento del IETIB. El apartado 3 de este mismo artículo, por su parte, define el término «canal de comercialización turística» como "todo sistema que ponga las viviendas objeto de comercialización turística a disposición de los potenciales clientes, tanto si este sistema actúa como simple intermediario para facilitar que se pongan en contacto ambas partes como si participa en la concreción de la venta o en el pago

Una vez delimitado el hecho imponible del impuesto, el artículo 5 de la Ley 2/2016 declara exentas las mismas estancias a las que se refiere el artículo 27 de la Ley del IEET[891]. De aquí se desprende la posibilidad de distinguir un supuesto de exención de naturaleza subjetiva, el concerniente a las estancias efectuadas por menores de 16 años, y tres supuestos de exención de carácter objetivo, a saber:

a) Estancias realizadas como consecuencia de "acontecimientos que se produzcan en el territorio de las Illes Balears que no se hayan podido prever o que se hayan podido prever pero hayan sido inevitables, y particularmente las catástrofes naturales, los actos violentos y las actuaciones de las fuerzas armadas y de las fuerzas y cuerpos de seguridad del Estado, cuando impliquen un riesgo extraordinario para las personas determinante de la necesidad de ocupar de manera urgente y provisional el establecimiento turístico"[892].

b) Estancias que efectúe cualquier persona, así como sus acompañantes, por razones de salud, siempre que pueda justificarse documentalmente que las mismas "responden a la necesidad de recibir prestaciones de atención sanitaria que formen parte de la cartera de servicios del sistema sanitario público de las Illes Balears"[893].

c) Estancias subvencionadas por programas sociales de una administración pública de cualquier Estado miembro de la UE.

3.2. ASPECTOS SUBJETIVOS

Desde una perspectiva estrictamente subjetiva, la normativa del IETIB vuelve a llevar a cabo una diferenciación entre dos figuras clave: el contribuyente, que es aquel que pone de manifiesto la capacidad económica gravada por el tributo, y el sustituto del contribuyente, que, por imperativo legal, está llamado a cum-

---

del precio de las correspondientes estancias turísticas". En particular, aunque sin ánimo de exhaustividad, se alude expresamente a las agencias de viajes; webs de promoción, reserva o alquiler turístico; plataformas P2P; y agencias inmobiliarias.

891 Acerca de la acreditación de los distintos supuestos de exención contemplados en la norma, así como de otros requisitos adicionales que resulten exigibles, pueden verse los artículos 3 a 8 del Reglamento del IETIB.

892 Artículo 4.1 del Reglamento del IETIB.

893 Artículo 5.1.c) de la Ley 2/2016.

plir con todas las obligaciones formales y materiales derivadas de la regulación vigente.

Más concretamente, el artículo 6.1 de la Ley 2/2016 atribuye la condición de contribuyente del impuesto:

- Con carácter general, a todas las personas físicas que realizan una estancia en alguno de los establecimientos turísticos relacionados en su artículo 4.1.
- Tratándose de embarcaciones de crucero turístico, a todos los pasajeros que se encuentran en tránsito en el momento en el que se produce el devengo del impuesto.

Por su parte, se presume que actúan en representación de los contribuyentes "las personas jurídicas a cargo de las cuales se expida la factura o el documento análogo por razón de la estancia de personas físicas integrantes de la organización de la persona jurídica en los establecimientos turísticos"[894]. Este podría ser el caso de las facturas expedidas a nombre de una sociedad en relación con las estancias efectuadas por sus trabajadores en viviendas de uso turístico o vacacional situadas en las Islas Baleares, ya sea por motivos laborales o de otra naturaleza.

En lo que atañe a la figura del sustituto, nuevamente observamos que será el titular de la empresa que explota el establecimiento turístico sujeto (ya se trate de una persona física, de una persona jurídica o de alguna de las entidades sin personalidad jurídica propia a las que se refiere el artículo 35.4 de la LGT) quien asumirá el cumplimiento de todas las obligaciones emanadas de la Ley del IETIB y su reglamento de desarrollo[895]. No obstante, y a diferencia de lo sucedido en el

---

894 Artículo 6.1, último párrafo, de la Ley del IETIB. Tal y como señalan Bueno Gallardo, E. y Urbano Sánchez, L. (2017), debe observarse que, si bien en el caso catalán las personas jurídicas a cuyo nombre se expide la factura son reconocidas expresamente como contribuyentes del impuesto, en el caso balear estos sujetos no se califican como contribuyentes, sino como representantes del contribuyente (Ob. Cit., p. 72).

895 Villca Pozo (2022) llama la atención sobre el hecho de que el legislador balear no precise, ni en la Ley ni en el Reglamento, "si, por titular de la empresa que explota el establecimiento turístico, se ha de entender al titular de la licencia de explotación" (Ob. Cit., p. 137). De acuerdo con una interpretación estricta del artículo 6.2 de la Ley del IETIB, apunta la autora, "se extrae que en el caso de las personas físicas su alcance procede únicamente cuando la persona física sea titular de la empresa que explota el establecimiento, es decir, que se trate de un empresario autónomo, porque es a través de esta vía jurídica que una persona física puede realizar la actividad del alquiler de forma profesional en el

ámbito del IEET, comprobamos que, en este supuesto particular, el legislador autonómico sí se decanta por establecer de forma expresa la obligación de repercusión del tributo al destinatario del servicio turístico, que deberá realizarse en cualquier momento antes de la finalización del período de estancia[896]. Dicha repercusión exige la comunicación, por parte del contribuyente, de todos los elementos necesarios para la determinación de la cuota tributaria; entre ellos, sus datos identificativos, el número de días de estancia, y la solicitud y justificación de aplicación de las exenciones correspondientes[897]. Correlativamente a esta obligación de repercusión, el artículo 10.2 de la ley del impuesto reconoce la obligación del contribuyente de resarcir al sustituto por el ingreso efectuado, así como la prohibición de repercutir el tributo a un tercero.

En línea con lo señalado en el artículo 17 del Reglamento del IETIB, la repercusión del impuesto a la persona física que realiza la estancia deberá ajustarse a las siguientes condiciones:

- El contribuyente deberá satisfacer el importe debido "en cualquier momento previo a la finalización de la estancia, salvo que se haya pagado anteriormente" (por ejemplo, en el momento de formalizar la reserva)[898].
- El pago podrá exigirse mediante la factura (o documento equivalente) en el que se efectúe el cargo de todos los servicios prestados por el establecimiento, en cuyo caso la cuota repercutida deberá consignarse separadamente del resto de conceptos, o bien, mediante la expedición de un documento en el que únicamente conste la repercusión del tributo[899]. En cualquiera de estos supuestos, y una vez satisfecho el importe corres-

mercado (...); y no sería aplicable cuando alquilen sin crear su empresa para dedicarse a esta actividad" (Ob. Cit., p. 137).

896 Artículo 10.1 de la Ley 2/2016.

897 Esta obligación de comunicación se encuentra desarrollada en el artículo 16 del Reglamento del IETIB, en virtud del cual toda persona física que realice una estancia en un establecimiento turístico sujeto deberá presentar, al inicio de esta y a menos que resulte aplicable el método de estimación objetiva, una declaración en la que se suministren al sustituto los datos necesarios para poder calcular y exigir el impuesto. Respecto a la posibilidad de declaración conjunta, menores de edad o modificación posterior de los días de estancia, véase lo establecido en los apartados 2, 3 y 4 del precepto referenciado.

898 Artículo 17.1 del Reglamento del IETIB.

899 Artículo 17.2 del Reglamento del IETIB.

pondiente, el documento en cuestión deberá entregarse al contribuyente como justificante de pago[900].

El catálogo de obligados tributarios del IETIB se cierra con la articulación de un régimen de responsabilidades en materia tributaria que presenta algunas diferencias importantes con respecto al contenido en la normativa reguladora del IEET. Así, mientras que la Ley 5/2017 atribuía la condición de responsables solidarios a las personas y entidades que contratan directamente en nombre del contribuyente y ejercen de intermediarios entre estos y los establecimientos turísticos, la Ley 2/2016 cataloga a estos mismos agentes como responsables subsidiarios[901], lo que, como bien es sabido, implica que la Administración tributaria no podrá dirigirse contra ellos para exigir el pago del impuesto si previamente no han sido declarados como fallidos el deudor principal (sustituto) y, en su caso, los responsables solidarios[902]. Esta última condición, por su parte, queda reservada para el supuesto particular de las embarcaciones de crucero turístico, y, más específicamente, para "los consignatarios que, de acuerdo con la Ley 14/2014, de 24 de julio, de navegación marítima, actúen por cuenta de los sujetos pasivos sustitutos por medio de un contrato de agencia o de comisión"[903].

Debe observarse que el régimen anterior dejaría fuera del elenco de responsables subsidiarios a las plataformas intermediarias en la actividad de alojamiento turístico en viviendas particulares, habida cuenta de que dichas plataformas se limitan a intermediar entre los arrendadores y los usuarios de las viviendas ofertadas sin llegar a contratar el servicio de alojamiento por cuenta de estos últimos. Esta circunstancia parece ser valorada positivamente por Villca Pozo (2022),

900 Artículo 17.3 del Reglamento del IETIB, en el que seguidamente se especifican los datos que, como mínimo, deberá contener el documento expedido.

901 Conforme a lo dispuesto en el artículo 7.1 de la Ley 2/2016: "Son responsables subsidiarios del pago del impuesto las personas o las entidades que contraten directamente, como mediadoras, las estancias con los sustitutos de los contribuyentes, y a las que corresponde abonar dichas estancias por cuenta o en interés de los contribuyentes. Esta responsabilidad subsidiaria debe entenderse al margen de la posibilidad de que estas personas o entidades mediadoras actúen en determinados casos como representantes del contribuyente en el pago del impuesto al sustituto, de acuerdo con las normas generales de la legislación tributaria en materia de representación y a los efectos de lo previsto en el artículo 10 de la presente ley".

902 Acerca del procedimiento para exigir la responsabilidad subsidiaria, véase el artículo 176 de la LGT.

903 Artículo 7.2 de la Ley del IETIB.

para quien la consideración de las plataformas como responsables subsidiarios sería teóricamente aceptable, pero no la opción más conveniente desde un punto de vista práctico, dado el tiempo y el coste que supondría su ejecución[904].

3.3. ASPECTOS CUANTITATIVOS

La base imponible del IETIB está constituida por el número de días de estancia del contribuyente en alguno de los establecimientos turísticos que se mencionan en el artículo 4.1 de la Ley 2/2016. A tales efectos, y en contraposición a lo observado con respecto al IEET (cuyo reglamento de desarrollo, recordemos, se remite a las normas sobre horarios de cada establecimiento), la ley balear aclara que el término «día» se refiere:

- En el caso de establecimientos y viviendas turísticas, a "la franja horaria que va desde las 12.00 horas del mediodía hasta las 12.00 horas del día siguiente"[905].
- En el caso de embarcaciones de crucero, a cada uno de los periodos de veinticuatro horas desde el inicio de la estancia hasta su finalización (esto es, desde el momento en el que el barco se encuentre totalmente amarrado hasta que desamarre el primer cabo)[906].

Asimismo, se especifica que las estancias inferiores a las franjas indicadas se considerarán estancias de un día, "siempre y cuando, en el caso de establecimientos y viviendas, superen las doce horas de duración"[907]. La literalidad de la norma en este punto nos lleva a concluir la no sujeción al impuesto de las estancias en establecimientos turísticos de duración inferior a las doce horas, lo que, al menos desde mi punto de vista, y muy especialmente en el supuesto particular de las viviendas vacacionales, no será demasiado frecuente en la práctica.

De nuevo, y en consonancia con el artículo 12.1 de la Ley del IETIB, parece evidente que la cuantificación del impuesto deberá realizarse siempre de forma separada e independiente para cada periodo de estancia del contribuyente, si

904 Villca Pozo, M. (2022), Ob. Cit., p. 138.

905 Artículo 12.2, párrafo primero, de la Ley del IETIB.

906 Artículo 12.2, párrafo primero, de la Ley del IETIB, que debe ser interpretado en conexión con el artículo 9 de su reglamento de desarrollo.

907 Artículo 12.2, párrafo segundo, de la Ley del IETIB.

bien debe reconocerse que, a diferencia de lo sucedido en el ámbito catalán, el legislador balear no establece un número máximo de unidades de base imponible. Así pues, una estancia continuada de 15 días en el mismo establecimiento turístico, por ejemplo, daría lugar a una base imponible de 15 unidades en la medida en la que el método aplicable para la cuantificación de dicha magnitud fuese el de estimación directa[908].

La aclaración anterior reviste una importancia fundamental en el contexto en el que ahora nos encontramos, pues, frente a los métodos de estimación directa e indirecta que contempla la normativa reguladora del IEET, la Ley del IETIB alude también a la posible utilización del método de estimación objetiva. Las condiciones de aplicación de este método, que tiene carácter voluntario y opera como alternativa al método general de estimación directa, podrían resumirse de la siguiente manera:

Tabla 6.6. Condiciones de aplicación del método de estimación objetiva para la determinación de la base imponible del IETIB

Ámbito subjetivo	Titulares de las empresas que explotan los establecimientos turísticos sujetos respecto de los que se cumplan dos requisitos simultáneamente: a) Que, durante el ejercicio fiscal anterior, no se haya superado la cifra de 12.000 plazas de capacidad, o bien, más del 15% de las plazas ofertadas hayan sido contratadas mediante intermediarios, mayoristas u operadores turísticos[909]; y b) que no se haya ejercitado la renuncia al método de estimación objetiva ni se haya producido la exclusión de dicho régimen[910].

[908] Pese a la inexistencia de un límite máximo de unidades de estancia, y como a continuación se comentará, la Ley 2/2016 regula una bonificación de la cuota íntegra para las estancias en establecimientos turísticos superiores a los ocho días de duración.

[909] Artículo 11.2 del Reglamento del IEITIB. Al objeto de determinar el número de plazas de capacidad en los casos de inicio de actividad, aclara el legislador que deberá atenderse al tiempo de apertura autorizado por la Administración turística competente. Asimismo, en el apartado 3 del citado precepto se especifica que, a efectos de lo previsto en el mismo, "el ejercicio fiscal será de doce meses, computados desde el 1 de enero al 31 de diciembre".

[910] Artículo 11.1 del Reglamento del IETIB. Las cuestiones relativas a la renuncia y a la exclusión del régimen de estimación objetiva se encuentran reguladas en los artículos 12 y 13 del mismo texto normativo.

Ámbito objetivo	Se aplicará a todos los establecimientos ubicados en las Islas Baleares que explote el sujeto pasivo, sin ningún tipo de distinción. Esta circunstancia conlleva la imposibilidad de que un sujeto que explota diferentes establecimientos, independientemente de su tipología, combine el régimen de estimación directa con el régimen de estimación objetiva[911].
Cuantificación de la base imponible	El número total de días estancia por establecimiento turístico y ejercicio fiscal se determinará mediante la aplicación de los signos, índices y módulos que se recogen en el Anexo 1 del Reglamento del IETIB. Dicho Anexo parte de una clasificación en nueve grupos de los establecimientos enumerados en el artículo 13.1 de la Ley 2/2016[912] y, con carácter general, estima el número total de días de estancia a partir de tres elementos: el tipo de establecimiento, el número promedio de días de apertura al cierre del ejercicio fiscal, y el número de plazas autorizadas y comprobadas por la administración[913].

Fuente: Elaboración propia a partir del contenido del artículo 12 de la Ley 2/2016 y de los artículos 11 a 14, incluido el Anexo 1, del Reglamento del IETIB.

La cuota íntegra del impuesto será la que resulte de multiplicar el importe de la base imponible, sea cual fuere el método empleado para su determinación, por la tarifa correspondiente, que se hace depender de la tipología del establecimiento turístico en el que se efectúa la estancia, y, únicamente cuando se trate de establecimientos hoteleros y apartamentos turísticos, también de su categoría. Esta modulación de la tarifa en atención a la categoría del establecimiento se producirá igualmente, por expresa disposición del artículo 13.5 de la Ley 2/2016, en el supuesto de los hoteles rurales, agroturismos, hospederías y alojamientos de turismo interior que hayan optado por la clasificación por estrellas.

La Tabla 6.7, extraída del artículo 13.1 de la Ley del IETIB, recoge las tarifas aplicables por tipo de establecimiento y, en su caso, categoría, según redacción dada al precepto con efectos 1 de enero de 2023.

911 Artículo 11.4 del Reglamento del IETIB. Al respecto de esta cuestión, debe matizarse que el artículo 12.3.b) de la Ley 2/2016 deja en manos de su reglamento de desarrollo la posibilidad de reconocer la aplicación parcial o selectiva del régimen de estimación objetiva.

912 Dicho precepto, que será analizado a continuación, se ocupa de regular la tarifa del IETIB.

913 La única excepción a esta regla viene constituida por el grupo octavo, que comprende las siguientes clases de establecimientos: campings turísticos, viviendas objeto de

Tabla 6.7. Tarifa del IETIB

	Euros/día de estancia o fracción
Hoteles, hoteles de ciudad y hoteles apartamentos de cinco estrellas, cinco estrellas gran lujo y cuatro estrellas superior	4
Hoteles, hoteles de ciudad y hoteles apartamentos de cuatro estrellas y tres estrellas superior	3
Hoteles, hoteles de ciudad y hoteles apartamentos de una, dos y tres estrellas	2
Apartamentos turísticos de cuatro llaves y cuatro llaves superior	4
Apartamentos turísticos de tres llaves superior	3
Apartamentos turísticos de una, dos y tres llaves	2
Establecimientos de alojamiento no residenciales de empresas turístico-residenciales	4
Viviendas turísticas de vacaciones, viviendas objeto de comercialización de estancias turísticas y viviendas objeto de comercialización turística	2
Hoteles rurales, agroturismos, hospederías y alojamientos de turismo de interior	2
Hostales, hostales-residencia, pensiones, posadas y casas de huéspedes, campamentos de turismo o campings	1
Albergues y refugios	1
Otros establecimientos o viviendas de carácter turístico	2
Embarcaciones de crucero turístico	2

Fuente: Elaboración propia a partir del contenido del artículo 13.1 de la Ley del IETIB, según redacción dada al mismo con efectos 1 de enero de 2023.

comercialización turística, viviendas objeto de comercialización de estancias turísticas, viviendas turísticas de vacaciones, establecimientos de alojamiento no residenciales de empresas turístico-residenciales, y otros establecimientos o viviendas de carácter turístico. El procedimiento a seguir para la cuantificación de la base imponible, así como los módulos aplicables para cada uno de los grupos de establecimientos, se encuentran regulados en el propio anexo 1 del Reglamento del IETIB.

Una vez determinada la cuota, y como elemento diferenciador frente al IEET, el legislador balear reconoce la posibilidad de minorar su importe a través de la aplicación de bonificaciones en aquellos supuestos en los que el método utilizado para la cuantificación de la base imponible sea el de estimación directa[914]. De aquí la pertinencia de realizar una distinción entre los conceptos de «cuota íntegra» (base imponible x tipo de gravamen) y «cuota líquida» (resultado de minorar la cuota íntegra en las bonificaciones aplicables)[915]. En particular, se contempla:

- Una bonificación del 75% para las estancias que se lleven a cabo entre el 1 de noviembre de cada año y el 30 de abril del año siguiente (estancias de temporada baja)[916], a través de la cual pretende favorecerse "la desestacionalización del turismo"[917].
- Una bonificación del 50% para las estancias superiores a ocho días en un mismo establecimiento turístico, que será de aplicación a los días noveno y siguientes (estancias de larga duración). Para el cálculo de esta bonificación se tomará como base la cuota íntegra del impuesto, o, tratándose de estancias de temporada baja, la cuota íntegra minorada en el importe de la bonificación anterior. Su objetivo radica en "fomentar estancias turísticas de una duración más larga, con una utilización, por lo tanto, menos intensa de los grandes medios de transporte y, en definitiva, con menos impacto medioambiental"[918].

Por lo que respecta a la evolución experimentada en el importe de estas tarifas y bonificaciones, conviene señalar que, si bien el número y la tipología de los beneficios regulados se han mantenido inalterados desde la entrada en vigor de la Ley 2/2016, la Ley 13/2017, de 29 de diciembre, incrementó la bonificación correspondiente a las estancias de temporada baja (que inicialmente era del 50%)

914 Conforme a la literalidad del artículo 15.3 del Reglamento del IETIB, las bonificaciones previstas en la norma no se tomarán en consideración a la hora de determinar la cuota tributaria en el régimen de estimación objetiva, sin perjuicio de que el sustituto deba aplicar tales bonificaciones en los actos de repercusión del impuesto al contribuyente.

915 Artículo 13.2 de la Ley del IETIB.

916 Artículo 13.3 de la Ley del IETIB.

917 Exposición de Motivos de la Ley 2/2016, apartado III.

918 *Ibidem*.

en 25 puntos porcentuales[919]. Tal y como se especificaba en la parte expositiva de la citada norma, esta modificación vino justificada por el correlativo aumento de las tarifas generales del IETIB, que se multiplicó por dos "para dotar de más recursos al fondo para favorecer el turismo sostenible"[920]. Por esta razón, y a fin de evitar que el incremento de la tarifa afectara "a una de las finalidades extrafiscales del impuesto, a saber, la desestacionalización", se optó por incrementar también la bonificación de la cuota en temporada baja, de forma que el efecto del incremento de la tarifa se limitase a las estancias de temporada alta[921].

De lo anterior se infiere que, frente a la multiplicidad de periodos e importes que distinguíamos en el modelo catalán, las tarifas propias del IETIB han permanecido prácticamente inalteradas a lo largo del tiempo. Así lo pone de manifiesto la Tabla 6.8, en la que, a efectos de simplificación, los grupos de establecimientos reflejados en la Tabla 6.7 han sido referenciados sucesivamente con los códigos G1 a G13.

Tabla 6.8. Evolución de las tarifas del IETIB, teniendo en cuenta la bonificación del 50% para las estancias de temporada baja

	Periodo temporal			
	3/4/2016 a 1/1/2018		1/1/2018 en adelante	
Tipología de establecimiento	**Temporada alta**	**Temporada baja**	**Temporada alta**	**Temporada baja**
G1, G4, G7	2	1	4	1
G2, G5	1,5	0,75	3	0,75
G3, G6, G8, G9, G12, G13	1	0,5	2	0,5
G10, G11	0,5	0,25	1	0.25

Fuente: Elaboración propia a partir del contenido del artículo 13 de la Ley del IETIB, según redacción originaria y modificaciones posteriores.

919 Ley 13/2017, 29 de diciembre, de Presupuestos Generales de la Comunidad Autónoma de las Illes Balears para el año 2018.

920 Exposición de Motivos de la Ley 13/2017, apartado IV, párrafo segundo.

921 *Ibidem.* Este efecto puede comprobarse en la Tabla 6.8, donde se pone de manifiesto que la tarifa aplicable para las estancias de temporada baja siguió siendo la misma después de la reforma operada por la Ley 13/2017.

Finalmente, considero oportuno reproducir aquí el análisis que realizábamos en el epígrafe 2 de este capítulo con respecto a la naturaleza pretendidamente extrafiscal del impuesto sobre estancias turísticas aplicable en el territorio de la Comunidad Autónoma de Cataluña. Aunque debe admitirse que, en el caso balear, el legislador autonómico no se refiere a la internalización de las externalidades asociadas al turismo como finalidad primordial del tributo, lo cierto es que en la Exposición de Motivos de la Ley 2/2016 se plantea la creación de un impuesto parcialmente destinado a "compensar a la sociedad balear por el coste medioambiental y social (...) que supone el ejercicio de determinadas actividades que distorsionan o deterioran el medio ambiente", lo que indirectamente nos remite a esa idea de «internalización» a la que se alude en el artículo 23 de la Ley 5/2017[922]. Por las mismas razones anteriormente comentadas, sin embargo, parece difícil que este objetivo pueda llegar a alcanzarse a través de una medida tributaria, como es el IETIB, que en todos sus elementos permanece desvinculada del potencial impacto contaminante de las estancias sometidas a gravamen.

3.4. ASPECTOS TEMPORALES

Por lo que concierne al aspecto temporal, el IETIB se configura también como un tributo instantáneo, cuyo devengo se produce al inicio de la estancia gravada. A tales efectos, se entiende por «inicio de la estancia»:

- Con carácter general, el momento en el que el sustituto del contribuyente pone a disposición de este el establecimiento turístico.
- Tratándose de estancias en embarcaciones de crucero turístico, el momento en el que la embarcación hace escala en algún puerto de las Islas Baleares.

En lo que atañe a la periodicidad con la que deberán presentarse las autoliquidaciones del impuesto (obligación que recaerá, en todo caso, sobre el sustituto del contribuyente), el artículo 14 de la Ley 2/2016 distingue dos posibilidades en función del método utilizado para la determinación de la base imponible. Así:

- Tratándose de supuestos en los que se aplique el método de estimación directa, "el periodo de liquidación será trimestral, para cada uno de los

922 Exposición de Motivos de la Ley 2/2016, apartado II, último párrafo.

trimestres en que se divide el año natural"[923]. Como regla general, por tanto, los sujetos pasivos del IETIB vendrán obligados a presentar cuatro autoliquidaciones por año (modelo 700) respecto de cada uno de los establecimientos turísticos explotados[924], incluso cuando no se hayan devengado cuotas en el periodo de liquidación[925].

- Cuando resulte aplicable el método de estimación objetiva, "el periodo de liquidación se corresponderá con el año natural"[926], lo que traerá consigo una simplificación importante de los aspectos vinculados a la gestión del tributo. Al igual que en el supuesto anterior, el sustituto del contribuyente quedará obligado a presentar una autoliquidación por cada establecimiento turístico explotado (modelo 710), debiendo consignar en ella el total de la cuota devengada en el ejercicio, del cual se descontará el ingreso a cuenta al que seguidamente nos referiremos[927].

En efecto, el artículo 31 del Reglamento del IETIB (que desarrolla lo establecido en el artículo 14.3 de la Ley 2/2016) matiza que, cuando la base imponible del impuesto se determine por el método de estimación objetiva, el titular de la explotación quedará obligado a realizar un ingreso a cuenta por cada uno de los establecimientos turísticos que explote. El importe de dicho ingreso, que se llevará a cabo mediante la presentación de una autoliquidación adicional entre los días 1 a 20 del mes de septiembre (modelo 702), ascenderá, con carácter general, al 50% de la cuota resultante de aplicar el módulo que corresponda al número total de plazas autorizadas a 1 de enero, o, en su caso, a la fecha de inicio de la actividad turística[928].

---

923 Artículo 14.2 de la Ley del IETIB.

924 Artículo 28 del Reglamento del IETIB.

925 En este sentido, establece el artículo 28.6 del Reglamento del IETIB que: "La obligación de presentar la declaración-liquidación se mantendrá, aunque no se hayan devengado cuotas en el periodo de liquidación, mientras el sustituto y el establecimiento turístico a los que se refiera la declaración-liquidación estén de alta en el censo (...)".

926 Artículo 14.3 de la Ley del IETIB.

927 Artículo 30 del Reglamento del IETIB.

928 A título de especialidad, el último párrafo del artículo 31.4 del Reglamento del IETIB establece lo siguiente: "Cuando el inicio del ejercicio efectivo de la actividad se produzca entre el 1 de mayo y el 31 de agosto, ambos incluidos, el pago a cuenta será del 40%, y del 20% cuando se produzca a partir del 1 de septiembre".

Por expresa disposición del artículo 32 del mismo texto normativo, quedan exonerados de la obligación de presentar la autoliquidación anual, así como de efectuar el ingreso a cuenta, los sujetos que exploten alguna de las siguientes tipologías de establecimientos turísticos[929]:

- Campings turísticos.
- Viviendas objeto de comercialización turística.
- Viviendas objeto de comercialización de estancias turísticas.
- Viviendas turísticas de vacaciones.
- Establecimientos de alojamiento no residenciales de empresas turístico-residenciales.
- Otros establecimientos o viviendas de carácter turístico.

En todos estos supuestos, será la Administración tributaria la que proceda a la liquidación del tributo, debiendo el sustituto limitarse a ingresar las cuotas liquidadas "entre el 1 de mayo y el 30 de junio del ejercicio siguiente al que se refiere la liquidación, salvo que en el edicto de notificación colectiva se establezca otro diferente"[930].

La Tabla 6.9 recoge información pertinente sobre los periodos de liquidación, así como los plazos para la presentación de la autoliquidación e ingreso de la deuda tributaria, que se derivan de lo previsto en el artículo 28 del Reglamento del IETIB.

---

929 Las tipologías de establecimientos turísticos que se enumeran a continuación son las incluidas en el grupo octavo del punto 2 del anexo 1 del Reglamento del IETIB.

930 Artículo 32.4 del Reglamento del IETIB.

Tabla 6.9. Periodo de liquidación del IETIB y plazo de presentación e ingreso de la autoliquidación en el método de estimación directa

Periodo de liquidación		Plazo de presentación e ingreso: Regla general	Plazo de presentación e ingreso: Embarcaciones de crucero turístico[931]
Trimestre 1	1 de enero a 31 de marzo	1 a 20 de abril	1 a 20 de julio
Trimestre 2	1 de abril a 30 de junio	1 a 20 de julio	1 a 20 de octubre
Trimestre 3	1 de julio a 30 de septiembre	1 a 20 de octubre	1 a 20 de enero del año siguiente
Trimestre 4	1 de octubre a 31 de diciembre	1 a 20 de enero del año siguiente	1 a 20 de abril del año siguiente

Fuente: Elaboración propia a partir del contenido del artículo 28 del Reglamento del IETIB.

Cuando el método utilizado para la determinación de la base imponible sea el de estimación objetiva, la presentación de la autoliquidación y el ingreso de la cuota deberán realizarse en el plazo comprendido entre el 1 y el 31 de enero del ejercicio siguiente a aquel que sea objeto de liquidación[932].

3.5. OBLIGACIONES FORMALES

Con carácter general, los titulares de las empresas explotadoras de los establecimientos turísticos sujetos que apliquen el régimen de estimación directa quedarán sometidos a las siguientes obligaciones:

1) Disponer de un certificado digital en vigor expedido por una entidad autorizada que acredite su identidad[933].

---

931 A título de excepción frente a la regla general, dispone el artículo 28.5 del Reglamento del IETIB que, "en el caso de los establecimientos turísticos a los que se refiere la letra k del artículo 4.1 de la Ley 2/2016 [embarcaciones de crucero turístico], la presentación y, en su caso, el ingreso de las cuotas devengadas en el trimestre correspondiente se efectuará entre los días 1 y 20 del cuarto mes siguiente al de finalización de cada trimestre".

932 Artículo 30.4 del Reglamento del IETIB.

933 Artículo 33.3 del Reglamento del IETIB.

2) Presentar las declaraciones censales correspondientes al inicio o cese de la actividad turística en relación con cada uno de los establecimientos explotados (lo que conllevará el alta o la baja en el denominado «Censo de sustitutos»[934]), así como las declaraciones de modificación que resulten pertinentes cuando se produzca alguna variación de los datos recogidos en una declaración anterior[935]. A tales efectos, el sustituto deberá hacer uso del modelo 017[936].

3) Presentar la autoliquidación del impuesto en las condiciones y los plazos que se determinen reglamentariamente (modelo 700) y, en su caso, ingresar la cuota resultante[937].

4) Presentar una declaración-resumen anual por cada establecimiento turístico explotado (modelo 790)[938]. Dicha declaración tendrá que presentarse entre el 1 de enero y el 31 de enero del año siguiente a aquel al que se refiera la correspondiente declaración, o bien, entre el 1 de enero y el 30 de abril cuando el establecimiento explotado sea una embarcación de crucero turístico[939].

5) Expedir y entregar los justificantes concernientes a la exigencia y el cobro del tributo a la persona física que efectúa la estancia sujeta y conservar una copia de estos, ordenada por días y con la debida separación[940].

---

934 La obligación de presentar declaraciones censales de alta y baja se encuentra recogida en el artículo 11.1.a) de la Ley del IETIB. Posteriormente, dicha obligación es objeto de desarrollo en los artículos 23 (*Censo de sustitutos*), 24 (*Declaración de alta*) y 26 (*Declaración de baja*) del Reglamento del impuesto.

935 Artículo 11.1.a) de la Ley del IETIB, que debe ser interpretado en conexión con los artículos 23.2 y 25 (*Declaración de modificación*) de su reglamento de desarrollo.

936 Artículo 27 del Reglamento del IETIB.

937 Artículos 11.1.b) y 14.1 de la Ley del IETIB, y artículo 28.3 de su reglamento de desarrollo. El artículo 14.5 de la citada ley, por su parte, prevé la posibilidad de que el sustituto del contribuyente no presente la autoliquidación, en cuyo caso "la Agencia Tributaria de las Illes Balears podrá girar la liquidación de oficio (...) utilizando los signos, índices o módulos que reglamentariamente se fijen para el régimen de estimación objetiva".

938 Artículo 29.1 del Reglamento del IETIB. La información a reflejar en esta declaración informativa será la especificada en el apartado 3 del mismo artículo.

939 Artículo 29.2 del Reglamento del IETIB.

940 Artículos 11.1.c) de la Ley 2/2016 y 17.3 de su reglamento de desarrollo.

6) Numerar los documentos justificativos de las exenciones de manera correlativa, iniciando la numeración de año en año e indicando el número de factura o documento análogo en el que se aplicó la exención, y conservar un ejemplar de la declaración de la exención y una copia de los documentos que la acrediten, ordenadas por días y con la debida separación[941].

7) Llevar y conservar de manera adecuada el libro registro de declaraciones y el libro registro de justificantes de pago emitidos[942]. Estos libros tendrán carácter autónomo con respecto a aquellos que pudieran resultar exigibles en cumplimiento de otras obligaciones fiscales o contables[943] y deberán reunir todos los requisitos contemplados en el artículo 18 del Reglamento del IETIB (claridad, exactitud, numeración correlativa de las páginas, individualización por establecimiento explotado, etc.)[944].

Tratándose de sujetos pasivos acogidos al método de estimación objetiva, un análisis de lo dispuesto en el artículo 22 del Reglamento del impuesto nos lleva a confirmar que la obligación establecida en el número 7) anterior quedará sustituida por la de conservar los justificantes de los signos, índices y módulos que se hayan utilizado para la cuantificación de la base imponible. Asimismo, la obligación consistente en la expedición, entrega y conservación de los justificantes correspondientes a la exigencia y cobro del tributo (punto 5) quedará limitada a aquellos supuestos en los que la persona física que realiza la estancia así lo requiera. Por lo demás, subsistirá la obligación de:

a) Disponer de un certificado digital expedido por una entidad autorizada[945].

b) Presentar declaraciones censales de alta, baja y modificación[946].

---

941 Artículos 8.2 y 16, apartados 1 y 5, del Reglamento del IETIB.

942 Artículo 18.1 del Reglamento del IETIB. Las características de cada uno de estos libros registro pueden consultarse en los artículos 19 (*Libro registro de declaraciones*) y 20 (*Libro registro de justificantes de pago emitidos*) del mencionado reglamento. Asimismo, puede verse lo dispuesto en su artículo 21 acerca de los plazos para realizar las correspondientes anotaciones registrales.

943 Artículo 18.2 del Reglamento del IETIB.

944 Al respecto de esta cuestión, puede verse el artículo 18, apartados 3 a 5, del Reglamento del IETIB.

945 Artículo 33.3 del Reglamento del IETIB.

946 Artículo 11.1.a) de la Ley del IETIB y artículos 24 a 27 de su reglamento de desarrollo.

c) Presentar la autoliquidación del impuesto y efectuar el ingreso correspondiente (modelo 710)[947], salvo que el establecimiento explotado sea uno de los incluidos en el grupo octavo del punto 2 del anexo 1 del Reglamento del IETIB. En este último caso, el sujeto pasivo deberá limitarse a ingresar la cuota liquidada por la Administración en el plazo fijado al efecto[948].

d) Realizar un ingreso a cuenta durante el mes de septiembre (modelo 702), en los términos previstos en el artículo 31 del Reglamento del IETIB.

4. OTRAS PROPUESTAS

Muy en la línea de lo acontecido en el contexto internacional, la mal llamada «tasa turística» (pues en realidad no tiene naturaleza jurídica de tasa, sino de impuesto) sigue constituyendo un tema de actualidad para muchas regiones y provincias españolas, en las que, con mayor o menor avance, se ha debatido sobre la creación de un impuesto similar al aplicable en el territorio de Cataluña y las Islas Baleares. Un ejemplo destacado de la polémica existente en torno a esta cuestión ha sido el de la Comunidad Valenciana, donde, tras una fase inicial de rechazo de la propuesta por no considerarla conveniente para el interés general y entender que el nivel de competitividad de la región podía verse afectado de manera negativa[949], se aprobó un impuesto sobre las estancias turísticas que, curiosamente, no tuvo tiempo de ser aplicado de manera efectiva[950]. Nos referimos, más específicamente, al impuesto valenciano sobre estancias turísticas (en adelante, IVET), introducido mediante la Ley 7/2022, de 16 de diciembre, de medidas fiscales para impulsar el turismo sostenible, y posteriormente derogado,

947 Artículo 30 del Reglamento del IETIB.

948 Artículo 32 del Reglamento del IETIB.

949 Declaraciones del presidente de la Generalitat Valenciana Ximo Puig recogidas en la página web de Hosteltur con fecha 10 de noviembre de 2016. Disponible en: https://www.hosteltur.com/118917_tasa-turistica-no-es-procedente-comunidad-valenciana-puig.html (último acceso: 31/01/2024).

950 Para otros ejemplos de ciudades españolas en las que se ha debatido sobre la creación de un impuesto sobre las estancias turísticas, puede verse el informe de Pedro Bueno, A. (2022), Ob. Cit., pp. 23-24.

al compás de un cambio del Gobierno autonómico, por el Decreto-ley 12/2023, de 10 de noviembre, del Consell[951].

Conviene resaltar que la previsión inicial, conforme a lo establecido en la Disposición final tercera de la Ley 7/2022, era que la entrada en vigor del IVET se produjera el 19 de diciembre de 2023 (justo un año después de la publicación de aquella norma en el Diario Oficial de la Generalitat Valenciana). Sin embargo, esta circunstancia no llegó a darse nunca, pues el Decreto-ley 12/2023, que derogó la Ley 7/2022 en su totalidad, adquirió vigencia el 15 de noviembre de ese mismo año. De aquí que, a diferencia de lo sucedido en las CC.AA. de Cataluña y Baleares, la propuesta valenciana no pasara de constituir un mero proyecto para la introducción de "un impuesto vinculado a la actividad turística (...) de carácter regenerativo", esto es, orientado a utilizar la recaudación obtenida como medio para "compensar los posibles efectos adversos del modelo turístico" y "conseguir que la actividad turística revierta en una mayor calidad de vida para los valencianos y las valencianas, así como en un mayor atractivo turístico que suponga una ventaja competitiva respecto a otros destinos"[952].

Los motivos que fundamentaron (cuando menos teóricamente) la prematura derogación de la Ley 7/2022 pueden extraerse de la parte expositiva del Decreto-ley 12/2023, cuyo apartado II enumera a una serie de factores relevantes que pueden ser resumidos de la siguiente manera:

1) Posible pérdida de competitividad de la Comunidad Valenciana "en comparación con otros destinos que no tienen esta carga adicional" (se mencionan expresamente los casos de Andalucía, Canarias o Murcia), ya sea por la reconsideración de los turistas a la hora de elegir el destino o por la reducción de su gasto en dicho territorio. Esta circunstancia podría

951 En efecto, la introducción del impuesto en el año 2022 fue posible gracias al apoyo del partido socialista, mientras que su derogación ulterior se produjo de la mano del nuevo Gobierno valenciano del Partido Popular y Vox. Acerca de este tema, y solo a título informativo, pueden consultarse las siguientes noticias: https://elpais.com/espana/comunidad-valenciana/2022-07-14/la-tasa-turistica-se-abre-paso-en-la-comunidad-valenciana-con-el-apoyo-de-los-socialistas.html y https://www.abc.es/espana/comunidad-valenciana/fin-tasa-turistica-cortes-valencianas-eliminan-impuesto-20231129140609-nt.html?ref=https%3A%2F%2Fwww.abc.es%2Fespana%2Fcomunidad-valenciana%2Ffin-tasa-turistica-cortes-valencianas-eliminan-impuesto-20231129140609-nt.html (último acceso: 31/01/2024).

952 Preámbulo de la Ley 7/2022.

derivar en una disminución de los ingresos turísticos y repercutir negativamente en la economía valenciana y en el empleo, habida cuenta del importante papel que juega el turismo (principal motor del sector servicios) en el ámbito de esta Comunidad Autónoma.

2) Necesidad de proteger la demanda y la facturación del sector turístico ante los desafíos derivados de la incertidumbre económica provocada por la inflación, el aumento de los costos de las materias primas o el conflicto en Ucrania, "que afectan a la capacidad de gasto de los viajeros y aumentan los gastos de los establecimientos turísticos".

3) Especial vulnerabilidad de la Comunidad Valenciana a las dinámicas globales, tanto por su fragilidad climática como por su dependencia energética y vocación económica abierta al mercado, lo que lleva a defender que "la creación de este impuesto es inoportuna, innecesaria y en la coyuntura económica actual, improcedente".

4) Férrea oposición por parte del sector del alojamiento, así como de "otros agentes del ecosistema turístico valenciano por su efecto perjudicial en la comercialización internacional de los destinos turísticos"[953].

5) Complejidad administrativa asociada a la implementación del impuesto, "ya que requiere de una infraestructura administrativa significativa para recopilar y gestionar los ingresos", además de "generar costos adicionales y complicaciones para las empresas turísticas, que ya enfrentan numerosos desafíos operativos".

6) Impacto negativo "en la imagen turística de la Comunitat Valenciana", pues los visitantes podrían percibir el impuesto "como un intento de explotar su presencia en lugar de darles la bienvenida, lo que perjudicaría la reputación de la Comunitat Valenciana tanto nacional como internacional. Este nuevo impuesto manda un mensaje a los mercados que no se corresponde con la realidad, porque la Comunitat Valenciana debe ser sinónimo de hospitalidad y de territorio *tourist friendly*, tal y como se refleja en los principios establecidos en la Ley 15/2018, de 7 de junio, de turismo, ocio y hospitalidad de la Comunitat Valenciana".

---

953 Este argumento sería inconsistente con el resultado derivado de ciertos "estudios empíricos que apuntan a un muy escaso impacto negativo de este tipo de tributos sobre la entrada de turistas" [Comisión de expertos para la reforma del modelo de financiación local (2017), Ob. Cit., pp. 59-60].

Sin perjuicio de la pronta derogación del tributo, ha de reconocerse que, desde el punto de vista de su configuración práctica, la medida proyectada por el legislador autonómico valenciano presentaba similitudes importantes con respecto al IEET y al IETIB, sobre todo en lo que atañe a la delimitación del hecho imponible, el catálogo de obligados tributarios y los criterios a seguir para la cuantificación del impuesto. Sin embargo, se aprecian también diferencias notables; la más destacada, sin lugar a dudas, es la bonificación del 100% a la que se refería el artículo 10 de la Ley 7/2022, que acababa dejando en manos de los Ayuntamientos (con derecho a establecer un recargo de hasta el 100% sobre la cuota íntegra) la decisión de aplicar o no el tributo en el territorio de sus respectivos términos municipales[954].

Desde el punto de vista de su naturaleza jurídica, el IVET se presentaba como un tributo indirecto, instantáneo, de carácter autoliquidable y finalista, cuya recaudación pretendía afectarse en su totalidad a la financiación de "inversiones y gastos vinculados a la promoción, impulso, protección, fomento y desarrollo del turismo sostenible"[955].

4.1. ASPECTOS OBJETIVOS

Al igual que sus homólogos catalán y balear, el hecho imponible del IVET venía constituido por las estancias del contribuyente, por día o fracción, con o sin pernoctación, en los establecimientos relacionados en el artículo 3 de su ley

---

954 A juicio de Puchol Tur, T. (2023), "resulta curiosa esta bonificación dado que está estableciendo que la cuota autonómica sea 0. Consecuentemente, (...) se aprobaría un impuesto que, a fin de cuentas, no se pagaría por estar la cuota bonificada" (Ob. Cit., p. 78). El análisis normativo realizado conduce a la autora a concluir "que la intención del legislador valenciano es que el tributo autonómico sólo se aplique en aquellos municipios valencianos que aprueben el recargo del IEET" (Ob. Cit., p. 78). Y, aunque inicialmente defiende la constitucionalidad del recargo, sugiere cautela con esta forma de proceder, pues "parece que de forma implícita se esté estableciendo un tributo local y, consecuentemente, incumpliendo la reserva de competencia en materia de haciendas locales, que pertenece al Estado" (Ob. Cit., p. 80).

955 Artículo 1 de la Ley del IVET. Seguidamente, el legislador autonómico concretaba el destino que pretendía darse a los ingresos derivados de la recaudación del impuesto (mejorar los servicios que los municipios valencianos prestan a los turistas, impulso de una movilidad más sostenible, protección y regeneración del medio ambiente y los recursos naturales, etc.).

reguladora, siempre que se encontraran situados en el territorio de la Comunidad Valenciana. En particular, el legislador autonómico hacía referencia a siete grupos diferenciados de establecimientos turísticos sujetos:

a) Establecimientos hoteleros.

b) Bloques y conjuntos de apartamentos turísticos.

c) Viviendas de uso turístico.

d) Campings.

e) Áreas de pernocta en tránsito para autocaravanas.

f) Alojamiento turístico rural.

g) Albergues turísticos.

A los supuestos anteriores se añadían las embarcaciones de crucero turístico, respecto de las que se matizaba en el artículo 3.2 de la Ley 7/2022 que constituiría igualmente hecho imponible del impuesto el fondeo o amarre de la embarcación cuando realizase escala en un puerto valenciano. Ello determinaba la no sujeción al tributo de "las embarcaciones de crucero turístico que tuvieran salida o destino final en la Comunitat Valenciana"[956].

Seguidamente, el artículo 4 recogía un catálogo de exenciones, tanto de carácter objetivo como subjetivo, comparativamente más amplio que el regulado en el ámbito del IEET y del IETIB. Más específicamente, se optaba por declarar exentas, siempre que se aportase la debida justificación, las siguientes estancias[957]:

a) Estancias efectuadas por menores de 16 años.

b) Estancias subvencionadas por programas sociales de las administraciones públicas de cualquier Estado miembro de la UE.

c) Estancias por motivos de salud de cualquier persona y de su acompañante.

956 Por lo que respecta al concepto de «embarcaciones de crucero turístico», véase lo dispuesto en el artículo 3.2, párrafo segundo, de la Ley del IVET.

957 A efectos de justificación, el legislador autonómico se decantaba abiertamente por el principio de libertad de medios de prueba, al señalar en el artículo 4.2 de la Ley 7/2022 que: "Para el disfrute y aplicación de las exenciones del apartado anterior, deberá acreditarse documentalmente la concurrencia de las circunstancias que las originan por cualquier medio admitido en derecho".

d) Estancias que se realizasen por causas de fuerza mayor, pudiendo entenderse cumplida dicha circunstancia cuando la estancia no se hubiera podido prever o se hubiera podido prever, pero hubiera resultado inevitable; por ejemplo, como consecuencia de una catástrofe natural o con motivo de actos violentos"[958].

e) Estancias efectuadas por menores de 30 años en los albergues juveniles integrados en la Red Valenciana de Albergues Juveniles.

f) Estancias para participar en competiciones deportivas oficiales, así como en congresos o eventos científicos organizados por universidades públicas valencianas.

g) Estancias organizadas por asociaciones declaradas de utilidad pública en el marco de sus actividades.

h) Estancias de personas con una discapacidad igual o superior al 66%.

4.2. ASPECTOS SUBJETIVOS

En consonancia con lo previsto en la normativa reguladora del IETIB, tenían la consideración de contribuyentes del IVET[959]:

- Con carácter general, las personas físicas que realizasen una estancia en alguno de los establecimientos turísticos sujetos a gravamen, así como las personas o entidades, con o sin personalidad jurídica propia, a cuyo nombre se entregara la correspondiente factura o documento justificativo de la estancia.
- Tratándose de embarcaciones de crucero turístico, el crucerista que se encontrara en tránsito en la fecha de devengo del impuesto.

Acto seguido, el legislador valenciano introducía la figura del «sustituto del contribuyente» como sujeto obligado a cumplir con todas las obligaciones materiales y formales derivadas de la aplicación del tributo. En concreto, se atribuía esta condición a todos los sujetos (personas físicas, personas jurídicas o entidades sin personalidad jurídica a las que se refiere el artículo 35.4 de la LGT) que fueran titulares de la explotación de cualquiera de los establecimientos de alo-

---

958 Artículo 4.1.d) de la Ley del IVET.

959 Artículo 5 de la Ley del IVET.

jamiento turístico enumerados en el artículo 3 de la Ley 7/2022, presumiéndose, salvo prueba en contrario, "que la persona titular de la explotación es la que figura inscrita como titular del establecimiento en el Registro de Turismo de la Comunitat Valenciana"[960].

También se regulaba un régimen de responsabilidad solidaria análogo al establecido en la normativa catalana, en virtud del cual responderían solidariamente del ingreso de la deuda todas las personas físicas o jurídicas que contratasen directamente en nombre del contribuyente e hicieran de intermediarias entre este y los establecimientos turísticos sujetos. En el caso particular de los cruceros, también los consignatarios que, de acuerdo con la normativa aplicable, actuaran por cuenta de los sustitutos por medio de un contrato de agencia o comisión[961].

4.3. ASPECTOS CUANTITATIVOS

Muy en la línea del modelo catalán, la base imponible del IVET venía constituida por el número de días de cada periodo de estancia del contribuyente en un establecimiento turístico sujeto, con un máximo de siete días por persona[962]. Con fines aclaratorios, matizaba el artículo 8 de la Ley 7/2022 lo siguiente:

- Se entiende por «días de estancia», con carácter general, "la franja horaria que va desde las 12.00 horas del mediodía hasta las 12.00 horas del día siguiente"[963].
- Tratándose de embarcaciones de crucero, "se entenderá por estancia cada uno de los periodos de veinticuatro horas computados desde el fondeo o amarre de la embarcación"[964].
- Tanto en uno como en otro supuesto, se considerarán como estancias de un día aquellas que se realicen por un periodo de tiempo inferior a las franjas horarias indicadas[965].

960 Artículo 6 de la Ley del IVET.

961 Artículo 7 de la Ley del IVET.

962 Artículo 8.1 de la Ley del IVET.

963 Artículo 8.2 de la Ley del IVET.

964 Artículo 8.3 de la Ley del IVET.

965 Artículo 8, apartados 2 y 3, de la Ley del IVET.

A diferencia de lo sucedido en el ámbito territorial de las Islas Baleares, la Ley del IVET no condicionaba la sujeción al tributo al hecho de que la estancia efectuada por el contribuyente tuviera una duración superior a las doce horas. Tampoco contemplaba el posible acogimiento al método de estimación objetiva, de donde se infería que la base imponible tendría que cuantificarse necesariamente, al igual que sucede en el caso catalán, por el método de estimación directa. En relación con aquellos escenarios en los que el sustituto del contribuyente no presentase la autoliquidación del impuesto, o la presentase incompleta o inexacta y no aportase los datos de ocupación del establecimiento turístico, se preveía, no obstante, la aplicación subsidiaria del método de estimación indirecta, a cuyos efectos podía atenderse a los criterios relacionados en el artículo 8.6 de la citada ley (datos estadísticos de ocupación, datos sectoriales procedentes de estudios elaborados por organismos públicos u organizaciones privadas, etc.)[966].

En lo que concierne a la cuota tributaria, estaba previsto que la misma se determinase también de manera tarifaria, mediante la aplicación a la base imponible de un tipo de gravamen de entre 0,5 y 2 euros en función del tipo de establecimiento turístico y, en su caso, de la categoría de este. La tarifa inicialmente aprobada puede consultarse en la Tabla 6.10.

Tabla 6.10. Tarifa del IVET

Tipología Turística	Categoría	Cuota Tributaria
Establecimientos hoteleros (hoteles, hoteles-apartamentos y hotel balneario).	Hoteles 5*, 5* gran lujo y 4* superior.	2,00
	Hoteles de 4* y 3* superior.	1,5
	Hoteles de 1*, 2* y 3*.	1
	Hostales y pensiones.	0,5
Bloques y conjuntos de apartamentos turísticos.	Superior.	1,5
	Primera.	1
	Estándar.	0,5
Viviendas de uso turístico.	Superior.	1,5
	Estándar.	1

966 Artículo 8.5 de la Ley 7/2022.

Tipología Turística	Categoría	Cuota Tributaria
Campings.		0,5
Áreas de pernocta en tráfico para autocaravanas.		0,5
Alojamiento turístico rural.	Casas rurales 5*, 5* gran lujo y 4*.	1,5
	Casas rurales y hoteles rurales de 4* y 3*.	1
	Casas rurales y hoteles rurales de 1*, 2* y 3*.	0,5
	Acampada en finca particular con vivienda habilitada.	0,5
Albergues turísticos.		0,5
Embarcaciones de crucero turístico.		1,5

Fuente: Artículo 9 de la Ley 7/2022.

Una vez fijada la tarifa, el legislador autonómico optaba por dejar en suspenso la aplicación práctica del impuesto mediante la regulación de una bonificación del 100% sobre la cuota íntegra previamente calculada[967]. La razón de ser de esta medida, principal elemento diferenciador con respecto a las propuestas vigentes en Cataluña y Baleares, quedaba patente en el artículo 11 de la Ley 7/2022, en el que se reconocía la potestad de los Ayuntamientos para aprobar un recargo sobre el IVET de hasta un 100% de la cuota íntegra del impuesto. Se trataba, en definitiva, de "facilitar la adaptación territorial" del tributo[968] mediante la habilitación expresa a los entes municipales para decidir sobre su aplicación y cuantía en sus respectivos términos municipales, lo que, al menos a mi modo de ver, podría haber derivado en una elevada dosis de dispersión y competencia fiscal entre tales entes.

Al margen de las cuestiones ya comentadas acerca de este recargo, la ley valenciana aclaraba una serie de aspectos que, por su interés, pasamos a relacionar:

- Atribución a la Agencia Tributaria Valenciana de las competencias inherentes a su aplicación, recaudación y potestad sancionadora[969].

---

[967] Artículo 10 de la Ley del IVET.

[968] En este sentido se pronuncia el legislador autonómico valenciano en el Preámbulo de la Ley 7/2022.

[969] Artículo 11.2 de la Ley del IVET.

- Inaplicación a dicho recargo de la bonificación del 100% regulada en el artículo 10 de la Ley del IVET[970].
- Posibilidad de establecer, mediante la oportuna ordenanza municipal, "dos o más tramos anuales diferentes del recargo", según las circunstancias y peculiaridades de cada municipio[971].
- Posibilidad de poner en marcha mecanismos de colaboración entre la Agencia Tributaria Valenciana y los municipios que, habiendo optado por la aprobación del recargo, solicitasen llevar a cabo las gestiones relativas a su recaudación[972].
- Afectación de la recaudación obtenida a las finalidades previstas en el artículo 1.3 de la Ley del IVET y a la financiación de las acciones y proyectos a que se refería el artículo 12 del mismo texto normativo[973].

4.4. ASPECTOS TEMPORALES

El artículo 13 de la Ley 7/2022 configuraba el IVET como un impuesto instantáneo, cuyo devengo estaba llamado a producirse al inicio de la estancia realizada por el contribuyente. A tales efectos, matizaba el legislador autonómico, se entendía por «inicio de la estancia» "el momento de puesta a disposición de la habitación en el establecimiento de alojamiento turístico", o bien, tratándose de una embarcación de crucero turístico, el momento en el que la embarcación hiciera escala en algún puerto de la Comunidad Valenciana[974].

---

970 Artículo 11.4 de la Ley del IVET.

971 Artículo 11.5 de la Ley del IVET.

972 Artículo 11.6 de la Ley del IVET.

973 En particular, el mencionado precepto aludía a las siguientes acciones y proyectos: "a) Financiación de acciones para el cumplimiento de los requisitos y necesidades como miembro de la Red de Destinos Turísticos de la Comunitat Valenciana, incluidos los referentes en gobernanza turística integral y transversal del propio municipio, sostenibilidad, accesibilidad, inteligencia turística, innovación, investigación y resiliencia. b) Ayudas municipales a establecimientos y servicios turísticos de titularidad privada que tengan los mismos fines que los descritos en el presente artículo. c) Planes de sostenibilidad turística locales o comarcales. d) Acciones comarcales para la sostenibilidad turística en destino de las mancomunidades a las que pertenecen los municipios".

974 Artículo 13.2 de la Ley del IVET.

A título de especialidad con respecto a lo analizado en epígrafes anteriores, se prohibía la posibilidad de que los intermediarios ajenos al propio establecimiento turístico (y, de modo particular, a las plataformas digitales de comercialización de servicios turísticos) incluyeran el impuesto en el cobro de la reserva o estancia, en el bien entendido de que el importe correspondiente tenía que ser abonado de forma exclusiva al sustituto[975]. No obstante, se preveía la obligación de los intermediarios de informar al contribuyente tanto del deber de abonar el tributo al alojamiento turístico antes del final de la estancia como de la cuantía (real u orientativa) de este[976].

Por otro lado, y de forma análoga a lo sucedido en el caso balear, se exigía de forma expresa la repercusión del impuesto por parte del sustituto en cualquier momento previo a la finalización de la estancia, así como la correlativa obligación del contribuyente de abonar el importe repercutido. Igualmente, se prohibía la posibilidad de repercusión a tercero por parte de este último.

En lo concerniente a la exigibilidad, la Ley 7/2022 se limitó a reconocer el carácter autoliquidable del IVET y la obligación de los sustitutos del contribuyente de presentar una autoliquidación por cada establecimiento turístico explotado, aun cuando se no se hubieren devengado cuotas en el periodo impositivo, "mediante el modelo, términos y plazos previstos en una orden de la Conselleria competente en materia de hacienda"[977] que nunca llegó a publicarse. Sin perjuicio de ello, la referencia contenida en el artículo 16.2 de aquella ley al «periodo impositivo» (que no al «periodo de liquidación») podría estar sugiriendo la intención de exigir la presentación de autoliquidaciones del impuesto con periodicidad anual, en unos términos similares a los contemplados en la normativa balear para los supuestos en los que resulte aplicable el método de estimación objetiva[978].

975 Artículo 13.3 de la Ley del IVET.

976 *Ibidem.*

977 Artículo 16, apartados 1 y 2, de la Ley del IVET.

978 Más específicamente, el artículo 16.2 de la Ley del IVET señalaba que: "Deberá presentarse la autoliquidación, aunque no se hayan devengado cuotas en el periodo impositivo, siempre que el sustituto y el establecimiento de alojamiento turístico afectado estén dados de alta en el censo a que hace referencia la letra a del artículo 15" (el subrayado es mío).

4.5. OBLIGACIONES FORMALES

Con carácter general, el legislador valenciano estableció una serie de obligaciones a cargo de los sustitutos del contribuyente que, en muchos de sus aspectos clave, quedaron pendientes de concretar, habida cuenta de la prematura derogación del impuesto y la consiguiente falta de desarrollo de la regulación contenida en la Ley 7/2022. Con todo, de lo dispuesto en los artículos 4, 15, 16 y 17 de dicha norma se desprende la voluntad de someter a los citados sujetos al cumplimiento de las siguientes exigencias:

1) Presentar las declaraciones censales de inicio y cese de la actividad de explotación de establecimientos de alojamiento turístico, y de modificación de los elementos tributarios relevantes para la aplicación del impuesto[979].
2) Presentar las autoliquidaciones correspondientes y, en su caso, realizar el ingreso de la deuda tributaria[980].
3) Expedir y entregar al contribuyente los justificantes de exigencia y cobro del tributo[981].
4) Conservar durante el plazo de prescripción una copia del documento justificativo de las exenciones aplicadas[982].
5) Llevar los libros y registros necesarios para dejar constancia de todos los elementos tributarios relevantes y registrar en ellos las operaciones efectuadas dentro del plazo fijado para la liquidación y pago del impuesto[983].
6) Identificar, en todas sus actuaciones con la Agencia Tributaria Valenciana, los establecimientos turísticos explotados mediante su código de identificación en el Registro de Turismo de la Comunitat Valenciana[984].

---

979 Artículo 15.a) de la Ley del IVET. El contenido de estas declaraciones, así como su forma y plazos de presentación, nunca fueron concretados. En efecto, el artículo 15.a) se remitía a una orden de la consejería competente en materia de hacienda que no llegó a ser publicada.

980 Artículos 15.b) y 16 de la Ley del IVET.

981 Artículo 15.c) de la Ley del IVET.

982 Artículo 4.2 de la Ley del IVET.

983 Artículo 15, letras d) y e), de la Ley del IVET.

984 Artículo 17, primer párrafo, de la Ley del IVET. Seguidamente, matiza el legislador en el segundo párrafo de este mismo artículo que: "En el caso de que un sujeto pasivo no

7) Tratándose de personas o entidades no residentes, designar un representante con domicilio en la Comunidad Valenciana y comunicar dicha designación a la administración tributaria a través de la oportuna declaración censal[985].

---

tuviera asignado dicho código, la administración tributaria podrá solicitar la asignación de uno de oficio por parte de dicho registro".

985 Artículo 15.f) de la Ley del IVET.

BIBLIOGRAFÍA

Abellán-García y Polo, C. (1963): "La nueva cobertura económica del Ayuntamiento de Madrid", *Revista de Estudios de la Administración Local y Autonómica,* núm. 131, pp. 666-691.

Adame Martínez, F. (2013): "Turismo y financiación municipal: Estudio sobre posibles nuevos Tributos Locales vinculados al turismo", *Tributos Locales,* núm. 112, pp. 13-61.

Amer Fernández, J. (2003): "Empresariado hotelero e implementación de un impuesto turístico: el caso de la «ecotasa» en Baleares", *Cuadernos de Turismo,* núm. 12, pp. 165-178.

Antón Antón, Á. y Bilbao Estrada, I. (2016): "El consumo colaborativo en la era digital: un nuevo reto para la fiscalidad", *Documentos del Instituto de Estudios Fiscales,* núm. 26, pp. 1-39.

Aranda Navarro, J. (1960): "La Hacienda municipal en el régimen especial del Ayuntamiento de Barcelona", *Revista de Estudios de la Administración Local y Autonómica,* núm. 112, pp. 514-537.

Bahía Almansa, B. y Cruz Padial, I. (2018): "Tributación indirecta en el arrendamiento de viviendas de uso turístico", *Revista Técnica Tributaria,* núm. 122, pp. 63-85.

Bengochea Sala, J. M. *et alter* (2024): *Memento Práctico Fiscal,* Madrid: Francis Lefebvre.

Bernardo, V., Fageda, X. y Teixidó, J. (2024): "Flight tickets taxes in Europe: Environmental and economic impact", *Transportation Research Part A: Policy and Practice,* vol. 179, pp. 1-30.

Bokobo Moiche, S. (1999): "La fiscalidad de las prestaciones turísticas. La posibilidad de que las Comunidades Autónomas establezcan la tasa turística", *Revista Española de Derecho Financiero,* núm. 102, pp. 243-260.

Borja Sanchís, A. (2017): "Los impuestos sobre las estancias turísticas en España", *Quincena Fiscal,* núm. 18, pp. 19-58.

Bueno Gallardo, E. y Urbano Sánchez, L. (2017): "Algunas reflexiones en relación con los impuestos catalán y balear sobre estancias turísticas", *International Journal of Scientific Management and Tourism,* vol. 3, núm. 3, pp. 65-89.

Calvo Vérgez, J. (2019): "La fiscalidad de los alquileres turísticos en la imposición directa e indirecta", *Revista Técnica Tributaria,* núm. 127, pp. 117-135.

— (2019a): "La obligación de información específica prevista en el ámbito tributario para las llamadas «plataformas colaborativas» que intermedien en la cesión del uso de viviendas con fines turísticos", *Revista de Contabilidad y Tributación,* núm. 434, pp. 5-40

Castellanos Rufo, E. *et alter* (2023): *Memento Práctico Contable*, Madrid: Francis Lefebvre.

Comisión de expertos para la revisión del sistema de financiación local (2017): *Análisis de propuestas de reforma del sistema de financiación local.*

Comisión Europea (2017): *The Impact of Taxes on the Competitiveness of European Tourism. Final Report*, Luxembourg: Publications Office of the European Union.

— (2016): *Una Agenda Europea para la economía colaborativa*, COM(2016) 356 final. Bruselas, junio de 2016.

— (2015): "VAT treatment of the sharing economy". *Value Added Tax Committee Working Paper*, No 878.

Comisión Nacional de los Mercados y la Competencia (2016): *Estudio sobre los nuevos modelos de prestación de servicios y la economía colaborativa - Resultados preliminares*, E/CNMC/004/15, marzo de 2016.

— (2014): "Documento 2: Efectos de los nuevos modelos económicos sobre el mercado y la regulación", *Consulta pública sobre los nuevos modelos de prestación de servicios y la economía colaborativa*, Departamento de Promoción de la Competencia.

Comité de las Regiones Europeo (2016): *La dimensión local y regional de la economía colaborativa.* Dictamen 2016/C 051/06.

Correyero Ruiz, B. (2005): "La administración turística española entre 1936 y 1951. El turismo al servicio de la propaganda política", *Estudios Turísticos*, núm. 163-164, pp. 55-79.

De La Encarnación, A. M. (2016): "El alojamiento colaborativo: Viviendas de uso turístico y plataformas virtuales", *REALA: Nueva Época*, núm. 5, pp. 30-55.

De Miguel Canuto, E. (2016): "Impuesto sobre las estancias en establecimientos turísticos de Cataluña", en: *La nueva tributación tras la reforma fiscal*, Patón García (coord.), Madrid: Wolters Kluwer, pp. 853-874.

Desdentado Daroca, E., Díaz Vales, F. y Lucas Durán, M. (2018): "Los problemas jurídicos del «Alojamiento colaborativo»: un estudio interdisciplinar", *Documento de trabajo (Laboratorio de alternativas)*, núm. 198, pp. 1-126.

Exceltur (2022): *Estudio ReviTUR. Principales evidencias de los efectos del resurgir de las viviendas turísticas en las ciudades españolas y recomendaciones para su tratamiento*, noviembre 2022.

Fuentes-Lojo Rius, A. (2018): "Normativa aplicable al contrato de arrendamiento de habitaciones", *ElDerecho.com. Noticias Jurídicas y Actualidad* (online).

García-Aranda Soto, E. (2004): "La imposición sobre el turismo en España: principio y fin de la «Ecotasa» balear", *Revista Aranzadi de Derecho Ambiental*, núm. 6.

García López, A. M.; Marchena Gómez, M. J.; y Morilla Maestre, Á. (2018): "Sobre la oportunidad de las tasas turísticas: el caso de Sevilla", *Cuadernos de Turismo*, núm. 42, pp. 161-183.

Gil Maciá, L. (2019): *La exención de las participaciones en entidades en el Impuesto sobre el Patrimonio*, Navarra: Editorial Aranzadi.

Gómez Aragón, D. (2015): "Base imponible del IVA en operaciones con contraprestación no dineraria", *Carta Tributaria*, núm. 3, pp. 15-33.

Gorospe Oviedo, J. I. (2018): "Las viviendas turísticas y los arrendamientos de temporada: delimitación, tributación y control fiscal en la economía colaborativa", *Documentos de Trabajo del Instituto de Estudios Fiscales,* núm. 11 (Ejemplar dedicado a: VI Encuentro de Derecho Financiero y Tributario, "Tendencias y retos del Derecho Financiero y Tributario" (2.ª parte), pp. 150-162.

Guillén Navarro, N. A. e Iñiguez Berrozpe, T. (2016): "Acción pública y consumo colaborativo. Regulación de las viviendas de uso turístico en el contexto p2p", *Revista de Turismo y Patrimonio Cultural*, vol. 14, núm. 3 (Ejemplar dedicado a: Public action and tourism policy), pp. 751-768.

Herrera Molina, P. (2001): "El impuesto balear sobre estancias en empresas turísticas de alojamiento (problemas constitucionales y de Derecho Comunitario)", *Revista Técnica Tributaria*, núm. 55, p. 69 y siguientes.

Herrera Molina, P. y Tandazo Rodríguez, A. V. (2023): "Impuestos ambientales de carácter local sobre grandes establecimientos comerciales o sobre otras actividades económicas", *Documentos de Trabajo del Instituto de Estudios Fiscales* (Ejemplar dedicado a: II Jornadas sobre la Reforma Ambiental de las Haciendas Locales: La reforma en el marco jurídico europeo, estatal y autonómico), núm. 3, pp. 257-273.

López Llopis, E. (2020): "La tributación en el IVA de los servicios prestados por la plataforma Uber", en: *Estudios sobre Jurisprudencia Europea, Materiales del III Encuentro anual del Centro español del European Law Institute*, Volumen II, Ruda González y Jerez Delgado (dirs.), Madrid: Sepín, pp. 1003 a 1017.

López-Santacruz Montes, J. A. (2023): *Memento Práctico Impuesto sobre Sociedades 2023*, Madrid: Francis Lefebvre.

Lucas Durán, M. (2018): "¿Se aplica la reducción del 60 por 100 prevista en el art. 23.2 LIRPF para arrendamientos de bienes inmuebles con destino a «vivienda» en supuestos de alquileres de temporada y, particularmente, en alquileres turísticos?", *Revista de Contabilidad y Tributación,* núm. 423, pp. 131-144.

— (2017): "Problemática jurídica de la economía colaborativa: especial referencia a la fiscalidad de las plataformas", *Anuario de la Facultad de Derecho de la Universidad de Alcalá*, núm. 10, p. 131-172.

Luchena Mozo, G. y Patón García, G. (2005): "Las líneas actuales de gravamen en la tributación medioambiental", *Quincena Fiscal*, núm. 18, pp. 9-32.

Melón Muñoz, A. *et alter* (2023): *Memento Práctico Transmisiones (ITP y AJD)*, Madrid: Francis Lefebvre.

Menéndez Moreno, A. (2016): "Las prestaciones patrimoniales, los tributos y sus clases: una clarificación pendiente y necesaria. Como pretexto un nuevo impuesto autonómico: el de las estancias turísticas en Baleares", *Quincena Fiscal*, núm. 10, pp. 13-20.

Muñoz Benito, R. (2016): "El turismo como sector estratégico en las etapas de crisis y desarrollo de la economía española", *International Journal of Scientific Management and Tourism,* vol. 2, núm. 4, pp. 81-115.

OCDE (2022): *OECD Tourism Trends and Policies 2022*, OECD Publishing, Paris.

— (2021): *Model Reporting Rules for Digital Platforms. International Exchange Framework and Optional Module for Sale of Goods*, OECD Publishing, Paris.

— (2020): *Model Rules for Reporting by Platform Operators with respect to Sellers in the Sharing and Gig Economy*, OECD Publishing, Paris.

— (2019): *Modelo de Convenio Tributario sobre la Renta y sobre el Patrimonio: Versión Abreviada 2017*, OECD Publishing, Paris/Instituto de Estudios Fiscales.

— (2014): *OECD Tourism Trends and Policies 2014*. OECD Publishing, Paris.

Ortuño Padilla, A. *et alter* (2022): *La tasa turística: un análisis sobre la idoneidad en la Comunitat Valenciana,* Universidad de Alicante: Instituto Universitario de Investigaciones Turísticas.

Pastor Arranz, L. (2015): "La fiscalidad del turismo desde una perspectiva internacional", *Revista Castellano-Manchega de Ciencias Sociales,* núm. 20, pp. 147-160.

Pedro Bueno, A. (2022): "Informe tasa turística", *Documents de la Càtedra de Nova Transición Verda (Universitat de València),* núm. 1.

Pérez Guerra, R. y Ceballos Martín, M. M. (2009): "La configuración del derecho del turismo autonómico español en el ordenamiento jurídico administrativo-constitucional", *Revista Aragonesa de Administración Pública,* núm. 35, pp. 455-518.

Puchol Tur, T. (2023): "Reflexiones sobre la tasa turística en el ámbito local. Análisis de las distintas implantaciones de la tasa turística", *Documentos de Trabajo del Instituto de Estudios Fiscales,* núm. 3 (Ejemplar dedicado a: II Jornadas sobre la Reforma Ambiental de las Haciendas Locales: La reforma en el marco jurídico europeo, estatal y autonómico), pp. 69-81.

Rodríguez Márquez, J. (2008): "La polémica en torno a la sujeción a IVA de la participación de los clubes en quinielas", *Revista Aranzadi de Derecho de Deporte y Entretenimiento*, núm. 24, pp. 349-358.

Rodríguez Méndez, M. (2005): "El doble dividendo de la imposición ambiental: una puesta al día", *Papeles de trabajo del Instituto de Estudios Fiscales. Serie economía*, núm. 23, pp. 1-51.

Ruiz Garijo, M. (2017): "La economía colaborativa en el ámbito de la vivienda: cuestiones fiscales pendientes", *Lex Social: revista de los derechos sociales*, vol. 7, núm. 2, pp. 53-76.

Sánchez Gallardo, F. J. (2002): "La sentencia de 22 de noviembre de 2001 del Tribunal de Justicia de las Comunidades Europeas, la inclusión de las subvenciones en la base imponible del IVA", *Carta Tributaria*, núm. 6, pp. 1-35.

Sánchez Sánchez, Á. (2007): "La inclusión de las subvenciones en la base imponible del IVA de acuerdo a la jurisprudencia del TJCE", *Revista Técnica Tributaria*, núm. 79, pp. 97-116.

Sanz Blas, S. (2006): "Turismo de litoral: líneas de actuación para el logro de un desarrollo sostenible", *Estudios Turísticos*, núm. 168, pp. 61-83.

Sanz Gómez, R. (2017): "Airbnb, ¿Economía colaborativa o economía sumergida? Reflexiones sobre el papel de las plataformas de intermediación en la aplicación de los tributos", *Documentos de Trabajo del Instituto de Estudios Fiscales*, núm. 15, (Ejemplar dedicado a: Fiscalidad de la economía colaborativa: especial mención a los sectores de alojamiento y transportes), pp. 64-83.

Seijo Pérez, F. J. *et alter* (2024): *Memento Práctico IRPF 2024*, Madrid: Francis Lefebvre.

Slee, T. (2017): *Lo tuyo es mío: contra la economía colaborativa,* Barcelona: Editorial Taurus.

Urquizu Cavallé, Á. (2010): *El Fideicomiso en Latinoamérica: integración jurídico-financiera*, Argentina: Marcial Pons.

Villca Pozo, M. (2022): "Mecanismos de control de los impuestos sobre estancias turísticas en el alquiler vacacional en viviendas mediante plataformas digitales", *Crónica Tributaria*, núm. 182, pp. 125-150.

World Tourism Organization (1998): *Tourism taxation: striking a fair deal*, World Tourism Organization.

Zapatero Gasco, A. (2017): "La tributación en el IRPF de los rendimientos percibidos a través de la plataforma Airbnb: aspectos controvertidos", *Documentos de Trabajo del instituto de Estudios Fiscales*, núm. 15 (Ejemplar dedicado a: Fiscalidad de la economía colaborativa: especial mención a los sectores de alojamiento y transportes), pp. 84-107.